国家文化产业资金支持媒体融合重大项目

高等职业教育富媒体智能型教材·金融类

U0656984

# 数字金融

SHUZI JINRONG

韩宗英　张淑芳　主编

东北财经大学出版社
Dongbei University of Finance & Economics Press

大连

图书在版编目（CIP）数据

数字金融 / 韩宗英，张淑芳主编. —大连 ：东北财经大学出版社，2024.3
（高等职业教育富媒体智能型教材·金融类）
ISBN 978-7-5654-4866-9

Ⅰ. 数…　Ⅱ.①韩…②张…　Ⅲ.数字技术–应用–金融业–研究　Ⅳ.F832-39

中国国家版本馆 CIP 数据核字（2023）第 202230 号

东北财经大学出版社出版
（大连市黑石礁尖山街217号　邮政编码　116025）
网　　址 : http://www.dufep.cn
读者信箱 : dufep@dufe.edu.cn
大连天骄彩色印刷有限公司印刷　东北财经大学出版社发行
幅面尺寸：185mm×260mm　　字数：423千字　　印张：19
2024年3月第1版　　　　　　2024年3月第1次印刷
责任编辑：李丽娟　徐　群　韩敌非　　责任校对：何　力
封面设计：原　皓　　　　　　　　　　版式设计：原　皓
定价：48.00元

当前，数字经济已成为全球经济发展的主流趋势，世界范围内各主要国家均将数字化作为优先发展的方向。围绕数字技术、标准、规则、数据的国际竞争日趋激烈，数字经济成为决定国家未来发展潜力和国际竞争力的重要领域。

发展数字经济是把握新一轮科技革命和产业变革新机遇的战略选择。党的二十大报告对加快发展数字经济，促进数字经济和实体经济深度融合，打造具有国际竞争力的数字产业集群，做出了战略安排。我国数字经济发展具有独特优势，面临难得的历史机遇。我国有14亿多人口，拥有世界上最为完整的产业体系，制造业规模、货物出口规模等重要经济指标均位居世界前列，我国信息通信产业发展迅速，国际竞争力较强，具有全球规模最大、性能先进的网络基础设施体系，这些都为数字经济发展提供了坚实的基础。

数字经济强势崛起，对我国经济社会的各个方面产生了巨大影响。数字经济与金融业融合，促进了数字金融业的诞生和发展。

数字金融是我国金融业未来重要的发展方向。一般来说，数字金融是指传统金融机构与互联网公司利用数字技术和现代信息通信技术实现投融资、支付、信息服务的新型金融业务模式。数字金融的发展有利于推动我国传统金融业的转型发展，有助于缓解中小企业融资难、融资贵的问题。

无论是传统金融机构，还是新兴科技公司，都纷纷加强对数字金融的布局。虽然科技的进步会让很多工作岗位消失，但也孕育出更多的新兴岗位。一方面，中国正面临严重的数字金融专业人才短缺；另一方面，由于数字金融是跨越互联网知识、信息技术以及金融等学科的新兴领域，在业态模式、政策法规、监管方法等方面一直处于不断的发展、演变之中，这导致了目前已出版的相关专著、教材对数字金融相关概念的解释和理解无法与现行的政策法规相一致。碎片化、快餐化的知识不能帮助读者系统化地掌握数字金融基础知识以及正确理解国家出台的一系列法律法规和监管政策。

鉴于此，作者紧跟国家有关数字金融的政策导向与法规，根据几十年的金融教学、实践经验，用三年的时间完成了本教材的编写，以期为培养出更多的数字金融人才贡献一份力量。

本教材从内容上可以划分为三个部分，共八章。第一部分为基础篇：第一章数字金融概述、第二章大数据。这部分是数字金融的基础知识部分，也是全书的总括，主要对数字金融的发展路径、核心技术、金融科技在金融行业的应用进行了入门介绍。第二部分为技术篇：第三章数字金融核心技术。这部分重点介绍了云计算的特点及金融机构云计算架构、区块链的特点、人工智能的要素以及它们在金融领域的应用场景。第三部分为应用篇：第四章数字货币、第五章第三方支付、第六章区块链+供应链金融、第七章金融智能营销、第八章金融科技监管。这部分重点介绍了数字金融的运营场景。

本教材具有以下特点：

1.本教材是"岗课赛证"融通教材

本教材作者与企业专家共同研究，基于新技术、新岗位和新任务进行编写，并将行业标准、相关竞赛和证书内容融入其中，促进"岗""课""赛""证"的要素融于教材中，使得教材更加适用于职业教育教学。

2.本教材是跨专业跨学科的综合类教材

本教材将金融知识、营销知识、金融科技知识集于一体，通过对金融科技、营销学、金融学等多学科交叉知识的讲授，力求培养掌握现代金融学的核心知识与框架，具备数据挖掘处理知识、区块链知识、人工智能相关知识，熟悉金融实务操作，适应银行科技、智能投顾、数字化营销、监管科技等领域需要的金融实用型人才，以及拥有数字金融领域实际工作能力的复合型金融人才。

3.本教材是理实一体化的实用性教材

本教材亮点在于突破单纯理论介绍的传统模式，侧重于将理论和实际案例进行融合、归纳，形成一个比较完整的、理论与实践有机结合的内容体系。为达到理实一体化目的，本书着重加强了案例教学和技能实训，将学习、探究、实训、拓展有机结合。在版面的设计上通过"视野拓展"模块启发学生思考，拓宽学生知识领域；通过"案例透析"模块使学生联系真实案例对所学知识进行检验；通过"教学互动"模块将学生的注意力吸引到课堂；并且在每个疑难知识点后面插入了例子和图片，力求将抽象、生涩的知识进行直观化和形象化处理，以激发学生的学习兴趣，调动其主动学习的积极性。

4.本教材是立足核心素养的生动教材

讲授专业课程不仅仅是单纯地传授专业知识和技能，更要在引导学生学习专业知识的同时，培养学生的思想道德素质和人文素养。本教材通过对典型案例的深入分析，把立德树人作为根本任务，引导学生树立理想、坚定信念，最大化发挥教材和课程的育人作用，力图成为新时代中国特色高校课程与特色教材相统一的载体，成为高校专业课程中传授知识、培养能力和塑造价值的载体。

本教材配有丰富的数字化教学资源，包括电子课件、电子教案、微课、视频、案例、题库、模拟试卷及参考答案等。

本教材由辽宁金融职业学院韩宗英教授和张淑芳副教授主编。具体编写分工为：韩宗英总撰并编写了第一部分内容，张淑芳编写了第二部分和第三部分内容，中国农业银行东陵支行行长佟本禹、沈阳同方鑫创信息技术有限公司总经理郑福延对教材中的金融业务和信息技术方面进行了指导。作者在编写过程中参考了国内外大量相关教材、专著和资料，在此谨向所有参考文献的作者表示感谢！

数字金融的改革还在不断探索之中，本教材疏漏或不当之处在所难免，敬请学术界同行和广大读者批评指正，并提出宝贵意见和建议，在此一并表示感谢！

编　者

2023年12月

目　录

## 学习目标

### 知识目标：

• 了解我国数字金融的发展历程；初步了解互联网技术、分布式技术、大数据技术、人工智能技术、生物识别技术。

### 能力目标：

• 初步掌握信息技术在数字金融场景中的应用。

### 素质目标：

• 加深对我国国情的了解、坚定"四个自信"、树立社会主义核心价值观。

# 第一节　数字金融的产生和发展

## 情境导入 1-1

### 芯　片

人类第一台电子计算机，诞生于1946年的美国宾夕法尼亚州，占地150平方米，重量达30吨，可以用庞然大物来形容，每秒运算速度为5 000次。

虽然这个速度对当时的人类科技来说已经是破天荒的突破，但是这个计算机的体积实在太大，除了功耗成本惊人之外，更是严重影响了计算机的适用范围和普及。

因此，在计算机发明之后，科学家的使命除了提升计算机的性能外，便是将电路尽可能小型化。而这个电路小型化的进程可以被理解为芯片的发展史。

芯片（Integrated Circuit，IC），又称集成电路，简单地说就是电路的小型化。

用一个形象的比喻来形容，我们可以把现代芯片的制作过程看成微雕技术。当然，微雕挑战的是人类手工艺的极限，而芯片技术挑战的是人类科学技术的极限。

经过70多年的发展，如今芯片的运算能力，以常用的笔记本电脑中2.0 GHz的CPU为例，已经达到了每秒20亿次，是人类第一台计算机每秒5 000次的40万倍，其大小只有约5平方厘米；而用于手机中的处理器，如大家耳熟能详的由华为自主研发的麒麟980，只有一个拇指盖的大小，面积在1平方厘米左右。

芯片小型化也带来了芯片的快速普及。现在芯片已被广泛用于我们生活的方方面面，除了电子产品以外，汽车、家电、工业等领域，随处都可以见到芯片的身影。光是一个手机中的芯片数量就多达几十颗。

可以想象，如果没有芯片工艺提升带来的芯片小型化，依旧用人类第一台计算机的晶体管来完成每秒20亿次的计算，其占地面积将达到60平方千米。

资料来源：佚名. 国产芯片产业链全梳理，大A芯片哪家强？[EB/OL]. [2019-06-18]. https：//www.sohu.com/a/321439717_353171.经过整理。

在数字科技方兴未艾的大趋势之下，数据和数字化能力的重要性日益凸显。金融是数据沉淀最充分的行业之一，也是数字科技先行试水的领域。数字金融是以新一代信息技术为核心的金融行业数字化过程。这一浪潮伴随整个物理世界的数字化大迁徙趋势，正在席卷全球。

## 一、数字金融的起源

数字金融在早期是一种传统金融服务模式，借助互联网技术来收集或者传递信息，为大众提供服务，其效率很低。

### （一）电子设备的使用

#### 1.信息革命时代

19世纪，海底电缆基础设施的建设是金融信息全球化的第一步，电报、电话、广播等信息技术作为通信工具出现，逐渐取代了传统通信方式，极大地促进了金融业的发展。

微课堂 1-1

数字经济

1866年，第一条跨大西洋海底电缆铺设成功，实现了欧洲和北美金融市场之间信息的即时传输。在之后的几年里，海底电缆的建设遍及全球，不仅将北美和欧洲金融信息联系起来，还将南美、中国、东南亚、非洲以及中东的金融信息都联系起来。

### 2.电子技术时代

早期人工智能——密码破译和代码开发在第二次世界大战之后被商业化。

这个时期电子化技术被金融机构广泛应用，金融服务效率大幅度提高。1967年，世界上有了第一台自动取款机和第一台手持式计算器。如今的智能手机就是从手持式计算器直接衍生而来的。从传输金融功能的角度来看，手持式计算器是世界历史上最重要的发明之一。

20世纪70年代初期，纳斯达克在美国成立，成为当时第一个完全数字化的证券交易所。如今的高频自动算法交易实际上也是源自最初的纳斯达克以及之后几十年证券市场数字化的过程。另外，同一时期成立的环球银行金融电信协会（Society for Worldwide Interbank Financial Telecommunication，SWIFT），作为一个电子通信系统，将全世界几乎所有主要的金融机构连接起来，成为全球支付体系的支柱。数字化发展为如今的数字金融奠定了基础。

### （二）金融与信息技术首次亲密接触

金融与信息技术本是同根生，它们处理的对象都是"数字"，二者的联姻实属必然。在20世纪70年代以前，金融体系高度依赖人工作业，银行柜台以及证券交易大厅前聚集着大量焦急的客户，随处可见被沉重的工作压得喘不过气的金融从业人员。高速发展的社会经济产生巨大的资金流动、支付结算业务和股票交易活动等，迫使作为现代经济核心的金融业必须尽快提高业务处理效率。

### 1.金融后台业务的电子化

恩格斯说过："社会一旦有技术上的需要，则这种需要将会比十所大学更能把科学推向前进。"

巨大的社会需求总是催生出革命性的事业。一筹莫展的银行家们忽然意识到日新月异的信息技术正是提高整个金融体系运转效率的不二法门。在这种背景之下，历史悠久的金融业与朝气蓬勃的信息技术业有了第一次亲密接触。

果然不负众望，信息技术对金融后台业务处理效率的提升是史无前例的。从银行业的支付结算系统、会计系统、资金转账系统到证券市场的电子交易系统，随处可见信息技术带给金融业的变革，使得千千万万的金融从业人员从重复、繁重的体力劳动中解放出来。以前需要几个人聚精会神计算几个小时的工作量（有时还会出现错误），电子计算机可能只需一秒钟即可精确地完成计算。在这次成功的融合中，比这些可见的战绩影响更深远的是对银行家们内心的震撼，正应了那句话："用兵之道，攻心为上，攻城为下。"银行家们从未如此确信，信息技术的强大威力将给未来的金融业带来更大的想象空间。

### 2.金融前台业务的电子化

进入20世纪80年代，信息技术行业在摩尔定律的"福泽"之下迅猛发展，从软件到硬件均取得举世瞩目的成就。1981年，IBM公司推出具有划时代意义的个人电脑。1984年，苹果公司推出配有图形界面操作系统的麦金塔电脑，同年微软公司推出可在麦金塔上运行的办公套件Office。这些看似与金融业无关的成就，实则显示了信息技术业蕴藏着推动金融业新一轮变革的潜能。

随着 20 世纪 80 年代起经济全球化进程的加快，后台业务已高度电子化的金融业仍然无法满足与日俱增、每时每刻都在发生的金融需求。银行家们为了分流银行营业网点的压力，开始广泛部署 ATM 自动取款机和 POS 销售终端机，ATM 自动取款机满足了人们 7×24 小时的取款需求，人们可以在任意时间，自行通过 ATM 机完成取款业务。在支付领域，人们只需通过商家提供的 POS 机刷银行卡即可完成支付结算。自助银行服务得以逐渐普及，金融业的前台业务开始加速电子化。

事实证明，信息技术的发展再一次带动金融业的腾飞。

**小知识 1-1**

互联网金融起源于美国。20 世纪 90 年代，网络银行、网络保险、网络证券、网络理财以及新兴的网络融资等互联网金融模式在美国率先出现并蓬勃发展，对美国的金融体系与金融市场产生了重大而深远的影响。

### （三）网上办理金融业务

20 世纪 90 年代初期，英国科学家蒂姆·伯纳斯·李（万维网之父），发明 Web（World Wide Web）浏览器，标志着信息技术业迈入互联网时代。互联网的强势崛起立刻带动全球经济的迅猛发展，引发全球性的商务革命和经营革命，一批互联网公司相继诞生，如 Yahoo、Google、Amazon，以及中国的百度、阿里巴巴和腾讯等。金融业作为最早引进信息技术的行业之一，自然不会错过这一波互联网浪潮。

#### 1.国外互联网金融机构业务布局

借助互联网技术的飞速发展，技术洞察力一向敏锐的金融机构开始积极拓展互联网服务渠道，将标准化的金融业务搬到互联网上办理。银行业纷纷搭建自己的网上银行。

1992 年，美国富国银行开始建设网上银行，如今富国银行已拥有全美第一的网络银行服务体系，更在 2013 年成为全球市值最高的银行，获得包括巴菲特在内的诸多投资者的青睐。

如果 ATM 自动取款机是实现 7×24 小时的自助银行服务，那么网上银行就是将服务的便捷性演化到了极致。通过网上银行人们可以随时随地享受银行服务，如转账汇款、网上支付业务等。

证券业同样如此，传统的经纪业务也可以在互联网上进行交易，美林证券于 1999 年推出 ML Direct 和 Unlimited Advantage 互联网经纪业务，并大获成功，继而成为信息技术与金融业务融合的业界典范。后来，甚至出现了没有实体营业网点的纯网上银行、网上证券等金融机构，颠覆了传统的经营结构。例如，美国安全第一网上银行（SFNB）和亿创理财（E-Trade）于 1996 年重组为一家纯网络经纪公司，直接向投资者提供在线证券交易服务，并于 1996 年 8 月成功进入纳斯达克资本市场。

#### 2.国内金融行业电子化涉水

虽然国内金融行业的电子化起步较晚，但是通过借鉴发达国家的宝贵经验，充分发挥后发优势，努力实现弯道超车。其中，中国银联的迅速崛起就是国内金融电子化的一个经典案例。中国银联在强大的国际支付品牌的竞争压力下，基本实现"一卡在手，走遍全球"的目标。目前，银联卡的交易规模已位居全球第三，超越美国运通卡和日本吉士美卡等国际强敌。进入20世纪90年代后，中国金融业监管层将金融电子化列为国民经济的基础性建设项目，以四大国有银行为首，相继建立网上银行服务体系。值得一提的是，自1996年起，在中国人民银行的主持下，现代化支付清算系统开始立项实施，目前它是我国金融体系中最核心的业务系统。商业银行、证券公司、保险公司和基金公司等金融机构在不同层级与央行支付清算系统实现对接，每天的资金流和信息流在这张庞大的网络上流动，支撑整个金融体系的平稳运行。

## 二、数字金融的发展

数字金融是指利用大科技平台、大数据以及云计算等技术手段，来创新金融产品、商业模式、技术应用和业务流程。数字金融发展的关键是金融和科技的相互融合。科技对金融的变革路径，如图1-1所示。

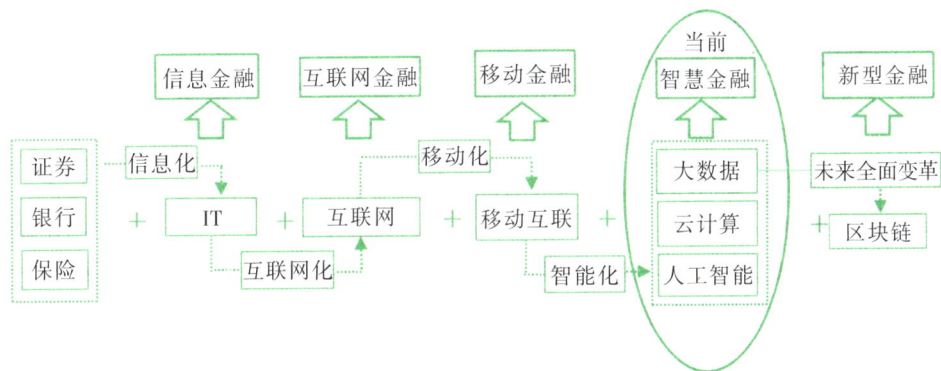

**图1-1　科技对金融的变革路径**

注：证券基金类金融业务包括公募基金；技术之间是逐渐叠加的关系。

技术突破是金融科技发展的原动力，信息技术对金融的推动体现在以下方面：

### 1.传统金融实现信息化

2005—2010年是互联网时代。世界互通互联，使得互联网商业迅速发展起来，也促进了金融业的改变，传统金融在互联网时代开始触网，简单的传统金融业务通过IT技术应用实现办公和业务的电子化、自动化，从而提高了业务效率。典型代表为网上银行，网上银行将线下柜台业务转移至PC端，IT作为后台部门存在，为部分金融业务提供技术支持，或者为科技企业提供技术服务。

### 2.互联网金融在移动互联网时代兴起

2011—2015年是移动互联网时代。智能手机的普及极大地提高了网络利用的效率，随时随地沟通成为可能。在这一时期，传统金融机构搭建在线业务平台，对传统金融渠道进行变革，实现信息共享和业务融合，如网络贷款、互联网基金销售、互联网保险、互联网理财等。同时，互联网公司的金融化应运而生，如支付宝实现了移动支付。此时，互联网在金融业的渗透率逐步提升，但并没有改变传统金融的本质属性。

### 3.金融和科技强强联合

2016年至今是人工智能时代。新兴科技（如大数据、云计算、人工智能和区块链等）的进步将数字革命、通信革命和金融革命结合起来，为金融创新提供了新动力，从商业模式、业务模式、运作模式上全面变革金融业，掀起了新一轮的创新浪潮。此时，金融科技初创公司强势崛起，传统金融机构主导优势渐失，二者从竞争颠覆中走向协同合作，金融服务的边界日益模糊。

在这个阶段，金融业通过新的科技改变传统金融信息采集的来源、风险定价的模型、投资决策的过程、信用中介的角色，大幅度提升传统金融的效率，解决传统金融用户体验感不足、劳动力过于密集等痛点，数字货币、大数据征信、智能投顾、供应链金融等横空出世。至此，金融和科技强强联合，对传统金融产生巨大改变。

## 三、我国数字金融的发展历程

任何行业的产生都是顺应时代变化的结果，天时、地利、人和的综合因素作用缺一不可。互联网产业的高速发展如此，数字金融的快速崛起也是如此。

### （一）互联网金融是互联网时代金融的新生态

互联网是人类历史发展中一个伟大的里程碑，随着互联网的发展，更多的个人、企业和政府机构等纷纷在互联网上开展服务，促进了电子商务的发展。

一方面，电子商务的蓬勃发展催生出了从消费者到供货商的多项金融服务，如消费者的支付通道服务、分期支付服务，供货商的供应链金融服务等；另一方面，互联网金融催生出了众多新的金融服务需求，使得金融服务呈现多元化的形式，并不仅仅是限制在传统框架之内开展金融服务。

### 1.电子商务的网上交易

电子商务的在线支付环节促成了第一代互联网金融模式的诞生。电子商务在交易撮合的基本功能基础上形成的闭环，必须要解决支付和交付问题，前者促成了互联网金融，后者推动了快递行业的迅速成长。电子商务交易的过程可分为信息交流、签订商品合同，商品交接与资金结算三个阶段，如图1-2所示。

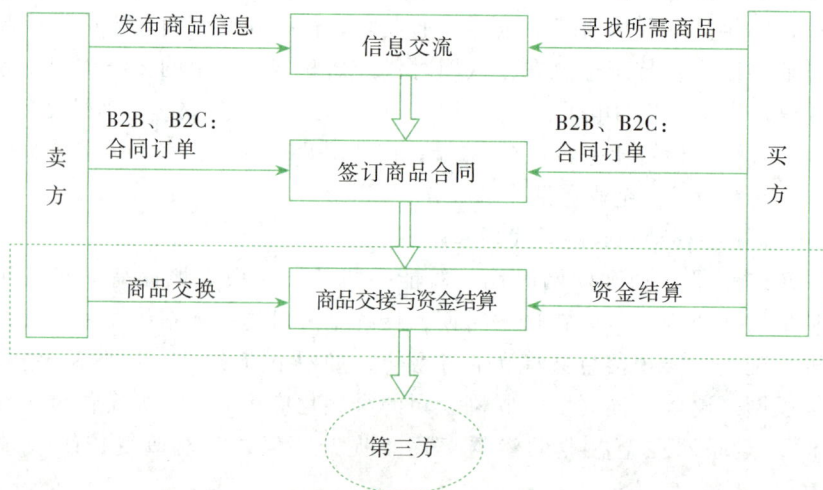

图1-2  电子商务交易的过程

电子商务在发展中面临这样一个问题：以淘宝 C2C（Consumer to Consumer）为例，N 个消费者和 M 个销售者持有不同银行的银行卡，如果二者都是以网上银行转账，不仅不同的银行之间要付费，而且淘宝网无法控制和确保买方已经退货以及卖方是否退款。于是，阿里巴巴创建了支付宝这个第三方支付模式来解决这些问题。

**2. 交付实现的保障**

支付是交易环节的"最后一公里"，支付和交付的实现要有第三方介入进行保障。第三方支付的产生是电子商务和互联网金融发展到特定阶段的必然产物。支付宝打通了关键的在线支付环节，解决了陌生人之间交易的信任问题，推出担保交易的互联网产品，成为中国最早的数字金融产品雏形。支付宝与在线订单结合，通过长时间的努力打通与各银行的接口，成为跨银行、跨账户结算的通道。支付宝的支付环节，如图 1-3 所示。

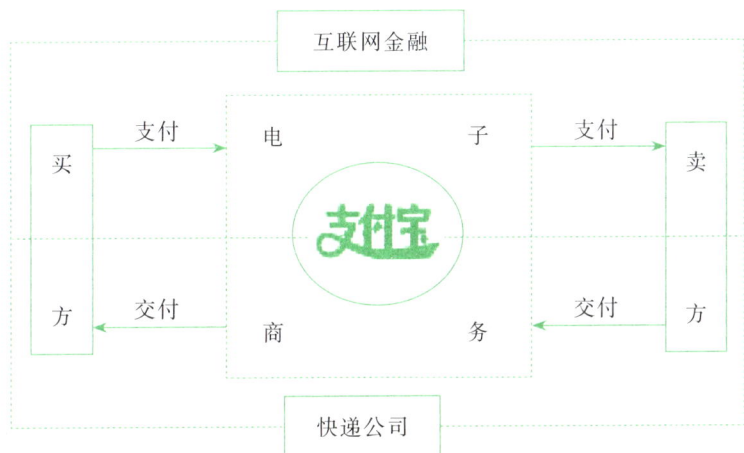

图1-3　支付宝的支付环节

第三方支付作为一种金融工具标志着电子商务的进一步发展，金融业也因此获得了更大的发展空间。

**（二）数字技术助力金融发展**

金融创新和互联网技术无疑是推动数字金融向前发展的动力。随着网络技术和移动通信技术的普及，我国数字金融迅猛发展，对整个金融生态产生了全方位的影响。

**1. 数字技术的快速发展为数字金融提供了技术条件**

数据搜索和云计算等技术水平的提高，为数字金融出现与继续前进提供了技术保证，互联网尤其是移动互联网的蓬勃发展，极大地促进了传统金融的转变，在 PC 互联网时代，连接受限于时空，而在移动互联网时代，连接随时随地、无处不在。这也助力互联网企业进军金融领域，以互联网技术作为基本依托的数字金融走向繁荣。

**2. 电子商务的发展为数字金融提供了社会条件**

电子商务是利用计算机技术、网络技术和远程通信技术，实现整个商务活动（买卖）过程中的电子化、数字化和网络化。不受时间和空间的限制，随时随地在网上交易，是电子商务的特点。

（1）电子商务具有更广阔的市场。在网络世界，一个商家可以面对全球的消费者，而一个消费者可以在全球的任何一家商家购物。电子商务彻底改变了中国人的购物习惯，大量的商品交易行为从网下走到了网上，越来越多的网民养成了在网上购物以及通过网络进行支付结算的习惯。网上购物本身具备的便利性吸引了更多的用户，网上支付人数增加，网民网上购物习惯的形成，均成为数字金融发展的社会保证。

（2）电子商务具有快速流通和低廉价格的特点。电子商务减少了商品流通的中间环节，节省了大量的开支，从而大大降低了商品流通和交易的成本。

（3）电子商务更符合时代的要求。移动互联网时代用户群发生了变化，80后、90后、00后这些新生代、新用户是随着互联网一起成长起来的一代，以80后为代表的新生力量全面进入了市场经济的平台，渐渐成为中国主流社会的中坚力量，改变了传统交易主体的消费观念。

网上购物更能体现个性化的购物过程，更能满足人们越来越追求时尚、讲究个性、注重购物环境的要求。人们不再是面对面看着实实在在的货物、依靠纸介质（包括现金）进行买卖交易，而是通过网上琳琅满目的商品信息、完善的物流配送系统和方便安全的资金结算系统进行交易。

### （三）传统金融业的局限为数字金融提供了业务空间

互联网金融的出现弥补了传统金融机构服务的空白，提高了社会资金的使用效率，将金融通过互联网而普及化、大众化，大幅度降低了融资成本，更加贴近百姓。更重要的是，互联网金融推动了金融业务格局和服务理念的变化，完善了整个社会的金融功能。

#### 1.中小客户对金融服务的需求强烈

传统金融机构以追求自身利益最大化为运营目标，单位业务规模较大的客户能够在实现相同收入的情况下有效降低人力、物业和设备等运营成本和风控成本，利润贡献占比更高，金融机构的各类资源必然会向大客户倾斜，由此导致对中小客户的产品种类供应不足、服务深度不够。

#### 2.互联网金融提供了更多融资平台

由于互联网经济的发展以及金融业务需求的广泛性，导致金融机构提供的服务远不能满足现代人的需求，因此互联网企业基于业务的竞争压力和对范围经济的追求，借助于如搜索技术、云计算、大数据等新科技手段，创新出基于传统金融业务之上而又有别于传统金融业务的新模式。

互联网金融的出现不仅扩展了投资渠道，还改变了人们传统的理财方式。以余额宝为代表的支付平台不断增加，人们更倾向于既能用于支付消费，又能用来投资理财的平台，这类"一站式"的支付平台也极大地激发了人们对于理财产品购买的热情。对急需资金的中小企业来说，互联网金融也为其提供了一些融资平台，帮助他们更快、更安全地筹集到资金。

> **经济观察 1-1**
>
> **我国数字经济发展规模全球领先**
>
> 第六届数字中国建设峰会开幕式上发布了《数字中国发展报告（2022年）》（以下简称《报告》）。

　　《报告》指出，2022年我国数字经济规模为50.2万亿元，总量稳居世界第二，占国内生产总值的比重提升至41.5%，数字经济成为稳增长促转型的重要引擎。

　　《报告》显示，我国数字基础设施规模能级大幅度提升。截至2022年年底，已开通5G基站231.2万个，5G用户量达到了5.61亿，全球占比均超过60%；移动物联网终端用户量达到了18.45亿，成为全球主要经济体中首个实现"物超人"的国家。

　　《报告》强调，2023年加快建设数字中国，将夯实数字中国建设基础，打通数字基础设施大动脉，畅通数据资源大循环；全面赋能经济社会发展，做强做优做大数字经济，发展高效协同的数字政务，打造自信繁荣的数字文化，构建普惠便捷的数字社会，建设绿色智慧的数字生态文明；强化数字中国关键能力，构筑自立自强的数字技术创新体系，筑牢可信可控的数字安全屏障；优化数字化发展环境，建设公平规范的数字治理生态，构建开放共赢的数字领域国际合作格局。

　　资料来源：董建国，王思北.2022年我国数字经济规模达50.2万亿元〔EB/OL〕.〔2023-04-27〕. https://baijiahao.baidu.com/s？id=1764344057463123060&wfr=spider&for=pc.经过整理。

　　启发思考：

　　数字经济是大国竞争的"新赛道"，也是中国式现代化的"主赛道"。我国数据资源体系加快建设，在为国内提供丰富应用与服务的同时，数字科技企业出海步伐也在不断加速。目前，微信跨境支付已覆盖69个国家和地区，境外合作机构超千家，境外商户超400万家。过去2年，来自东南亚商户的活跃微信小程序数量增长了10倍。华为云已布局全球29个区域和75个可用区，华为在全球发展了超3.8万个合作伙伴，覆盖金融、物联网、教育等各个领域。直播、短视频带货等具有中国特色的电商模式正在为中国联通世界创造更多机会。

## 四、数字经济下我国金融系统的变化

　　数字经济是指以使用数字化的知识和信息作为关键生产要素，以现代化信息网络作为重要载体，以信息通信技术的有效使用作为效率提升和经济结构优化的重要推动力的一系列经济活动。数字经济的发展，离不开金融的支持。在数字经济时代，金融业的改变是必然发生的。但改变的"姿势"可能大相径庭——既可能是被动地、不情愿地转变，也可能是主动地、优雅地转身。

### （一）金融体系渠道结构发生改变

#### 1.消费者消费习惯的变化导致支付渠道的变化

　　随着移动支付的发展，支付宝和微信走到支付渠道的前端，银行退居支付渠道的后端，支付形式和结构的改变，导致消费者的行为数据和消费数据首先被互联网公司获得，银行业将失去非常重要的数据资产。

### 2.转接清算的市场结构发生改变

在网络第三方支付成长的过程中，我国转接清算的市场结构也发生了改变，这是一个市场化的过程。

（1）绕开银联的直连模式。早期支付宝要进行跨行支付，需要进行转接和清算。支付宝希望与中国转接清算的组织银联合作，但没有实现，于是只能与上百家银行分别谈判，跳开了银联，实现了与银行的直连。这种直连实际上使支付宝成为一个潜在的、与不同银行之间转接清算的组织，后来网络上发展起来的第三方支付机构大多采用了支付宝的直连模式。

（2）银联与网联二分天下模式。2017年，央行清算中心组织成立了网联清算有限公司（以下简称网联），其主要职能是为非银行的第三方支付机构搭建一个共有的转接清算平台。这样所有的第三方支付机构都必须取消与银行的直连，通过网联实现转接与清算。中国金融系统形成两个转接清算机构，银联负责传统银行间的资金清算，非银行支付机构网络支付的转接与清算业务由网联负责。

### 3.数据使用方式发生改变

银行业是一个关于数据的行业，传统的金融机构拥有的数据更多的是关于消费者个人资产和交易的信息；互联网产业也是一个数据密集型产业，在网络交易数据方面具有更多优势。

（1）搜索引擎和电商公司拥有大量消费者数据。凭借拥有的数据资源，互联网机构就能够进行小贷业务。比如，阿里巴巴掌握了很多交易数据，熟悉平台上小公司的经营状况和信用水平，于是基于电子商务交易开展了金融小贷业务。

（2）搜索引擎和电商公司拥有的数据会越来越多。随着人们的网上活动和交易越来越多，消费者在互联网上留下的数据资产也会越来越多，互联网企业通过对数据使用方式、数据分析方式的优化，来提高金融业对公司信用、个人信用、金融风险评价的准确性。

## （二）金融体系的主体发生改变

在数字科技企业与传统金融体系交融的过程中，业务的开展从开始完全依赖于强金融属性、强线下特征向借力于大数据转变。同时，数字化架起物理世界与数字世界的桥梁，打通线上与线下边界，数字科技企业与金融机构依照各自不同的禀赋和能力，共同建立了新的行业生态。

### 1.新型科技公司利用技术来提供金融服务

在金融发展的过程中，金融科技发挥催化剂作用的同时，本身也成为生产要素。

如果你能很方便、很舒适地使用微信、Facebook和家人、朋友聊天，那么你为什么不直接在同样的平台上转账支付呢？如果你一直用京东网购，为什么不会使用它的"京东白条"辅助购买呢？这些信息被金融科技公司捕捉后，互联网金融公司应势崛起。

阿里巴巴、腾讯等互联网大鳄，怀抱大数据、云计算、移动互联等新技术，竖起开放、平等、分享的新思维大旗，纷纷闯入原本壁垒森严的金融界。

2012年8月29日，阿里巴巴小额贷款冲击传统信贷模式；2012年11月27日，京东杀入电商金融，冀望激活沉淀资金；2012年12月6日，苏宁电器成立苏宁小贷公司进入供应链金融领域；2013年3月7日，阿里巴巴宣布成立阿里小微金融服务集团，主要业务涉及支付、小贷、保险、担保等领域。一切都表明，互联网金融来势汹汹。

▶▶▶

**小知识1-2**

消费金融是指向各阶层消费者提供消费款的现代金融服务方式。

具有互联网经营背景的企业，把互联网技术运用到金融行业，提供创新的金融模式。消费金融就是用户接触最多的一种金融模式。

消费金融模式包括：

（1）大型电商平台或者O2O平台。这些平台主要是创建平台自身的消费金融业务线，一般利用分期付款的方式提升大家提前消费的欲望，如支付宝花呗、京东白条、苏宁任性购等。

（2）以消费金融切入垂直细分领域的公司。教育、医疗、校园、装修、租房等领域都是现在创业的热点，通过这些领域可以深入细分产业链，主要代表类型有爱学贷、租金宝、分期通等。

（3）第三方信贷服务的金融平台。第三方信贷服务的金融平台主要依靠数据挖掘、数据建模、大数据风控，一般与电商合作，为其提供用户、数据，主要代表有量化派，闪钱包旗下的闪白条、闪银等。

**2.传统金融机构利用数字技术改善金融服务**

"天下大势，浩浩汤汤，顺之者昌，逆之者亡。"最初的金融机构信息化是把手工做的事情用机器代替，完全没有更改业务规则，后来慢慢发展成以互联网作为一种渠道（工具）。近几年，金融机构加快了吸收互联网技术的步伐，我国传统的金融机构信息化已经完成。

（1）将传统的线下业务搬到线上。传统金融机构利用互联网新兴的媒介开展传统金融业务，其内容和服务方式并没有大的变化，所以仅属于传统金融业务在互联网上的延伸，并不具有明显的创新性。

例如，各大银行、证券公司和保险公司等传统金融机构通过建立网上银行、网上证券和网上保险平台实现网上转账、网上投资理财、网上资金借贷、网上买卖证券和网上保险交易等相关的金融服务。

（2）传统金融机构进军电商平台。商业银行超越传统的电子银行业务，加快利用互联网渠道创新金融服务。这种改革不仅体现在业务模式的调整上，还体现在营销思维的创新上。一方面，互联网金融是传统金融机构强大的竞争对手和创新的驱动力；另一方面，传统金融机构陆续使用互联网技术探寻更多的客户服务模式。

例如，招商银行以App为统一支撑平台，实现"网点+App+场景"的线上线下一体化，提供营销活动、产品推荐、客户经理等服务，同时支持一网通对外向商户、合作伙伴提供支付，连接外部社区场景，形成线上线下业务的闭环。又如，CTID提供的互联网证，是基于"互联网+"可信身份认证平台，推动招商银行居民身份管理一体化，构建普惠、便民、可信的移动互联服务体系，通过7×24小时不间断的在线身份认证服务，增加了招商银行数字金融底层实施的可行性。

（3）从传统金融中析离出全新的互联网金融模式。顺应高效率、低成本、安全可靠的服务是商务发展的需求，结合信息网络技术的应用，网络银行就此产生。

例如，新网银行作为新型的互联网银行，从建立之初就定位数字银行建设，借用现有社交渠道，如微信公众号的移动端口，减少App的建设成本和获客成本，投入更多资源进行内容建设；配合社交游戏及用户娱乐心理，开发如答题分享、指数测试等社交游戏，实现获客转化。

### （三）传统金融业务与互联网结合

#### 1.行业相互融合

金融业与互联网相互吸引走向融合。金融业利用互联网提升服务方式，逐步向小微金融、供应链金融、社区金融、普惠金融领域拓展，而互联网利用互联网基金从事传统银行过去所不从事的小微金融，将溪流汇成江河。

例如，招商银行、平安银行、广发银行、交通银行等与腾讯合作，开通银行微信"营业厅"；交通银行与阿里巴巴合作推出交通银行淘宝旗舰店；平安银行的"陆金所"将旗下各种金融产品搬上网络销售，打造金融产品的网销大平台，代销各种各样的金融产品，成为金融界的"阿里巴巴"……

#### 2.渠道进行合作

互联网金融跨越单纯渠道合作，催生出新的金融业务品种及业务模式。金融机构和互联网企业通过在股权层面的合作，建立合资企业并获得金融牌照，共同设计、打包、生产投融资产品，通过互联网完成自己的所有事务。例如，中国联通、东方航空与招商银行结成异业联盟，在高端客户联动拓展、产品和服务创新、物理网点和电子渠道共享、增值服务延伸、数据挖掘与分析等方面实现优势互补与深入合作。

> ## 典型案例 1-1　　　　　　三马卖保险

2013年2月28日，中国保险监督管理委员会发布批文，批准中国平安、阿里巴巴、腾讯等9家公司发起筹建众安在线财产保险股份有限公司（试点），注册资本为10亿元，注册地点位于上海。

众安在线财产保险股份有限公司（以下简称众安在线）是一家专业的网络财产保险公司。三马合作，意在挺进虚拟财险以及网络贸易的新产品领域，开辟新的保险大战场。

与传统的线下购买相比，众安在线的特色是全国不设任何分支机构，完全通过互联网进行销售和理赔服务，主攻责任险、保证险两类险种，目标客户群聚焦于电子商务商家、互联网运营商、互联网消费者等。客户可以通过网络查询、了解、购买各种理财和保险产品，平台能够及时根据客户的个性化需求，提供不同的产品组合。众安在线使网络理财和保险更便捷、透明，门槛也更低。

资料来源：佚名. 众安保险三马是谁？［EB/OL］.［2023-05-08］. https://www.fsxiangtie.com/bxkp/1474326ymq.html.经过整理。

**案例透析**：三马联手卖保险的意义有哪些？

## 第二节　数字金融的核心技术

### 情境导入 1-2

#### 腾讯金融安全大数据监管平台

在国内，腾讯是较早发力于监管科技关联业务的先行者。过去几年，腾讯连续打造了多组与监管相关的产品条线。例如，为用户挽回损失约 10 亿元的鹰眼反欺诈系统、3 个月冻结欺诈资金超过 6.5 亿元的神侦资金流查控系统、使区域伪基站案发率下降 70% 的麒麟伪基站检测系统、使区域网络诈骗案发率日均下降 50% 的神荼网址反诈骗系统等。

腾讯金融安全大数据监管平台依托腾讯安全反诈骗实验室的灵鲲金融安全系统搭建而成。灵鲲金融安全系统的设计理念是用于普惠金融领域中诈骗、黑产行径的防治工作。除了腾讯反诈骗实验室所具有的 AI 技术优势以外，微信、QQ 等社交平台以及腾讯安全产品条线多年沉淀的大数据也为平台提供了有力的判断依据，克服了监管者底层数据、算法模型、服务器计算能力不足等痛点。

资料来源：佚名. 国内首个金融安全大数据监管平台亮相 [EB/OL]. [2017-12-18]. https://baijiahao.baidu.com/s? id=1587086441049748458&wfr=spider&for=pc. 经过整理。

随着云计算、大数据、人工智能和区块链等新兴技术的探索，科技对金融的作用被不断强化，创新性的金融解决方案层出不穷，云计算是基础设施，人工智能依托于云计算和大数据，推动金融科技发展走向智能化时代。区块链则推动了模式重构，它的实现离不开数据资源和计算分析能力的支撑。这些新兴技术并非彼此孤立，而是相互关联、相辅相成、相互促进。数字金融的核心技术，如图1-4所示。

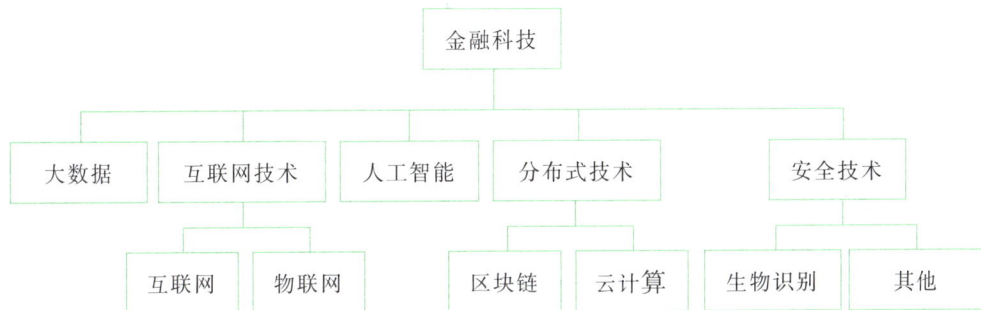

图1-4　数字金融的核心技术

### 一、互联网技术

互联网（Internet），指的是网络与网络之间所串连成的庞大网络，这些网络以一组通用的协议相连，形成逻辑上的单一国际网络。这种将计算机网络互相连接在一起的方法称为网络互联。金融机构利用互联网或者移动互联网汇集海量的用户和信息，可以实现业务中资产端、交易端、支付端、资金端的任意组合互联互通。

### （一）移动互联网

移动互联网是指互联网的技术、平台、商业模式和应用与移动通信技术结合并实践的活动的总称，既继承了 PC 端互联网开放协作的特征，又融入了移动通信实时、便携的优势。其本质是丰富互联网大脑神经纤维种类，让用户更便捷、更不受地域限制接入互联网。

移动互联网有广义和狭义之分。广义的移动互联网是指用户可以使用手机、笔记本等移动终端通过协议接入互联网。狭义的移动互联网是指用户使用手机终端通过无线通信的方式访问采用 WAP 的网站。移动互联网通过便捷的使用方式，为科技赋能提供了基础。智能手机作为移动互联网时代最重要的载体，正在深刻地改变生活。移动支付作为移动领域和金融领域的革命性创新和代表性应用，在促进电子商务及零售市场的发展、满足消费者多样化的支付需求方面发挥着越来越重要的作用。二维码支付、电子银行、直销银行业务等均体现了移动互联网技术在金融服务上的应用。

### （二）物联网

当互联网开始进一步向外延伸，并与世上的很多物体连接之后，这些物体开始不停地将实时变化的各类数据传回到互联网并与人开始互动的时候，物联网诞生了。

物联网（Internet of Things，IOT）主要是指通过各种设备（如 RFID 芯版、传感器等）的接口将现实世界的物体连接到互联网上，或者使它们互相连接，以实现信息的传递和处理。简单地说，物联网就是物物相连的互联网，如家里的所有电子设备、安防设置等都可以连接到家庭智能终端，你在公司看到终端显示家里着火了，就可以马上启动消防装置并报警；用户不仅可以在手机上操作打开空调、微波炉，还可以声控家里的空调、热水器、燃气灶等各种设施，或设定家用电器自动变换最适合的模式，为其提供最舒适的居家环境。

物联网和互联网这两张网是用来将所有事物和信息联系起来，因为将事物和信息联系起来后，数据才有了关联，数据有了关联才能产生更大的价值。例如，法国的体育用品零售商迪卡侬将物联网技术应用在库存管理上，在迪卡侬出售的超过 85% 的商品上都有唯一的 RFID 芯片，有效地加速了盘点流程和结账速度，降低了货物的损失率，极大地提升了该商场的效率，减少了运营成本。

可见，物联网是互联网的延伸，但它的本质还是互联网，只是它的终端不再是计算机（或 PC、服务器），而是拓展到嵌入式计算机系统和传感器上。物联网的终极效果是万物互联，不仅是人机的信息交互，还是更深入的生物功能识别读取等。

✓ **教学互动 1-1** --------------------------------

问：物联网对金融的作用有哪些？

答：物联网最大的作用在于数据的产生，大数据可以帮助商业银行更好地了解、分析客户以及防控风险等。物联网可以通过智能设备的安装，监控具体商品实际的生产过程，让它更加接近企业真实的生产经营数据，从而帮助商业银行更好地对客户进行风险评估、贷后管理，以及对抵押品的监控等。

### （三）互联网金融

金融领域在科技方面产生的重大创新，很大程度上是因为有互联网企业的参与。因此，当互联网企业开始渗透到金融市场并开始主导金融市场竞争的时候，这种带有一定技术含量的、涉及计算机和电子技术的金融手段被称为互联网金融。

#### 1.互联网金融快速兴起给传统金融行业带来巨大冲击

互联网技术极大地拓展了信息传播的渠道和方式，大幅度地减少了信息不对称的现象，扩大了金融服务供需双方的客户群。

在互联网金融模式下，交易双方直接在网上进行互动，打破了时空限制，提高了交易效率，减少了中间环节，降低了中间成本的消耗。互联网利用先进的技术实现资源实时共享，使业务处理实现自助化、自动化、系统化，使交易更加便捷、有效。

#### 2.金融市场主体出现显著变化

一方面，大量科技企业借助金融科技发展的契机，积极获取金融牌照，跨界提供金融服务，"科技+牌照"成为趋势；另一方面，大量具有消费者服务经验的传统企业，发挥用户规模优势，通过用户数据资源与金融科技的结合，也积极跨界提供金融服务。此外，大量依托于数字经济的新兴创业企业，成为金融市场的新兴力量，在数字金融领域技术和商业模式的创新成为其核心竞争力。

## 二、分布式技术

所谓分布式（distributed），就是将不同的服务模块部署在多台不同的服务器上，然后通过远程调用协同工作，共同对外提供服务。对用户来说，就像是一台计算机在服务一样。

分布式技术的典型代表包括云计算和区块链。

### （一）云计算

分布式计算与集中式计算中心相对应（云计算可以是一个分布式计算系统，也可以是一个集中式计算中心）。只要你有权限提交你的计算需求，本质上云计算与本地计算相对应。物联网和互联网产生大量的数据，在远程的数据中心，成千上万台电脑和服务器连接成一片电脑云，这些数据要找一个地方集中存储和处理，云计算的作用是将海量数据集中存储和处理。

云计算本质上是互联网大脑的中枢神经系统，它通过服务器、网络操作系统、神经元网络（大社交网络）、大数据和基于大数据的人工智能算法对互联网大脑的其他组成部分进行控制。

云计算甚至可以让你体验每秒10万亿次的运算能力，拥有这么强大的计算能力可以模拟核爆炸、预测气候变化和市场发展趋势。用户通过电脑、笔记本、手机等方式接入数据中心，按自己的需求进行运算。

物联网也需要将各种智能设备产生的数据进行分析，然后做出判断，这庞大的数据处理需要超强的算力才能完成，而云计算具备这种能力。如果没有云计算，每一台冰箱产生的数据都要部署一台独立的后台服务器来接收，那么其成本和便利性是无法被人们接受的。

作为金融科技领域的重要技术，云计算可以为很多金融机构解决资源问题，让它们把更多精力放在服务客户上。云计算技术能够为金融机构提供统一平台，有效整合金融结构的多个信息系统，消除信息孤岛，在充分考虑信息安全、监管合规、数据隔离和中立性等要求的情况下，为金融机构处理突发业务需求、部署业务快速上线、加快业务创新改革提供有力支持。同时，云计算技术有利于分享信息知识和创新资源，极大地降低了金融业创新和进入的门槛。

## （二）区块链

分布式技术又分为分布式网络技术和分布式账本技术。分布式账本记录了网络参与者之间的资产交易或数据交换等活动，是一种在网络成员之间共享、复制和同步的数据库。区块链是分布式账本技术的一种形式，但并非所有的分布式系统都使用一连串的区块来提供安全有效的分布式共识。也就是说，分布式系统和区块链都需要节点间的分散和共识。然而，区块链与分布式系统之间有着本质的区别——去中心化，同样分布式系统也没有智能合约。

### 1.区块链的特性

区块链具有去中心化、开放性、信息不可修改和自治性特性。去中心化的特征适合如银行、证券、数字货币等与核算相关的行业；信息不可修改的特性适合如身份认证、数据存证、金融行业等；开放性是去中心化的保障之一，所有人都可以自由加入区块链并得到所有信息，整个系统高度透明，只有各自的私有信息是加密的。

数据分析要求对大量的数据进行分解、统计、汇总，一台机器可能难以完成，但通过分布式计算方法，将大量的数据分成小份，每台机器处理一小份，多台机器并行处理，很快就能算完。例如，使用 Terasort 对 1TB 的数据进行排序，相当于 1 000G，如果单机处理，则需要几个小时，但多机并行处理，209 秒就可完成。

数据及交易安全对金融业务的开展至关重要，而信息不对称经常会掩盖业务风险，增加交易成本。区块链开放性的特征可以连接交易各方，使得交易流程向参与者公开，同时去中心化的特征使得数据无法被篡改，提升交易安全性，有助于降低交易和信息风险，能够有效节约金融机构间的清算成本，提升交易处理效率。

从金融业的应用路径来看，存证、对账清算、结算将会是逐渐落地的通用场景。在存证方面，机构间可构建对等互信的联盟链网络，并采用共享账本记录核心数据，避免数据被篡改、被伪造，或避免数据产生一致性差异，还能实现全业务流程的可追溯、可审计。

### 2.区块链的未来

随着数字经济的成功落地，未来区块链将逐步延伸到企业的跨境金融、供应链金融、资产证券化等领域。例如，在金融仲裁场景中，采用联盟链技术可缩短仲裁流程，降低司法成本，避免了摩擦成本与纠纷，有效解决过去金融业务取证难、仲裁难等痛点。在对账清算方面，机构间可基于联盟链账本，通过智能合约功能实时自动生成对账文件。

一方面，可提升对账的时效性，将对账时间缩短至T+0日准实时对账；另一方面，机构间无须两两对账，可以降低运营成本，提升效率，提高合作透明度。此外，从长期来看，在央行法定数字货币正式上线运行后，各类基于区块链的业务都有望实现支付即结算的功能，大大提升了结算效率，降低了运营成本。

视野拓展1-2

区块链电子合同

### 三、大数据技术

从上古时期的结绳记事、以月之盈亏计算岁月，到后来部落内部以猎物、采摘多寡计算贡献，再到历朝历代的土地农田、人口粮食、马匹军队等各类事项都涉及大量的数据。虽然这些数据越来越多、越来越大，但是人们都未曾冠之以"大"字。

大数据技术是对数量巨大、来源分散、格式多样的数据进行采集、存储和关联分析，从中发现新知识、创造新价值、提升新能力的新一代信息技术和服务业态。随着互联网的快速进化和急速膨胀，产生了巨大的信息，海量数据上传到云计算平台后，对数据进行深入分析和挖掘，这就是大数据的目的。例如，一辆车的位置数据没有太大价值，但将几千辆车的位置数据关联起来，就可以用来判断路面拥堵情况，也可以用于交通调度；将某个城市几百万人的健康状况综合分析，也许就可以得出某个工厂周围某种疾病的发病率比较高的结论……

大数据技术为金融业带来新的生机，基于大数据的分析能够从中提取有价值的信息，为精确评估和预测、创新产品和模式、提高经营效率提供了新手段。例如，为保证用户体验和信息安全，需要成功筛选出黑名单用户、甄别不正常的通话地点，对这些数据的识别、归纳和分析，仅依靠人是不可能完成的。

### ≫ 典型案例1-2　　大数据、物联网和云计算之间的关系

大数据、物联网和云计算之间是互相关联、共同发展的关系。

大数据是基础，大数据技术方便我们对海量的数据进行加工处理，挖掘有价值的信息。大数据为物联网和云计算提供了分析决策服务的依据。

没有对数据的云计算能力，拥有数据再多也无济于事。云计算为大数据提供了可行的计算能力，也为物联网数据的采集和控制提供了条件，

正是得益于大数据和云计算的支持，互联网才得以向物联网扩展，并进一步升级至体验更佳、解放生产力的人工智能时代。

物联网是大数据中数据资源最主要的来源途径。物联网能够产生带有时间、位置、环境和行为等信息的数据，这类数据往往具有高频、巨量、异构、多样性的特点，同时物联网为云计算提供了IaaS（基础设施即服务）和服务控制。例如，智能交通中数百万的车辆和摄像头等物联网终端将信息传递给云计算平台，通过对大数据的分析，并使用AI图像视频识别技术，准实时地分析车辆行为，预测未来车流趋势，实现智能化的城市交通管理。

由此可见，物联网必须要有大数据、云计算、人工智能等技术的支撑，才能更好地发展及服务于人。大数据、物联网、云计算三者的关系，如图1-5所示。

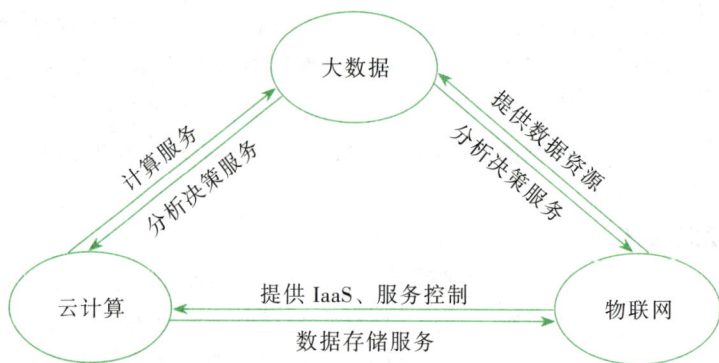

**图1-5 大数据、物联网、云计算三者的关系**

资料来源：佚名．物联网、大数据、云计算、人工智能之间的关系如何？[EB/OL]．[2021-03-24]. https://www.zhihu.com/question/27067794/answer/1105225529.经过整理。

**案例透析：** 通过图1-5分析腾讯金融安全大数据监管平台的作用有哪些。

## 四、人工智能技术

人工智能指的是让机器拥有智能，可以自主地帮助人类完成一些事务，如自动驾驶、对话机器人、一些自动化机械设备都是人工智能领域的产品。

目前，人工智能在金融领域通过与大数据技术的结合应用，已经覆盖营销、风控、支付、投顾、投研、客服各金融应用场景。人工智能有两个形影不离的队友——机器学习与深度学习。

### （一）机器学习

机器学习是一种实现人工智能的方法。

机器学习最基本的做法，是使用算法来解析数据、从中学习，然后对真实世界中的事件做出决策和预测。与传统的为解决特定任务、硬编码的软件程序不同，机器学习是用大量的数据来"训练"，通过各种算法从数据中学习如何完成任务。

#### 小知识1-3

大数据是基于海量数据进行分析从而发现一些隐藏的规律、现象、原理等，而人工智能在大数据的基础上更进一步，人工智能会分析数据，然后根据分析结果做出行动，如无人驾驶，自动医学诊断等。

例如，当我们浏览网上商城时，经常会出现商品推荐的信息。这是商城根据你往期的购物记录和冗长的收藏清单，识别出这其中哪些是你真正感兴趣，并且愿意购买的产品。

这样的决策模型，可以帮助商城为客户提供建议并鼓励产品消费。

### （二）深度学习

深度学习是一种实现机器学习的技术，通过建立和模拟人脑的神经网络进行分析学习。它是模仿人类大脑解读图像、声音和文本等数据的机制。由于深度学习使用深度神经网络，因此可以使模型更深入地理解数据。

## 五、生物识别技术

生物识别技术是通过人类生物特征进行身份认证的一种技术，人类的生物特征通常具有唯一性、可测量或可自动识别和验证、遗传性或终身不变等特点。现有的生物识别类型有指纹识别、虹膜识别、人脸识别、静脉识别。

### （一）指纹识别

指纹识别是最古老的生物特征识别，现代指纹识别技术容易被人接受，因为只需要少量指导便可实现轻松采集。此外，指纹特征占据的存储空间较小，设备轻巧，易于和移动设备结合。

### （二）虹膜技术

虹膜技术是一种基于眼睛虹膜进行身份识别的技术，可应用于安防设备和其他高度保密场所。虹膜是位于黑色瞳孔和白色巩膜之间的圆环状部分，其特征决定了身份识别的唯一性。人的眼睛结构由多个部分组成，而虹膜在胎儿发育阶段形成后是保持不变的。因此，可以将虹膜特征作为每个人的身份识别对象。

虹膜和指纹有相同的特性：独一无二，私人专享，且不易随时间变化而大幅度改变。目前，相比指纹识别只需一个小型模块，虹膜识别则需要庞大的分析系统和计算系统，且设备造价昂贵。这就注定现阶段的虹膜1.0是无法运用于手机等小型电子设备上的。

### （三）人脸识别

人脸识别，又称人像识别、面部识别，是基于人的脸部特征信息进行身份识别的一种生物识别技术。人脸识别是用摄像技术/扫描技术采集含有人脸的图像或视频流，并自动在图像中检测和跟踪人脸，进而对检测到的人脸进行脸部识别的一系列相关技术。人脸识别技术将在相当长的一段时间内与多种生物识别技术（如指纹识别、虹膜识别）一起使用，取长补短。就目前来看，人脸识别系统广泛应用于金融、司法、军队、公安、边检、政府等领域。

### （四）静脉识别

生物识别技术在金融领域的应用处于一种补充手段的地位，与传统身份核验等手段的关系属于配合而非取代。它在金融领域的应用逐渐从早期的身份认证走向金融支付，已经进入实用化阶段。

静脉识别具有以下优势：

（1）高度防伪。手指静脉藏匿于身体内部，被复制和盗用的可能性非常低。

（2）简洁易用。使用环境影响小，如手指油污、有灰尘、皮肤干燥等情况都不影响使用。

（3）高度准确。认假率为0.0000067%，拒真率为0.01%，注册失败率为0。

（4）快速识别。10 000枚手指静脉信息，识别速率小于1秒。

# 第三节　数字金融的应用

### 保险销售 AI 助手

客知音是一家智能对话分析平台，也是一家语音语义人工智能公司，致力于语音智能和大数据研究等。

客知音为电话销售和客服团队推出了一系列的人工智能产品，提高客户满意度，提升销售转化率。

目前，客知音主要有两款产品：一款是"客知音外呼机器人"。它通过播放录音和语音合成的方式，自动跟目标听众交流并解答问题，主要应用在客户回访、关怀，销售线索初筛、通知、提醒等场景。另一款是"智能坐席助手"。它可以实时将语音转成文字，根据对话内容自动向销售和客服推送相关信息，推送的内容包括思路导航、话术推荐、业务知识、表达规范、成单预测等，主要用于政府部门和保险业。

除了运用人工智能解决保险定价和索赔结算的流程外，客知音销售对话智能分析系统能够针对保险营销员销售技能和专业素养不足的问题，利用 AI 和大数据技术为保险公司打造精英化、专业化的保险销售形象；能够实时指导销售人员打电话，根据客户的提问提示销售人员如何交流互动；增加与客户的有效沟通，提高客户服务水平，从而快速提升营销能力。

资料来源：佚名. 客知音是一家什么公司？语音识别技术怎么样？[EB/OL]. [2019-05-31]. https://zhidao.baidu.com/question/205688477970724445.html. 经过整理。

互联网时代下，传统金融业务显然难以满足用户多样化的金融需求，人工智能、区块链、云计算、大数据等新兴科技加速与传统金融机构的融合，为银行、保险、券商、信托、基金等传统金融机构提供了许多创新性金融解决方案，引导传统金融业务在金融模式、流程和产品上进行变革和优化，提升了传统金融服务的质量和深度，模糊了传统行业的边界，重塑了传统金融竞争格局。下面以传统金融机构为主体，分别说明科技创新对银行、保险、券商、信托、基金等传统金融业务的影响。表 1-1 就是大数据、云计算、人工智能等科技在金融场景中的部分应用。

表 1-1　　　　　　　　　　　数字金融的典型应用场景

| 技术 | 应用 |
| --- | --- |
| 大数据技术 | 大数据贷款、反欺诈、用户画像、精准营销 |
| 移动互联网技术 | SDK 与 API、移动支付、直销银行 |
| 云计算技术 | 金融云、企业云、SaaS 平台 |
| 人工智能技术 | 智能客服、智能投顾、智能理赔、智能运维 |
| 安全技术 | 身份认证、智能风控 |
| 区块链技术 | 对账与清（结）算、存证与溯源、电子合同、供应链金融 |

## 一、银行

近年来，我国银行业内忧外患。一方面是互联网金融的强势入侵，在存、贷、汇方面冲击银行业务，同时金融脱媒的趋势，令传统银行在存贷两端的整体占比有所下降；另一方面，银行产品同质化严重，加上银行不良资产率上升、利率市场化，旧有盈利模式难以为继。

鉴于以上两个方面的挑战，传统银行在以下方面进行了改变，探索新的增长策略和模式，进行数字化转型，以此适应新时代。

### （一）拓宽线上渠道，提高获客能力

过去，银行主要通过营业网点对外提供服务，由于网点的局限性，难以满足用户随时随地的服务需求，但在云计算、大数据、人工智能等技术的帮助下，银行可通过网上银行、手机App、微信银行等电子渠道和电商平台、直销银行，突破上述限制，可以随时随地进行远程开户、在线交易、资产管理等，使得服务唾手可得，提高了服务的可得性和便利性。

例如，招商银行App5.0版本运用金融科技的大数据分析能力，为客户提供360度全视角的"收支记录"功能，依托银行数据优势，按消费、投资、转账与收入四大类别帮助每个用户进行自动分类汇总，全方位自动记录用户资金流向，以及提供特色平台服务；微信用户只需手机扫描二维码，登录工商银行的微信银行，或者通过微信平台关注"中国工商银行电子银行"公众号，便可得到7×24小时人工咨询、自助查询和资讯获取等服务；浦发银行的网上金融超市将传统的电商业务与金融产品相结合，所有客户均可在线无障碍查阅浦发银行特色金融产品，并可根据指导进行选购；平安银行的直销银行——橙子银行，其品牌定位为年轻人的时尚互联网银行，具有投资理财、消费记录、目标管理等多项功能。

### （二）搭建金服平台，实现普惠金融

移动互联网时代下，传统的存贷模式已经难以满足客户日益增长的金融服务需求，为此银行在提供传统金融服务的同时，积极搭建平台，利用大数据、人工智能等技术在各种场景中智能化挖掘客户的个性化需求，通过模块化组合研发并匹配相应产品，提供更个性化的金融服务方案，主动精准对接客户的资产和资金需求。例如，招商银行2013年9月上线的投融资平台和互联网金融服务平台——"小企业E家"，专门针对投资者和中小微企业投融资进行撮合交易，提供网络贷款投融资服务，提高资金的使用效率。

### （三）重塑风控模型，实现不良"双降"

信息不对称是银行在风险控制时面临的难题之一，银行在数字时代可依靠大数据、人工智能等技术，对互联网底层海量数据进行全面分析、挖掘，通过搭建风险控制模型，实时监控风险指标，接近临界值时及时警示，为风险管理提供有价值的参考信息，有效提升风控能力。

在银行贷款过程中，客户经理需要识别是否是真实用户、是否有真实的还款意愿、是否有真实的还款能力等，因此引入风控模型尤为重要。平安银行利用金融科技把贷款

业务与平安集团投资理财的各项业务条线打通，可与集团实现信息共享，通过对脱敏后客户的资产情况、交易记录、消费情况、社交情况等数据进行分析，提高了风控的审批效率和水平，借助金融科技对风控体系的强化作用，平安银行零售贷款不良增额、不良率实现"双降"。

招商银行积极利用金融科技来制造风险管理的武器，以云计算、大数据、人工智能为核心，围绕"数据+模型+算法"进行大数据风控，在申请流程中，"闪电贷"的人脸识别系统可以有效防止伪冒欺诈，通过大数据应用来强化欺诈风险模型的准确性，运用新技术对资金流向进行监测，防止放款后客户将贷款资金用于民间借贷。

工商银行从2007年起专门建立了数据仓库和集团信息库两大数据库，实现了对全部客户和账户信息等集团管理，通过对个人客户和法人客户的违约率、违约损失率进行动态监测和实时预警，并对积累的数据进行深入分析，为银行把控实质风险、提升融资服务效率、拓展信贷市场，创造了巨大价值。

### （四）布局智能投顾，优化投资组合

国内传统理财顾问服务有100万元的投资门槛，且需要支付一定比例的佣金费用，门槛较高，普通投资者很难享受专业的投顾服务。智能投顾通过智能机器为客户提供在线顾问服务，不仅降低了银行的人工成本，而且提高了投顾服务的受众范围，完美地解决了以上问题。

2015年12月，德意志银行推出机器人投顾；2016年下半年，招商银行、浦发银行相继推出摩羯智投、财智机器人；2017年，兴业银行、交通银行、华瑞银行的智能投顾上线。银行投顾服务模式正在发生改变，智能投顾成为新风口。

## 二、保险

受制于行业监管趋严、产品复杂（尤其是部分寿险产品）、需求被动等原因，传统保险发展受到一定程度的影响。金融科技通过大数据、云计算、区块链等技术创新引发保险销售渠道、保险种类和保险产品定价等发生重大变革。借助金融科技，保险业不断创新，互联网保险迅速发展，未来空间巨大。

### （一）上下联动，扩大销售范围

传统保险公司的业务模式为产品设计—代理人渠道销售，受众较为局限，在金融科技的助推下，保险销售渠道逐渐趋于网络化、场景化，不仅扩展了更多的长尾客户，降低了运营成本，提升了保险公司的经营效率，还为客户提供了优质灵活的保险体验。

新增的保险销售渠道可分为五类：

#### 1.网上商城和手机App

例如，中国平安官网和平安好福利App，集保险服务、年金服务、医疗健康服务、保险理财等功能于一体，可为客户提供优质的全方位金融、生活服务。

#### 2.第三方保险中介网站

例如，国内最大的互联网保险平台慧择网推出涵盖旅游保险、儿童保险、重疾保险、中老年保险等品类的上千款产品，提供一站式的测算、投保、理赔等协助服务。

### 3.电商保险平台

例如，淘宝保险商城中的保险公司通过淘宝电子保险平台展示相关保险产品，引导淘宝用户在线购买。

### 4.其他网站兼业代理

例如，携程网的用户可在购买机票的同时，购买航空意外险和延误险等。

### 5.专业互联网保险公司

例如，众安在线服务互联网生态圈，其流程全程在线，完全通过互联网进行承保和理赔服务。

### （二）险种创新，满足用户需求

传统险种较为单一，多集中于寿险、财险、健康险、意外险、车险等，标准化程度高，品种少，门槛高。互联网时代下，个性化的生活方式催生出很多新型保险需求，保险公司急需完善补充现有保险产品体系，满足用户多样化需求。众安在线从细分市场和场景入手，深挖用户在特定场景的保险需求，开发出多种特色险种，如儿童防走失险、银行卡盗用险、家财意外险、电信诈骗损失险、小米手机意外险、个人法律费用补偿保险等，受到特定用户的青睐。

### （三）动态分析，实现精准定价

传统保险定价主要是基于历史数据的静态精算模型进行估算，模型多为静态，维度相对单一，难以满足客户差异化的需求。大数据和物联网等新型数据收集方式，使得高量级、高维度的大数据积累得以实现，借助大数据动态分析可更加真实地反映风险，实现精准化、个性化定价，降低保险公司损失率。例如，基于车联网的UBI车险，通过日常实时监测用户的驾驶习惯来推测汽车发生事故风险的概率，经大数据分析后对其进行保险费用定价，从而实现更为精准的差异化定价。

## 三、券商

金融科技正以迅猛的势头重构证券业，而数字化则成为"兵家必争之地"。证券的数字化转型，成为券商提高服务质量、提升竞争优势的必然选择。

### （一）业务上线，优化用户体验

由于手续费市场化程度加强，券商经纪业务竞争更趋激烈，行业平均佣金率下滑压力加剧。为确保利润，券商高度重视以互联网化的方式培育和开发客户，加快传统线下业务线上化，积极利用互联网工具为客户提供包括开户、交易、理财、融资、咨询在内的线上服务，简化操作流程，优化客户体验。例如，华泰证券App客户端"涨乐财富通"布局移动互联网，具有智能家族、全景行情、严选理财、超级账户、掌上营业厅等特色功能，帮助使用者轻松管理财富。广发证券上线线上综合服务平台"易淘金"，为客户提供网上理财、网上业务办理、网上开户、网上咨询等全方位服务。东吴证券打造金融科技综合服务平台"东吴在线"，围绕证券业务创新构建"平台+产品+服务"的综合金融生态体系，现已为C端用户提供传统的网上理财服务、为B端的机构用户提供投融资一站式服务、为包括机构投资者在内的高端客户提供资产管理业务。由此可见，在金融科技的助推下，券商线上业务模式不断完善，用户满意度不断提升。

### （二）智能投顾，提供投资决策

券商在财富管理业务上正在从传统的通道服务提供者向综合金融服务商转变，专业的投顾服务不可或缺，但是鉴于投资顾问人数有限，造成明显的供需不平衡。由于智能投顾一对多、边际成本可以忽略不计的特征，能够真正把握客户的需求，提供更加科学的投资决策参考和个性化定制服务，是现阶段券商科技革命的核心，未来发展潜力巨大。

根据人工干预程度，智能投顾分为半智能投顾和全智能投顾。半智能投顾的资产配置计划由机器人得出，但只能作为一种参考，需要经过人工决策后才能形成最终投资建议，如瓦罗兰特系统，分为机器和人工两个部分。机器部分主要用于客户风险偏好判断和大类资产配置，而人工部分由投资顾问基于此进一步研究确定投资方案。全智能投顾的资产配置计划完全由机器人得出，人工干预很少甚至不干预，几乎完全由机器人自主决策，如贝塔斯曼系统，没有前期风险偏好调查，直接由机器人根据客户年龄和收入推荐三种投资模式，设定不同的目标收益范围和股债配置比例，用户提前自行确定，之后平台对资产进行智能化管理，后续无须人工确认。

### （三）共享交易，提高运转效率

过去，证券的发行和交易高度依赖中介机构，券商作为重要的中间机构切实履行职责，在交易达成过程中处于中心地位，中心化较为明显，从而产生了一些问题，如交易成本较高、透明度不佳、耗时较长等。

区块链技术将有效改善这一境况，通过共享的网络系统参与证券交易，使得原本高度依赖中介的传统交易模式变为分散的平面网络交易模式，金融交易市场的参与者享用平等的数据来源，让交易流程更加公开、透明、有效率。在降低成本的同时，提高市场运转效率。

例如，平安集团的金融壹账通平台利用区块链技术、分布式关联技术实现中小银行之间的自动结算，可交易两种资产：一是金融机构在平台上进行资金拆借；二是壹账通的同业业务将合作的公募基金、信托产品、证券产品等放在平台上，供中小银行资金在有理财需求时直接在线交易。

## 四、信托

作为服务高净值人群的传统金融机构，信托从简单的卖产品转为全面的资产配置。提升财富管理专业能力，更好地匹配客户需求，是信托未来重要的发力点。随着科技创新在信托中的应用逐渐深入，金融科技成为信托转型的重要载体和手段。

### （一）创新种类，丰富产品类型

信托业务的基础资产主要分为债权类和收益权类，多为住房抵押贷款、企业应收账款、收费收益权、商业物业租赁收入等实物资产。2017年9月，中航信托与百度金融等联合发起成立国内首个数据资产战略联盟（国内首个以数据的管理、应用、经营和服务为核心的金融科技合作组织），同时发行了行业内首单数据信托产品，总规模为3 000万元，信托财产是数据堂所持有的某一个数据资产包，丰富了信托产品的基础资产种类。

### （二）定制方案，优化资产配置

在强监管的背景下，多家信托公司暂停通道类业务，主动管理。例如，中航信托强调智能交互，借助金融科技为产品的组合提供量化决策，同时运用 FOF 等多种手段的投资组合，为用户定制个性化资产管理方案，联手博普科技打造了一款以人工智能为主导的资产配置平台，实现人工智能在模型开发、策略管理、资产组合配置和风险管理等方面的应用。

视野拓展 1-4
数据堂和 FOF

### （三）分层管理，精准服务客户

在互联网背景下，传统粗犷的服务模式难以为继，急需精细化的客户分层管理、多元化的配置方案，并以客户资金量为标准，借助金融科技力量对其客户进行更为精细的画像，根据客户的投资风险偏好、资金来源以及不同的服务场景，推行客户精准营销策略，对客户的当前价值和未来的潜在价值进行评估，并提供差异化、定制化的服务和产品。例如，在家族信托领域，中航信托联合宇信科技公司开发了符合中国国情的家族信托、财富管理业务系统，支撑家族信托业务中的统一账户体系、投资组合管理。

## 五、基金

金融科技给基金业带来的深刻变化和信托业相似，主要表现在资产管理、财富管理和风险管理三个方面。

### （一）通过量化分析提供决策参考

借助大数据、人工智能、云计算等技术，通过计算机完成基金烦琐的量化分析工作，对市场上的海量数据进行快速处理，包括数据收集、信息整合、智能计算、量化分析等，为投资经理提供投资决策参考，以便能够进行更快、更高效、更简单的深度研究和投资决策。

例如，天弘基金成立了业内首个大数据中心，同时建立了行业首家数据研究平台，通过更广泛的数据源，更直接、更深度地渗透到各行业大数据体系，利用自身的数据信息优势和算法模型优势，降低投资风险，帮助用户获得长期稳健收益。

### （二）通过深度挖掘完善财富管理

在资产配置方面，金融科技助力基金机构为客户实现个性化的资产配置。通过大数据和资产建模等方式，更加精准地了解、把握、挖掘客户行为，根据客户的风险偏好、财富管理目标等需求，为客户提供个性化、差异化的资产配置建议和定制服务。

例如，鹏华基金布局金融科技，打造了具有自主知识产权的技术平台——A 加平台，通过此平台将自身专业的资产管理能力与金融科技创新能力全面融合，运用数字化、场景化、社交化等创新技术手段直面投资者，为客户的投资需求量体裁衣，为客户的理财场景答疑解惑，提供精准财富管理解决方案。

### （三）通过精细管理提升风控能力

金融科技除了应用于决策和产品外，还可应用于风险管理，提升金融管理水平和风控能力。将大数据和人工智能等技术贯穿于各个业务环节，既优化了业务管理流程，又提升了精细化管理水平。此外，利用金融科技把内控规则嵌入业务流程，不但能够对传统风险管理方式进行革新，还能使风险管理机制更具有前瞻性和有效性。

例如，全球最大的基金公司——贝莱德集团利用大数据构建风险管理平台，并基于大量可靠的历史数据，预测股票、债券等资产在未来特定条件下的数据结果，用以评估各类资产的风险，协助贝莱德集团管理170多只养老金、捐赠基金等资产，并有偿提供给全球约17 000多位交易员使用。

### 经济观察 1-2

#### 开启我国数字金融的璀璨未来

我国数字金融从无到有、从小到大，发展迅猛。无论是从2004年支付宝账户体系上线，还是从2013年余额宝业务启动开始，我国数字金融在经历几十年的发展后，成为引领全球的一面旗帜。第三方支付、网络贷款、数字保险业务规模都在国际上遥遥领先，蚂蚁金服、京东金融、陆金所和众安保险也在全球名列前茅。

数字金融的发展带来更为便捷、高效的金融服务。互联网、大数据、云计算等数字金融相关工具的普及，可以让居民、企业、机构足不出户办理银行业务、全自动化贷款审批、一分钟完成放款等。同时，数字金融降低了信息的不对称性，优化了资源配置，降低了银行的经营成本，提高了企业的经济效益和金融活动的效率。

数字金融的发展让金融服务得到了更好的普及。在数字技术支持下，我国长尾客户的金融服务成本显著降低。移动互联网技术降低了银行昂贵的布点成本，大数据和人工智能技术有效降低了金融机构收集和处理信息的成本，而区块链和云计算技术提高了金融机构风险识别的效率。数字金融带来了更透明的信息、更低的成本和更小的风险。人口稀少和经济落后的地区、低收入的阶层和群体、中小企业等都可以在数字金融的发展下享受金融服务，享受金融成果。

资料来源：田利辉. 开启我国数字金融的璀璨未来［J］. 群言，2022（4）：19-22.

启发思考：

当前，中国已经是世界上最具活力的数字金融市场之一。在中国的任何一个地方，只要拥有一部智能手机并连接移动信号，就可以享受在线支付、转账、贷款等金融服务。中国在数字金融领域快速崛起。

## 综合训练

### 一、概念识记

数字金融　移动互联网　物联网　生物识别技术

### 二、单选题

1.互联网金融的核心是（　　　）。

A.技术创新　　　　B.业务创新　　　　C.模式创新　　　　D.金融创新

2.国内首家互联网银行是（　　　）。

A.前海微众银行　　　B.蚂蚁金融银行　　　C.温州民商银行　　　D.天津金城银行

3.当身份证件需要取消或者重新签发时，可使用（　　　）技术。

A.大数据　　　　　B.区块链　　　　　C.云计算　　　　　D.人工智能

4.区块链技术的特性不包括（　　　）。

A.技术公开　　　　B.不可篡改　　　　C.去中心化　　　　D.技术保密

5.以下说法中，错误的是（　　　）。

A.投资：资金充裕的人想让钱生钱　　　B.融资：缺乏资金的人需要钱

C.支付：从本质上来看，资金是静止的　　　D.融资：需要付出成本是用钱买钱

6.解决信息不对称问题使用（　　　）技术。

A.大数据　　　　　B.区块链　　　　　C.云计算　　　　　D.人工智能

7.人工智能不包括（　　　）。

A.计算智能　　　　B.感知智能　　　　C.认知智能　　　　D.学习智能

8.狭义的网络金融不包括（　　　）。

A.网上银行　　　　B.网上证券　　　　C.网上支付　　　　D.金融信息服务业

9.美国富国银行的网上房屋贷款批复业务只需50秒；而美国第一银行则宣称，其网上贷款业务25秒即可办妥，这说明网络金融具有（　　　）的特征。

A.高效性和经济性　　　　　　　　B.科技性与共享性

C.信息化与虚拟化　　　　　　　　D.一体化

10.以下选项中，不是区块链数据的组成部分是（　　　）。

A.地址　　　　　　B.钱包　　　　　　C.区块　　　　　　D.网络

11.我国互联网金融的发展大致可分为三个阶段。其中，第三阶段是从2012年开始的，（　　　）年被称为互联网金融得到迅猛发展的一年。

A.2012　　　　　　B.2013　　　　　　C.2014　　　　　　D.2015

12.以下关于网络银行优势的说法中，错误的是（　　　）。

A.能有效控制经营成本　　　　　　B.拥有更广泛的客户群体

C.观念更新的金融竞争策略　　　　D.拥有更安全的支付手段

13.在数字金融环境中，（　　　）作为金融的核心资产，将撼动传统客户关系和抵质押品在金融业务中的地位。

A.网络　　　　　　B.数据　　　　　　C.资金　　　　　　D.人脉

14."如果银行不改变，我们就改变银行。"这句话是（　　　）提出的豪言壮志。

A.马云　　　　　　B.马化腾　　　　　C.马明哲　　　　　D.刘强东

15.以下说法中，错误的是（　　　）。

A.大数据技术成本较低　　　　　　B.大数据采集慢

C.数据处理快速　　　　　　　　　D.分析快速

16.以下选项中，不属于互联网消费金融特点的是（　　　）。

A.符合国家整体经济形势导向

B.从内涵上已经基本满足了国家内需导向型的经济发展策略

C.互联网消费金融是一个未来市场空间较大的最佳的嵌入点

D.与年轻人的消费观念不符

17.以下选项中，不属于消费金融服务提供商支付模式特点的是（　　　）。

A.消费者在进行相应消费时，消费金融服务提供商直接向零售商支付

B.保证专款专用

C.需要消费金融服务提供商拓展更多合作商户

D.风险较大

18.区块链技术应用业务领域不包括（　　　）。

A.跨境支付　　　　B.智能合约　　　　C.征信管理　　　　D.人物画像

19.以余额宝为代表的金融服务创新，使得更多寻常百姓能够以"标准化、碎片化"的方式获得原来主要面向高端客户的理财服务，余额宝的出现和发展符合发展（　　　）的理念。

A.绿色金融　　　　B.普惠金融　　　　C.低碳金融　　　　D.互联网金融

20.以下选项中，不属于数字经济特征的是（　　　）。

A.虚拟化、成本低　　　　　　　　B.竞争激烈，合作很难

C.全天候、全球化　　　　　　　　D.强大的创新性

## 三、多选题

1.以下说法中，正确的有（　　　）。

A.金融就是钱怎么流动起来

B.金融的盈利运作模式就是想办法让投资者和被投资者连接起来

C.对投资者来说，我把钱给出去，我要收益

D.对被投资者来说，我需要用钱，有什么办法最低成本拿到钱

2.互联网金融的优势有（　　　）。

A.透明度高　　　　B.成本低　　　　C.效率快　　　　D.无风险

3.打造数字金融生态链的核心包括（　　　）。

A.信息　　　　B.资本　　　　C.平台　　　　D.渠道

4.普惠金融时代下，需要互联网金融满足（　　　）的需求。

A.小额　　　　B.分散　　　　C.大量的客户支付　　　　D.理财和投融资

5.简单来说，金融就是货币的活动，即（　　　）等经济活动。

A.货币的发行、流通和回笼　　　　　　B.贷款的发放和收回

C.存款的存入和提取　　　　　　　　　D.汇兑

6.生物特征识别作为重要的智能化身份认证技术，在（　　　）领域得到了广泛的应用。

A.金融　　　　B.公共安全　　　　C.教育　　　　D.交通

7.互联网金融的主要特征有（　　　）。

A.信息的多维采集　　　　　　　　B.信息的多维运用

C.去中介化　　　　　　　　　　　D.传统金融的后台化

8.互联网金融具有（　　）等特点。

A.参与主体广泛　　　　　　　　　　　　B.经营模式多元化

C.业务模式众多　　　　　　　　　　　　D.是发展变化中的概念

9.金融的本质是价值流通，（　　）构成了金融体系。

A.银行　　　　　　B.证券　　　　　　C.保险　　　　　　D.信托

10.以下选项中，属于互联网精神的有（　　）。

A.开放　　　　　　　　B.平等　　　　　　　　C.协作

D.快速　　　　　　　　E.分享

11.大数据金融重点关注数据（　　）等方面的应用。

A.获取　　　　　　B.储存　　　　　　C.处理分析　　　　D.可视化

12.下列选项中，属于网络服务的有（　　）。

A.网络招聘　　　　　　B.网络旅游　　　　　　C.网络金融

D.互联网通信　　　　　E.网上支付

13.网络经济的特征包括（　　）。

A.虚拟化、成本低　　　　　　　　B.竞争激烈，合作很难

C.全天候、全球化　　　　　　　　D.强大的创新性

14.物联网能够产生带有（　　）信息的数据。

A.时间　　　　　　B.位置　　　　　　C.环境　　　　　　D.行为

15.在智能手机上可以装载（　　）。

A.银行卡　　　　　　B.信用卡　　　　　　C.社保卡　　　　　　D.公交卡

16.传统金融业务在"互联网+"下具备的一系列特征包括（　　）。

A.透明度更强　　　　　B.参与度更高　　　　　C.协作性更好

D.中间成本更低　　　　E.操作更便捷

17.区块链数据的基本组成部分包括（　　）。

A.地址　　　　　　B.钱包　　　　　　C.区块　　　　　　D.网络

18.人工智能的（　　）技术在金融行业得到了应用。

A.人脸识别　　　　　B.图像识别　　　　　C.语音识别　　　　D.自然语言理解

19.未来，传统金融与互联网的联系更加紧密，金融行业发展可深入借助互联网，如（　　）。

A.利用数字技术实现自动投融资需求的对接，降低人工成本

B.注重个性化、定制化的金融服务，注重长尾效应

C.提供的金融服务方案更清晰、更透明

D.最大程度地简化用户操作

E.降低用户参与资金的门槛

20.物联网的基本特点有（　　）。

A.互联互通　　　　B.多样化的设备　　　　C.传输速度快　　　　D.安全性保障

## 四、判断题

1. 电子货币的本质是价值信息工具，它已经不再是商品，却代表着商品；它已经不再具有价值，却代表着价值。　　　　　　　　　　　　　　　　　　（　　）

2. 金融是人工智能重要的应用场景。　　　　　　　　　　　　　　（　　）

3. 电子货币的突出问题是发行权和归属权不明确。　　　　　　　　（　　）

4. 由于电子货币的流动性更大，电子货币使货币的交易性需求、预防性需求和投机性需求进一步分离。　　　　　　　　　　　　　　　　　　　　　　（　　）

5. 从用户需求的角度出发，数字金融和传统金融其实没什么差别，都是满足用户的三大基本金融需求，即投资、融资、支付。　　　　　　　　　　　　　　（　　）

6. 存款、保险也是投资的一种。　　　　　　　　　　　　　　　　（　　）

7. 从广义上来讲，具备互联网精神的金融业态统称为互联网金融。　（　　）

8. 电商金融与传统金融的区别不仅在于金融业务所采用的媒介不同，更重要的是，金融参与者深谙互联网"开放、平等、协作、分享"的精髓。　　　　　　（　　）

9. 人工智能从时间上实现了价值转移。　　　　　　　　　　　　　（　　）

10. 由于二维码应用的广泛性，当只使用二维码进行交易验证时，不懂安全的人扫来源不明的二维码很容易受骗，被执行恶意程序。　　　　　　　　　　　（　　）

11. 区块链技术有助于降低交易和信任风险，降低金融机构的运作成本。（　　）

12. 金融的本质是资金融通，服务于实体经济，而互联网可促使金融回归本质。　　　　　　　　　　　　　　　　　　　　　　　　　　　　　　（　　）

13. 随着互联网的发展，基于互联网的价值互动增多，传统金融机构难以完全覆盖。　　　　　　　　　　　　　　　　　　　　　　　　　　　　　　（　　）

14. 区块链技术实现了数据库历史记录的不可篡改，改善了信息不对称的问题。（　　）

15. 云计算、大数据、人工智能和区块链等新兴技术彼此独立。　　　（　　）

16. 区块链的本质是一个去中心化的数据库，可以解决交易的信任和安全问题。　　　　　　　　　　　　　　　　　　　　　　　　　　　　　　（　　）

17. 目前，AI技术已在金融、医疗、安防、教育等领域实现了技术落地，且应用场景也越来越丰富。　　　　　　　　　　　　　　　　　　　　　　（　　）

18. 大数据是基础资源，云计算是基础设施，人工智能则依托云计算和大数据，推动了金融科技发展走向智能化时代。　　　　　　　　　　　　　　　　（　　）

19. 区块链从空间上延展了价值转移。　　　　　　　　　　　　　　（　　）

20. 物流网让人工智能更准确。　　　　　　　　　　　　　　　　　（　　）

## 五、简答题

1. 传统金融是如何与互联网行业融合的？

2. 在数字金融时代，我国金融体系的主体发生了哪些改变？

## 六、实战演练

1. 通过图1-6，分析数字金融的优势是什么？

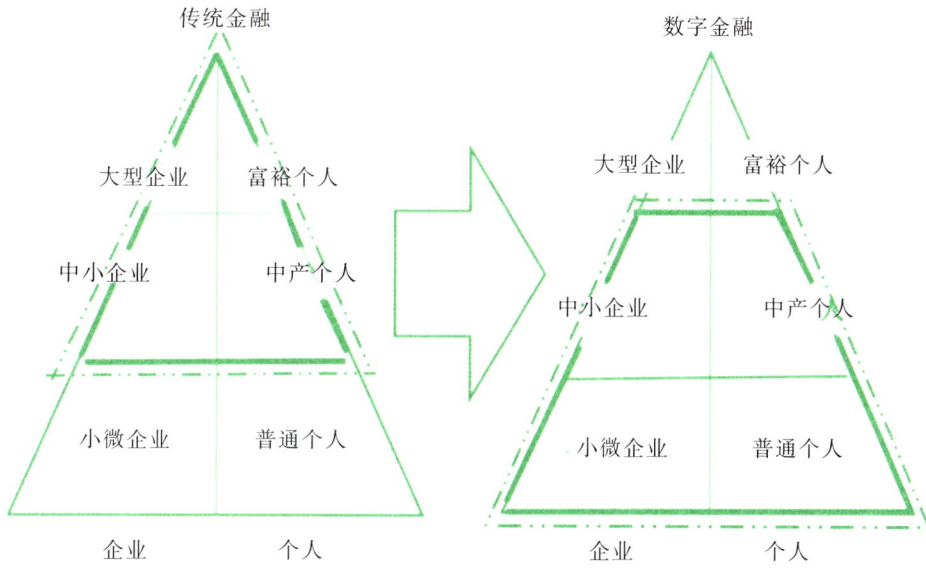

图1-6　传统金融和数字金融的对比

# 第二章

# 大数据

## 学习目标

### 知识目标：

• 了解大数据与数据的区别；掌握大数据的特征；掌握大数据含义及层次。

### 能力目标：

• 掌握大数据风控的应用场景；会用大数据金融风控模型分析问题。

### 素质目标：

• 树立新时代的理想信念、价值认同、道路自信，培养科学严谨的钻研精神，树立风险意识。

# 第一节　大数据的含义及层次

情境导入 2-1

## 《纸牌屋》的营销传奇

　　《纸牌屋》的制作方——美国奈飞（Netflix）公司，是一家在线影片租赁提供商，奈飞公司在全球拥有 3 300 万订阅用户。有资料显示，每天的高峰时段网络下载量都是出自奈飞公司的流媒体服务，用户每天在奈飞公司产生 3 000 万个行为（当用户暂停、回放或者快进时，都会产生一个行为），奈飞公司的订阅用户每天还会给出 400 万个评分、300 万次搜索请求、询问剧集播放时间和设备运行情况等。奈飞公司通过对这些数据的挖掘、分析，了解到用户很喜欢 David Fincher（《社交网络》和《七宗罪》的导演），也知道 Kevin Spacey 主演的片子表现都不错，还知道英剧版的《纸牌屋》很受欢迎，三者的交集告诉奈飞公司值得在这件事上投入，于是奈飞公司投资了 1 亿美元请来 Fincher 和 Spacey，并买下了《纸牌屋》的英剧版权。正因为奈飞公司比谁都清楚大家喜欢看什么样的电影和电视，所以首次进军原创剧就一炮而红，《纸牌屋》在美国及 40 多个国家成为最热门的在线剧。

　　奈飞公司将大数据本身的威力演化为一款产品，迅速打动了亿万用户，将大数据的应用做到了极致。

　　资料来源：佚名. Netflix 是如何用大数据捧火《纸牌屋》的［EB/OL］.［2013-02-26］. https://www.36kr.com/p/1641702506497. 经过整理。

## 一、数据与大数据

### （一）数据是大数据的基础

　　每个人对数据的理解都是不同的。有人说数据就是数字，类似 GDP 和 CPI 那样的数字指标；有人说数据就是信息，如社交信息；有人说数据就是报表；有人说数据就是微博中大家的看法和观点……他们说得都对，因为这些都是数据，但这样的定义都不是完整的。

　　从字面意义上理解，"数据"由"数"和"据"组成。"数"指的是数值、数字、数字化的信息，或者以数值的形式存储的信息；而"据"则指的是"证据"或者"依据"。简单地从字面意义上来理解，数据就是数字化的证据和依据。如果我们拿到了一份数据，却无法解读所获得数据的含义，那么只能称之为"数"，而不是"数据"。

　　从严格的定义角度来讲，"数据是我们对客观事物及其发生、发展的数字化的记录"。通过这个记录，我们可以还原事物在该数据记录时的状态和发生的活动，因此我们能够通过数据去追溯当时的情景。

　　例如，图 2-1 中的 175cm 是数值，而不是数据。而如果"小李的身高是 175cm"，那么 175cm 就是数据。但是这个说法还是有所欠缺的，因为人的身高是不断变化的，为了精确时间，我们需要将以上例子表述为"小李在某年某月某日某时的身高是 175cm"，或者"小李在 18 岁生日时测量的身高是 175cm"。因为，既然是证据，就要有事物状态的"时间戳"，没有时间戳，这个数据就会变得没有"证据"性。

| 仅仅是数值 | 不完整的数据 | 完整的数据 |
|---|---|---|
| 175cm | 小李身高175cm | 小李现在的身高175cm |

图2-1　小李身高数据表达方式

如果把数据比作地球上的水，个人的数据就好像一颗小水珠；企业的数据根据规模的大小，可以是水坑、池塘、湖泊，在湖泊之外，还有大海。水滴、池塘、湖泊能够汇聚成海洋。大数据海洋里面的水（数据）多到数不清楚，里面的物产、资源（大数据产生的价值）也丰富到无以复加。简单地说，大数据就是把超多的数据信息汇集到一起，然后用户在里面"钓大鱼"。已有的大量数据以及尚未被发现、记录的数据，共同构成了大数据发展的基础。

### （二）大数据是一个相对的抽象概念

麦肯锡全球研究所曾给出过大数据的定义：大数据是指一种规模大到在获取、存储、管理、分析方面远超传统数据库软件工具能力范围的数据集合。

对旧石器时代的原始人类来说，山洞的一幅壁画就足以记录他们现存的知识库，壁画就是那个时期的大数据。后来记录的数据多了，承载数据的媒介由竹简发展到纸张，一堆纸、一房间的书卷成为了大数据。当今社会，数据已经大到要用庞大的计算机群去存储。因此，大数据本身是一个相对的抽象概念。

#### 1.大数据是很"大"的"数据"

从字面上来看，大数据就是很"大"的"数据"。那么它有多大呢？

纵观当今的社会，数据无处不在，有历史数据，有社交媒体生成的新数据，有来自应用（Web）的点击流数据，也有来自物联网（IOT）的传感器数据等。多年前，百度首页导航每天需要提供的数据超过1.5PB（1PB=1 024TB），这些数据如果打印出来将超过5千亿张A4纸。

#### 2.大数据不仅仅是很"大"的"数据"

把大数据定义为"大数据就是大规模的数据"，这个说法并不准确。大规模只是指数据的量。数据量大，并不代表数据一定有被深度学习算法利用的价值。例如，地球绕太阳运转的过程中，每秒记录一次地球相对太阳的运动速度、位置，就会得到大量数据。可是，如果只有这一种数据，那么就没有太多可以挖掘的价值。

客户量、业务量、营业收入额、利润额等，都是一个个数字或者可以进行编码的简单文本，这些数据分析起来相对简单，过去传统的数据解决方案（如数据库或商业智能技术）就能轻松应对。而大数据除了数字外，还包括文本、图片、音频、视频等多种格式，其内容十分丰富。

## 二、大数据技术

数据采集技术、数据存储技术、数据传输技术和数据处理与挖掘技术之间相互作用，带我们进入了大数据时代。

## （一）数据采集技术

数据采集是指采集在事物发生和发展的过程中留存的数据。在过去20年，数据采集技术得到了快速的发展，智能化、自动化的数据采集设备被逐渐普及。现在的数据采集终端越来越智能化和平民化，一部普通的智能手机就有将近20个智能数据采集元件。

## （二）数据存储技术

20年前，我们最常使用的数据存储设备是磁带机、软盘等，一台设备先进的计算机能够存储几十MB的内容。而现在，一部普通的有着十多个智能采集终端的低端智能手机，在20年前看来都是具有"海量数据"的存储能力。按照数据存储界的"新摩尔定律"，每隔18个月，人类存储的信息量就会翻一番，而数据存储设备的价格会降低50%。

## （三）数据传输技术

互联网诞生还不足50年，却彻底改变了人类的生活方式以及企业的运作模式，并促生了很多超级企业。互联网和移动互联网的快速发展让带宽不断增加、成本不断下降、网络不断发达。

## （四）数据处理与挖掘技术

随着数据量的不断增长，数据处理与挖掘技术也在不断提升。在这些技术中可圈可点的包括分布式存储技术，如Hadoop；在微博兴起后的非结构化数据处理技术；随着传输能力的提高得到快速应用的云存储技术等。

在12306网站刚刚上线时，因为购票人数太多，造成大量的访问请求无法及时处理，给服务器带来巨大的压力，网站一度瘫痪。与阿里巴巴合作后，12306网站通过分布式算法，提高了响应请求的速度，虽然消费者需要不断刷新以获取新票源，但它有效解决了高并发请求和响应的问题，这也是数据处理技术升级的一个案例。在"双十一"期间，淘宝能够在1秒内应对上亿次的数据查询和订单处理；亚马逊的AWS系统同时连接200万台以上的服务器，这些技术的发展，为我们挖掘和使用巨量的数据提供了基础条件。

以上四大类技术在快速发展和普及着，并且技术成本还在不断下降。数据自动采集已不再是大企业的专利，就连一个普通居民小区门口的停车管理系统都能自动识别车牌号并自动计费，而其安装成本不足万元；一家大型的商场耗资不足10万元就能够安装整套的Wi-Fi监控设备，从而可以随时随地观测商场里持有智能手机的顾客的行动轨迹和行为模式，为商场优化布局和精细化管理、商户选址和制定促销策略提供依据。在企业管理中，特别是在生产制造型企业中，对物料的追溯越来越便捷，有更多的智能终端技术可以采用，包括条形码、二维码、图像识别、监控录像、智能芯片等。

## 三、大数据的特征

大数据具有数据规模海量、数据流转快速、数据类型多样和价值密度低四大特征，又称4V特征，即数量（volume）、种类（variety）、价值（value）、速度（velocity）。

## (一) 数量

数量，即庞大的数据体量，大数据要足够大。一开始这个大数据并不大，后来随着信息化的到来，数据越来越大，生成数据的速度也越来越快，数据格式更是多种多样，如豆瓣的电影评分、大众点评的美食推荐、抖音视频的自动发布、淘宝的广告推广、各个国家的利率计算……

目前，全球每天创造 2.3 万亿 GB 的数据，如此大量的数据如果能够被高效率地收集整理出来，那么就具有重大的意义。大数据掌握得越全面，其所涉及的业务也会越丰富、越安全。

一个佛罗里达州的警察例行巡逻，抓到一辆超速货车，将取证、拍照、开罚单等相关信息录入到相应的执法系统，形成一条数据。这条数据被传到帕兰提尔系统后，触发了警报。操作人员敲了几下键盘后，超速货车司机的相关信息（如中情局海外部门的情报资料、航空公司的机票信息、银行的操作记录和监控录像、某公共场所的监控录像、租车公司的监控录像等）展示在屏幕上，这些信息综合起来提示，这位货车司机极有可能近期在迪士尼乐园制造恐怖袭击。于是，警察马上提请相关执法单位尽快介入。

信用评级就是基于这样的逻辑设立的，由于收集的数据量足够大（如个人的收入状况、消费水平、资产情况等），因此银行等金融机构可以根据申请人的信息，判断申请人是否还得起贷款，或确定信用卡的申请额度。

## (二) 种类

种类是指数据的形式是多种多样的。如今，我们能够记录的信息越来越多，不仅仅是数字、文字、声音、图片和影像，未来记录信息的方式还会有更多的创新以及更多的变化。当然，在这个过程中形成全球标准是需要时间的。例如，对于声音，我们有 MP3 等编码方式；对于图片，我们有 BMP、JPG、GIF 等编码方式；对于视频，我们有 AVI、MP4、FLV 等编码方式。在 Web1.0 时代，我们常说"无图无真相"，如今照相和摄像功能成了智能手机的标配，更多的视频网站发展起来，我们的活动会通过各种方式被记录下来了。

## (三) 价值

价值是随着近年来大数据使用场景的递增，以及在计算机的存储能力和运算能力大幅度提高的背景下体现出来的。

大数据方便人们对海量的数据进行加工处理，方便人们挖掘出有价值的信息，开辟新的价值领域，从而打造出一系列生态体系，新的生态体系又会孕育出大量不同的商业模式，而这个过程也会伴随大量的创新。

物联网是大数据主要的数据来源。随着物联网技术的发展，物联网会产生大量的数据，如收集传感器信息、实时捕获图像等，但物联网需要大量的数据支持，如实现搜索、展现信息发展趋势等。因此，大数据技术的发展会促进物联网技术的发展，方便人们获取和使用信息。

大数据最大的价值不是事后分析，而是预测和推荐。例如，2014 年美国波士顿警方在爆炸案现场调取了 10TB（1TB=1 024GB）的监控数据（包括移动基站的通信记录，附近商店、加油站、报摊的监控录像以及志愿者提供的影像资料），最终找到了嫌疑犯的一张照片。目前，电商的"精准推荐"成为大数据改变零售业的核心功能。

>> **典型案例 2-1**　　　　　　　　　**零售企业沃尔玛**

总部位于美国阿肯色州的世界著名零售企业沃尔玛拥有世界上最大的数据库系统。为了能够准确了解顾客在其门店的购买习惯，沃尔玛对其顾客的购物篮进行了分析，通过顾客经常购买的商品来分析顾客的购买行为。沃尔玛数据库集中了其各门店的详细原始交易数据，在这些原始交易数据的基础上，沃尔玛利用数据挖掘工具对这些历史数据进行分析和挖掘。一个意外的发现是，跟尿布一起购买最多的商品竟是啤酒。

那么，分析的结果符合现实情况吗？是否有利用价值？于是，沃尔玛派出市场调查人员和分析师对这一数据挖掘结果进行调查分析。大量的实际调查和分析揭示了隐藏在"尿布与啤酒"背后的其实是美国人的一种消费行为倾向。在美国，一些年轻的父亲下班后经常要到超市去买婴儿尿布，而他们中有 30% ~ 40% 的人同时为自己买一些啤酒。产生这一现象的原因是，美国的太太们常叮嘱她们的丈夫下班后为小孩买尿布，而丈夫们在买尿布后又随手带回了他们喜欢的啤酒。

既然尿布与啤酒在一起被购买的机会会增多，于是沃尔玛就在多个门店将尿布与啤酒并排摆放，结果是尿布与啤酒的销售量大大增长。

资料来源：佚名. 商务数据分析教学案例——沃尔玛"啤酒加尿布"[EB/OL].［2021-04-27］. https://www.docin.com/p-2650111159.html.经过整理。

案例透析：是什么让沃尔玛发现了尿布与啤酒之间的关系？

### （四）速度

数据的增长速度和处理速度是大数据高速性的重要体现。与报纸、书信等传统数据载体的传播方式不同，大数据的交换和传播主要是通过互联网和云计算等方式实现的，其产生和传播数据的速度是非常迅速的。另外，大数据还要求处理数据的响应速度要快，如上亿条数据的分析必须在几秒内完成。数据的输入、处理与丢弃立刻见效，几乎无延迟。

在《超脑特工》电视剧中，主人公加布里埃尔（Gabriel）是一名有特殊天赋的探员，他的大脑中植入了一枚堪比超级计算机的微芯片，令他能在有效距离之内接收或控制所有电磁频谱。他成为世界上第一个能够用大脑直连互联网、Wi-Fi、电话通信和卫星数据的人类，仅凭大脑就能入侵世界上任何一个数据中心获取关键情报，在最短的时间内从全球遍及的电子网络中获取所需的信息。这部电视剧可以说是数据流分析速度的极致体现。加布里埃尔在剧中具有"网络渲染"的能力，他在脑中整合巨量的数据，融合事实和推理形成一面"虚拟证据墙"。脑中的微芯片帮助他在几秒钟内破解任何悬疑案件，找出事实的真相。

在现实生活中，对大数据高速特性的应用在投资领域多有涉及，如通过对海量新闻数据抓取而开发的"新闻选股"系统，或者对社交网络上各类信息的收集整理而形成的"舆情选股"系统等，其速度和效率是券商分析师无法比拟的。

小知识 2-1

一个班级所有人的年龄、一个超市所有商品的价格，这些都是结构化数据。

## 四、大数据的类型

大数据可分三种类型，即结构化数据、非结构化数据和半结构化数据。金融数据的类型也与此相同。

### （一）结构化数据

结构就是模式。结构化数据是指具有固定格式或有限长度的数据，如数据库、元数据等。

对企业而言，来自企业内部信息系统产生的运营数据，大多是标准化的、结构化的（若继续细化，企业内部信息系统则可分为两类：一类是"基干类系统"，用于提高人事、财会处理、接发订单等日常业务的效率；另一类是"信息类系统"，用于支持经营战略、开展市场分析、寻找潜在客户等）。传统的商业智能系统中所用到的数据基本上属于结构化数据。

结构化数据的形成来自统计，所以结构化数据的优点是便于统计和处理。由于数据是结构化的，数据分析可以遵循一定的现有规律，如通过简单的线性相关、数据分析，可以大致预测下个月的营业收入额。

结构化数据主要缺点是不能适应数据的扩展，不能对扩展的信息进行检索，不能很好地处理项目设计阶段没有考虑到的又是系统关心的信息存储问题。统计不能代表全部信息，会存在一定程度的损耗，并带来误导。这也是为什么有些时候明明看似得出了合理的结论，却不能有效改进我们的业务。

### （二）非结构化数据

非结构化数据一般指不定长或无固定格式的数据。就像煤矿一样，大数据中的价值含量、挖掘成本比数量更为重要。非结构化数据就像是有杂质的煤矿，涵盖的范围比较广泛，这些数据专业度要求更高，更难让计算机理解，无法直接使用，还需要进行脱敏、提纯、结构化，才能变成可以被直接运用于商业层面的有价值的信息。

图片、文件、新闻、演示文稿、公司记录、文档文本、社交网络、音频、视频等数据属于非结构化数据。

我们生活中的大部分沟通方式都属于非结构化数据。据估计，当今世界80%的数据为非结构化数据，而这个数字还在持续增长。而人工智能、机器学习、语义分析、图像识别等技术方向需要大量的非结构化数据来开展工作，包括数据库系统也在不断向非结构化延伸。

非结构化数据来自企业外部信息系统，如呼叫记录、设备和传感器信息、GPS和地理定位映射数据，以及通过文件传输协议传送的海量图像文件、Web文本和点击流数据、科学信息、电子邮件等。由于来源不同，类型不同的数据透视的是同一个事物的不同方面。以消费者为例，消费记录信息能透视消费者的消费能力、消费频率、消费兴趣点等；渠道信息能透视消费者的渠道偏好；消费支付信息能透视消费者的支付渠道情况。消费者是否在社交网站上分享消费情况，消费前后是否在搜索引擎上搜索过相关的关键词等，这些信息（或数据）从不同的维度反映了消费者的消费过程。

### （三）半结构化数据

半结构化数据根据需要可按结构化数据来处理，也可抽取出纯文本按非结构化数据来处理。

首先，它的数据是有结构的，但有可能因为描述不标准或者描述有伸缩性不能模式化；其次，半结构化数据由于没有模式的限定，数据可以自由地流入系统，还可以自由地更新，这更便于客观地描述事物。

例如，每个员工的基本信息是一致的，但简历却不相同，有的员工简历很简单，仅有受教育情况；有的员工简历很复杂，包括工作情况、婚姻状况、出入境情况、户口迁移情况、党籍情况、技术技能等，还可能有一些我们没有预料的信息。通常我们要完整地存储员工的简历并不是很容易的，因为我们不会希望表格结构在系统的运行期间进行变更。这时，半结构化数据模型就可以对现有简历中的信息进行粗略的统计整理，总结出简历中所有信息的类别，同时考虑系统真正关心的信息。对每一类别建立一个子表，如建立受教育情况子表、工作情况子表、党籍情况子表等，并在主表中加入一个备注字段，将系统不关心的信息和开始没有考虑到的信息保存在备注中，这样查询统计比较方便。但是，半结构化数据模型不能适应数据的扩展，不能对扩展的信息进行检索，不能很好地处理项目设计阶段没有考虑到的又是系统关心的信息存储问题。

## 五、大数据在金融领域的应用

大数据为传统金融机构、金融科技公司带来了更多的创新点和想象空间。金融机构借助新兴的大数据技术广泛收集各种渠道信息，并对其进行分析应用与风险管理，运用大数据进行精准营销与获客，通过大数据模型为客户提供金融信用，进而辅助各项业务决策。

### （一）大数据可以为金融机构提供客户的全方位信息

大数据在金融领域的应用主要包括客户画像和精准引流。客户画像分为个人客户画像和企业客户画像。个人客户画像包括人口统计学特征、消费能力数据、兴趣数据、风险偏好等。企业客户画像包括企业的生产、流通、运营、财务、销售和客户数据，以及相关产业链上下游数据等。客户画像可以根据不同的产品或服务需求将客户群进行细分，在营销时实现广告推送、产品介绍的精准定向，从而更大概率地引流成功。

### （二）大数据使金融机构更了解客户

营销的依据在于对用户信息的了解程度，信息越多对用户进行精准营销的程度就越高。在不同阶段与用户进行合理的对话、提升用户的价值，可最大限度地增强客户黏性，减少客户流失。大数据技术的应用，让用户的信息更加全面。

### （三）大数据提高数据的应用管理水平

#### 1.提高数据管理能力

金融行业所面对的数据是庞大而繁杂的，并且企业在运营过程中要不断对数据信息进行交换，不断充实自己的数据库，这就对数据的及时处理和全面分析提出了挑战。大数据分析的应用，可以将无关的数据剔除，减少工作量，提高工作效率，并可使客户的信息挖掘更加全面。

#### 2.提高执行力的精准性和效率

大数据分析作为促进营销的一种手段，与实际相结合，将数据分析的结果转化为有效的金融营销策略和行动，提高金融行业的经济效益。

### （四）大数据为金融风控的发展夯实了基础

当今，大量的电商数据、信贷数据、社交数据、生活服务类数据正在快速积聚。第三方数据交易市场也在蓬勃发展，这些数据包含了大量的信息，通过对数据的分析处理不难发现数据的关联性和规律性。

#### 1.在风控方面有的放矢

金融机构和金融服务平台通过大数据可以挖掘客户的交易和消费信息，掌握客户的消费习惯，并准确预测客户行为。

#### 2.增强市场风险的把控能力

通过大数据可以清晰地了解和掌握客户的需求及市场的透明度，这样金融机构就可以做到合理分配资源，从而减少风险。

经济观察 2-1

#### 营口银行大数据智能风控系统

营口银行以大数据、云计算、人工智能等新兴技术为依托，在区域内率先开展了互联网消费信贷风控领域的创新研究与实践探索。2018年，营口银行启动"深眸"大数据智能风控系统的建设，为智能风控的决策分析、模型落地提供系统支持，推动互联网消费信贷风控走向智能化时代。

营口银行在创新技术/模式应用方面汇集海量数据源，涵盖身份认证、司法涉诉、公安信息、多头借贷、反欺诈等多维度的客户信用评分及画像分析，实现精准评估；基于历史数据样本，构建适用于反欺诈、身份识别、额度定价、授信审批等多环节的评分模型，实现信用风险的量化判断与有效预测；从风险识别、计量、监测等环节入手，实现贷前—贷中—贷后全流程线上风险管理。

"深眸"大数据智能风控系统的建设起到了精准甄别申请人风险，降低信贷审核成本的效果。

（1）大数据智能风控系统累计进行授信审批160万笔，有效拦截欺诈及违约风险客群13.8万。

（2）积极引入百行征信及多家外部数据变量联合建模、风险维度全面覆盖、毫秒级响应，优化信贷审核流程。

（3）基于历史样本、交易行为和收入能力等数据，构建反欺诈、身份识别、额度定价、授信审批等多套风险模型，有效提升风险预测能力和审批效率。

（4）通过监控客户信用、诉讼信息等情况，根据风险预警规则、评分、策略来识别和量化风险，累计对2 000余个授信客户进行降低额度、额度冻结及清退等操作，防范借款人信用风险进一步恶化。

资料来源：佚名. 数字时代，各行发力创新金融科技各有侧重［EB/OL］.［2020-06-20］. https://baijiahao.baidu.com/s?id=1670013154143434771&wfr=spider&for=pc.经过整理。

启发思考：

（1）保持与时俱进精神，加大科研力度，同时吸收先进技术，保持技术的先进性和新颖性，顺应市场发展和时代潮流。

（2）培养风险意识，不断学习保持头脑的先进性。

# 第二节　大数据风控体系

**情境导入 2-2**

## 美国的社会安全号

20世纪30年代，美国联邦政府下令，所有合法公民和居民必须持有有效社会安全号，所以在美国每个人都有一个"社会安全号（Social Security Number，SSN）"。该号由国家社会安全管理局统一赋予，这个安全号把一个美国人一生几乎所有的信用记录串在一起，个人的银行账号、税号、信用卡号、社会医疗保障号等都与之挂钩，只要把某个人的社会安全号输入全国联网的计算机，任何人均可查到自己的背景资料，既包括年龄、性别、出生日期等这些自然状况，也包括教育背景、工作经历，以及与税务、保险、银行打交道时的信用状况，有无犯罪记录等。如果一个人有过不良记录，那么这一记录将永远伴随他，当他去求职、买保险、买汽车、开公司时，几乎无论他做什么，无论他到哪个州，这一污点都无法抹去，他将因此而四处碰壁。

这些数据从哪里来？

数据来自信用局。信用局又称消费信用报告机构，是对消费者进行信用评估和提供个人信用服务的中介机构，它专门从事个人信用资料的收集、加工整理、量化分析、制作和售后服务，形成了个人信用产品的一条龙服务。信用局把众多机构的数据并网，同时让这些征信机构共享。

信用局主要通过三个渠道获取消费者的信息：一是从银行、信用卡公司、公用事业公司和零售商等渠道了解消费者付款记录的最新信息；二是同雇主接触，了解消费者职业或岗位变化情况；三是从政府的公开政务信息中获取消费者的特定信息。信用局收集消费者个人信用信息的工作方式是主动的，不需要向被记录者打招呼。而且，大多数授信机构都会将消费者的不良记录主动提供给信用局，失信消费者的信用记录上会增加负面信息，今后无法成功申请其他信用工具。

如何使用这些信用信息？

个人信用产品的主要需求方包括消费信贷的授信方、商业银行、保险公司、雇主、司法部门及消费者个人。目前，个人信用报告是需求量最大的信用产品。美国的三大信用局——艾贵发（Equifax）、益百利（Experian）和全联（Trans Union）都建有覆盖全美国的数据库和 1 000 多家地方信用局，全联公司每天平均卖出信用报告 100 多万份，每年大约销售 40 多亿份信用报告。全联公司每年出售纸质信用报告和无纸质信用报告的收入多达几百亿美元。

在美国，对个人信用产品的销售使用有明确的法律规定。根据有关规定，到信用局调用他人的个人信用资料需要得到被调用人的同意或者得到司法部门的授权，防止个人信用资料被滥用。也就是说，大家不用担心自己的信用信息被滥用，被一些不应该看到的人看到。比如，当你申请信用卡时，银行想要查询你的信用报告，则需要你在授权报告上签字才行。

随着互联网技术的进步，越来越多的机构信息将被并网上传到征信中心。

资料来源：佚名. 美国个人信用体系建设及应用情况［EB/OL］.［2023-06-18］. http://www.cec-credit.org.cn/news.php? id=6923. 经过整理。

## 一、金融大数据服务领域

人们将产生于社交平台、电商平台、搜索平台等不同类型非财务数据运用于金融领域，提高资产配置的效率。通过将海量的非财务信息与自有财务信息整合分析，对于资金需求方，银行可以提高风控和风险定价能力，证券公司可以做出更精准的估值定价，保险公司可以更好地分析潜在客户的行为习惯和风险指数，降低保险过程中的逆向选择问题，开辟新的保险市场。

### （一）大数据征信

个人征信领域是金融行业面临的最大问题。大数据基于电商、支付、社交等各类数据维度，几乎打通了用户的身份特质、行为偏好、人际关系、信用历史、履约能力等各类信息，通过对网络交易等海量数据进行挖掘和实时分析，为金融机构提供客户的全方位信息，从而对符合要求的借款人进行放款。

### （二）大数据风控

用大数据收集用户的兴趣、职业、消费行为等信息，构建信用风险评估体系，从而有效地把控金融风险，通过互联网技术手段让坏账率得到一定程度的控制。

#### 1.信息验证核实

在用户办理业务前，应用大数据分析技术能够大幅度提高数据的真实性和可靠性。例如，通过增加对用户的验证查询，可以加强欺诈识别，降低金融风险。又如，监测相关设备 ID 在哪些借贷网站上进行注册、同一设备是否下载多个借贷 App，可以实时发现多头贷款的征兆，把风险控制到最低。

#### 2.信贷预判

信贷预判为金融服务商提供决策依据，为贷款（网贷）等业务提供风险控制服务，拓展信用体系生态圈，以及为第三方业务提供授信决策。

### （三）大数据消费金融

消费金融对大数据的依赖是天然形成的。比如，消费贷、工薪贷、学生贷这些消费型的金融贷款很依赖对用户的了解，因此必须对用户画像进行分析提炼，通过相关模型展开风险评估，并根据模型和数据从多维度为用户描绘一个立体化的画像。

### （四）大数据财富管理

财富管理是我国金融服务业中的一个新业务，主要为客户提供长期的投顾服务，实现客户资产的优化配置。近些年，因为技术能力不足，财富管理在传统金融机构中相对弱势。大数据和人工智能可以为客户提供涵盖营销和金融服务的全面管理方案，降低获客成本，解决细分行业的微小需求。例如，中信银行信用卡中心使用大数据技术实现了实时营销，光大银行建立了社交网络信息数据库，招商银行利用大数据发展小微贷款。

## 二、建立大数据金融风控体系

互联网金融的本质是金融，金融的核心在于风控。大数据风险控制是指通过大数据核心算法建立风险模型，在收集各维度数据的基础上，结合互联网化评分和信用管理模型，提取对企业有用的数据，再对其进行分析判断，最终达到风险控制和风险提示的目的。

大数据风险控制的内容包括风险识别、风险度量和风险缓释。其中，风险识别的目的是发现金融业务中可能存在的潜在风险点；风险度量是使用科学的计量方法将其量化；风险缓释是通过风险控制来降低风险的损失频率或影响程度。金融大数据风控的核心是还款能力、还款意愿和反欺诈应用。

### （一）还款能力

征信的本质在于解决还款能力和还款意愿。还款能力是借款人在扣除生活费用和其他开支后，所能创造的充足的现金流的能力以及贷款到期时偿付利息及本金的能力。通过借款人的资产、负债、消费等的数据信息就能够判断其还款能力。

传统的征信数据依赖于银行信贷数据，而大数据下的征信数据不仅包括传统的信贷数据，还包括与消费者还款能力、还款意愿相关的一些描述性风险特征。利用大数据技术，通过用户授权等方法收集更多的数据来加强这些弱相关数据的描述能力。这样就可使大数据征信不依赖于传统的信贷数据，从而对传统征信无法服务的人群进行征信，实现对整个消费群体的覆盖。

### （二）还款意愿

还款意愿，又称违约成本，简单地说，就是是否愿意还钱。一个人的违约成本越高，还款意愿越强。例如，一个在当地有户口的公职人员，他的违约成本就很高，所以他的还款意愿就强；一个外地单身的普通工厂的员工，借一笔钱后从这个工厂到另一个工厂很容易，他的违约成本就过低，所以即使他有还款能力，也会因风险过高而不能轻易给他放款。

识别一个借款人的还款意愿和还款能力往往需要采用不同的手段。在过去，银行要给一个客户贷款，首先要求客户提供资产证明、半年甚至一年的银行流水证明，再通过资产抵押、质押等形式提供贷款。在大数据时代，我们可以从不同的角度评估客户的信用状况和还款能力。

### （三）反欺诈应用

金融大数据风控主要应用于反欺诈和信用预测。

欺诈是主观预谋的，属于犯罪行为，这种风险的防范要靠事前的模式识别、事后的信息共享，以及相关部门的执法。

与传统的金融风控依赖复杂且严格的规章制度进行欺诈识别不同，大数据风控使用机器学习技术，能够积极地学习和识别特殊或异常行为，并对其进行标注。

在互联网金融反欺诈领域，通过搭建模型，在自身已有的历史数据中总结欺诈特征，通过每笔案件之间的关系，判断新案件是否存在欺诈的可能性。为了最大限度地发挥数据的价值，反欺诈应用工作流程有四个阶段：①欺诈定义：反欺诈是什么；②数据准备：确定字段，要获得哪些数据；③特征提取：创建模型；④模型搭建。反欺诈的操作模型，如图2-2所示。

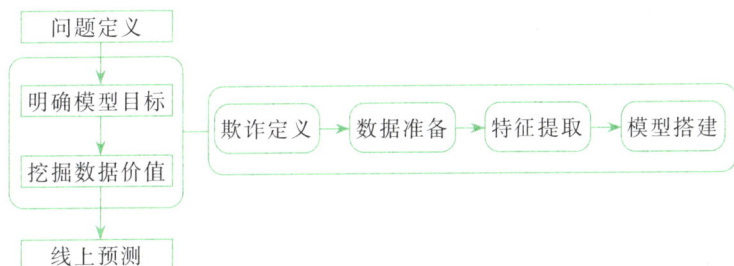

图2-2　反欺诈的操作模型

### （四）风险控制

#### 1.反欺诈的大数据风控工具

反欺诈的大数据风控主要基于两套工具：交叉验证和聚类分析。

（1）交叉验证。在小微贷款时，贷款调查人员通常对客户提供的信息进行多方面、多角度、多侧面的验证。机器学习的交叉验证也是这个原理，即机器学习在建立模型和验证模型参数时会重复地使用数据，把得到的样本数据进行切分，组合成不同的训练集和测试集，用训练集来训练模型，用测试集来评估模型，在此基础上可以得到多组不同的训练集和测试集，某次训练集中的某样本在下次可能会成为测试集中的样本，即所谓的"交叉"。例如，通话记录校验、电商记录校验、设备指纹校验、多信息源地理位置校验等。

（2）聚类分析。聚类分析是指事先没有"标签"，而通过某种成因分析，找出事物之间存在聚集性原因的过程。分类与聚类不同，分类是事先定义好类别，类别数不变；聚类则没有事先预定的类别，类别数不确定。

视野拓展2-1

黑名单、白名单

大数据的聚类分析是根据在数据中发现的描述对象及其关系的信息，将数据对象分组，组内的对象相互之间是相似的（相关的），而不同组中的对象是不同的（不相关的）。组内相似性越大，组间差距越大，说明聚类效果越好。

### 2.信用预测

大数据在金融领域的最大贡献就是预测，通过对借款人的还贷能力进行实时监控，可及时对后续可能无法还贷的借款人进行事前干预，减少因坏账而带来的损失，从而帮助金融机构进行风险管理和决策支持。

与信用相关的数据越多地被用于借款人风险评估，借款人的信用风险就被揭示得越充分，也越接近于借款人的实际风险。

（1）大数据风控维度更广泛。利用多维度数据来识别借款人风险，实际上是丰富了传统风控的数据维度。互联网金融大数据既有结构化的数据，如数据库里的银行数据，也有非结构化的数据，如视频、图像、文本等。

（2）互联网金融的信用评估更客观。常用的大数据风控方式有利用验证借款人身份、分析提交的信息、分析客户线上申请行为等识别欺诈；利用黑名单和灰名单识别风险；利用移动设备数据识别欺诈；利用消费记录进行评分；参考社会关系评估信用情况；利用司法信息评估风险等。

## 三、征信大数据链框架构建

大数据征信是征信机构的发展方向。数据积累是征信机构一项重要的商业资本，征信机构在业务发生前，依据广泛收集的数据，利用大数据、人工智能等先进技术，借助互联网金融企业建立的风控模型，为企业自身或其他金融相关企业提供快速、准确的征信评估服务。大数据征信是征信机构的发展方向。征信大数据链框架，如图2-3所示。

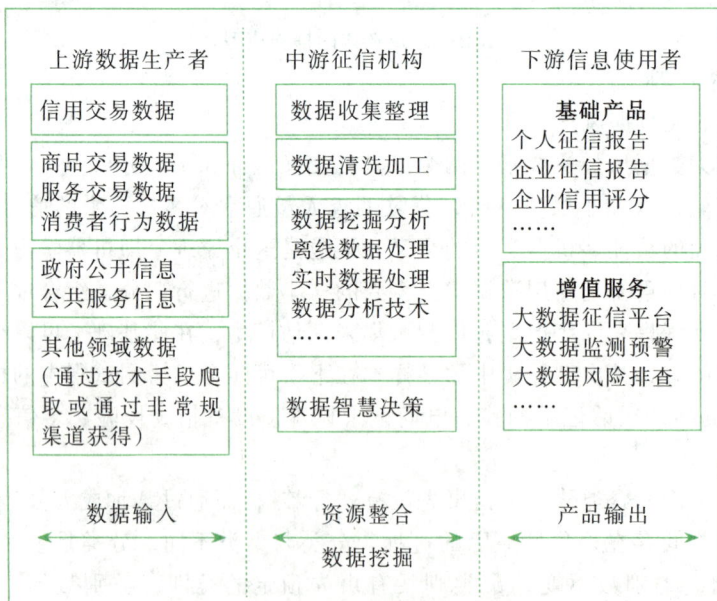

**图2-3　征信大数据链框架**

### （一）上游数据生产者是各大平台

上游的数据生产者是形成征信大数据中各类型数据的服务机构或平台。数据的收集要靠大数据的上游生产者提供。

### 1.信用交易数据生产者

信用交易数据是指从事金融活动时所产生的数据，此类数据主要来源于金融机构。在大数据时代下，金融业既是数据的制造者，也是数据的使用者，这样的循环促使金融数据不断完善。

我国金融机构大体可分为三类，即银行类金融机构、非银行类金融机构和互联网金融机构，这三类机构构成了我国的金融服务体系。

（1）银行类金融机构。银行类金融机构在征信大数据方面具有数据量充足的天然优势，金融服务机构在开展业务的过程中积累了包括客户身份、资产负债情况、资金收付交易等大量高价值的数据。在运用技术挖掘和分析手段之后，这些数据蕴藏着巨大的商业价值。

（2）非银行类金融机构。非银行类金融机构拥有客户交易的历史数据，这些数据在企业和个人客户的信用分析、风险识别等方面具有宝贵的价值，可以起到甄别客户和防范风险的作用。

（3）互联网金融机构。互联网金融机构自身积累的数据有客户在金融服务类网站的行为记录，如电商的交易日志、支付的流水记录和登录浏览等行为数据。

### 2.商品、服务交易数据以及行为数据生产者

互联网的出现让海量的企业、个人行为数据的获取、存储、管理成为可能。商品、服务交易数据以及行为数据的生产者包括电子商务、金融服务、娱乐、旅游等行业的企业，以及提供水、电、煤气等缴费服务的中介服务商，教育、医疗等公共服务机构。这些数据的生产者利用自有的工作机制和网络平台，收集自身留存客户买卖商品和享受服务中所提供和产生的身份信息、业务信息、社交信息等，并对这些数据进行有序加工整理，形成数据库。由于不同企业和服务机构处于竞争状态，因此向他人分享自己数据的内在动力不足，这类信息主要是企业和服务机构自身的客户信息。

### 3.政府公开信息和公共服务信息数据生产者

政府公开信息主要是行政司法机关掌握的企业和个人在接受行政管理、履行法定义务过程中形成的信息。政府公开信息主要是企业工商注册的信息。公共服务信息最常见的有工会服务信息、社区服务信息和信用信息等。

视野拓展2-2

爬虫技术

### 4.通过技术手段爬取或通过非常规渠道获得其他领域数据

对很多企业来说，自身数据的积累相对有限，因此需要通过技术手段从互联网渠道爬取或者通过非常规渠道获得。此类数据的种类多样，可能涉及各行业的专业数据或者涉及企业和个人的信息，其生成和掌控信息的渠道与部门众多，有私权的市场主体，也有公权的政府机构。

### （二）中游征信机构进行数据加工

有了数据之后，对其进行分析、整理、加工形成数据报告。征信大数据加工就是把没有关联的大量数据通过使用一些分析和处理的技术手段将其转变成有用的信息，并最终形成决策，从而有效防范风险。

征信行业大数据的数据加工过程可分为四个阶段：

### 1.征信数据的积累

征信数据的积累，即对各种采集渠道获得的各类型征信数据进行收集和存储，数据积累需要一个过程，对数据的应用也需要进行测试。大数据积累是渐进的过程，不是一蹴而就的。

### 2.信息检索过滤

信息检索过滤是将积累的数据进行分类检索和过滤筛选后，形成有价值的信息的过程。

### 3.信息深度挖掘

数据挖掘就是从大量的、不完全的、有噪声的、模糊的、随机的实际应用数据中，提取隐含在其中的、人们事先不知道的、但又是潜在有用的信息和知识的过程。征信的核心是信而有征，是对借贷关系中的履约信息的客观记录与反映，更多的是动态的履约行为信息；而身份信息、学历信息、消费信息、社交信息等这些基础数据信息属于弱关联信息。

例如，一个客户租用自行车或充电宝时按时履约了，但当这个客户申请几十万元或上百万元贷款时，用这些履约行为来判定其诚信信息就要慎重考虑了。因为二者的违约成本和还款意愿都是有很大区别的。因为百元和百万元是不能同日而语的，客户不会为了百元违约，银行也不能不顾及百万元的违约成本。

### 4.智慧决策

数据处理是对纷繁复杂的海量数据价值的提炼，而其中最有价值的地方在于预测性分析，即可以通过数据可视化、统计模式识别、数据描述等数据挖掘形式帮助数据专家更好地理解数据，根据数据挖掘的结果得出预测性决策来防范可能的风险。

## （三）下游对大数据征信产品的使用

下游的征信信息一般从以下领域获得：

### 1.金融领域

金融领域的征信信息主要由从事金融活动的相关方提供，帮助金融活动的相关方收集被调查对象的真实、有效数据，经过征信机构分析、判断、评价后，甄别与防范在金融活动中可能发生的各种风险。

在金融领域，常用的大数据征信产品（信息）有：①银行评级及其他评级报告；②大数据征信报告；③金融机构服务等。这些产品主要服务于担保机构、小贷公司、保理公司、融资租赁公司等。

### 2.政府领域

政府领域的产品主要服务于政府部门、行业协会等。不同产品对应的是政府相关部门的不同需求。例如，社会信用体系建设咨询产品是征信机构结合信息化的技术手段为地方或行业社会信用体系主管部门提供规划编制、平台建设、体系设计等服务。

在政府领域，常用的大数据征信产品（信息）有：①评级或评价报告；②征信调查服务；③筹建咨询报告等。

### 3.商业或商务领域

商业或商务领域的产品是针对商业发展或商务合作开展的大数据征信服务。

在商业或商务领域，常用的大数据征信产品（信息）有：①评级或评价报告；②投融资咨询报告；③征信评价报告；④供应链管理服务；⑤系统开发技术等。

### 4.公共领域

公共领域的产品是针对社会公众需求所提供的大数据征信服务。

在公共领域，常用的大数据征信产品（信息）有：①社会信用产品应用咨询；②大数据行业排名；③社会责任报告等。

### 5.个人领域

个人领域的产品是针对个人所提供的大数据征信服务。

在个人领域，常用的大数据征信产品（信息）有：①个人征信信息；②个人贷款风险预测报告等。

## 第三节  大数据风控模型

### 情境导入 2-3

#### "天眼"系统

大数据不仅指风险管理的数据环境不同于以往，更代表一个全新的风险管理时代。

在大数据时代，风险建模从依托样本数据进入到依托大数据、依托多个独立来源的海量数据。建模目标从估计风险概率进入到洞见风险本身。风险侦测的范围从还款能力扩展到还款意愿。建模方法从传统的逻辑回归进入到数据关联的机器学习和深度分析，建模雄心也从模拟风险模式上升到模拟行为模式。在大数据时代，风险管理关口从传统的中台、从机械笨拙的审贷分离模式，内嵌、前置到营销端和各类场景，达到智能风控指导和服务精准营销。总之，大数据风控既是风险管理的新时代，也是整个银行业的新时代。

浦发银行设计并主持建设的"天眼"系统（sky eye system），是对大数据风控的深度实践。"天眼"系统的核心目标是依托大数据作业和系统建设，融合内部评级体系，提高银行风险管理的数字化、集约化水平，全面提升风险管理的非现场能力，提升中后台在风险识别与评估、监测预警、管控、经营、稽核、决策、处置等方面的非现场作业能力，支持场景授信的在线审批，真正促进风险管理和业务营销的统一，真正将风险识别和处置前置，更好地平衡管控与效率、风险与收益。

"天眼"系统对应的大数据作业有三个主要特点：一是数据挖掘；二是价值驱动；三是流程内嵌。在数据方面，一是更多引入外部第三方数据，包括银行、银保监会的数据以及市场监管、税务、海关等的相关信息；二是着力整合内部数据，尤其是内部交易数据，形成以客户为基本单位的账户信息和交易信息汇总，全面反映客户动态变化。其中，引入外部数据是重要的杠杆支点。在模型方面，建模服务于集中式监测分析，侧重于挖掘行为模式和风险路径，建模强调覆盖率、命中率和提前量，促进风险管理的价值贡献。依托机器学习和深度数据挖掘分析，持续训练、提升和维护预警规则。在系统方面，通过 API 实现系统之间数据交互，整合营销、运营、风险、审计等多部门信息用于大数据建模。通过 API 实现场景内嵌，打造全流程、智能化的决策支持管理系统。依托大数据、物联网和云计算技术，通过内部评估和外部评估相结合，优化押品管理流程。通过图像识别技术，开展信贷可视化作业。

为此，"天眼"系统针对贷前、贷中、贷后的合规内控分别设计了天检、天眼、天网三大管理主题界面，提供全方位风险视图，并配备了强大的风险侦测建模功能。结合监管制度以及业务实践，2018 年年底已累积有效风险侦测和触发规则 783 条，涵盖合规风险、关联关系风险、融资风险、经营风险、账户风险、缓释风险、客户行为风险、内外部风险等多个维度信息。聚焦担保圈链、风险传导、过度授信、分拆授信、多头融资、财报异常、押品估值等风险，创建有效风险预警模型 37 个。为了实现合规与风控之间的信息共享和动作协同，设置天网管理主题。

在决策支持方面，"天眼"系统设计了"天策、天平"两大管理主题界面。"天策"界面侧重于集中管理和组合限额管理，"天平"界面通过客户贷前风险收益测算，贷后风险价值评价与监测，从新增客户端和存量客户端为总分行优化客户和业务结构、提升信贷资源配置效能提供指导和决策支持。在流程优化和模式升级方面，围绕信贷流程可视化、线上押品评估、供应链融资在线审批，"天眼"系统分别设计了"天机、天盾和天规"三大管理主题界面。在技术架构上，"天眼"系统设计了"天库"主引擎，全面整合内外部数据，搭建数据、建模、存储、计算和任务管理环境，为其他管理主题界面提供服务支持。为满足展示需要，"天眼"系统备有"天幕"功能界面，通过有针对性的、多维度、多层次、多视角、可挖掘和钻取的实时数据视图设计，使管理者在决策时能够根据需要定制、灵活展示、深度挖掘。

资料来源：佚名. 央行赵先信：信用风险管理——从估计到看见［EB/OL］.［2020-01-04］. http://www.china-cer.com.cn/hongguanjingji/202001041734_4.html. 经过整理。

## 一、大数据风控建模原理

相对于传统风控，大数据风控在建模原理和方法论上并无本质区别，只不过大数据丰富了传统风控的数据维度，利用多维度数据来识别借款人风险，包括社交、征信、消费、兴趣等。据统计，目前银行传统的风控模型对市场上 70% 的客户是有效的，但是对 30% 的客户而言，风控模型的有效性将大打折扣。大数据风控中的数据维度可以作为对这 30% 客户风控的有效补充，客户数据越多，信用风险就被揭示得更充分，信用评分就会更加客观。图 2-4 展示的是传统风控与大数据风控的建模原理。

在交易数据的沉淀上，电商企业能充分掌握物流信息、消费者和小微企业的交易信息，以及发货记录、收货记录、贷款记录和其他方面的数据，这些大量的交易数据，天然地成为了信用评估的依据。电商平台利用这些数据可以建立自己独立的信用评级机制为企业评级。

例如，淘宝、天猫、京东、苏宁等 B2C 电商平台，都沉淀了商家的基本信息和历史信息等优质精准数据，这些平台通过利用客户的交易流水与支付记录，来甄别风险和评测信用额度，进而发放信用贷款。

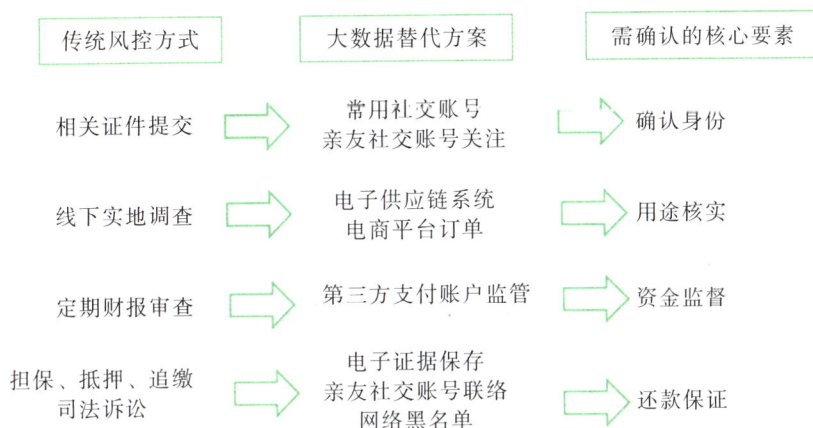

| 传统风控方式 | 大数据替代方案 | 需确认的核心要素 |
|---|---|---|
| 相关证件提交 | 常用社交账号 亲友社交账号关注 | 确认身份 |
| 线下实地调查 | 电子供应链系统 电商平台订单 | 用途核实 |
| 定期财报审查 | 第三方支付账户监管 | 资金监督 |
| 担保、抵押、追缴 司法诉讼 | 电子证据保存 亲友社交账号联络 网络黑名单 | 还款保证 |

图2-4 传统风控与大数据风控的建模原理

## 二、大数据模型构建内容

信用风险防控模型可以将流程简化，通过对客户分层，降低审核人员的工作量，提高审批速度；同时以客观评分代替主观评断，保证审批标准与风险偏好的一致性。

我们来看下面的例子：一个小商贩批发来一车苹果。由于这些苹果大小不一，产地不同，不能卖个好价钱，因此小商贩按照若干指标对其进行了分类。按照产地划分，可分为辽宁的、山东的、陕西的；按照大小划分，可分为一斤多的、半斤左右的、个头小的；还可按照采摘的时间和品质划分。不过，仅按照产地和大小就分出九堆苹果，仓库已堆满，再分就装不下了。

分好苹果，小商贩又为如何定价伤透了脑筋。小商贩觉得前几天市场上卖3元的苹果没山东的甜，个头也没半斤的大，于是就按照这个做样本，不大但甜的苹果卖5元，大个不甜的苹果卖4元，又大又甜的苹果卖7元。

第一天小商贩去菜市场出售，一群大妈光捡便宜的买，大苹果一个都没卖出去。小商贩痛定思痛，大苹果定价各减1元。

第二天小商贩去了写字楼附近摆摊，一群白领吃了午饭出来买水果，净拣大个儿的买，小苹果这回无人问津了。

第三天小商贩装了一车大苹果来到写字楼，没想到刚支好摊，来了两个骗子，给了一张100元假纸币买了2个苹果，随后遇到城管，苹果带车都被扣了……

从小商贩卖苹果的经历来看，卖苹果布满了"风险"。那么如何规避这些风险呢？大数据建模就可以做到。

模型构建如同小商贩摆摊卖苹果一样，应遵循：业务定义（什么是好苹果）、风险定义、风险分解、模型策略四个步骤。

### （一）业务定义

数据是根本，离开数据是无米之炊。如同小商贩首先要有苹果一样，不同的业务场景产生不同的数据，不同的数据包含的规律体现在数据分析中就是不同的模型、不同的参数和不同的评分。

比如，同样是网上的个人信用贷款，普通客户信用贷款和企业主信用贷款是不同的。在做模型时，就要把普通客户和企业主两大类客群分为个人消费信贷模型和企业主信贷模型。企业主信贷模型会包含一些反映小微企业财务状况的变量，如资产，对公、对私流水等。

### （二）风险定义

风险定义就是通过信用估值判定哪些是好客户，哪些是坏客户。信用估值的方法类似小商贩分苹果的等级，按照大小、产地、采摘时间，可以把苹果分成若干类。信用评价也是一样，可以用不同的指标来划分客户群体。

#### 1.传统评估仅限于用户提供的少量资料和一些调查获得的信息

传统金融的风控一般采用20个维度左右的数据，利用评分来识别客户的还款能力和还款意愿。信用相关程度强的数据维度为10个左右，包含年龄、职业、收入、学历、工作单位、借贷情况、房产、汽车、单位、还贷记录等。例如，按照银行流水，就可以抽样出职业、年收入、收入变动情况等一些传统指标，对用户进行评估和授信。

#### 2.大数据的信用估值指标可以达到更大的量级

▶▶▶

小知识 2-2

互联网金融业务模式的多样性，导致了对好客户和坏客户的定义标准也不尽相同。例如，在传统银行信用卡业务中，有少量逾期的客户是好客户，因为他们能给银行创造罚息，但是又不是恶意违约。而互联网金融对客户信用评价中的"少量逾期"，意味着必须马上采取措施……

大数据评估可以获得用户更多的信息，如电商浏览和购物、交易流水、交易时间、交易地点，以及任何和用户信用有关系的其他指标。信用评价中的指标可能多达数千个。在获得了数千个指标之后，这些指标彼此正交（两个或更多事物中的一个发生变化，不会影响其他事物，这些事物就是正交的），如同小商贩按产地和大小两个指标，将苹果分了三六九等一般。依据这些指标正交之后所产生的上亿组合（数据不像苹果那样占地方），可以对人群进行极为精密的划分，以划分的结果进行建模，会得到比传统手段更加精准的模型。

#### 3.根据不同渠道对应的客户群设计对应的产品

大数据依据对人群的精密描绘，为金融产品定制提供了更加灵活的可能性。金融企业可以根据客群的不同，制定更加灵活的产品，从而实现更高的利润，尽量让每个客户面前都放着这个客户所在客群分类中最合适的苹果，那样小商贩就不必一天天地测试不同地方什么苹果最好卖。

### （三）风险分解

风险分解就是用模型把目标客户分类，从而选择正确的方法。只有合理分类，才能为进一步的商业策略提供正确有力的数据支持。例如，某跨国IT北京研发公司的刘总，由于家里有急事，临时用钱，想申请某行的信用卡多给 5 万元额度，但是因为刘总该行的借记卡上没钱，因此银行不批。事实上，刘总这个借记卡是工资卡，每月工资到账后，夫人就会把钱拿去购买理财产品。显然，依据该行简单的分类方法，刘总被划为不能多给 5 万元额度的类别了。长此以往，类似刘总这类高质量、低风险客户就有可能流失。

### (四) 模型策略

模型构建固然重要，但最终是为了将模型应用于实际业务中创造价值。模型是策略的工具，策略往往包含了模型，是模型的延伸。策略规则的生成需要综合多种来源的变量，大致可分为三个来源，如图 2-5 所示。

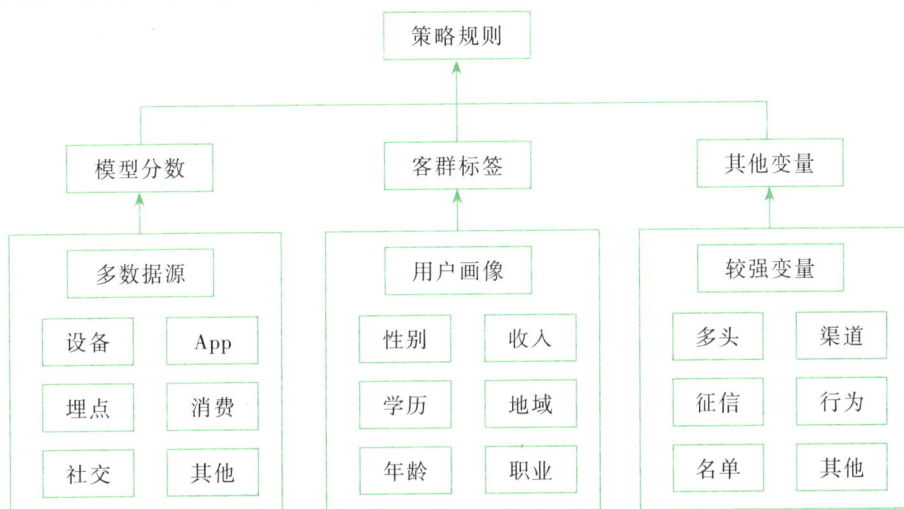

图2-5　策略规则的变量

#### 1.模型分数

对于一些弱（金融属性）数据源，难以提取有效的强变量，此时就需要借助模型来提取合成一个强变量分数。模型的好处很明显：一是可以提高单变量排序性；二是变量降维；三是综合多个维度。

#### 2.客群标签

风控策略决策的对象归根结底是人，因此可以利用用户画像标签，如性别、收入、学历、地域、年龄、职业等。这些标签的业务可解释性非常强，适合对人群不断细分，分而治之。

#### 3.其他变量

其他变量是指一些区分度本身就比较强的变量，如多头借贷变量、征信、黑名单、白名单等。这些变量可能本身就很强，可以挑选一些变量直接用于规则，而不需要再通过模型来融合。

## 三、建立风控模型的步骤

大数据金融风控模型的基本流程主要分为四个部分：数据收集、数据建模、数据画像和风险定价，如图 2-6 所示。

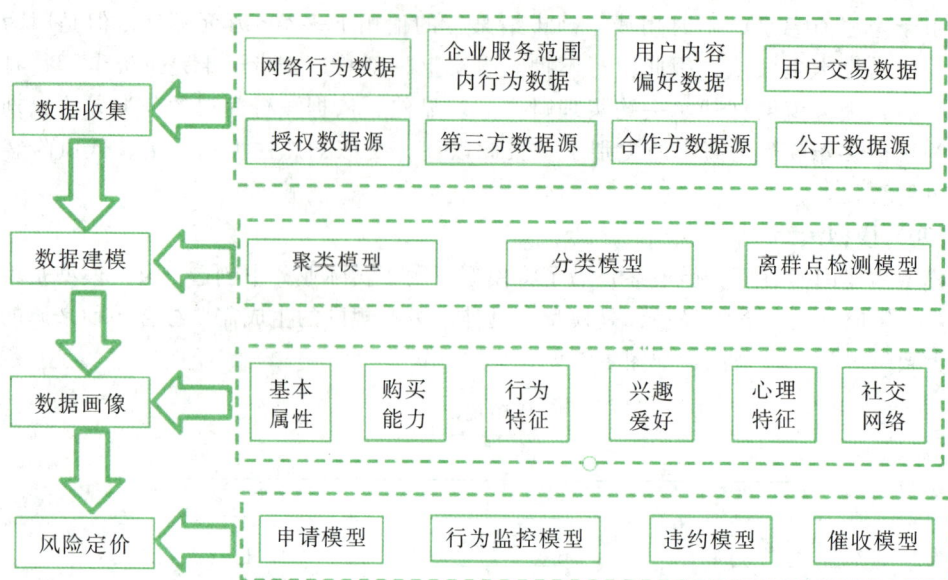

图2-6 大数据金融风控模型的基本流程

## （一）数据收集

从征信数据的渠道来源来说，既有来自政府的公开信息，也有来自市场采集的信息；从征信数据的数据种类来说，既有金融交易数据、市场交易数据，也有不少社交行为数据；从征信数据的数据结构来说，既有结构化的数据，也有非结构化的数据，如图2-7所示。

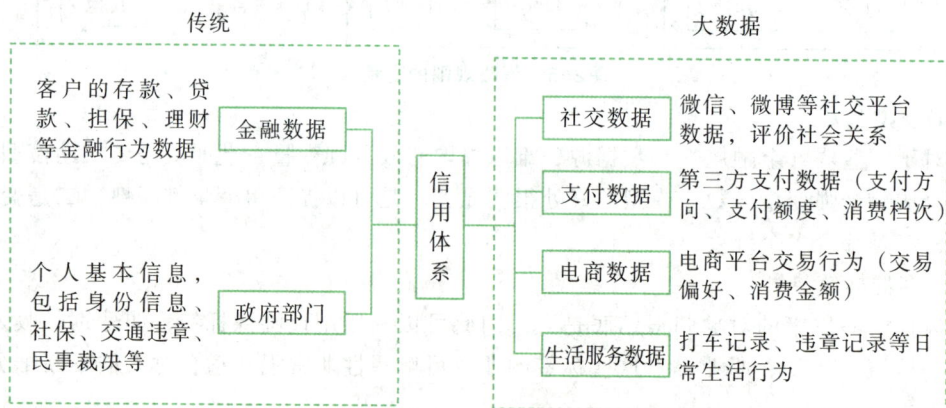

图2-7 大数据信用体系的数据来源

征信数据使用得比较多的主要有个人身份信息（如个人基本信息、教育学历信息、驾驶信息等）、个人消费相关数据（如资产信息、兴趣爱好、电商注册行为等）、银行持卡人数据（如POS交易信息、个人借贷卡账单信息、线上线下支付数据等）、用户及行为信息（如App浏览数据、WEB浏览数据、地理位置信息等）、司法被执行信息（如裁判文书信息、履约被执行信息、失信行为信息等）、黑名单高风险客户名单、航旅信息（如出行频率、票务信息等）、位置信息（如实时位置、常用地址、出行轨迹等）等。掌握这些信息的企业基本属于行业内的巨头，如中国联通、中国电信、中国移动、京东、淘宝等。

### (二)数据建模

#### 1.数据模型种类

(1)聚类。比如,常见的相似文本聚类,大量用户发布相似帖子是常见的"灌水"行为,需要处理。

(2)分类。比如,根据已经识别的有风险和无风险的行为,预测目前正在发生的行为;根据关键字的动态,识别预测效果。

(3)离群点检测。比如,当同一个IP被多次登录失败时,这种行为可能是暴力破解;当同一个IP被多次登录成功时,这种行为可能是机器登录。采用离群点检测可发现这两类行为并对其进行处理。

#### 2.数据模型的应用

(1)欺诈风险使用的模型主要是社会关系网络模型,通过每笔案件之间的关系,判断新案件是否有欺诈申请的可能性。

(2)信用风险使用的模型主要是通过逻辑回归建立评分卡(也有的用决策树),量化新申请人可能违约的概率,根据评分高低制定不同的授信规则和催收策略。

(3)贷后管理也用到行为评分卡,如额度调整和客户风险分池管理等。

### (三)数据画像

数据画像,又称用户画像,分为个人客户画像和企业客户画像。以个人客户为例,用户画像是指根据用户的属性、偏好、生活习惯、行为等信息而抽象出来的标签化用户模型。通俗地说,就是给用户打标签,而标签是通过对用户信息分析而得出的高度精练的特征标识。通过打标签可以利用一些高度概括、容易理解的特征来描述用户,可以让人更容易理解用户。

因此,用户画像绝对不会把一个真实的人的所有概念抽出来形成一个独立的样本。它只是抽出一些主要特性,形成一个和那个真实的人相似度极高的群体。

通过用户画像可以识别哪些客户对财富类营销活动的响应率比较高,哪些客户的资产潜力较大,哪些客户较容易被提升,哪些客户处于流失的边缘,哪些客户的信用程度较低,哪些客户较容易发生欺诈行为等。

从业务上来说,用户画像就是找出那些不还款的人的特征,通过用户画像得出的规则更快更简单地筛掉一些用户,再通过现有的数据进行推断要不要给该客户放款,放多少。也就是说,通过设置准入条件来最大化地降低风险。

例如,王总,男,34岁,研究生学历,平时喜欢在微信读书和掌阅上阅读电子书。每周7天都会玩手机,平均每天4个小时以上,最近一直在京东网站上搜索"数字化生存"这本书有没有库存。这些数据描述的是真实的人。

上面的信息可以抽象出来:中年男子,高学历,爱学习,手机重度用户,最近想要买一本书。这些数据描述的是抽象的人。

按照第一个模板,只能对应一个样本;按照第二个抽象出来的模板,符合匹配的人在国内有几十万。这就是用户画像。

用户画像的步骤,如图2-8所示。

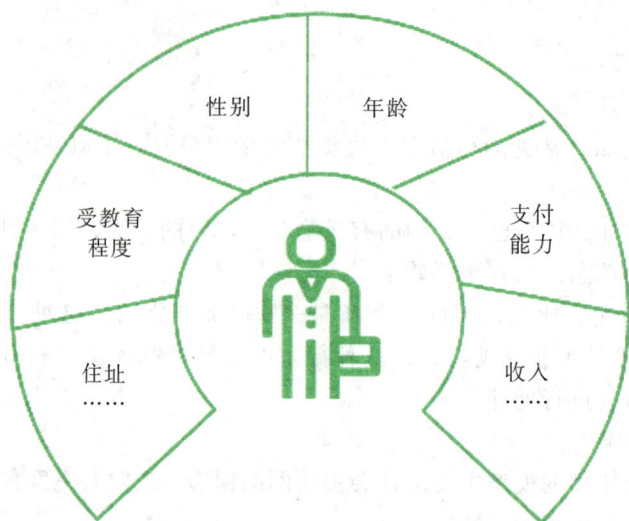

图2-8　用户画像的步骤

事实上，每个产品都要结合自己的业务进行用户画像。例如，售楼处需要知道客户的年龄、婚姻、收入、是否有小孩、消费能力等信息，因为这些数据决定了客户买房的动力和购买力，至于客户的爱好、兴趣、娱乐等数据就不那么重要了。又如，在相亲时，她/他可能更在意对方的年龄、身高、家庭情况、经济状况（房车）、兴趣爱好、信用状况（防止酒托、骗子）等。

收集哪些数据很关键，数据维度太少做不出精准画像，不必要的数据太多，又会浪费时间，因此给用户贴标签是用户画像的核心工作。

金融类主要是从人口属性、信用属性、消费特征、兴趣爱好、社交信息五个维度来定义标签，对于一些其他无关的信息如身高、体重等，一般都会忽略掉。

### 1.基本信息

基本信息是描述人口属性的信息，如姓名、手机号、身份证号、银行卡号、家庭地址等。知道这些信息，可以划分用户群是年轻人、中年人还是老年人，分布在哪里，以及联系方式。如果用户是借款申请人，还需要进行人脸识别，人脸识别的原理是调用国政通/公安局 API接口，将申请人实时拍摄的照片/视频同用户预留在公安局的身份证进行识别，最后确定借款申请人是否是用户本人。

### 2.信用属性

信用属性主要描述用户的收入情况、支付能力和信用情况。客户的职业、收入、资产、负债、学历、信用评分等，都属于信用信息，这些有利于了解信用情况，定位目标用户。银行有存款、信用分高的人一般有能力进行理财而且信用比较好。其他验证客户的方式包括让客户出示其他银行的信用卡及刷卡记录，或者验证客户的身份和学历证书。

### 3.消费信息

消费信息主要描述用户的消费习惯和消费偏好，用于寻找高频和高价值的用户。一个经常买东西的人，也是一个比较有财力、愿意花钱的人。为了方便筛选用户，可以直接将客户定义为具有某些消费特征的人群。例如，对于一个经常旅游的人，就可以向他推销旅行险；对于一个刚买车的人，就可以向他推销用车抵押的贷款。

#### 4.行为信息

行为信息是用于描述客户有哪方面的兴趣爱好。例如，经常去看戏剧、听交响乐的用户，就有可能是中产阶层……

#### 5.社交信息

社交信息是指用于描述用户在社交媒体的评论，这些信息往往代表用户内心的真实想法和需求，具有时效性高，转化率高的特点。例如，用户询问房屋贷款哪家银行放贷最多？你就可以向他推荐。如果及时了解到这些信息，就可以有效地进行推广。

### （四）风险定价

风险定价是指对风险资产的价格确定，它反映的是资本（资产）所带来的未来收益与风险的一种函数关系。通俗来讲，质量好的客户能以较优惠的价格获得服务，质量差的客户需要以风险溢价作为补充。

传统金融企业过多依赖于人的经验进行风险定价，而通过大数据技术，差异化的风险定价在线上实时放贷场景下，有了施展的空间和评估结果的手段。通过用户数据和交易数据可以搭建出核心的风险定价模型，在信用评级和风险定价方面，这个模型可能涵盖了超过成千上万个变量，通过机器学习等技术，可将模型应用到实际的风险定价中。

#### 1.金融产品定价与普通商品定价的区别

（1）定价标的不同。金融产品定价主要是针对风险的定价，普通商品定价是针对价值的定价。风险定价不仅要覆盖经营成本和业务经营过程中承担的风险，还要实现一定的超额回报。定价过高会导致优质客户的流失，定价过低也可能会被低回报的客户挤占有限的资本资源，从而丧失抓住高收益优质客户的机会。

（2）交易属性不同。从交易属性来看，金融产品定价与普通商品不同。①金融产品交易是对标的资产的损益权进行交换，普通商品交易是对商品的所有权、使用权进行交换；②标的资产的损益是存在波动的，商品的使用权是确定的。有些特殊的商品还要进行投资价值定价，如房地产。

（3）风险资产定价方法不同。金融产品定价的主要方法是运用预期未来现金流贴现的方法；普通商品定价采用特征价格模型，先针对每一部分的特征进行隐含价格定价，再进行综合定价。

#### 2.金融产品风险定价的原理

金融产品风险定价的原理，如图2-9所示。

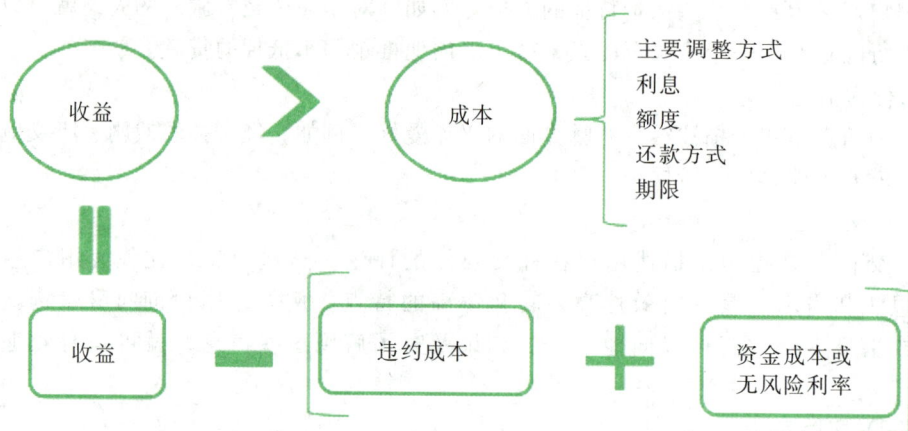

图2-9　金融产品风险定价的原理

### 3.风险定价的方法

常用定价方法有两种：基准利率定价法和客户盈利分析法。

（1）基准利率定价法。基准利率定价法是选择合适的基准利率，银行在此之上增加一定价差或乘上一个加成系数的贷款定价方法。

利率=基准利率+违约风险溢价+期限风险溢价

（2）客户盈利分析法。客户盈利分析法是分析从某一客户身上获得的全部收益是否能满足整体的利润要求，即根据成本和收益来核算。

贷款成本=资金成本+风险成本+运营成本+预期收益金额

对互联网消费金融来说，合适的定价方式是采用客户盈利分析法，最终的数学目标公式为：

贷款利率=可贷资金成本率+非资金性经营成本率+贷款风险溢价率+预期利润率

## 四、调整数据模型

模型建立后要进行测试，在项目的初期阶段，设计方案要经常更改，模型中的参数也需要随之调整。

### （一）找出不符合放款条件的用户

大数据风控就是把用户的信息看作一个个特征，通过大量的数据让机器找出规律，预测新的用户结果，判断用户是否符合放款条件。

例如，某学院的一个班级有40名学生，大一的时候英语老师做了一个预测，到了大二，班上的小赵、小钱、小孙等5位同学英语会过六级，剩下的小李、小周、小吴等35位同学，可能还要再等几年。英语老师的预测情况，见表2-1。

表2-1　　　　　　　　　　　　　　英语老师的预测情况

| 预测通过英语六级的同学 | 小赵、小钱、小孙等5位同学 |
|---|---|
| 预测未通过英语六级的同学 | 小李、小周、小吴等35位同学 |

到了大二，大家把这张表拿出来核对，发现在预测通过英语六级的5位同学中，除了小孙外，其他人都通过了英语六级；而在预测未通过英语六级的35位同学中，小李、

小周由于刻苦学习均通过了英语六级，见表2-2。

表2-2　　　　　　　　　　　　　英语老师预测的实际结果

| | 实际通过英语六级的同学 | 实际未通过英语六级的同学 |
|---|---|---|
| 预测通过英语六级的同学 | 小赵、小钱等4位同学（数据1） | 小孙1位同学（数据2） |
| 预测未通过英语六级的同学 | 小李、小周2位同学（数据3） | 小吴等33位同学（数据4） |

表2-2中的数据1至数据4说明如下：

数据1表示"被英语老师预测通过英语六级，并且实际通过的人数"，一共有4位同学。在数据分析中，我们一般把这部分的数据称为真阳性（True Positive，TP），即预测为真，实际也为真的数据。在数据分析中，我们常常把预测会发生的事件称为阳，而把预测不会发生的事件称为阴。

数据2表示"被英语老师预测通过英语六级，但实际未通过的人数"，即小孙一个人。在数据分析中，我们把这部分的数据称为假阳性（False Positive，FP），即预测为真，但实际为假的数据。

数据3表示"被英语老师预测未通过英语六级，但实际通过的人数"，这里有小李和小周2位同学。在数据分析中，我们把这部分的数据称为假阴性（False Negative，FN），即预测为假，但实际为真的数据。

数据4表示"被英语老师预测未通过英语六级，实际也未通过的人数"，这里有小吴等33位同学。在数据分析中，我们把这部分的数据称为真阴性（True Negative，TN），即预测为假，实际也为假的数据。表2-3为预测与实际情况说明。

表2-3　　　　　　　　　　　　　预测与实际情况说明

| 预测的情况 | 实际的情况 | 统计指标 |
|---|---|---|
| 预测为真 | 实际也为真 | 真阳性（TP） |
| 预测为真 | 实际为假 | 假阳性（FP） |
| 预测为假 | 实际也为假 | 真阴性（TN） |
| 预测为假 | 实际为真 | 假阴性（FN） |

进一步简化成矩阵的样子：

$$\begin{matrix} 真阳性（TP） & 假阳性（FP） \\ 假阴性（FN） & 真阴性（TN） \end{matrix}$$

这个能表示预测值和真实值之间差距的矩阵，就是我们想要的混淆矩阵。

简单地说，混淆矩阵就是看看有多少错判的，从而能够很快帮助我们分析调整每个类别的误分类情况。比如，英语老师误判的原因之一是忽视了学生不服输的性格，那么下一次预测时，就会增加性格元素。又如，用户申请的额度是10 000元，但计算的结果是8 000元，如果业务方给出一个20%以内的浮动范围，就可以按照实际的数据进行随时调整。因为逾期率、坏账率等指标都会变化，所以模型也会跟着调整。

### （二）提升机器学习算法的效果

进行行为建模，机器学习后就能预测用户的行为偏好。机器将收集的数据，通过大概率事件，尽可能地排除用户的偶然行为，好比一个 $Y=kX+b$ 的算法，X代表已知信息（即用户标签），Y是用户偏好，通过不断地精确k和b来精确Y。因为用户画像永远无法100%地描述一个人，只能不断地接近。模型既应根据变化的基础数据不断修正，也应根据已知数据来抽象出新的标签使用户画像越来越立体。

> **典型案例 2-2** 芝麻信用

目前，蚂蚁金服将芝麻信用划分为五个等级，最高等级和最低等级相差600分。

最高等级：700~950分，信用极好，这部分人群是最优质的支付宝用户，除了自身条件优质外，他们还是支付宝的活跃用户。目前，有芝麻信用900多分的用户，但是满分950分的用户（信用记录极好）从未出现过。

第二等级：650~699分，信用优秀，活跃度高，很守信用。

第三等级：600~649分，信用良好，较活跃，履约能力较好。

第四等级：550~599分，信用中等，一般有过几次不良行为。

最低等级：350~549分，信用较差，基本属于"老赖"了。

1.芝麻信用的用途

（1）免押金服务。

免押金服务是很多人最常使用的一项服务。比如，芝麻信用在600分以上的用户可以实现免押金借用充电宝；在旅行平台上预订带有"信用住"的酒店，免押金入住；在短租、公寓上"免押金租房"，还可以申请房租月付。

芝麻信用在650分以上的用户可以实现免押金骑行以及免押金租车（小汽车）；在商家（如漫画店）选择芝麻免预存，无须办理会员卡，享受会员服务。

芝麻信用在700分以上的用户可以实现100多种信用服务，如免费租用数码设备、手机、图书、服饰、玩具和家用设备等。

（2）办理贷款或信用卡。

目前，除了蚂蚁金服自身的借呗之外，一些贷款平台早已对接芝麻信用。只要芝麻信用在600分以上，就能轻松借钱。此外，浦发、光大、民生、花旗等银行信用卡均已对接芝麻信用，通过支付宝申请信用卡，授权查询芝麻信用分，如果分数较高，批卡速度则非常快。

（3）快速办理出国签证。

以往出国，我们必须自己到各个大使馆去办理，但是现在有了芝麻信用，就能快速办理签证了。比如，芝麻信用700分以上可以申请新加坡签证，芝麻信用750分以上可以申请卢森堡签证，而且上述签证不需要再提交资产证明、在职证明或者户口本等资料，方便快捷。

2.芝麻信用的构成

芝麻信用目前由五个部分构成，具体如下：

信用历史：过往信用账户还款记录及信用账户历史。

行为偏好：在购物、缴费、转账、理财等活动中的偏好及稳定性。

履约能力：稳定的经济来源和个人资产（把钱存入支付宝内的余额宝及各类理财项目中）。

身份特质：在使用相关服务过程中留下的足够丰富和可靠的个人基本信息。

人脉关系：好友的身份特征以及跟好友互动的程度。

总之，芝麻信用是个人信用的一种重要表现形式，未来随着大数据的进一步发展，说不定芝麻信用不会弱于个人征信报告了，所以大家在日常生活中还是需要注意积累信用，做一名守信之人。

资料来源：佚名.芝麻信用760分算什么档次，分数高有什么用处？［EB/OL］.［2019-06-08］.http://m.sohu.com/a/319229540_581729.经过整理。

案例透析：芝麻信用是如何对信用进行初步筛选的？

# 综合训练

## 一、概念识记

大数据　大数据金融　金融大数据风控　数据模型

## 二、单选题

1.以下说法中，错误的是（　　　　）。

A.大数据是一种思维方式　　　　　　　B.大数据不仅仅是讲数据的体量大

C.大数据会带来机器智能　　　　　　　D.大数据不包括图片、文本

2.第一个提出大数据概念的公司是（　　　　）。

A.微软　　　　　　B.谷歌　　　　　　C.脸谱　　　　　　D.麦肯锡

3.关于大数据在社会综合治理中的作用，以下理解不正确的是（　　　　）。

A.大数据的运用能够维护社会治安

B.大数据的运用能够加强交通管理

C.大数据的运用能够杜绝抗生素的滥用

D.大数据的运用有利于走群众路线

4.以下选项中，不属于非结构化数据的是（　　　　）。

A.企业ERP数据　　B.财务系统数据　　C.视频监控数据　　D.日志数据

5.以下选项中，不属于大数据对人才能力的要求的是（　　　　）。

A.业务能力　　　　B.数学统计能力　　C.IT技术能力　　　D.逻辑思维能力

6.以下关于大数据的说法中，正确的是（　　　　）。

A.大数据是人们在大规模数据的基础上可以做到的事情，而这些事情在小规模数据的基础上是无法完成的

B.大数据是人们获得新的认知、创造新的价值的源泉

C.大数据还是改变市场、组织机构，以及政府与公民关系的方法

D.无效的数据越来越多

7.银行大数据应用可分为四大方向，分别是客户画像、运营优化、风险管控和（　　　）。

A.数据建模　　　　　B.系统开发　　　　　C.精准营销　　　　　D.业务咨询

8.大数据的起源是（　　　）。

A.金融　　　　　　　B.电信　　　　　　　C.互联网　　　　　　D.公共管理

9.大数据的最显著特征是（　　　）。

A.数据规模大　　　　　　　　　B.数据类型多样

C.数据处理速度快　　　　　　　D.数据价值密度高

10.在当今社会，最为突出的大数据环境是（　　　）。

A.互联网　　　　　B.物联网　　　　　C.综合国力　　　　　D.自然资源

11.大数据环境下的隐私担忧，主要表现为（　　　）。

A.个人信息的暴露　　　　　　　B.用户画像的生成

C.恶意广告的推送　　　　　　　D.病毒入侵

12.一切皆可连，任何数据之间逻辑上都有可能存在联系，这体现了大数据思维维度中的（　　　）。

A.定向思维　　　　B.相关思维　　　　C.因果思维　　　　D.实验思维

13.大数据时代，金融机构要在激烈的竞争中力拔头筹，必须合理运用数据处理与挖掘工具，深入挖掘数据潜在的价值，洞察客户需求，促使决策从经验依赖向（　　　）转化。

A.信息依赖　　　　B.数据依赖　　　　C.技术依赖　　　　D.产品依赖

14.在没有大数据之前，我们选择客户主要依赖（　　　）的征信数据，但有些客户在（　　　）是没有相关信贷数据的，从银行的角度来说，这就很难辨别。

A.中国银行　　　　B.中国人民银行　　　C.建设银行　　　　D.交通银行

15.在大数据时代，数据使用的关键是（　　　）。

A.数据收集　　　　B.数据存储　　　　C.数据分析　　　　D.数据再利用

16.以下说法中，正确的是（　　　）。

A.反欺诈在贷前用到　　　　　　B.反欺诈在贷中用到

C.反欺诈在贷后用到　　　　　　D.以上都是

17.征信大数据的挖掘分析技术包括（　　　）。

A.离线数据处理引擎　　　　　　B.实时数据处理引擎

C.数据分析技术　　　　　　　　D.以上都是

18.以下选项中，不属于官方数据的是（　　　）。

A.央行数据　　　　B.销售数据　　　　C.公安系统数据　　　D.法院数据

E.市场监管数据

19.以下选项中，不属于民间数据的是（　　　）。

A.生产数据　　　　　　　B.流通数据　　　　　　　　　C.运营数据

D.财务数据　　　　　　　E.社保数据

20.当今世界（　　　）的数据为非结构化数据。

A.60%　　　　　　　B.70%　　　　　　　C.80%　　　　　　　D.90%

## 三、多选题

1.以下选项中，属于数据的有（　　　　）。

A.客户量、业务量、营业收入额、利润额

B.文本、图片、音频、视频

C.通话录音、位置信息

D.点评信息、交易信息、互动信息

2.运用大数据进行大治理要做到（　　　　）。

A.用数据决策　　　　　　　　B.用数据管理

C.用数据说话　　　　　　　　D.用数据创新

3.位置信息的获取主要有（　　　　）渠道。

A.Wi-Fi定位　　　　　　　　B.IP地址

C.GPS定位　　　　　　　　　D.运营商基站定位

4.大数据的主要特征表现为（　　　　）。

A.数据类型多　　　　　　　　B.处理速度快

C.数据容量大　　　　　　　　D.商业价值高

5.信息社会经历的发展阶段包括（　　　　）。

A.云计算时代　　　　　　　　B.大数据时代

C.计算机时代　　　　　　　　D.互联网时代

6.给用户画像贴标签，进行行为建模的核心工作有（　　　　）。

A.基本信息　　　　　　　　B.信用属性

C.消费信息　　　　　　　　D.行为信息

E.社交信息

7.评分卡综合个人客户的（　　　　）维度信息。

A.基本情况　　　　　　　　B.偿债能力

C.信用状况　　　　　　　　D.还款意愿

8.大数据作为一种数据集合，它的含义包括（　　　　）。

A.数据体量大　　　　　　　　B.构成复杂

C.变化很快　　　　　　　　　D.蕴含大价值

9.云计算的特点包括（　　　　）。

A.服务可计算　　　　　　　　B.高性价比

C.服务可租　　　　　　　　　D.低使用度

10.大数据的科学价值和社会价值体现在（　　　　）。

A.对大数据的掌握程度可以转化为经济价值的来源

B.大数据已经撼动了商业、医疗、教育、经济、人文以及社会等各个领域

C.大数据的价值更多源于它的二次利用

D.在大数据时代，很多数据在收集的时候并无意用作其他用途，而最终却产生了很多创新性的用途

11.以下说法中，正确的有（　　　）。

A.大数据仅仅是讲数据的体量大

B.大数据会带来机器智能

C.大数据对传统行业有帮助

D.大数据是一种思维方式

12.20世纪中后期的媒介革命，以（　　　）的出现为标志。

A.互联网　　　　　　B.自动化　　　　　　C.计算机　　　　　　D.数字化

13.大数据在今天这个时间点上爆发的原因有（　　　）。

A.互联网的收集和积累

B.各种传感器无时无刻不在为我们提供大量的数据

C.各种智能设备无时无刻不在为我们提供大量的数据

D.各种监控设备无时无刻不在为我们提供大量的数据

14.以下关于数据潜在价值的说法中，正确的有（　　　）。

A.数据的真实价值就像漂浮在海洋中的冰山，第一眼只能看到冰山一角，而绝大部分则隐藏在表面之下

B.判断数据的价值需要考虑未来它可能被使用的各种方式，而非仅仅考虑其目前的用途

C.在基本用途完成后，数据的价值仍然存在，只是处于休眠状态

D.数据的价值是其所有可能用途的总和

15.大数据金融风控模型的基本流程主要分为（　　　）。

A.数据收集　　　　　B.数据建模　　　　　C.用户画像　　　　　D.风险定价

16.征信数据来自（　　　）等渠道。

A.政府的公开信息　　　　　　　　　B.金融交易数据

C.社交行为数据　　　　　　　　　　D.市场交易数据

17.以下说法中，错误的有（　　　）。

A.大数据≠大量的数据　　　　　　　B.大数据是报表

C.大数据是计算平台　　　　　　　　D.大数据是精准营销

18.以下选项中，属于结构化数据的有（　　　）。

A.班级所有人的年龄　　　　　　　　B.一个超市所有商品的价格

C.音频　　　　　　　　　　　　　　D.视频

19.下游征信信息的使用者在（　　　）。

A.金融领域　　　　　　　B.政府领域　　　　　　　C.商业或商务领域

D.公共领域　　　　　　　E.个人领域

20.在商业或商务领域，常用的大数据征信产品（信息）有（　　　）。

A.评级或评价报告　　　　　　　　B.投融资咨询报告

C.征信评价报告　　　　　　　　　D.供应链管理服务

E.系统开发

## 四、判断题

1.大数据的价值重在挖掘，而挖掘就是分析。　　　　　　　　　　　（　　）

2.大数据的思维会把原来销售的概念变成服务的概念。　　　　　　　（　　）

3.大数据仅仅是指数据的体量大。　　　　　　　　　　　　　　　　（　　）

4.人们关心大数据，最终是关心大数据的应用，关心如何从业务和应用出发让大数据真正实现其所蕴含的价值，从而为人们的生产生活带来有益的改变。　　（　　）

5.从经济社会的视角来看，大数据的重点在于数据体量大。　　　　　（　　）

6.对大数据而言，最基本、最重要的要求就是减少错误、保证质量。因此，大数据收集的信息要尽量精确。　　　　　　　　　　　　　　　　　　　　　（　　）

7.信息会包含很多规律，我们需要从信息中将规律总结出来，即知识，有了知识才能应用于实践。　　　　　　　　　　　　　　　　　　　　　　　　　（　　）

8.数据类型多种多样（即多维度的表现形式），如网络日志、视频、图片、地理位置等。　　　　　　　　　　　　　　　　　　　　　　　　　　　　　　（　　）

9.不同的数据格式意味着从数据中获取价值（含义）变得更难。因为所有数据必须以不同的方式来提取处理，所以只能用传统计算方法来处理这些不同种类的数据。　（　　）

10.大数据风控是金融行业发展过程中必须结合的一项科技手段。　　（　　）

11.大数据的意义不在于掌握多庞大的数据信息，而在于对这些具有价值和意义的数据进行专业化处理。　　　　　　　　　　　　　　　　　　　　　　　（　　）

12.对数据了解得越充分，模型的建立就会越准确，学习需要的时间就会越短。　　　　　　　　　　　　　　　　　　　　　　　　　　　　　　　　（　　）

13.数据是结构化的，而大数据则包括了结构化数据、半结构化数据和非结构化数据。　　　　　　　　　　　　　　　　　　　　　　　　　　　　　　　（　　）

14.数据就是简单的数字。　　　　　　　　　　　　　　　　　　　（　　）

15.评分卡是常用的简单易行的风控工具。　　　　　　　　　　　　（　　）

16.还款意愿差和还款能力不足，都是客户逾约的主要原因。　　　　（　　）

17.大数据预测能够分析和挖掘出人们不知道或没有注意到的模式，以判断事件是否会必然发生。　　　　　　　　　　　　　　　　　　　　　　　　　　（　　）

18.原始数据大多是杂乱无章的，有很多垃圾数据在里面。　　　　　（　　）

19.通过评分卡可以分析借款人的还款能力，据此判定借款额度。　　（　　）

20.目前，深度学习主要是建立在大数据的基础上，即对大数据进行训练。（　　）

## 五、简答题

1.甲有房贷300万元，年化利率5%，贷款30年。乙有贷款2 000元，贷款1个月，月息10%（年化利率120%）。请问银行是采取人工审核还是机器审核？为什么？

2.通过图2-10对比传统金融风控和大数据金融风控。

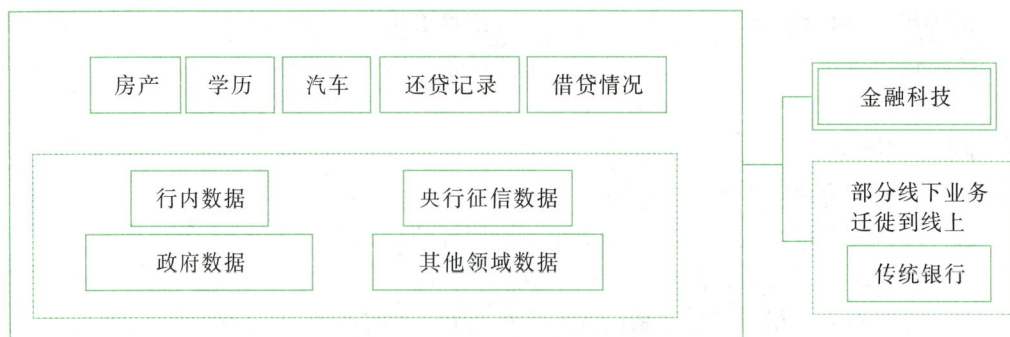

**图2-10　传统金融风控和大数据金融风控**

## 六、实战演练

银行信贷业务中所有的岗位、流程和制度设计都围绕一个主题：如何把贷款安全地收回，银行就是通过这套流程来判断客户在可预见的将来有没有还款能力。

因此，为了尽可能了解某个企业的还款能力，银行需要耗费大量的资源（如收集报表、实地考察、层层审批、贷后检查等）。此外，还需要尽可能地寻找其他还款来源（如抵押物、担保方、企业实际控股人签署的无限连带责任担保等）来预防风险。5年前，大部分商业银行的小额贷款门槛是500万元，其原因是如果低于这个额度使用银行这套复杂、烦琐的风控手段，那么这笔贷款是要赔钱的。

近几年，银行开始借力大数据作为风险控制的依据，其本质还是一种"了解你的客户是否有还款能力"的手段。银行希望通过大数据降低"了解你的客户"这个过程所需要的成本，同时提升判断的准确度。以企业的纳税数据、银行账户结算量等为基础的贷款产品也确实降低了银行贷款的准入门槛，几十万元甚至几万元的贷款也成为了可能，解决了一部分小微企业"融资难"的问题。

真正能体现大数据价值的银行服务，应该是以阿里巴巴的网商银行和腾讯的微众银行为代表的互联网银行正在实践的信贷模式，利用实时、动态、多维度、不断积累和更新的数据对风险进行定价。以阿里巴巴为代表的互联网巨头掌握了个人或者企业大量的交易数据（如电商买卖、信用卡还款、话费充值等），同时鼓励客户不断地导入外部数据（如芝麻信用就鼓励客户添加拥有的车辆信息），利用这些数据来判断客户的还款能力。因为数据是不断实时更新的，所以风控模型也在不断进行自我升级和修正，以此提升判断的准确度。基于实时动态的大数据的风控模型能够为每个客户完成风险定价（传统银行的方式是将客户进行分类，然后对每一类客户进行定价）。

根据阿里小贷的特点，分析阿里小贷如何控制贷款风险？

阿里小贷最核心的优势在于阿里巴巴在电子商务领域积累的庞大的客户资源以及海量的交易数据，这些数据包括商户在阿里巴巴平台上的活跃度、交易量、网上信用评价等。

阿里小贷具有以下特点：

1.必须有符合条件的借款人

阿里小贷利用自身平台积累的大数据对贷款人的信用状况进行核定，信用贷款的目标客户是阿里巴巴 B2B 平台的注册商户。阿里金融先对拟融资小微企业的交易数据及资金流转记录进行分析，运用后台贷款审核数据模型，对拟融资小微企业的还款能力进行综合评价和量化分析后，为符合标准的小微企业发放贷款。从初审到发放贷款，平均需要 2 个工作日。

（1）贷款额度最高上限为 100 万元，平均年化借款利率（含手续费）为 18% ～ 27%，根据借款商户的资质上下浮动。

（2）针对借款额度较高的商户，平台会聘请第三方机构进行回访，收集有关材料后上传至平台。

（3）50 万元以下的借款，系统自动审批。

2.具有相对较完整的风险识别和防范体系

发放出来的贷款主要通过支付宝账户进行接收，平台可以随时监控资金的用途和去向，有效控制信用风险。

3.有抵押担保物

担保标的是网店未来的收益，可以有效规避自身的风险。

小商户收到订单后，首先向阿里小贷申请订单贷款，然后拿借来的钱去采购货源，完成发货，最后贷款到期后，阿里小贷的后台系统会自动扣取贷款金额。

第三章

数字金融
核心技术

## 学习目标

知识目标：

•掌握云计算的含义；了解分布式计算、并行计算、集中式计算的含义，掌握云计算的特点；掌握区块链的含义以及区块链技术的特点；了解人工智能的产生与发展。

能力目标：

•掌握云计算的工作原理及在金融领域的应用价值；掌握区块链在金融领域的应用；能够根据机器学习的原理对人工智能的应用场景进行分析。

素质目标：

•培养新事物必将取代旧事物的辩证思想，树立技术强国的观念，坚定爱国热情与自信心，树立为人民谋幸福、为中华民族谋复兴的正确观念。

# 第一节　云计算

## 云计算与我们生活

　　我们的大脑不可能记住我们经历的每一件事，所以需要用一些工具来协助我们。最初，圆珠笔和便签是很好的备忘选择。后来，人们可以在电脑、手机上进行记录，但有的事情（如一些重要的日子）我们需要记录很多次，这样做显得有些麻烦。而设计出一个电子日历（即应用云计算技术的日历）就可以很简单地解决这些问题。例如，电子日历可以通过各种设备（如电子邮件、手机短信、电话等）提醒我们要在母亲节买礼物，什么时候去干洗店取衣服，飞机还有多长时间起飞……

　　然而，由于各种不同的原因，我们会有多个不同的邮箱。而常常查看这些邮箱的邮件，就变成了一件很烦琐的事情，我们需要打开不同的网站，输入不同的用户名及密码……

　　于是，云计算就发挥作用了。通过托管，邮件服务提供商可以将多个不同的邮件整合在一起。例如，谷歌的 Gmail 电子邮件服务可以整合多个符合 POP3 标准的电子邮件，用户可以在 Gmail 的收件箱中直接收到来自不同邮箱中的电子邮件，这样用户就方便了很多。

　　自云计算技术出现以来，办公室的概念就模糊了。不管是谷歌的 Apps 还是微软的 SharePoint，都可以在任何一个有互联网的地方同步办公。即使同事之间的团队协作也可以通过上述基于云计算技术的服务来实现，而不用在同一个办公室里才能够完成合作。在将来，随着移动设备的发展以及云计算技术在移动设备上的应用，办公室的概念将会逐渐消失。

　　越来越多的企业开始使用基于云计算技术的服务，平时常用的那些 App 或网站，基本都已经离不开云计算作为背后的强大服务支持，如剁手党爱恨交加的淘宝、京东，社交痴迷党的微信、微博等。可见，云计算已经深深植入到我们生活中的点点滴滴。

　　资料来源：佚名. 带您了解与我们息息相关的云计算 [EB/OL]. [2018-06-11]. https://baijia-hao.baidu.com/s? id=16029398689168916024833&wfr=spider&for=pc. 经过整理。

## 一、云计算的含义

云有几种姿态？

　　云是网络、互联网的一种比喻的说法，表示互联网和底层基础设施，如同虚无缥缈的云。从狭义上来讲，云计算就是一种提供资源的网络。从广义上来讲，云计算是与信息技术、软件、互联网相关的一种服务，这种计算资源共享池被称为"云"，就像大量的水滴飘浮在空中聚合成了云一样。云计算将许多计算资源集合起来，通过软件实现自动化管理。用户可以随时随地按需从可配置的计算资源共享池中获取网络、服务器、存储器、应用程序等资源。这些资源可以被快速地供给和释放，将管理的工作量和服务提供者的介入降至最少。

### （一）云计算的计算能力作为一种商品

一家公司要建立信息系统来支撑自身业务，就需要自己创建机房、购买服务器、搭载系统、开发各类应用程序，并设专人维护。这种传统的信息系统一次性投资成本很高，当公司扩大业务时很难进行快速扩容，且对软硬件资源的利用率较低，平时维护也较麻烦。

云计算的出现可以很好地解决上述问题。它提供了一种按需租用的业务模式，当客户需要信息系统时，只需通过互联网向云计算提供商（如华为云）租用一切想要的资源就可以了，而且这些资源是可以精确计费的。云计算是一种按使用量付费的模式，使用者可以随时获取"云"上的资源，就像我们只要按照自己的用水量，付费给自来水厂一样，不用自己打井就能随时用水。

### （二）云计算的目的就是建立一个大数据中心

云计算以互联网为中心，提供安全、快速、便捷的数据存储和网络计算服务，目的是让互联网这片云成为每一个网民的数据中心和计算中心。

## 二、云计算的发展历程

云计算是分布式计算、并行计算、网格计算等与网络技术发展融合的产物，即这些计算机科学概念的商业实现。

### （一）串行计算与并行计算

#### 1. 串行计算

串行是把资源集中到某个单一的过程。串行计算指的是多个程序在同一个处理器上被执行，只有当前的程序执行结束后，下一个程序才可以开始。串行计算不对任务进行拆分，一个任务占用一块处理资源，程序会按顺序执行每个指令。传统的软件通常为串行计算模式。串行计算的规则较为简单，易于构建和控制。

例如，当A和B两个任务运行在同一个CPU线程上时，在A任务执行完之前不可以执行B，如图3-1所示。

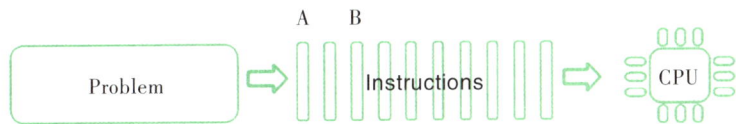

图3-1　串行计算

#### 2. 并行计算

并行是指"并排行走"或"同时执行或实施"。在操作系统中，并行是指一组程序按独立异步的速度执行，即将资源分散到该过程的多个子过程中。并行计算，又称平行计算，是指一种能够让多条指令同时进行的计算模式。并行计算可分为时间并行和空间并行。时间并行，即流水线技术。空间并行是指使用多个处理器执行并发计算，以降低解决复杂问题所需要的时间。比如，工厂加工食品的步骤为：清洗—消毒—切割—保鲜。如果不采用流水线，一个食品完成上述四个步骤后，下一个食品再进行处理，这样既耗时又影响效率。但是，采用流水线技术，就可以同时处理多个食品。这就是并行算法中的时间并行。

**小知识 3-1**

如果一个人一次只能携带一个箱子，而一个CPU就是一个人，那么一个按顺序执行的程序一次只能携带一个箱子。当并行执行时，同一个程序可能会分成两个独立的任务，如果有一个CPU来利用它同时携带两个箱子，那么这个人就可以同时搬运两个箱子，便能更快地完成任务。

小李准备种3棵树，如果小李自己种树需要6个小时才能完成，可是小李叫来了好朋友小张和小王，3个人同时挖坑种树，2个小时后每个人都完成了植树任务，这就是并行算法中的空间并行。

从图3-2中可以看出，并行计算将问题分成N个子任务，每个子任务并行执行计算。而每个子任务是非独立的，每个子任务的计算结果决定最终的结果。

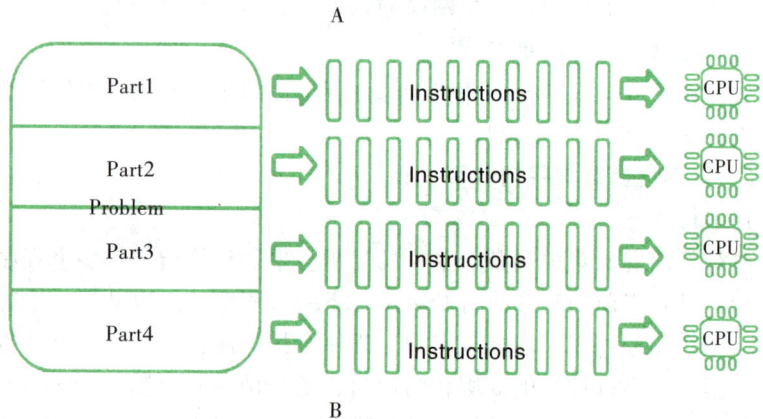

图3-2　并行计算

**（二）集中式计算与分布式计算**

**1.集中式计算**

**小知识 3-2**

狭义地说，哑终端是指不能执行诸如"删行""清屏""控制指针位置"操作的计算机终端。广义地说，哑终端是指既不处理本地数据也不运行用户程序的计算机终端。

所谓集中式计算，是指由一台或多台主计算机组成中心节点，数据集中存储在这个中心节点上，整个系统的所有业务单元也都集中部署在这个中心节点上，系统的所有功能均能在这个中心节点上进行集中处理，其最大的特点就是部署结构简单。现在的银行系统大部分都是这种集中式的系统，如图3-3所示。

主机

哑终端

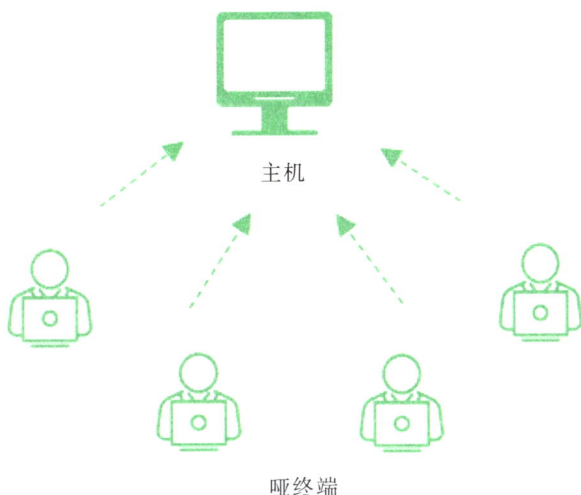

图3-3　集中式计算

## 2. 分布式计算

▶▶▶

小知识 3-3

　　并行计算是相对于串行计算而言的，分布式计算是相对于单机（集中式）计算而言的。如果一个计算是串行跑的，即使它是在集群上跑的，也不是并行计算；如果一个计算是在集群上跑的，即使它是在串行上跑的，也是分布式计算。分布式计算是一种特殊的并行计算（如果处理单元共享内存，就称为并行计算；反之，就是分布式计算），不过分布式计算的子任务之间并没有必然联系（互不相干）。如果某一台计算机脱离了网络（发生故障或关机），它对网上的其他用户不会有太大的影响。

　　随着计算技术的发展，有些应用需要非常强大的计算能力才能完成，如果采用集中式计算，需要耗费相当长的时间来完成。分布式计算将这些应用分解成许多小的部分，分配给多台计算机进行处理，这样可以节约整体计算的时间，大大提高计算效率，如图3-4所示。

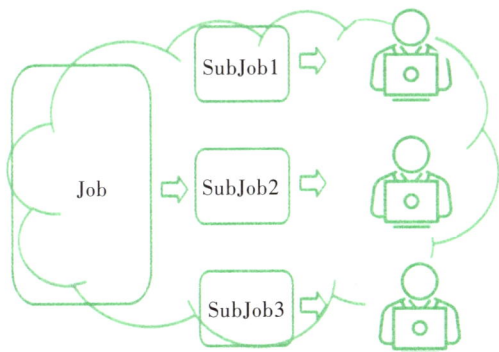

视野拓展 3-3

摩尔定律

Job　SubJob1　SubJob2　SubJob3

图3-4　分布式计算

分布式计算把需要进行大量计算的工程数据区分成小块，由多台计算机分别计算，组件之间彼此进行交互以实现一个共同的目标，分布式系统通过网络相互链接传递消息，在通信后可协调它们的行为。在上传运算结果后，将结果统一合并得出数据结论。

（1）网格计算。

网格计算是分布式计算的一种，主要研究如何把一个需要非常巨大的计算能力才能解决的问题分成许多小的部分，然后把这些部分分配给许多计算机进行处理，最后把这些计算结果综合起来得到最终结果。由网格技术结合在一起的系统可能是在同一个房间，也可能是分布在世界各地，运行在不同的硬件平台，不同的操作系统隶属于不同的组织。基本思想是赋予某些用户执行一些特定的任务，网格技术将平衡这些巨大的资源来完成任务。本质上所有的网格用户使用一个巨大的虚拟系统工作，如图3-5所示。

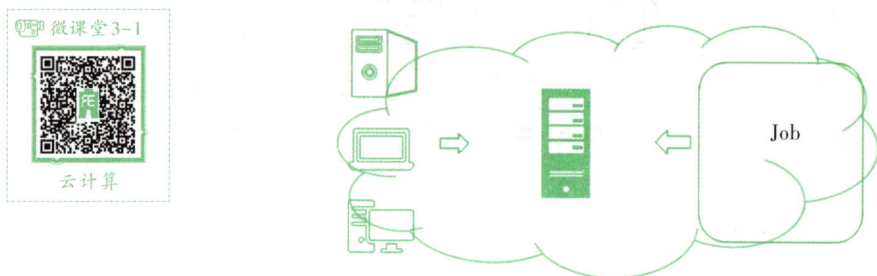

微课堂3-1
云计算

图3-5　网格计算

（2）云计算。

云计算也是分布式计算的一种，指的是通过网络"云"将巨大的数据计算处理程序分解成无数个小程序，然后通过多部服务器组成的系统进行处理和分析这些小程序，在得到结果后反馈给用户。

### 三、云计算的特点

云计算系统具有以下特点：

#### 1. 超大规模

"云"有相当的规模。谷歌云计算已经有超过百万台服务器，亚马逊、IBM、微软、雅虎等的"云"都有几十万台服务器。企业私有云一般有数百台或数千台服务器。"云"可以给用户前所未有的计算能力。

#### 2. 虚拟化

云计算支持用户在任何地点使用各种终端以获取应用服务。所请求的资源来自"云"，而不是固定的有形实体。应用程序运行在"云"的某个地方，但实际上用户不需要知道或担心应用程序运行的具体位置。用户只需要一台笔记本或一部手机，就可以通过网络服务实现所需要的一切，甚至是超级计算这样的任务。

#### 3. 可靠性

"云"采用了数据多副本容错、计算节点同构互换等措施，来确保服务的可靠性。使用云计算比使用本地电脑更可靠。

#### 4. 通用性

云计算不是针对某个特定的应用，它可以在"云"的支撑下构造出千变万化的应用。同一个"云"可以支持不同的应用程序同时运行。

### 5. 可扩展性

"云"的规模可以动态扩展，以满足应用程序和用户增长的需求。

### 6. 按需服务

"云"是一个巨大的资源池，你可以按需购买；"云"可以像自来水、电、燃气一样计费使用。

### 7. 低价格

由于云计算的特殊容错措施，可以使用极其廉价的节点组成一个"云"，"云"的自动化集中管理，使得大量企业无须承担越来越高的数据中心管理成本，"云"的普适性相比传统的系统大大提高了资源的利用率，因此用户可以充分享受"云"的低成本优势，通常只需几百美元和几天就可以完成以前需要几万美元和几个月的任务。

## 四、金融机构云计算的架构

金融机构云计算的架构共包括三个部分：云客户端、云端和第三方机构。它们之间的关系是，云客户端通过访问云端得到服务，第三方机构对云端的安全机制进行审核，并对其进行实时监控。云计算的安全架构，如图3-6所示。

▶▶▶

**小知识 3-4**

阿里巴巴金融云服务是为金融行业量身定制的云计算服务，具备低成本、高弹性、高可用、安全合规的特性，帮助金融客户实现从传统IT向云计算的转型，并为客户实现与支付宝、淘宝、天猫的直接对接，助力金融客户业务创新，提升竞争力。

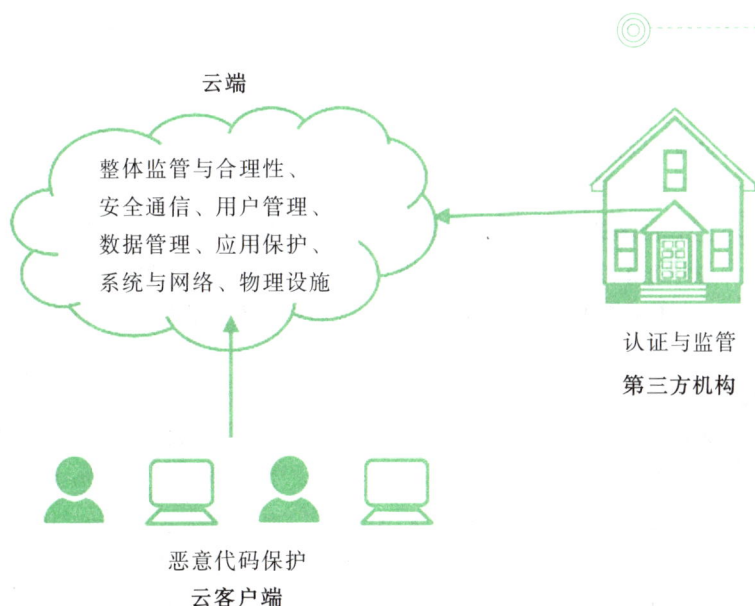

图3-6　云计算的安全架构

### (一)云客户端

云客户端的安全关系到云计算的用户体验。要确保用户在非常安全和稳定的情况下使用和访问云端运行的应用，需要很多方面的增强，其中最重要的当属恶意代码防范，它主要采用防火墙、杀毒软件、打补丁和沙箱机制等手段来使云客户端免受木马、病毒和间谍软件的侵害。另外，利用云端的超强计算能力可实现云模式的安全检测和防护。比如，对于本地不能识别的可疑流量，任何一个客户端都可以第一时间将其发送到后台的云检测中心，利用云端的检测计算能力进行快速的安全解析，并将发现的安全威胁特征推送到全部客户端和安全网关，从而使整个云客户端和安全网关都能检测到这种未知威胁。

### (二)云端

云端，即公共云计算中心，它一般由云计算服务提供商负责管理，主要包括以下七个模块：

#### 1.整体监管和合规性

这个模块处于整个云端安全架构的最顶层，主要有以下功能：

（1）对整个云端安全架构进行规划。例如，对企业业务和运行风险进行评估；确定相关的战略和治理框架、风险管理框架；制定相应的安全策略；确立和管理信息安全文档体系等。

（2）观测云计算系统整体的安全情况。帮助云计算管理者有效地管理和监控整个云计算中心，以防恶性事件发生，如对安全事件的监管和响应，并生成相关安全事件的日志和报表。

（3）满足合规性要求。云端可以定义一些与合规性和审计相关的流程，以确保整个云计算系统遵从其所需要遵守的协议，还可以帮助用户满足其自身的合规性需求，如金融行业必须满足行业主管部门的一些监管要求等。

（4）云计算认证。为了保持整个架构的可信度，需要支持引入第三方审计机构，对整个云计算的安全架构进行认证。

#### 2.安全通信

这个模块是整个云端的网关，主要的功能有：提供大容量的网络处理能力，以处理用户对云端的海量请求；提供强大的防火墙功能，以应对诸如DDoS等的恶意攻击；通过使用SSL、TLS、VPN和IPsec等安全技术，来确保云客户端与云端通信的私密性和完整性。

#### 3.用户管理

这个模块主要用于认证与授权用户进入系统和访问数据的权限，同时保护资源免受非授权的访问，主要包括两个部分：一是需要确保每个用户只能访问他们得到授权的应用和数据，对用户的操作进行日志记录，检测每个用户的行为，以发现用户任何触及安全底线的行为；二是提供基于角色和集中的账号管理机制来简化认证管理，满足安全需要，降低成本，改善用户体验，提高效率和避免风险，同时支持在多种服务之间简化登录过程的单点登录机制。

#### 4.数据管理

对大多数企业而言，数据安全特别关键，尤其是在云计算中。企业数据大多存储于企业防火墙之外的云计算中心，因此在数据管理方面必须对云计算严苛要求。这个模块包括以下功能：

（1）对数据进行分类和隔离。根据数据类型和所属的组织，对数据设置完善的归类、保护、监控和访问等机制，以防止数据被误用和信息泄露。

（2）对数据加密。例如，用户在上传数据之前先使用密钥对其进行加密，在使用时再对其进行解密，从而确保数据不会被非法分子利用。此外，还可以使用数据检验技术来保证数据的完整性。

（3）对数据备份。为避免由于硬盘故障和管理错误造成数据遗失，需要对数据进行多次备份。同时，当数据被删除时，必须确保各种备份都被清除，如备份所占用的硬盘。

（4）设置数据存储地点。考虑到法律、政治和安全等因素，数据的存储地点对部分企业而言非常关键，所以需要用户获知并选择其数据合理的存储地点。

#### 5.应用保护

在应用保护方面，主要包括三个部分：一是由于应用在很多场合会以虚拟镜像的形式部署，因此需要确保在主机上运行虚拟机的安全性，并通过监视虚拟机的运行情况来发现"恶意主机"的存在，尽量减少每个虚拟机开启的服务和监听的端口。二是对应用本身进行安全方面的设计。比如，通过支持SSL和HTTPS等协议来确保点对点的安全通信，并对应用进行完善测试，尽可能减少安全方面的漏洞。三是对应用发布的API和Web服务等对外接口进行安全方面的加固。比如，通过使用安全密钥和电子证书等来确保服务的安全性。

视野拓展3-4
HTTPS、API和Web

#### 6.系统与网络

在系统方面，每个主机所处理的数据或者事务必须隔离，同时通过提供虚拟域或者基于规则的安全区这两种机制来进一步隔离服务器，减少服务器的监听端口和支持的协议。在网络部分，云计算中心将网络分为可信和不可信两个部分。不可信部分一般在DMZ内，支持对入侵和DDoS攻击的侦测。另外，云计算中心通过检测和分析整个网络的流量来确保网络安全运行，并使用VLAN机制对网络进行安全隔离。

视野拓展3-5
DMZ、VLAN

#### 7.物理设施

在基础设施方面，要确保各种设备的冗余，包括电源、UPS、制冷设备和路由器等，并可以在数据中心内置一台大功率的发电机，以应对停电情况。同时，考虑到云计算环境下业务的连续性，设备的部署必须是高可靠性的支持，如双机热备、配置同步、电源风扇的冗余、链路捆绑聚合和硬件旁路等高级特性，真正实现大流量汇聚情况下的基础安全防护。

在人员方面，需要限制每个人的权限范围，以提升安全性，并调查这些人员的背景以避免商业间谍侵入，还需要配备视频监控系统来监视数据中心内部的一举一动。

在防灾管理方面，需要在不同地点建设多个数据中心，当发生停电、火灾和地震等情况时，能够将服务切换到备用数据中心上运行。

### （三）第三方机构

第三方机构一般具备很好的公信力，不会轻易被任何一方左右，且在安全领域方面具备丰富的经验和技术。它的功能主要有：

#### 1.认证

第三方机构能够对云计算服务提供商的服务进行安全认证，采用标准化的技术手段和非技术手段来对服务进行检测，找出其安全漏洞，对其安全级别进行评估，使用户有信心将数据存储在云端和使用云端提供的云服务。

#### 2.监管

监管就是第三方机构会实时监控云端运行情况，以确保它在安全范围内运行，这样才会提高用户对云端的信任度。

#### ☑ 教学互动 3-1

问：举例说明，什么是云计算。

答：云计算就是一种利用互联网实现随时随地、按需、便捷地访问共享资源池（包括计算设施、存储设备、应用程序等）的计算模式。通俗来说，云计算就是共享。比如，你是一个美食家，你不可能什么都会做，你想吃全国各地的美食，也不可能去全国各地品尝，这样成本太高。现在有一家大酒楼汇集了全国各地的厨师，这样你想什么时候去吃就什么时候去吃，其他和你一样想吃到各地美食的人也可以随时去品尝。

## 五、云计算在金融行业的应用场景

云计算在金融行业中有着广泛的应用场景，在银行、保险、证券、互联网金融等不同细分领域，对云计算的需求不尽相同。

#### 小知识 3-5

兴业银行、招商银行、建设银行、民生银行、工商银行、光大银行、华夏银行、北京银行、平安银行等都成立了科技公司，并提供全方位云计算服务，银行领域的科技公司总注册资金超过了37亿元人民币。

### （一）银行领域

银行对云计算的服务可用性和数据持久性要求较高，大型银行倾向于私有云、中小银行倾向于行业云。

#### 1.构建以客户为中心的多元化产品体系

云银行依托新技术驱动商业银行底层架构转变为分布式、网络化的结构。云银行的金融服务布局在云端，通过万物互联，无缝嵌入各个生活和工作场景，不需要跑网点，不需要登录网银，在交易行为中自然享受无感金融服务。客户在哪里，金融服务就在哪里。

### 2. 构建依托金融科技的云风控体系

一方面，云银行依托数字生态系统内的平台，积累、收集、整合众多真实的交易数据、经营数据和财务数据，提高客户调查、反欺诈识别、贷款审批、贷中批量监控等环节的效率；另一方面，云银行通过人的业务感知、规划以及针对性措施将智能化分析和自动化运营相结合，搭建知识图谱风控，使用结构化和非结构化数据治理工具，高效治理和整合全维度数据，构造知识图谱数据模型，并通过智能分析与计算，实现更加有效的风险评估。

### 3. 构建基于数字生态的利益共享模式

云银行打破银行之间、企业之间的信息壁垒，构建与同业、科技公司、政府、核心企业及上下游企业之间的全链条、全平台，并基于真实场景实现金融业务的线上实时交易，为客户提供一站式金融解决方案。云银行从"利己"思维转向"利益共享"思维，感知客户的"痛点"，通过云化方式将资源共享，让客户低成本、快速地获取金融服务，在利他的过程中，形成银行良性的盈利模式，实现银企的共同成长。

**小知识 3-6**

平安云在代理人移动展业、团体险移动展业、智能运营、智能客服、保险互联网核心、保险中介服务、产品线上销售等环节，为保险行业提供了从前端业务拓展到后端客户服务的解决方案。

### （二）保险领域

在保险领域开发运维一体化方面，私有云、行业云、公有云均有涉及。在保险领域，云计算主要应用于个性化定价和产品上线销售等方面。定制化云软件不仅能够快速分析客户的实时数据，提供个性化定价，还能够通过社交媒体为目标客户提供专门的保险服务。

### （三）证券基金领域

证券行业与银行、保险业有所不同，监管部门对于证券行业上云有着非常严格的要求，特别是对时延要求非常高（证券对交易系统响应速度要求极高），其交易系统在数据库、操作系统和小型机等方面对传统部署方式依赖较大。目前，证券基金的核心交易系统尚未上云，但已与大数据应用相结合，如行情分析等对时延不敏感的业务，已经逐渐采用云计算架构或服务。

#### 1. 证券行业已使用的云计算平台有企业私有云和上证云行情

企业私有云，主要是券商和交易所依托虚拟化技术自行构建的平台。上证云行情，是上证所信息网络有限公司承建的面向证券公司开展的互联网行情服务的云平台，于2014年4月1日起正式商业运作。其目标是为使用该服务的投资者带来高品质、高保障的实时行情数据服务，也为证券公司提供了传统方式部署行情服务之外的另一种选择。

#### 2. 证券基金领域通过业务系统整体上云

云计算主要用于客户端行情查询和交易量峰值分配等方面。在数据库分库、分表的部署模式下，可实现相当于上千套清算系统和实时交易系统的并行运算。

### （四）互金领域

在非传统金融领域，互联网属性强，公有云应用较多。例如，腾讯金融云将保险作为一个突破口，助力保险行业创新与优化升级，共建云上生态。目前，腾讯金融云发布了核保通、理赔通、银保通三大金融科技产品，为保险行业提供从销售、风控到理赔的全流程服务，并与中国人保等多家金融机构建立了战略合作关系。

>> **典型案例 3-1**                    **云计算的应用**

某银行应用系统的部署是以虚拟机为单位构建的，系统的扩容经历了虚拟机的分配、软件安装、应用部署和测试、切割入网等环节。在业务量突增的情况下，系统无法进行快速扩展。而当业务访问量减少时，系统又不能随意释放资源，资源池中CPU和内存的利用率较低，大部分的物理资源处于空闲状态，导致资源存在大量的预留和浪费。

第三方机构云管理平台的云操作系统可以帮助某银行规范资源使用，对资源进行全生命周期的管理及监控，降低资源管理的复杂度及工作量。

第三方机构云平台解决方案是一套双模多态的云计算平台，帮助用户同时实现两种模式、多态资源管理目标。云平台既能支持传统数据中心的资源，又能支持新兴的开源软件，帮助用户快速构建应用环境，满足银行业务对资源敏捷性部署的需求。

云计算解决方案主要由云服务中心、云运维中心组成，如图3-7所示。

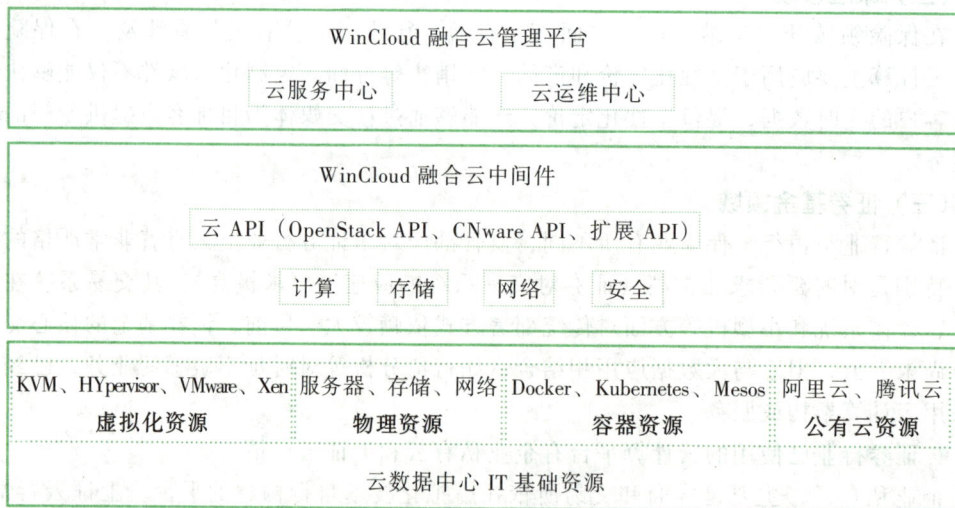

| WinCloud 融合云管理平台 | |
|---|---|
| 云服务中心 | 云运维中心 |

WinCloud 融合云中间件

云 API（OpenStack API、CNware API、扩展 API）

| 计算 | 存储 | 网络 | 安全 |

| KVM、HYpervisor、VMware、Xen | 服务器、存储、网络 | Docker、Kubernetes、Mesos | 阿里云、腾讯云 |
| **虚拟化资源** | **物理资源** | **容器资源** | **公有云资源** |

云数据中心 IT 基础资源

**图3-7　云计算解决方案的整体架构**

资料来源：佚名. 云计算如何运用在金融行业——解决方案［EB/OL］.［2017-12-05］. https：//blog.csdn.net/gcttong00/article/details/78715948.经过整理。

**案例透析**：云计算方案解决了哪些问题？

経済観察 3-1

## 雄起的云计算

　　云计算已经成了一个国家计算力和实力的象征，而中国的云计算走在了世界前列，典型的代表就是阿里云。早年研发阿里云时，马云曾遭到质疑——这离现实还很遥远，但马云却坚持研发阿里云。在早期，阿里巴巴每年投资 10 亿元，终于让阿里云横空出世。而阿里云诞生后，除了服务其自身之外，还为社会做出了极大贡献。曾经，每到春节抢票时，12306 网站的系统就会出现崩溃。但有了阿里云的技术支持之后，12306 网站的系统稳定性得到了大幅度提升。在 2020 年年初的紧张时刻，阿里云团队并没有选择休息，而是一直在思考如何能做出自己的贡献。2020 年 2 月 13 日，阿里云团队敲下了健康码的第一行代码，3 天后通行证就上线了，并迅速推广到全国 200 多个城市。这背后是阿里云强大技术能力的表现。在云栖大会上，阿里云随机选择了一组机柜，拔掉电缆模拟机房断电，在机柜直接关闭的情况下，专有云上的业务照常运行，这震惊了所有人。如今，阿里云已经扩展到 19 个国家，在全球 22 个地区部署了上百个数据中心，成为亚太第一、世界第三的云计算巨头，而每年的云栖大会也成了阿里云展示最新技术的舞台。未来，阿里云还会有什么新的成果，我们拭目以待。

　　资料来源：佚名. 中国的云计算，有多厉害。雄起的云计算［EB/OL］.［2022-04-08］. https：//baijiahao.baidu.com/s？id=1729521702334674489&wfr=spider&for=pc.经过整理。

　　启发思考：

　　云计算能够大规模进行创新，创新速度明显加快，新技术、新理念和新服务层出不穷。创新是一个民族进步的灵魂，是一个国家兴旺发达的不竭动力，也是一个政党永葆生机的源泉。创新包括理论创新、制度创新、技术创新、文化创新等。

　　弘扬以改革创新为核心的时代精神，必须大力推进理论创新、制度创新、科技创新、文化创新以及其他方面的创新。实践基础上的理论创新是社会发展和变革的先导，制度创新是其他一切创新的重要保障，科技创新是国家竞争力的核心，文化创新是繁荣发展社会主义先进文化的需要。

# 第二节　区块链

## 情境导入 3-2

### 区块链的应用

　　小李去社区医院看病，在做了一系列检查后，大夫说：“从检查结果来看，我怀疑你可能得了肿瘤，但是我们不确定是良性的还是恶性的，建议你去三甲医院再检查一下。”

　　小李便拿着一堆检查报告来到三甲医院，挂了专家门诊，随后专家大夫让小李又做了一系列检查……但这时小李会想，为什么同样的检查我还要再做一遍？

其实原因很简单，每个医院都有自己的数据库，但是各医院的数据库都是独立的，医院和医院之间没有联通，小李的档案只存储在小李去过的社区医院，而且只记录了在社区医院就诊的信息，如果换一家医院（如三甲医院），就需要重新建立档案。这样一来，既浪费了病人和大夫的时间，又浪费了资源，让看病的成本居高不下。

解决这个问题的方法就是，每个医院把病人的信息都上传到一个大家可以访问的地方，这时每个人的信息就相当于一个区块，然后将所有人的信息连接在一起，便成了区块链。

同时，在每个医院都会保留一份其他医院信息的副本。不管小李去哪个医院看病，大夫都可以看到他之前的所有检查信息，这就是区块链的分散化，因为没有哪家医院是数据中心，所有的数据在每家医院都是相同的，即使有一家医院被黑客攻击了，病人的资料也不会丢失，因为每家医院都有副本。如果有人恶意修改病人的信息，也会通过对比发现其中的纰漏，从而可以更好地维护病人的信息，这就是分布式账本的功能。

你可能会问："我的信息都储存在区块链上，我的隐私会不会泄露？"

不用担心！区块链中的信息都是加密的，在没有授权的情况下，别人看到的都是乱码，只有得到本人的授权，相关人员才能看到被允许看到的信息，从而保证了个人信息的安全性，也杜绝了个人信息被贩卖这种事情的发生。

当然，我们只是举看病的一个例子，区块链技术的应用范围非常广泛，甚至包括金融支付、产品安全、版权保护、政府政务处理等，这些都会因它而发生质的飞跃。

资料来源：佚名. 区块链是什么？一个例子让你轻松看懂！［EB/OL］.［2019-11-28］. https：//caifuhao.eastmoney.com/news/201911281323162513205l0. 经过整理。

## 一、区块链含义

微课堂3-2

区块链

区块链是分布式数据存储、点对点传输、共识机制、加密算法等计算机技术的新型应用模式。

在区块链系统中，每一次交易都直接发生在交易双方之间，交易的双方会把交易信息广播到整个交易系统里，然后会有很多志愿者把这些交易信息记录下来，整理成一个账目分明的账本，再把这个账本广播回系统，这样做的结果就是区块链系统中的账本并不是由一个单一的交易中心掌管，而是同时由区块链系统中的每一个参与者共同掌管，除非黑客可以同时攻击所有的参与者，否则这个账本就不会消失，如图3-8所示。

小知识 3-7

区块链的概念最早于2008年在比特币创始人——中本聪的论文《比特币：一种点对点的电子现金系统》中首次提出。

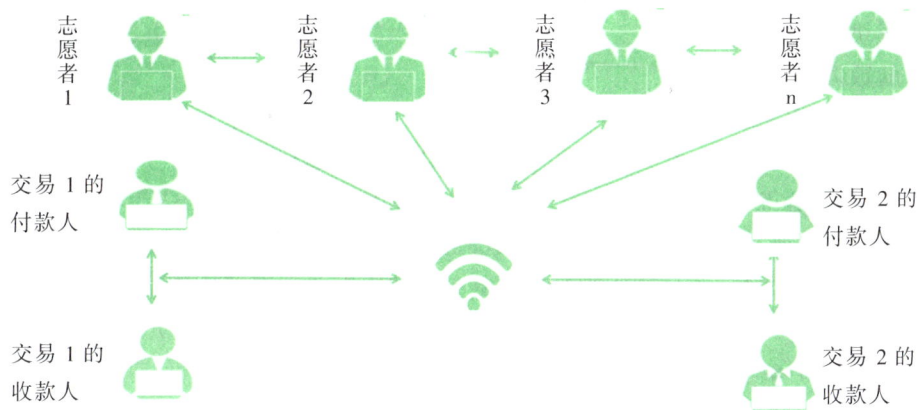

图3-8　区块链架构

## （一）区块链本质上是一种解决信任问题、降低信任成本的信息技术方案

基于区块链技术的交易模式不存在任何中心机构和中心服务器。所有的交易都发生在每个人的电脑或手机安装的应用程序上。

区块链技术的应用可以取代传统的中介，在不需要中介的情况下，解决陌生人之间的信任问题，大幅度降低了信任成本。

## （二）区块链是一种公共记账的技术方案

区块链基本思想是通过建立一个互联网的公共账本，由网络中所有参与的用户共同在账本上记账与核账，每个人（计算机）都有一个同样的账本，系统会自动比较，认为相同数量最多的账本是真的账本，少部分和别人数量不一样的账本是虚假的账本。

区块链技术所改变的，不是去除信任，而是将传统交易中对中介的信任，变成对区块链系统本身、对记录在区块链上的数据的信任。

## 二、区块链技术的特点

从区块链的定义和技术构成来看，主要有四个特性：去中心化、不可篡改、可追溯和自治性。由这四个特性又引申出另两个特性：开放性和匿名性。因此，区块链一共有六个特性。

## （一）去中心化

小知识3-8

记账是一个概念称谓，可以理解为你去商场买了一件衣服，然后商场内的所有商家都记录你的这一笔交易。假如商品出现质量问题，即使卖给你衣服的商家把系统更改了，但是由于所有人都记录了你的交易，因此商户是无法抵赖的。

去中心化是区块链最重要的一个特性，区块链技术公开、不可篡改的属性为去中心化的信任机制提供了可能。在区块链的机制下，信任不是靠一个中心来维系的，而是通过所有参与者来共同制约的。简单地说，区块链就是一个去中心化的分布式账本数据库。与传统中心化的方式不同，这里是没有中心，或者说人人都是中心，无论是交易还是交换资金，都不需要第三方的批准，区块链本身就是一个平台。

在区块链去中心化模式下，记账方式是将账本数据存储在每个节点，并同步复制整个账本的数据。

所有人的账本上都有着完全一样的交易记录。比如，即使支付宝的账本服务器坏了，卖家的账本还存在，客户的账本还存在，那么这些都是这笔交易真实发生的铁证。

### （二）不可篡改

所谓不可篡改，是指一旦数据写入区块链，任何人都无法擅自更改数据信息。

区块链实际上是一个环环相扣，如铁链一般的块链式数据结构，每一环都包含之前的内容。简单来说，如果区块链是一个账本，那么这个账本的第二页包含第一页的内容，第三页包含第一页、第二页的内容……

因此，区块链上的内容都是前后相关的，所有内容都采用密码学原理进行复杂的加密换算之后才被记录在区块链上，这使得区块链中的信息基本上不可能被篡改。

这一特性可用于许多领域。比如，教育领域中的学历信息认证、公益慈善领域中的钱款监督等。

### （三）可追溯

区块链是一个前后相关、环环相扣的块链式数据结构。除此之外，区块链上的信息是依据时间顺序进行排列的，这就使得区块链上任意一条数据都可以通过"块链式数据结构"按照时间顺序追溯到最开始的源头，即区块链的可追溯性。

这一特性的应用也非常广泛，最典型的当属供应链。在目前的传统供应链中，因为关系网络太过复杂，导致管理成本过高，且追责与效率都存在问题。通过区块链的可追溯性可以成功解决这一问题。产品从最初的生产再到加工、运输、销售整个流程都将被完整地记录在区块链上，日后一旦发生问题，便可以轻松追溯到相关信息，进而明确问责与赔偿的对象，降低管理成本。

### （四）自治性

自治性与去中心化是不可拆分的。如果去中心化是一个结果，那么自治性就是一个过程。区块链采用协商一致的办法（即共识机制），通过大家（全节点）共同投票、抉择来达成共识，从而更新系统数据。这便是区块链自治性背后的技术逻辑。

要想在区块链中没有一个中心化的权威机构，那么权力必须下放给所有的参与者（节点），这就使得整个区块链网络由大家共同管理。区块链的去中心化则让所有人共同参与信用维护成为了可能。因此，自治性在最大程度上解决了整场活动中的信任问题。

### （五）开放性

#### 1.区块链系统的开放性体现在数据的完全公开

▶▶▶

**小知识 3-9**

iOS 是由苹果公司开发的移动操作系统。Dapp，即分布式应用或去中心化应用，就好比 App 于 iOS 和中心化应用，Dapp 于区块 Android。

区块链网络中，设计者通过密码学的一些方式，在保证私人信息安全的情况下，让任一节点都能共享、查看全网的数据账本。

### 2. 区块链系统的开放性体现在系统开发的开放

随着区块链的发展，开发者可以在各种区块链的公链上进行 Dapp 的应用开发，就好比在安卓、iOS 系统上开发微信、抖音，从而扩大区块链网络的生态规模，降低开发成本。

### （六）匿名性

匿名性是由区块链的去中心化、自治性、开放性决定的。区块链要在去中心化、自治、开放的前提下，或者在数据处理的所有流程中实现个人隐私安全，就必须具备高度的匿名性。

区块链主要采用密码学原理来实现匿名性，在区块链的世界，一切信息都将被"代码化"，通过一系列的加密换算，以某种安全的形式呈现出来，从而使得他人只能够看到区块链上的交易信息，却无法找到交易主体的个人信息。

区块链的匿名性能够弥补互联网在信息安全方面存在的风险，解决信息泄露问题，保护我们的隐私安全。

▶▶▶

**小知识 3-10**

在区块链发展的早期阶段，由于它本身具有传递价值的属性，因此引来了一些热衷于通过 IPO（首次代币发行）进行非法集资、传销，甚至是欺诈的行为。

◎

✓ **教学互动 3-2**

问：区块链是比特币吗？

答：很多人简单地把区块链等同于比特币，或者只是把区块链等同于数字货币。这是不对的。比特币只是区块链的一种应用，数字货币是区块链更大范围的应用。

▶▶▶

**小知识 3-11**

区块链是分布式账本技术的一种形式，但并非所有的分布式系统都使用一连串的区块来提供安全有效的分布式共识。也就是说，分布式系统和区块链都需要节点间的分散和共识。然而，区块链与分布式系统之间有着本质的区别——去中心化，同样分布式系统也没有智能合约。

◎

## 三、区块链是去中心化的分布式账本

区块链本质上是一种分布式的公共账本，由参与者共同负责核查、记录和维护。区块链是去中心化的分布式账本，并非通过第三方中央簿记人的记账，即去中心化。

解决信任问题最重要的是机制。信任是交易的基础，市场经济中最重要的就是信任，没有信任，任何交易都不可能成功。

传统小农经济是熟人经济，交易规模仅限于村镇范围内比较熟悉的人之间，除了交通因素外，信任也是很重要的因素。一旦超出熟人范围，信任成本的急剧增加将阻碍交易的发生，限制交易范围的扩大。此外，不同种族、民族、文化、宗教信仰等都会形成信任的鸿沟。

在人类发展的历史上，建立信任关系一直是一件重要的事情，因为它关乎贸易的开展和人类的协作。如果没有信任，就不可能有贸易，而信任陌生人又是一件很困难的事情。当今之所以有全球贸易网络，正是因为我们相信一些虚拟实体，如美元、联邦储备银行、企业的商标。

### （一）信任中介的机制和模式

信任中介的机制和模式解决了陌生人之间的信任问题。

（1）信用体系的层面。信用体系可分为三个基本层面：①商品交易中的信用体系；②资金流通中的信用体系；③政府监管和有关法律、文化建设中的信用体系。

> **小知识 3-12**
>
> 每年都会出现某人卡上飞来一笔横财，或者某人卡上忽然少了一大笔钱的新闻。银行系统每年也要花巨大成本进行交易信息的纠错。这样的中心化运作模式不仅费时费力，而且用户还要承担钱货两空的风险。

（2）信任中介的位置。信任中介在交易体系中处于一个中心位置。传统的线上支付在表面上来看只是交易双方的直接交易，但是实际上每一笔交易的背后都有一个第三方交易中介，这个中介往往是一个值得信赖的权威机构，如政府、银行或者一些大公司。这个中介也是一个交易中心，负责记录系统中的每一次交易信息，并且把这些信息整理成一个巨大的账本。现有的信用体系是中心化的，由第三方中介做信用担保，如网购通过支付宝、理财通过银行或网贷平台等。

> **小知识 3-13**
>
> 在互联网时代，你把商品卖给不会见面的、千里之外的陌生人，没有信任中介的保证，交易是不可能发生的。因此，支付宝承担起信任中介的作用，买家先把货款付到支付宝，等到收到货了，确认没问题后，支付宝再把货款打给卖家。在短短十几年间，如淘宝等的电商快速繁荣起来。

在整个庞大的交易体系中，信任中介扮演着一种中心化的重要角色。这是一种中心化的机制或模式，已经存续了几千年，帮助人们降低信任成本，从而促进交易的发生、交易频率的增加、交易范围的扩大，如图3-9所示。

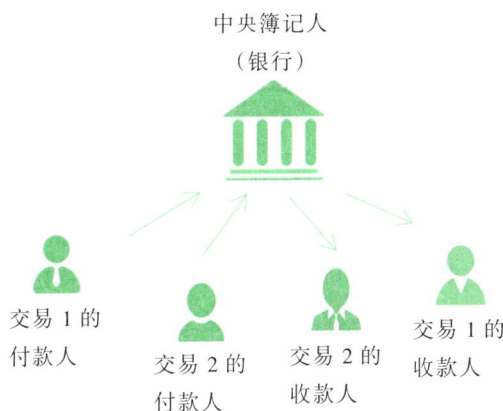

图3-9  中央簿记模式

## 》 典型案例 3-2                        小李网购

小李在网上购买一本书的流程如下：第一步，小李下单并把钱打给支付宝；第二步，支付宝收款后通知卖家可以发货了；第三步，卖家收到支付宝通知之后给小李发货；第四步，小李收到书之后觉得满意，在支付宝上选择确认收货；第五步，支付宝收到通知，把款项打给卖家，流程结束。

案例透析：支付宝的作用是什么？信任中介的机制和模式有哪些优点和缺点？

### （二）信任中介存在的弊端

市场上交易双方付出了极为庞大的信任成本。用户之间的交易（支付）需要通过中央簿记人才能实施，中央簿记人因此获得了极大的权利和利益。例如，每年交给政府的税收，占到一般收入的30%～40%；最赚钱的行业是金融服务业，拥有支付宝的蚂蚁金服年利润超过百亿。

如果可以取消或者大幅度降低这种信任成本，那么普通大众的交易费用可以减少，所得利润就能大幅度增加。

### （三）集中式交易存在的风险

中心化的模式会使中心化的第三方平台掌握大量的用户数据和权利。先不说中心化平台会不会作恶，单单是中心化平台出现系统漏洞、宕机或遭受恶意攻击等，都有可能造成难以挽回的巨大损失。

### ✓ 教学互动 3-3

问：为什么一张只有几厘钱成本的纸币，却能够买到价值百元的商品呢？

答：这是因为有国家信用在背后做背书，让人们相信这一文不值的纸币能够换100元的物品，能够提供100元的购买力。

### （四）与交易无关的信息容易被泄露

现代社会，个人信息无处可藏，几乎任何有公共属性的服务都需要提供个人信息，包括上网、办号、寄快递、住酒店等。如果有任何一个服务组织或环节出现纰漏，那么个人信息就很容易泄露出去。

信息被泄露的原因是多种多样的。例如，企业和中介热衷收集客户信息，为了"了解"客户和再次推销产品，个人信息被"内鬼"获取并出售；互联网企业数据库安全级别不够被黑客攻击窃取了信息；一部分人的隐私保护意识不够，随意在不知名网站和代理、中介等处填写个人的详细信息等。

通过去中心化的方式，就可以绕过第三方平台，用户之间自主进行一种更安全可靠的点对点交易，你想买什么，直接与商家进行沟通，然后你交钱商家发货。所产生的数据的存储、更新、维护、操作等全过程，都将基于去中心化的分布式账本，而不再基于中心化机构的总服务器。这样就可以避免中心化机构因失误造成的种种不良后果。

## 四、区块链在金融领域的应用

视野拓展3-6

智能合约

区块链技术的核心特点是去中心化和不可篡改性，这使得它能够为金融行业提供一种更加安全、透明和高效的解决方案。

### （一）数字货币

区块链技术最为人所知的应用是数字货币，如比特币。数字货币是一种去中心化的、基于区块链技术的加密货币，它不受任何政府或金融机构的控制。数字货币可以被用来进行各种交易，包括购买商品和服务、转账等。数字货币的特点是去中心化、匿名性、可追溯性和不可篡改性，这使得它比传统货币更加安全、私密和高效。

### （二）智能合约

智能合约是一种基于区块链技术的可编程合约，它可以自动执行预设的规则。智能合约可以被用来进行各种金融交易，包括交易结算、保险理赔等。智能合约的优点是高效、透明、安全和自动化。

### （三）数字身份认证

数字身份认证是一种基于区块链技术的身份验证方式。数字身份认证可以被用来进行各种金融交易，如开户、贷款、保险等。数字身份认证的优点是安全、高效、去中心化和隐私保护。

### （四）供应链金融

供应链金融是一种基于区块链技术的金融服务，它可以帮助企业获得融资，提高资金利用效率。供应链金融的核心是区块链上的智能合约，它可以自动执行货物交付、支付和结算等业务流程。供应链金融的优点是高效、透明、安全和便捷。

### （五）资产管理

区块链技术可以被用来进行资产管理。通过将资产信息存储在区块链上，可以实现资产的数字化和可追溯性，从而提高资产管理的透明度和效率，还可以实现资产的安全性、流动性和分散化，从而降低风险并增加投资收益。

资产管理的对象可以包括股票、债券、房地产等各种类型的资产。

### （六）防欺诈

由于区块链的不可篡改性，金融交易可以被记录在区块链上，并且可以随时被验证，这使得欺诈行为更加困难。因为任何对数据的篡改都会被立即检测到。区块链技术可以帮助银行、保险公司等金融机构更好地防范欺诈行为，从而保护客户利益。

**经济观察 3-2**

### 我国区块链产业的综合实力

据工信部网站 2023 年 6 月 7 日的消息，近日，工业和信息化部、中央网络安全和信息化委员会办公室联合发布《关于加快推动区块链技术应用和产业发展的指导意见》（以下简称《意见》）。《意见》明确指出，到 2025 年我国区块链产业综合实力将达到世界先进水平，产业初具规模。区块链应用渗透到经济社会多个领域，在产品溯源、数据流通、供应链管理等领域培育一批知名产品，形成场景化示范应用，培育 3～5 家具有国际竞争力的骨干企业和一批创新引领型企业，打造 3～5 个区块链产业发展集聚区。区块链标准体系初步建立，形成支撑产业发展的专业人才队伍，区块链产业生态基本完善。区块链有效支撑"制造强国、质量强国、网络强国、数字中国"战略，为推进国家治理体系和治理能力现代化发挥重要作用。

到 2030 年，区块链产业综合实力持续提升，产业规模进一步壮大。区块链与互联网、大数据、人工智能等新一代信息技术深度融合，在各领域实现普遍应用，培育形成若干具有国际领先水平的企业和产业集群，产业生态体系趋于完善。区块链成为建设制造强国和网络强国，发展数字经济，实现国家治理体系和治理能力现代化的重要支撑。

资料来源：于琦. 工信部、中央网信办：到 2025 年我国区块链产业综合实力达到世界先进水平［EB/OL］.［2021-06-08］. https：//baijiahao.baidu.com/s？id=1701963093004101822.经过整理。

**启发思考：**

当前，我国区块链技术应用和产业已经具备良好的发展基础，在防伪溯源、供应链管理、司法存证、政务数据共享、民生服务等领域涌现了一批有代表性的区块链应用。区块链对我国经济社会发展的支撑作用初步显现。随着全球数字化进程的深入推进，区块链产业竞争将更加激烈，我国区块链也面临着核心技术亟待突破、融合应用尚不成熟、产业生态有待完善、人才储备明显短缺等问题。

《中华人民共和国国民经济和社会发展第十四个五年规划和 2035 年远景目标纲要》中将区块链作为新兴数字产业之一，提出"以联盟链为重点发展区块链服务平台和金融科技、供应链金融、政务服务等领域应用方案"等要求，有助于进一步夯实我国区块链的发展基础，加快技术应用规模化，建设具有世界先进水平的区块链产业生态体系，实现跨越发展。

# 第三节 人工智能

情境导入 3-3

## 克鲁泽提供智能服务

在新一轮的科技革命浪潮中，人工智能与金融领域的结合从概念形态逐渐进入落地应用阶段，智能服务机器人克鲁泽作为多元化、智能化的重要代表来到了陆家嘴的中国银行上海中心大厦支行上海市分行。

位于国家会展中心内的中国银行虹桥会展中心支行，是周边规模最大、综合服务能力最强的银行网点，更是向世界展现智能网点建设成果、金融科技实力、新时代银行理念的重要窗口。

在高峰时期，银行客流量非常大，厅堂经理无法及时接待每一位客户，或对业务咨询给予足够详细的解答。克鲁泽可以通过智能语音交互回答客户的业务咨询，协助完成厅堂工作，缓解高峰时段排队问题，优化工作效能。

中国银行虹桥会展中心支行面积近 3 000 平方米，区域广、功能区丰富，对网点陌生的客户往往需要工作人员指引才能找到特定区域。搭载人脸识别技术，当客户进入网点厅堂时，克鲁泽会主动迎宾，并问询客户需要办理的业务，再配合网点定制的迎宾界面，客户可以接收到银行即时传达的宣传信息。

基于机器人导航定位、语音交互、视觉系统等技术，克鲁泽了解客户业务意图后，能精确导航指引到相关区域，同时详细介绍功能区块说明，不仅发挥分流作用，还让网点功能区和综合服务资源得到充分利用。

克鲁泽定制中国银行"中国红"主题的 UI 界面，打通了手机银行等流量入口，能够呈现金融产品和增值服务项目等。在确认客户身份之后，克鲁泽还可以进行银行产品和服务的精准营销。

除了办理金融业务，克鲁泽还嵌入生活趣味模块，通过融入生活场景元素，让网点更贴近时代，提供更有品质的金融服务。对接银行增值服务数字化资源，克鲁泽还可以实现线上线下联动。

新冠疫情期间，机器人作为提供"无接触服务"的最佳载体，减少了人员近距接触带来的感染风险，筑牢隔离疫情的第一道防线。

克鲁泽通过多种服务，让银行的智慧服务流程更智能、更人性化。

资料来源：佚名. 人工智能在金融科技领域有哪些应用？[EB/OL].［2020-03-27］. https://www.zhihu.com/question/57409852/answer/1105473569.经过整理。

## 一、人工智能的含义

小知识 3-14

人工智能意味着让电脑以某种方式模仿人类的行为。

人工智能（Artificial Intelligence，AI）是计算机科学的一个分支，是研究、开发用于模拟、延伸和扩展人的智能的理论、方法、技术及应用系统的一门新的技术科学。简单地说，人工智能企图了解智能的实质，做出与人类反应相似的智能机器。人工智能本质是互联网大脑产生智能的动力源泉，人工智能不仅能够通过算法使机器学习与大数据结合，还能够运用互联网大脑的神经末梢，使互联网大脑各个神经系统提升能力。

## 二、人工智能的产生与发展

人们在很早的时候就想象，要是有一堵墙，墙后面是一个机器，我和它交流，如果我分辨不出来是人还是机器，那么它就是人工智能的产物。

1956年，麦卡锡、明斯基等科学家相聚在美国达特茅斯，提出了人工智能的概念，梦想着用当时刚刚出现的计算机来构造复杂的、拥有与人类智慧同样本质特性的机器，即需要用智力解决任务，而不是简单地计算和重复。

▶▶▶

### 小知识 3-15

数据量大增，利用数据的能力更是极速提升。阿波罗飞船登月使用的计算机的运算能力不如现在的手机，甚至不如现在的单片机。阿波罗飞船上面用的导航计算机主频为 2.048MHz，2 048 字的 RAM，36 864 字的 ROM，现在 Casio 计算器的主频则是 30MHz 的。

之后的几十年，人工智能一直萦绕于人们的脑海之中，并在科研实验室中慢慢孵化。人工智能一直在两极反转，或被称作人类文明耀眼未来的预言，或被当成技术疯子的狂想扔到垃圾堆里。直到2012年之前，这两种声音同时存在。

2012年以后，数据量的上涨、运算力的提升和机器学习新算法（深度学习）的出现，使得多项基础人工智能技术水平得到飞跃提升。人工智能开始大爆发，给人类各个产业带来了变化，人工智能在全球的热议程度达到了一个新的高度。

时至今日，人工智能商业化正在快速推进中，相关研究包括机器人、语言识别、图像识别、自然语言处理和专家系统等。

未来，人工智能将会像之前的电力革命、互联网革命那样彻底重塑我们的生活以及我们的生命本身。

## 三、人工智能的要素

算法、算力与数据处理是人工智能行业发展的三驾马车。人工智能是对人的智能的模拟，为了使人工智能产品具有人的能力，需要收集大量正确的人的语言、行为、情感等数据。数据是基础，然后用这些数据来训练 AI 算法。当用 AI 算法计算数据的规则时，需要大量的计算资源，即算力。在人工智能不同的发展阶段，算力、算法和数据处理交替突破迭代发展，发挥着不一样的作用。

没有食材怎么做饭呀?

"巧妇难为无米之炊",这句话可以用于对比人工智能。巧妇的"巧"就是算法,食材就是数据,而锅碗瓢盆和炉灶就是算力。

如果没有食材,就算你有炉灶和锅碗瓢盆,也没办法做饭,而有了食材,没有炉灶和锅碗瓢盆也做不出饭菜,有了食材,有了锅碗瓢盆,没有巧妇,同样也做不出一桌丰盛的饭菜。

### 小知识 3-16

平安金融拥有大量的用户办理金融业务的数据,基于此,平安金融的 AI 产品经理协同 AI 算法工程师搭建了 AI 算法模型,即金融 AI 风控模型,利用计算资源不停地进行训练。平安金融的"AI+金融产品"已经能够将原来用户需要到现场才能办理的业务转到线上,这就是通过数据(庞大的用户数据)+算法(如生物识别算法等)+算力实现的 AI 产品。

### (一)数据的处理

数据是用来指导算法运作的依据。没有数据,再好的算法也很难进行有效升级。人类想要获取一定的技能,必须经过不断的训练才能获得,AI 也是如此,只有经过大量的训练,神经网络才能总结出规律,应用于新的样本。如果现实中出现了训练集中从未有过的场景,网络基本会处于瞎猜状态,正确率可想而知。比如,AI 需要识别勺子,但在训练集中勺子总和碗一起出现,AI 很可能学到的是碗的特征。如果新的图片只有碗,没有勺子,依然很可能被分类为勺子。因此,对 AI 而言,大量的数据太重要了,而且需要覆盖各种可能的场景,这样才能得到一个表现良好的模型,看起来更智能。

### (二)算力

### 小知识 3-17

早期的搜索引擎是人工分类索引的,类似黄页,但是随着网站数量的增多,人工索引的工作量变得巨大,而且更新时效低得让人难以忍受。后来,搜索引擎采用计算机算法自动索引,查找相关文档,并排序展示。这种方式导致对计算能力的巨大需求,类似的趋势出现在多种技术领域,即世界需要更多的计算能力。

算力,即计算能力,它属于基础设施能力。有了数据之后,需要不断地进行训练。只把训练集从头到尾训练一遍是学不好的(AI 中有一个术语叫 epoch,意思是把训练集翻过来、调过去训练多少轮),就像教小孩,一遍肯定学不会。除了训练,AI 需要运行在硬件上,也需要推理,这些都需要算力的支撑。

人工智能能够战胜人类的背后是其超级算力。以前计算庞大的数据需要 2~3 年,迭代效率太低，GPU 出现之后，人工智能的发展对算力提出了更高的要求。其中，GPU领先于其他芯片，在人工智能领域中应用得最广泛。

小到手机、电脑，大到超级计算机，算力存在于各种硬件设备中，没有算力就没有各种软硬件的正常应用。只不过平时我们只是应用各种科技产品，不能直接感受到算力而已。

以个人电脑为例，不同配置的产品，价格也会有高低，这主要取决于不同配置的产品所搭载的CPU、显卡及内存等的差异性。高配置电脑的算力更高，可以玩配置需求更高的游戏，运行更大内存的3D类、影音类软件。低配置电脑的算力不足，只能够玩普通游戏，运行一般的办公软件。同样，在玩网游时，算力高的手机更流畅，算力低的手机会卡顿。

### （三）算法

如今，一件普通物品在几天内被人感知的各种动态数据，都足以与古代一个王国一年所收集的各类数据相匹敌，对如此浩如云海的数据，分类提取和有效处理需要强大的技术设计与运算能力，于是"云计算"产生了。其中，技术设计就归属于算法。

算法是基于基础设施之上运作的工作方法，是指用来操作数据、解决程序问题的一组方法，即通过一个给定的规则和自动化的过程得到一个结果。

对于同一个问题，使用不同的算法，也许最终得到的结果是一样的，但在这个过程中消耗的资源和时间却会有很大的区别。算法的迭代给人工智能带来了无限的可能。

机器学习之所以能产生神奇的效果，是因为它们并不需要明确的编程就能从经验中进行学习。简单来说，就是当我们选择了一个机器学习的模型算法，并向它们提供数据之后，算法就能自动调整参数，然后输出训练好的模型。当通过历史数据训练出一个不错的有拟合效果的模型时，就可以将其应用到真实的业务场景中，并且随着时间的推移，现有数据不断更新，模型的参数也随之更新。

例如，杂乱无章的数字堆在一起，我们需要从大到小给它排列出来。然后，我们会规定一个过程，让这串数据进去，然后整齐地从大到小地出来，这就是一个算法。排序有无数种方法，最简单的是让每个数据从左到右与旁边数据比较，每次遇到比自己大的，就右移一格，遇到比自己小的，就不动，再用这个小的数据继续比较，这样最小的数据就会沉到最后，然后再对剩下的数据进行处理，循环往复，就可以将数据从大到小地排列出来。当然我们可以发明无数算法来实现，如插入法、堆排序等。但万变不离其宗的是，一个可以自动实现的过程，每一步按照一定规则行进，最终得到一个我们想要的结果。我们可以看到算法无非是把人的逻辑过程自动化了而已，如图3-10所示。

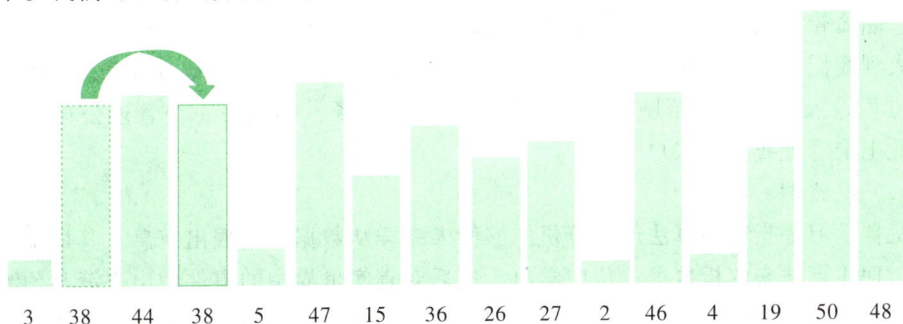

图3-10　数字算法排序

### 1.衡量算法的两个维度

算力无限，但算法不明还是白搭，就好比空有能量，无处释放一样。

衡量不同算法之间的优劣主要还是从算法所占用的时间和空间两个维度去考量。

（1）时间维度。

时间维度是指执行当前算法所消耗的时间，通常用时间复杂度来描述。

（2）空间维度。

空间维度是指执行当前算法需要占用多少内存空间，通常用空间复杂度来描述。

评价一个算法的效率主要是看它的时间复杂度和空间复杂度情况。然而，有的时候时间和空间却又是鱼和熊掌不可兼得的，那么就需要从中取一个平衡点。

### 2.传统算法系统与机器学习系统的不同

（1）传统算法系统。

传统算法系统是已经给定了一个算法处理逻辑，根据输入进行处理，就能得到相应的输出，如图3-11所示。

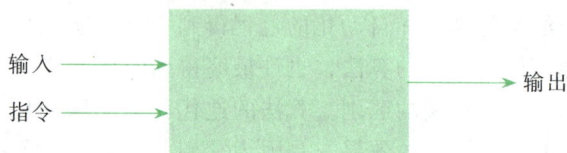

图3-11　传统算法系统

**小知识 3-18**

如果把每个AI算法看作一个小机器人，那么它能够通过数据学习到人的某种能力。不仅如此，它还能学习整个人类的学习能力。一旦计算机掌握了这个能力，它就可以掌管越来越多只有人类才能掌管的事情。这意味那些几千年来我们认为的最卓越的人类脑力劳动、计划、决策，甚至发明创造，都可以逐步地被机器取代。当它变得越来越强大和细腻时，它甚至会比你更了解你自己，成为每个人的主宰者。

在人工智能以前的计算机时代，算法首先表达的是人类的逻辑，通常可以被数学公式或某种符号语言表达。因此，我们可以不停地把人或者自然的算法输入到计算机，然后通过晶体管的精密运作方式表达这种逻辑，让计算机帮助人类来工作。

大到我们可以把牛顿定律输入到电脑，帮助我们计算登月飞船的轨道，也可以把狄拉克方程输入到电脑，帮助我们调节加速器的电磁场，小到写一个管理公司账目的程序，让电脑管理我们的账户。

（2）机器学习系统。

机器学习是指利用算法使计算机能够像人一样从数据中挖掘出信息。其最基本的做法是，使用算法来解析数据，从中学习，然后对真实世界中的事件做出决策和预测。与传统的为解决特定任务而硬编码的软件程序不同，机器学习通过各种算法从数据中学习如何完成任务。

机器学习系统是给定我们数据的输入输出（这里先指监督学习），让我们从这些数据中学习算法。然后，通过这个学习到的算法进行输入的判断，得到输出，如图3-12所示。

视野拓展3-7
机器人的自我学习

图3-12　机器学习系统

微课堂3-3
人工智能

（3）模型和算法的关系。

机器学习中的"算法"是在数据上以创建机器学习"模型"为目的而运行的过程。机器学习中的"模型"是运行在数据上的机器学习算法的输出。我们想要一个机器学习的"模型"，而"算法"就是我们获得模型的路径。

## ≫ 典型案例3-3　　　　　　　　人工智能与金融

我们已经知道，人工智能之所以能在近年来突飞猛进，主要得益于深度学习算法的成功应用和大数据所打下的坚实基础。判断人工智能技术能在哪个行业最先引起革命性的变革，除了要看这个行业对自动化、智能化的内在需求外，还要看这个行业内的数据积累、数据流转、数据存储和数据更新是不是达到了深度学习算法对大数据的要求。

放眼各垂直领域，金融行业可以说是全球大数据积累最好的行业。银行、保险、证券等业务本来就是基于大规模数据开展的，这些行业很早就开始了自动化系统的建设，并极度重视数据本身的规范化、数据采集的自动化、数据存储的集中化、数据共享的平台化。以银行为例，国内大中型银行早在20世纪90年代，就开始规划、设计、建造和部署银行内部的大数据处理流程。经过20多年的建设，几乎所有银行都可以毫不费力地为即将到来的智能应用提供坚实的数据基础。

在需求层面，金融行业有着各垂直领域里最迫切的自动化和智能化的需求，而基于深度学习的现代人工智能技术正好可以满足这些需求。

在过去的几十年里，金融行业已经习惯了由人类分析师根据数学方法和统计规律，为金融业务建立自动化模型（如银行业经常使用的控制信贷风险的打分模型），或者采用较为传统的机器学习方法（非深度学习）用机器来自动完成数据规律的总结，以提高金融业务的运营效率。

资料来源：佚名. 人工智能［EB/OL］.［2022-04-07］. https://cloud.tencent.com/developer/article/1973988.经过整理。

案例透析：为什么金融领域一直是人工智能应用的重要场景？

## 四、人工智能在金融领域的应用场景

▶▶▶

**小知识 3-19**

人工智能正迅速进入我们的生活，风驰电掣般地改变着金融、医疗、保险、汽车、安防等各个行业。其中，金融业被认为是人工智能落地最快的行业之一。

◎

随着科技的不断发展，人工智能在金融领域的应用越来越广泛。人工智能技术的出现，为金融行业提供了更加高效、精准的服务，也带来了更多的机遇和挑战。

人工智能技术在金融领域的应用主要体现在以下方面：

### （一）智能投资顾问

▶▶▶

**小知识 3-20**

打开金融 App，看到的资讯都是与你的投资标的相关的信息，这些市场信息对于投资标的的潜在影响也让你一目了然，便于你据此做出新的投资选择。人工智能会根据你的收入情况及承担风险的能力，为你量身定制资产配置方案。你选择的某些基金产品还可以在市场出现风险时实时调仓，及时避险，甚至连如何给全家配置保险方案也可以通过手机一键搞定。

◎

智能投资顾问，简称智能投顾，又称机器人投顾，是一种机器学习算法，是根据用户的目标和风险容忍能力校准金融投资组合而构建的。它是自动化的一类应用形式，狭义理解就是机器人投资顾问，即利用计算机进行投资管理；而广义的智能投顾是指利用互联网进行资产管理，帮助用户制订在线理财投资计划。

智能投顾兴起于 20 世纪 70 年代的美国。投资者对智能投顾的需求主要体现在"情绪管理"和"投资建议"。

在金融领域，人工智能最早的应用场景在智能投资顾问领域。目前，智能投顾逐渐成为金融行业很常见的场景。智能投顾公司有三类，分别是智能投顾服务初创公司、互联网公司和传统金融机构。前两类公司可提供相对简单、标准化的投资产品，满足客户同质化的理财需求；传统金融机构可提供"线上＋线下"的智能投顾产品，充分利用网点的优势。

▶▶▶

**小知识 3-21**

保险公司通过收集客户的社交、消费、信用、交易等数据，来分析用户需求与偏好。比如，发现对方是网购爱好者，那么便可推荐与快递配送风险相关的新型险种给客户；在智能投顾场景下，算法会根据用户输入的年龄、收入、资产状况、预期收益目标以及历史投资行为等信息，找到相似人群所适配的候选金融产品集，从而进行匹配。

◎

### 1. 智能投顾是一种算法交易

算法交易是指利用复杂的人工智能系统能极其迅速地做出交易决策，智能投顾能根据客户收益目标的变动和市场行情的实时变化自动调整投资组合，始终围绕客户的收益目标为客户提供最佳投资组合。根据客户的风险承受能力、财务状况、收益目标等，结合投资组合理论，为客户提供资产配置的建议，而且持续跟踪并动态调整。

智能投顾这样的算法可为客户调整投资组合提供建议。当前已经有不少保险推荐网站采用人工智能技术为客户推荐针对性的车险和家庭保险。未来，更加个性化和精准化的智能应用及助手会比人类投资顾问更客观、更可靠。

### 2. 智能投顾本质上是技术代替人工

人工智能技术为各行业带来的最大优势是降本增效。在智能医疗领域，智能读片为影像科医生节约了80%的时间，且效率提升了120倍。在投资组合管理方面，支持人工智能的个人金融情报应用软件同样帮助消费者管理其资产，分析支出情况，自动完成纳税申报，并通过业务模式提供财务建议。最著名的莫过于著名数学家詹姆斯·西蒙斯创立的大奖章对冲基金，该基金以电脑运算为主导，用量化策略从庞大的市场中筛选数据，寻找统计上的关系，找到预测商品、货币及股市价格波动的模型，最终做出短线交易的决策。公开资料显示，1989—2007年，大奖章对冲基金的平均年收益率高达35%，远高于股神巴菲特20%的平均年复合回报率。

高盛集团2016年12月发布的报告指出，保守估计到2025年，金融行业机器学习和人工智能可以通过节省成本和带来新的盈利机会创造大约每年340亿美元～430亿美元的价值，这一数字因为相关技术对数据利用和执行效率的提升，还具有更大的提升空间。

当客户输入自己的收益目标（如预计65岁退休时会有150万元的存款）、年龄、收入以及当前的资产时，智能投顾会将客户的投资分散到不同的资产类别和金融工具中，以合适的资产类别和金融工具进行组合。然后，系统会根据用户目标的变化以及市场上的实时变化进行调整，并始终致力于为用户的原始目标找到最佳选择，以实现客户的收益目标。

## 》 典型案例 3-4　　　　　完全自动化的机器人分行

美国银行已经在明尼阿波利斯开设了占地面积更小、没有现场员工的完全自动化的分支机构——机器人分行，另两家机器人分行都在丹佛。美国银行的传统分支机构占地面积约5 000平方英尺。新的机器人分行大约是这个规模的四分之一。机器人分行旨在出售抵押贷款、信用卡和汽车贷款，而不是简单的交易，如兑现支票等。

自动分支机构仅限于ATM和视频会议室。与苹果零售店（直营店）类似，客户可以通过银行的手机应用程序预约。一旦预先安排了你的会议，你就可以在机器人分行与一个远程工作的银行雇员进行一对一的视频对话。作为安全措施，视频会议室只能使用美国银行ATM或借记卡进行访问。

人工智能还远未撬动金融行业的根本性变革，美国银行对人工智能的运用，目前也主要集中在智能投顾、智能对账等业务上。在不远的未来，美国银行还会借助人工智能技术推出什么更智能化、更自动化的投资服务、金融服务，谁也不知道，因为谁也不能预料人工智能的发展会走到哪一步。

资料来源：中正. 美国银行业人工智能应用经验及对国内银行业的借鉴〔J〕. 经济技术协作信息，2020（3）. 经过整理。

**案例透析**：人工智能在智能投顾等方面的作用有哪些？

### （二）智能风控

智能风控一定程度上突破了传统风控的局限，在利用更高维度、更充分的数据时，降低了人为的偏差，减少了风控的成本。银行、保险和证券是金融机构的三驾马车，机器学习在这些领域的风控应用如下：

#### 1. 人工智能应用于保险领域

（1）人工智能介入保险业服务场景。

① 保险企业。人工智能主要针对保险企业的产品精算部门，应用机器学习算法对大数据分析，以便创造出更多的保险产品。

② 行业协会。人工智能检测系统向银保监会提供服务，进行保险产品市场监管以及产品之间的精细化比对，提供行业预警。

③ 服务消费者。人工智能的引入将帮助传统保险公司解决其困扰多年的行业痛点。通过聚焦用户，为不同用户提供不同需求的保险产品咨询服务。应用人工智能的自然语言处理技术，提供多轮会话、FAQ 等智能服务。

例如，在传统模式下，投保人购买一份保险，往往需要诸多环节，不仅时间冗长，而且透明度不高，用户难以直接了解自身投保情况。人工智能的出现，可以很好地解决这一系列问题。

（2）人工智能在提高工作效率方面的应用。

① 满足识别表单票据需求。保险行业存在大量的表单票据，如寿险行业的大量医疗表单票据需要识别，如图 3-13 所示。

甲功 5 项

**解放军第三二三医院检验报告单** 门诊

姓名：李西文　　ID 号：10008416　　采样日期：2020-11-12　　样本编号：20201112G0270009

性别：女　　科别：　　标本种类：血清　　临床诊断：

年龄：48　　床号：　　送检医生：张一　　备　注：

| No. | 中文名称 | 英文名称 | 结果 | | 参考值 | 单位 |
|-----|---------|---------|------|---|-------|------|
| 1 | 三碘甲状腺原氨酸 | T3 | 2.2 | | 1.3–3.1 | nmoI/L |
| 2 | 甲状腺素 | T4 | 155.90 | | 66.181 | nmoI/L |
| 3 | 促甲状腺激素 | TSH | <0.01 | ↓ | 0.34–5.4 | uIU/mL |
| 4 | 甲状腺素过氧化物酶 | TPO | 355.5 | ↑ | 0–34 | IU/mL |
| 5 | 甲状腺球蛋白 | TG | <0.01 | | 0–85 | ng/ml |

**图 3-13　医疗表单票据**

过去这些录入工作大多由 TPA（第三方管理者）来完成，全部采用人工录入。一方面，高昂的成本（如人力、IT 设备、办公场地等成本逐年增加）挤占了利润空间；另一方面，人工录入周期长，录入工作需要排期，从收件到录入再到完成理赔平均需要20多天。

在引入深度学习OCR技术之后，各种各样的医疗理赔材料的识别录入可以转变为自动化采集，因此数据采集成本大大降低，效率提升数十倍。

②智能定损和在线理赔。以往车辆出险都是需要保险公司现场出险。哪怕是轻微剐蹭，都要花上好半天工夫才能解决，保险公司和理赔用户都耗费了大量的时间成本。

在人工智能技术的帮助下，视频查勘+智能定损，让线上快速理赔成为可能。保险公司运用图片识别、生物识别等技术，通过三维影像智能识别，自动测量损失情况，结合车型数据进行智能理赔。小磕小碰的损伤远程就可以完成定损理赔，保险公司不需要派人到现场，理赔人可以快速拿到赔偿而无须长时间等候，极大地提高了案件处理效率。

### 2. 人工智能与银行

人工智能可以覆盖银行业的整个流程。目前，人工智能在国内银行业的应用集中在风控征信及反欺诈领域。

（1）金融机构征信。征信是指由专业化的、独立的第三方机构为个人或企业建立信用档案，依法采集、客观记录其信用信息，并依法对外提供信用信息服务（如信用报告、信用评估、信用信息咨询等）的一种活动，它为专业化的授信机构提供了信用信息共享的平台。

一些大银行有能力和技术，也有足够的数据用以训练算法。例如，数以百万的消费者数据（如年龄、职业、婚姻状况等）、金融借款和保险情况（如违约记录、车辆事故记录等），这些信息均可训练机器学习，然后用训练过的算法评估潜在趋势，并不断进行分析以检测可能影响未来借贷的趋势。比如，过去几年客户的违约率是不是越来越高了？

同时，智能风控是基于大数据和人工智能为金融机构提供贷前、贷中、贷后全流程智能风控服务。贷前如营销获客、信用评估；贷中如实时交易监控、动态风险预警；贷后如监管合规、监控预警等。

▶▶▶

**小知识 3-22**

以判定伪报用户的人工智能为例，在审批授信过程中，人工智能会通过人脸识别与设备指纹来判定用户是否伪报。人脸识别是部分场景的入门级，当用户进行人脸识别和活体测验时，人工智能会设置一个通过度，如只有相似度超过60%的，才能通过基本测试，未通过者则会写上相应标签，作为风险指标。

（2）欺诈检测。随着线上金融交易的快速扩大，各类新兴欺诈行为猖獗，信用风险防控压力增大，这都对银行风控提出了新的要求，而智能风控有助于全面提升银行风控能力。金融欺诈检测系统通过基于图谱的复杂网络技术，依据申请人、手机号、设备、

IP地址等各类信息节点，构建基于规则和机器学习的反欺诈模型，将有助于实现智能实时识别反欺诈。

视野拓展3-8

人工智能在反欺诈领域的应用

①身份识别。身份识别就是身份核验，核心人工智能产品是卡证识别和人脸识别。

有效身份证件包括：身份证、临时身份证、军官证、护照、港澳居民来往内地通行证、台湾居民来往大陆通行证等。目前，智能身份识别（即生物识别技术）主要使用指纹和人脸识别技术，人脸识别用1∶1比对功能，再加上活体检测，以此确认本人和证件照片与公安库中存储的高清人像是否是同一个人。

②多种资质证明/表单/票据的识别。银行业务中用得最多的是营业执照识别、开户许可证识别，还有银行支票、承兑汇票、进账单、出账单等各种凭证识别……机器人可以将流程自动化，通过智能软件完成原本由人工执行的重复性任务和工作流程，以更低的成本和更快的速度实现自动化，对证明、表单、票据自动验证。

③人工智能贯穿智能信贷全流程。人工智能运用在智能信贷中，可以在线上构建贯穿反欺诈与客户识别认证、授权审批和定价分析、贷后管理与逾期催收的全流程风控模式。例如，人脸识别技术可以用在金融网点进行客流分析、要客识别、潜客挖掘、异常预警、消防预警等。像语音识别、NLP、智能机器人等人工智能技术也多有应用。

**典型案例3-5　　　　　　人工智能运用在信贷业务全流程**

零售信贷业务的流程为展业、申请、审核、贷后。人工智能运用在全流程，包括风险定价、反欺诈、客户行为预测、贷后管理等，能够帮助企业预测最佳的用户分层方式。

传统的贷款展业是依靠线下拓客的，如派传单、扫楼、投放灯箱广告等。有了人工智能的加入，可以利用大数据的调用、分析、处理，精准地找到这些潜在客户。

传统的贷款申请需要客户到店进行现场签约办理，而有了人工智能之后，客户可以直接在App、小程序申请，通过人脸识别等进行反欺诈工作。

传统贷款业务的审核，需要线下尽职调查，审核纸质资料。传统零售信贷的审批流程大约需要1周的时间，具体流程如下：客户先申请，向多家机构递交一些纸质的证明材料，如住址证明、银行流水等；由相关部门录入信息；由运营部门进行复核和审批处理；再做尽职调查和最终审批。因为每个步骤都需要审核通过，所以不论怎么优化，都难以提高效率。

但人工智能与大数据结合后，可以让金融机构快速处理电子化的数据，大幅度提高这一阶段的效率，读秒将这个时间缩短到了10秒，未来更快的速度也会被行业其他公司以及读秒自身不断突破。

很多银行贷后还会安排专人线下进行走访跟踪，而现在则可以利用金融科技提供贷后服务。有疑问还可以通过人工智能客服快速应答。

从批准借贷到管理资产，再到风险评估，机器学习在金融生态体系中的作用越来越不可或缺。

资料来源：佚名. 人工智能在金融科技领域有哪些应用？［EB/OL］.［2018-04-17］. https：//www.zhihu.com/question/57409852/answer/368967185? utm_source=wechat_session.经过整理。

案例透析：人工智能到底是如何做风险控制的？

### 3. 人工智能与证券公司

在证券业实现从传统以经纪业务为主的证券经纪公司向为客户提供一揽子综合金融服务的全能型投行的转型中，金融科技创新起到了举足轻重的作用。

人工智能可以通过收集用户信息预测股民的风险偏好，帮助证券交易员更好地操盘，也可以将人工智能引入审计方面的应用，实时监控公司的内控系统。

财务报表是非常严谨的，财报识别工作通常需要消耗大量的人力资源，并且常常因为人力在耐心和毅力方面的不足而造成失误。而AI技术非常适合处理收据和其他财务文件等重复性工作。同时，财报识别平台还具有自动配平功能，配不平的区域会智能提醒，方便校验……

智能、高频的交易方式加剧了证券市场的复杂性，也考验着监管者的监管能力和监管资源。证券监管规则的变更速度远远低于金融创新的频率，证券监管可以通过人工智能技术在更短的时间内识别异常交易并发出风险预警。以证券交易所的智能监管为例。我国上海证券交易所深入研究运用机器学习技术，对投资者进行全息高清画像，试图实现对投资者的全方位图形化展示。同时，利用知识图谱技术对账户、交易、终端设备等进行多维度的关联分析，进而更准确、更高效地识别出违法违规账户。

### （三）智能营销

与风控一样，营销也是金融机构需求比较旺盛的领域，优质的营销活动可以为公司带来丰厚的市场份额和市场回报。金融行业通过智能营销，可以将海量存储数据变现为营销价值，通过用户画像、用户分层、用户定位实现金融行业营销的精准化、场景化、个性化，优化营销质量与效率，降低人力成本。

#### 1. 在营销体验层面

标准化的产品以群发的方式进行，"千人一面"的推送无法满足不同个体的差异化需求。"而融合大数据、人工智能等新技术的智能营销，可以通过收集客户的交易、消费、社交、信用等行为数据，深度分析用户的需求和偏好，实现对客户需求的精准把握，从而建立起精准的营销解决方案，提供千人千面、个性化的贴心服务。

#### 2. 在营销渠道层面

智能营销改变了以线下网点为主的渠道模式，拓展了网点外的营销，并实现网点内和网点外互联。同时，智能营销还实现了线上线下的互联互通，通过线上社交营销、智能客服等全渠道覆盖，显著提升了对存量睡眠客户的触达率。

#### 3. 在营销决策层面

智能营销可以让金融机构拥有智能化的客户数据管理及分析能力，从而建立以客户数据洞察为基础的营销决策体系。通过客户数据管理及分析体系的完善，实现更加清晰的客户画像；借助数据分析在营销各环节的支撑，为各级营销管理人员提供决策分析。

（1）专门打造了金融智能化解决方案，通过精准的客户画像，为金融机构设计更符合目标用户群的新产品，进一步提升营销的精准性和有效性。智能营销利用云呼叫中心、外呼机器人、SCRM系统等，致力于革新营销模式。

（2）通过SCRM系统进行智能分析，记录客户生命周期，全面了解客户，再通过智能决策引擎，从客户画像维度进行挖掘，找到有效的转化模型及客户触达方式。

### （四）智能客服

智能客服是通过语音识别、智能互动、声纹库等技术，来取代传统的呼叫中心职能，包括客户服务、催收服务等。

视野拓展3-9

国内主要智能
营销公司

#### 1.智能客服主要作用是节约人工成本

人工客服存在培训成本高、服务效果难以统一和流动性大的问题。以大数据、云计算，特别是人工智能技术为基础，依靠知识图谱回答简单重复的问题，既减少了人工客服工作量，又提升了人工客服的效率。目前，客服机器人已替代了40%~50%的人工客服。随着技术的不断完善，更多的客服工作将依靠人工智能完成，使得大量简单话务被智能机器取代，极大地节约了人工成本。例如，某证券公司2017年开始使用智能客服，2018年服务客户次数约105万次，占全部客服订单的41.2%，节约人工成本约294万元；2019年服务客户次数约93万次，占全部客服订单的46.6%，节约人工成本约260万元。

#### 2.智能客服改善了服务体验

智能客服解决了人工客服存在的问题，如24小时无间断在线服务、始终如一无限耐心的解说态度等。虽然从目前整个客服市场的应用情况来看，人工在线客服仍然是企业使用率较高的方式，但随着数据库的不断完善以及科技的不断发展，智能客服将会大放异彩。

例如，在银行整个客户呼叫中心的服务体系中，网上银行、自主服务、人工座席服务分别提供了不同层次和质量的服务。网上银行和自助服务提供了超过95%的非现场服务，人工座席服务则提供了更为有力的支撑，由此构成的完整的服务体系，成为银行平衡服务效率、服务水平和服务成本的润滑剂。除了银行领域，人工智能在保险、证券领域也有着广泛应用，如蚂蚁金服推出的车险定损人工智能技术——定损宝，已经从基于图像识别的1.0版本升级到基于视频定损的2.0版本，即在线理赔智能解决方案。未来，它还可能进一步跟物联网、区块链相结合，通过传感器自动识别车辆损伤情况，自动上链，并实现无感理赔。

经济观察3-3

**北京：推动通用人工智能技术创新场景应用**

据北京市人民政府网消息，2023年5月30日，北京市政府办公厅正式发布《北京市促进通用人工智能创新发展的若干措施》（以下简称《若干措施》）。《若干措施》针对提升算力资源统筹供给能力、提升高质量数据要素供给能力、系统构建大模型等通用人工智能技术体系、推动通用人工智能技术创新场景应用、探索营造包容审慎的监管环境五大方向，提出21项具体措施。

一是提升算力资源统筹供给能力。实施算力伙伴计划，与云厂商加强合作，提供多元化优质普惠算力。加快北京人工智能公共算力中心、北京数字经济算力中心等项目建设，形成规模化的先进算力供给能力。实现异构算力环境统一管理、统一运营，提高环京地区算力一体化调度能力。

二是提升高质量数据要素供给能力。构建安全合规的开放基础训练数据集，建设高质量的预训练中文语料库。谋划建设数据训练基地，提升数据标注库的规模和质量，探索基于数据贡献、模型应用的商业化场景合作。建设数据集精细化标注众包服务平台，鼓励专业人员参与标注，研究平台激励机制。

三是系统构建大模型等通用人工智能技术体系。开展大模型创新算法及关键技术研究，鼓励开源技术生态建设。构建数据管理平台相关系统，研发数据清洗、标注、分类、注释及内容审查等算法及工具。构建多模态、多维度的基础模型评测基准及评测方法，建设自动评测开放服务平台。支持研发分布式训练系统、编译器及人工智能芯片自动化评测系统，推动基础软硬件广泛适配。持续探索通用智能体、具身智能和类脑智能等通用人工智能新路径。

四是推动通用人工智能技术创新场景应用。围绕政务咨询、政策服务、接诉即办、政务办事等工作，提升精准服务能力和系统智能化水平。面向智能导诊、辅助诊断、智能治疗等场景需求，开发智能应用，提升诊断、治疗、预防及全病程管理的智能水平。支持科研实验室与人工智能创新主体开展联合研发，加速人工智能技术赋能新材料和创新药物领域科学研究。聚焦智能风控、智能投顾、智能客服等环节，系统布局"揭榜挂帅"项目，推动金融机构开放应用场景。支持研发多模态融合感知技术，开放车路协同自动驾驶数据集，探索自动驾驶新技术路径。支持在城市大脑建设中应用大模型技术，为城市治理决策提供更加综合全面的支撑。

五是探索营造包容审慎的监管环境。鼓励创新主体采用安全可信的工具及资源开展技术创新，推动在中关村国家自主创新示范区、核心区实行包容审慎监管试点。建立常态化联系服务指导机制，指导创新主体加强安全检测，履行安全评估及算法备案流程。加强网络和数据安全管理，落实主体责任，强化安全管理制度建设，全面提升网络安全和数据安全防护能力。建设科技伦理治理公共服务平台，开展科技伦理审查及相关业务培训，构建良好人工智能科技伦理氛围。

资料来源：北京市科学技术委员会，中关村科技园区管理委员会. 解读《北京市促进通用人工智能创新发展的若干措施》[EB/OL]. [2023-05-30]. https://www.beijing.gov.cn/zhengce/zcjd/202305/t20230530_3116900.html? eqid=fadadb05001249d6000000046475b18b.经过整理。

启发思考：

经过多年的持续积累，我国在人工智能领域取得重要进展，国际科技论文发表量和发明专利授权量已位居世界第二，部分领域的关键技术实现重要突破。语言和视觉识别技术世界领先，适应自主学习、直觉感知、综合推理、混合智能和群体智能等初步具备跨越发展的能力，中文信息处理、智能监控、生物特征识别、工业机器人、服务机器人、无人驾驶逐步进入应用领域，人工智能创新创业日益活跃，一批龙头骨干企业加速成长，在国际上获得广泛关注和认可。加速积累的技术能力与海量的数据资源、巨大的应用需求、开放的市场环境有机结合，形成了我国人工智能发展的独特优势。

作为新一代的大学生面对新形势、新需求，必须主动求变应变，牢牢把握人工智能发展的重要历史机遇，紧扣发展、研判大势、主动谋划、把握方向、抢占先机，引领世界人工智能发展新潮流，服务经济社会发展和支撑国家安全，带动国家竞争力整体跃升和跨越式发展。

# 综合训练

## 一、概念识记

云计算　串行计算　并行计算　集中式计算　分布式计算　区块链　人工智能　算法　算力　智能投顾　智能营销　智能客服　智能风控

## 二、单选题

1.以下关于云计算的说法中，错误的是（　　　）。

A.很庞大　　　　　　B.很花钱　　　　　　C.节点昂贵　　　　　　D.资源动态管理

2.将一块大的处理资源分为几块小的处理资源，将一个大任务分割成多个子任务，用这些小的处理资源来单独处理这些子任务，这属于（　　　）。

A.单机计算　　　　　B.并行计算　　　　　C.集中式计算　　　　　D.分布式计算

3.将一个庞大的任务拆分成许多小任务来处理，许多人共同处理一个问题属于（　　　）。

A.串行计算　　　　　B.并行计算　　　　　C.集中式计算　　　　　D.分布式计算

4.只需要一个管理者管理即可的计算属于（　　　）。

A.单机计算　　　　　B.并行计算　　　　　C.集中式计算　　　　　D.分布式计算

5.在巨大的网络中，每个组都向网络共享自己的资源，但同时每个组都独立维护自己的资源，这属于（　　　）。

A.单机计算　　　　　B.并行计算　　　　　C.集中式计算　　　　　D.分布式计算

6.资源不受限于单个计算机的能力，计算具有可伸缩性，这属于（　　　）。

A.单机计算　　　　　B.并行计算　　　　　C.集中式计算　　　　　D.分布式计算

7.以下选项中，不属于云计算特点的是（　　　）。

A.规模小　　　　　　　　　　　　B.虚拟化

C.高可靠性　　　　　　　　　　　D.通用性以及高扩展性

8.（　　　）需要耗费相当长的时间来完成。

A.单机计算　　　　　B.并行计算　　　　　C.集中式计算　　　　　D.分布式计算

9.以下选项中，不属于云计算产生的价值是（　　　）。

A.规模化　　　　　　B.精细化　　　　　　C.成本高　　　　　　D.效率提高

10.将自己的任务通过网络备份到其他服务器上，即使遇到一些错误导致计算机停止使用，也可以通过备份继续完成工作，这属于（　　　）。

A.单机计算　　　　B.并行计算　　　　C.集中式计算　　　　D.分布式计算

11.计算机不与任何网络互联，只能使用本计算机系统内被访问的所有资源，这属于（　　　）。

A.单机计算　　　　B.并行计算　　　　C.集中式计算　　　　D.分布式计算

12.AI的英文全称是（　　　）。

A. Automatic Intelligence　　　　　　B.Artificial Intelligence

C. Automatic Information　　　　　　D.Artificial Information

13.智能机器人可以根据（　　　）得到信息。

A.思维能力　　　　B.行为能力　　　　C.感知能力　　　　D.学习能力

14.人工智能研究的基本内容不包括（　　　）。

A.机器行为　　　　B.机器动作　　　　C.机器思维　　　　D.机器感知

15.人工智能最终的突破在于（　　　）。

A.算力　　　　　　B.数字　　　　　　C.数据　　　　　　D.算法

16.人工智能的目的是让机器能够（　　　），以实现某些脑力劳动的机械化。

A.具有完全的智能　　　　　　　　B.和人脑一样考虑问题

C.完全代替人　　　　　　　　　　D.模拟、延伸和扩展人的智能

17.1997年5月12日，在轰动全球的人机大战中，"更深的蓝"战胜了国际象棋之子卡斯帕罗夫，这是（　　　）。

A.人工思维　　　　B.机器思维　　　　C.人工智能　　　　D.机器智能

18.以下关于人工智能的叙述中，错误的是（　　　）。

A.人工智能技术它与其他科学技术相结合极大地提高了应用技术的智能化水平

B.人工智能是科学技术发展的趋势

C.因为人工智能的系统研究是从20世纪50年代开始的，所以十分重要

D.人工智能有力地促进了社会的发展

19.盲人看不到一切物体，它们可以通过辨别人的声音来识别人，这是智能的（　　　）方面。

A.行为能力　　　　B.感知能力　　　　C.思维能力　　　　D.学习能力

20.一些聋哑人为了能与人交流，利用打手势来表达自己的想法，这是智能的（　　　）方面。

A.思维能力　　　　B.感知能力　　　　C.行为能力　　　　D.学习能力

### 三、多选题

1.云计算随时随地从可配置的计算资源共享池中获取所需的资源有（　　　）。

A.网络　　　　B.服务器　　　　C.应用　　　　D.存储

2.云计算模式具备的基本特征有（　　　）。

A.按需自助服务　　　　　　　　　　B.广泛的网络访问

C.资源共享　　　　　　　　　　　　D.快速的可伸缩性和可度量的服务

3.计算机能够模拟人的思维过程和智能行为，如（　　　）。

A.学习　　　　　B.推理　　　　　C.思考　　　　　D.规划

4.由于金融与云计算的结合，在手机上简单操作，就可以完成的业务有（　　　）。

A.银行存款　　　B.购买保险　　　C.基金买卖　　　D.大额贷款

5.云计算具有的特点包括（　　　）。

A.可用性　　　　B.扩展性　　　　C.按需服务　　　D.按使用量付费

6.以下选项中，不属于区块链的有（　　　）。

A.去中心化数据库　　　　　　　　　B.一段软件程序和应用

C.一个街区和一个社会组织　　　　　D.中心化的权威机构

7.云计算可以提供（　　　）网络访问服务。

A.可用的　　　　B.便捷的　　　　C.按需的　　　　D.静态的

8.以下关于云计算的说法中，正确的有（　　　）。

A.安全　　　　B.提供自助式服务　　C.按使用量付费　　D.数据多副本容错

9.银行前台的人工智能应用主要侧重于（　　　）的用户体验。

A.智能化　　　　B.个性化　　　　C.普遍化　　　　D.精准化

10.以下关于区块链的说法中，正确的有（　　　）。

A.区块链就是比特币

B.区块链是分布式网络、加密技术、智能合约等多种数据库集成的新型数据库
　软件

C.区块链作为构建信任的机制，可能彻底改变人类社会价值的传递方式

D.区块链在我国应用最广泛的是公链和联盟链

11.区块链构成的三个要素有（　　　）。

A.对等网络　　　B.共识机制　　　C.密码学　　　　D.统一记账机构

12.区块链技术有三个关键点，分别是（　　　）。

A.采用非对称加密来做数据签名　　　B.任何人都可以参与

C.共识算法　　　　　　　　　　　　D.以链式区块的方式来存储

13.一项新技术从诞生到成熟，需要经历（　　　）。

A.过热期　　　　B.低谷期　　　　C.复苏期　　　　D.成熟期

14.区块链技术带来的价值包括（　　　）。

A.提高业务效率　　　　　　　　　　B.降低拓展成本

C.增强监管能力　　　　　　　　　　D.创造合作机制

15.下列选项中，表述正确的有（　　　）。

A.区块链以分布式的方式存储于整个网络

B.现有交易方式中存在的"第三方机构"可能由于记录不详和信息丢失而产生不公
　正的现象，区块链让人类首次建立起了信任关系

C.密码学原理保证了信息不会被篡改和伪造

D.区块链交易记录公开透明

16.人工智能经典的应用场景包括（　　　　）。

A.用户画像分析　　　　　　　　　　B.基于信用评分的风险控制

C.欺诈检测　　　　　　　　　　　　D.智能投顾

17.机器人在分析结构化数据时，如（　　　　），速度都是远强于人类的。

A.图表　　　　　B.数字　　　　　　C.文字信息　　　　　D.人的情绪

18.人工智能技术的商业化在金融行业得到应用的有（　　　　）。

A.人像识别　　　　　　B.图像识别　　　　　　　C.语音识别

D.自然语言理解　　　　E.用户画像

19.人工智能侧重于使机器模拟人的意识和思维，让计算机具备人类的（　　　）能力。

A.推理　　　　　B.知识　　　　　　C.规划　　　　　　D.学习

20.智能风控主要是依托高维度的大数据和人工智能技术对风险进行及时有效的识别、预警，包括（　　　　）。

A.数据收集　　　　B.行为建模　　　　C.用户画像　　　　D.风险定价

## 四、判断题

1.同一个"云"只能支撑相同的应用运行。（　　　）

2.云计算在原有服务器基础上增加云计算功能，使计算速度迅速减慢。（　　　）

3.云计算具有超大规模、虚拟化、高可靠性、高通用性、高扩展性等特点。（　　　）

4.一旦进入区块链，任何信息都无法更改，只能管理员修改此信息。（　　　）

5.如果使用云服务，成本将会非常低。（　　　）

6.区块链的最后一个特点是匿名性，这是由区块链的去中心化、自治性、开放性决定的。（　　　）

7.云计算也是分布式计算的一种。（　　　）

8.智能投顾就是基于用户的资产状况及风险偏好，通过投资模型及投资组合智能调仓，为用户提供私人智能理财顾问。（　　　）

9.AI技术从概念到产品需要具备三个条件，即算法、算力、数据。（　　　）

10.算法、算力、数据三者在不同阶段发挥的作用相同。（　　　）

11.人工智能的目的是让机器能够像人一样思考，让机器拥有智能。（　　　）

12.区块链不可篡改，安全性高。（　　　）

13.区块链技术的应用不利于监管机构开展监督。（　　　）

14.区块链技术有助于降低交易和信任风险，降低金融机构的运作成本。（　　　）

15.区块链是一种去中心化的分布式数据库，并以密码学方式保证其不可篡改和不可伪造。（　　　）

16.我们现在的交易模式，基本上都是中心化的账本模式，由银行掌控。（　　　）

17.任何人都可以共享区块链的交易信息数据库。（　　　）

18.中心化机构通常具有一定的规模和信誉，由国家背书（如银行），所以不会

出错。　　　　　　　　　　　　　　　　　　　　　　　　　　　（　　）

19.虽然区块链本身是一个平台，区块链的去中心化有利于点对点交易，但是无论是交易还是交换资金，都需要第三方的批准。　　　　　　　　　　　　（　　）

20.区块链主要采用密码学原理来实现匿名性，保证个人隐私安全。　　（　　）

## 五、简答题

1.根据表3-1，分析云计算具有的特点。

表3-1　　　　　　　　　　　　**各银行运用云计算的场景**

| 银行 | 特点 | 部署模式 | 应用场景 |
| --- | --- | --- | --- |
| 瑞银银行 | 利用云计算完成数字化转型 | 混合云 | 日常业务处理是在瑞银的数据中心进行的，一旦峰值到来，可以将负载导到公有云平台，充分利用公有云的计算资源来完成风险的量化工作 |
| 邮储银行 | 互联网金融生产云 | 私有云 | 承载邮储银行种类繁多的互联网金融云业务，能够满足企业对开放性、稳定性、灵活性和安全性等方面的需求 |
| 兴业数金 | 金融行业云 | 行业云 | 为中小银行、非银行金融机构、中小板企业提供金融行业云服务，率先将云计算技术用于生产系统，而且将云计算技术推向金融行业云的维度 |

注：①在电脑中，负载是指计算机工作量的一个概念。对负载最基本的要求是阻抗匹配和所能承受的功率。②兴业数字金融服务（上海）股份有限公司（简称"兴业数金"）是兴业银行集团旗下一家提供金融信息服务的数字金融企业。

2.金融行业实施云计算的作用有哪些？

## 六、实战演练

根据图3-14的内容，分析机器学习在银行信用风险管理中所起的作用。

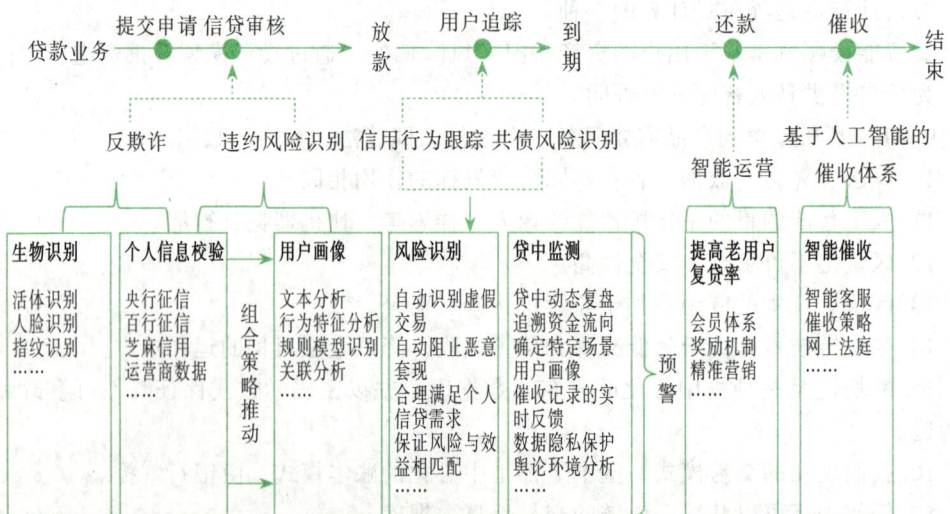

图3-14　机器学习在银行信用风险管理中的作用

第四章 数字货币

## 学习目标

### 知识目标：

• 掌握货币的演变历史；了解加密数字货币的产生背景及运作原理；掌握我国数字货币的构架、核心技术。

### 能力目标：

• 能够分析比特币的运算方法以及哈希值计算。

### 素质目标：

• 培养社会使命感与责任感，树立为国家、民族的科技振兴而奋斗的信念。

# 第一节　货币的发展历史

## 情境导入 4-1

### 费币

在西太平洋岛国密克罗尼西亚联邦的一个叫雅蒲（Yap）的小岛，岛上只有数千名处于原始经济阶段的土著居民。他们的货币叫费（Fei）。费币是几块稀有的又大又厚的石盘，从1英尺到12英尺不等，中间有孔洞，石头就在那里谁也搬不动。

当然，费币没法放在口袋里带到集市上买东西，交易过程一般都是债务互相抵消的过程（类似清算的作用），账款通常留待以后的交易中进行转结。即使到了最后的清算时刻，也没人会去搬这个费币，当地人只是在上面做标记，归谁所有就由专门记账的人把谁的名字刻在石头上，以显示所有权的转移，无须持有（搬到自己家门口）。谁有多少钱，只要去看一眼石头就知道。账目是完全公开的，全村的人都可以监督。

很多年以前，岛上有一家人的先祖，在寻找费的探险中，获得了一块大得出奇并极具价值的石头。回程的木筏行到半途中的时候，海上起了风暴。为了保命，他们砍断了石头的缆绳，让石头掉进大海。这群人回家后都证明那个石头的体积巨大、质地优良。岛上的人也都承认，石头坠落海中只是一个意外事故，这块石头的购买力依然存在。因此，与其说雅蒲的"费"是"一般等价物"，不如说是一个记账系统，也就是一种记账货币。

石头看起来是一个很平凡的东西，但它是少数几种能够保存上千年信息的载体，古代的文明信息几乎全部都是以石头为载体保存下来的。刻在石头上的字是不能篡改的，但我们不可能造出一块全世界都能看到的石头。区块链（技术）就是一块全世界都能看到的石头，它的特质是共识和不可篡改。

资料来源：佚名. 拿石头当钱的小岛［EB/OL］.［2015-02-12］. http://jjckb.xinhuanet.com/dspd/2015-02/12/content_538250.htm. 经过整理。

## 一、货币的演变

现金在我们生活中的存在感越来越低，它们变成了线上支付的一个一个数字，大家也都确信这些数字就代表财富。这充分说明了在一个交易系统中，只要有一个可靠的账本能够把账算明白，哪怕是没有实体的钞票，整个交易系统也不会乱套。

历史上，货币形态发展大概如下：实物货币—商品货币—纸币—电子货币。

### （一）货币的起源

#### 1. 物物交换

在原始社会，人们用自己所拥有的物资去交换其他的物资，以满足更多的物质需求，如用一头羊换一把石斧，这便是"物物交换"。甲想吃乙捞的鱼，于是拿砍的柴去换乙的鱼。兑换的比例双方商量，用现在的话说就是市场决定。

随着物资的不断丰富和需求的不断增加，物物交换出现了很多弊端。比如，甲今天不想吃鱼，但乙还需要柴。如果甲不跟乙交换，乙就没柴烧。如果乙一定要跟甲换，那甲就可以借此压价，多换几条鱼或少给几根柴。乙这次一定会觉得吃亏了，下次就要重新定价。又如，甲想吃乙捞的鱼，就拿砍的柴去换乙的鱼，但乙不需要柴，乙想要鸡蛋，正好有人卖鸡蛋，甲就只能用柴去换鸡蛋，于是又得重新商量价格。因此，交换很少能一次性完成，往往要经过多次交换才能实现。

✓ **教学互动 4-1** ············

问：举例说明，物物交换为什么不能适应经济发展的要求？

答：比如，A在沈阳，B在长春，空间上没法物物交换；A今天生产了商品甲，下个月才需要商品乙，时间上没法物物交换；参与市场的各方提供了成千上万的商品，效率上不接受物物交换。

### 2. 一般等价物为媒介的物物交换

在以物换物的过程中，人们发现有个别稀少的、大家共同认同其价值的东西可以随时随地换取自己所需要的产品，于是一般等价物便从商品中分离出来。在中国历史上贝壳、谷物和布帛都曾经长期作为一般等价物在商品交换中使用。在古波斯，意大利、印度等国家都有用牛羊作为一般等价物进行交换，它们被当作一般等价物，是因为人们相信其稀有性的特点，本身的价值等于被交换物的价值。

一般等价物的出现克服了物物交换的弊端，大大简化了交易流程，但是也存在很大的局限性。比如，谷物不易长期保存，牛羊不便携带和分割等。

为了解决交易障碍，人们开始用贝壳充当一般等价物。贝壳体积小，携带方便，很快就被许多人接受。

但有的人对此有意见。比如，内陆地区的人从来没见过海，更没有获取贝壳的途径。如果在交易中要用贝壳充当媒介交易，他们就会觉得住在海边的人下海不是去捕鱼，而是去捞钱，这样很不公平。

于是，又有人提出用羊皮充当货币。羊皮柔软，比贝壳更容易携带和保存。不久后，大家还是觉得不方便，因为羊皮一旦保存不好，让老鼠啃了，损失就大了。再说，也不是所有的地方都有羊。

✓ **教学互动 4-2** ············

问：财、货、贵、贩、赚、账、赁，这些字有什么共同点？

答：这些字都与财富有关，说明了我国古代曾经以贝壳充当过一般等价物。

### 3. 金属货币的产生

货币需要满足以下条件：①稀缺性；②易防伪；③可互换；④易携带；⑤可保存；⑥可分割。金银可以满足以上的条件，在漫长的岁月长河里经受住了时间的考验，获得了越来越多的共识，就成了货币。

### 4. 纸币的出现

贵金属不易携带，在大宗、远距离交易时不方便，不能满足商品的流通。随着社会的发展，商品经济和金融进一步繁荣，又出现了货币供应量不能满足社会需求的情况。社会上的货币不足，势必影响交易，于是逐渐过渡到用纸币进行商品交易的阶段。

纸币一般由国家或政府授权的银行发行，是一种信用货币，纸币本身没有价值，是由国家政府的信用赋予其货币的价值，纸币的产生促进了商品的流通和跨地区、跨国、跨洋贸易的大力发展。

**教学互动 4-3**

问：世界上最早的纸币来自哪里？

答：宋代一些商人为了解决货币支付和携带不便等问题，发明了世界上最早的纸币——交子。交子的诞生预示了货币的发展方向将由实物货币走向代用货币。

### （二）记账货币

随着互联网的发展，从货币纸币逐渐过渡到记账货币。比如，发工资只是在银行卡账户上做数字的加法，买衣服只是做减法。整个过程只是账本上数据发生改变，而并不需要纸币参与实际的交换过程，这就是记账货币。

记账工作是由各家银行、第三方支付机构和央行来负责，央行拥有整个国家大账本的记账权。

**教学互动 4-4**

问：什么是代用货币？

答：代用货币一般是纸制的，但与现在通用的钞票不完全一样。代用货币可以兑换实物货币。比如，清朝末期山西票号开出的银票就可以兑换面值标注的银两。

## 二、货币的职能

从贝壳等实物货币到金银等贵金属材料制成的金属货币，主要完成了货币形态标准化的演进，金属货币再到纸币则重点在于货币在存储便利性方面的提升，而标准化、便利性的实现则是优化了货币的两个核心职能：价值尺度和流通手段（交易媒介）。简单地说，就是货币可以衡量一切商品的价值，货币可以和一切商品进行交换。

尽管在不同的经济学派中对货币的本质定义不尽相同，对货币职能的展开程度也不一样，但是对货币的价值尺度和流通手段的核心职能定义是高度一致的。

#### 1. 货币充当价值尺度职能不一定需要真实货币存在

价值尺度职能是指货币表现和衡量其他商品价值量大小的一种功能。价值尺度职能要求货币本身具有价值，但不一定需要真实货币存在。

（1）价值尺度职能把其他一切商品的价值用一定数量的货币表现出来，标明某个商品需要多少单位的货币来兑换，而货币形态的标准化也就是这个"单位"形成的过程。

（2）价值尺度职能使人们可以对众多不同商品的价值进行比较。商品的价值表现在货币上就是商品的价格，价格是价值的货币表现。货币具备价值尺度的职能，实际上就是把商品的价值表现为一定的价格。例如，1双皮鞋的价格为300元，1件衬衣的价格为200元等。

（3）货币在体现价值尺度职能时，只是观念上的货币，而不是现实的货币。各种货币符号如¥（人民币）、£（英镑）、$（美元）等就是这一特点的形象反映。

（4）货币可以表现和衡量其他商品的价值是因为货币本身也是商品，也有价值，这就如同尺子能衡量其他物品的长度一样，因为尺子自身也有长度。自身没有价值的东西，是不能衡量其他商品的价值的。

### 2. 货币充当流通手段职能时必须是真实的货币存在

货币作为流通手段的职能，就是用货币来充当商品交换的媒介，这种职能又称购买手段。因此，它必须是现实的货币。在实体货币年代，存储的便利性是影响货币流通非常重要的因素，金属货币显然在流通中是极其不方便的，尤其是出现大额交易时，更是如此。正是从方便的角度来考虑，才导致货币符号的出现，如纸币。

随着电子货币的出现和发展，人们更习惯用一张卡、一个手机 App 来存储和使用自己的资产。纸币现金都很少携带了，更不用说随身带着金条、金币……

## 三、电子货币

进入 21 世纪后，电子货币、数字货币（密码货币）成为金融领域的热门词语。随着互联网的发展和银行业务的电子化，原本以纸币为媒介的支付越来越多地通过电子化、数字化的方式进行。货币进入虚拟形态。

### （一）广义的电子货币与狭义的电子货币

#### 1. 广义的电子货币

根据巴塞尔银行监管委员会的定义，广义的电子货币是指通过硬件设备或计算机网络完成支付的储存价值或预先支付机制，即依靠硬件设备或计算机网络实现存储和支付功能的货币，虚拟货币和数字货币也包含在电子货币的范畴中，如图 4-1 所示。

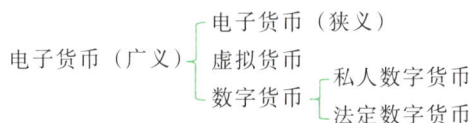

```
                        ┌ 电子货币（狭义）
        电子货币（广义）┤ 虚拟货币
                        └ 数字货币 ┌ 私人数字货币
                                   └ 法定数字货币
```

**图4-1　电子货币的范畴**

#### 2. 狭义的电子货币

狭义的电子货币是指国家银行系统支持的法定货币的电子化形式，与我们所拥有的现钞以及银行存款具有同样法律效力。我们的信用卡、储蓄卡以及第三方支付账户余额上的数据就是我们所拥有的电子货币，我们通过转移一部分自己账户内的电子货币到对方的账户来完成交易。可以说，电子货币具有完整的价值尺度职能和流通手段职能，既可以衡量任何商品的价值，又可以购买任何商品。

### （二）虚拟货币

虚拟货币，又称新型电子货币，是在虚拟世界中流通的货币，是互联网游戏、互联网社区发展的产物，可以用来购买一些虚拟的物品，如网络游戏中的装备等。在现实生活中，虚拟货币不具备任何价值尺度和流通手段等货币职能。

游戏玩家之间产生的游戏币和其他商品的兑换行为事实上仍是以法定货币作为价值尺度的物品交换，因为并不存在一个游戏币可以购买多少商品和服务的公允汇率。虚拟货币一般通过以下渠道获得：

**1.通过完成虚拟世界的任务获得**

虚拟货币由开发人员控制和创建，是完全封闭的，与实体经济毫无关系且只能在特定虚拟社区内使用，如虚拟世界中的游戏币。当你在一个虚拟游戏世界中大喊："我现在是拥有 1 个亿的大富翁啦！"这"1 个亿"就是虚拟货币。

**2.用现实的法币购买获得**

在不同的社区网站上，用于购买本网站服务的专属货币被称为虚拟货币，如腾讯公司的 Q 币，可以用来购买 QQ 秀等服务。

### 教学互动 4-5

问：货币虚拟化和虚拟货币一样吗？

答：货币虚拟化和虚拟货币不一样。货币虚拟化是指货币从实物逐渐转变为虚拟的信息代码、数据。虚拟货币（区别于一般货币）是指在某些领域（如某网站内、某游戏内等）可以充当一般等价物使用的东西，如 Q 币、淘宝积分、比特币等。

### （三）数字货币

数字货币就是以数字形式出现的货币。数字货币是一个具有技术角度的概念，它源于互联网和计算机技术的发展，数字货币有多少种，没有准确的数目，也没有办法统计，几乎每天都有新的数字货币产生，相应的每天都有数字货币消亡。根据发行主体的不同以及是否有国家信用背书的存在，可将数字货币分为私人数字货币与法定数字货币。

### 小知识 4-1

Libra 是 Facebook 新推出的虚拟加密货币。Libra 是一种不追求对美元汇率稳定，而追求实际购买力相对稳定的加密数字货币。Libra 最初是以美元、英镑、欧元和日元四种法币计价的一篮子低波动性资产作为抵押物。

#### 1.私人数字货币

（1）私人数字货币的定义。

私人数字货币是由私人或者公司主导的，主要依靠密码技术创建、发行和流通的一种基于节点网络及数字加密算法的货币，且需要区块链技术对交易记录进行证明，现有的类型如比特币、以太坊等。因此，我们可以将私人数字货币理解为非主权国家主导的、依靠技术支撑的（主要依赖数字加密算法技术，且需要区块链技术对交易记录进行证明）、以字符串形式存储于电子设备的货币。

### 小知识 4-2

现行的货币体系由中央银行掌握货币的发行权、控制权和记账权。古今中外，由于滥发货币导致通货膨胀，引发严重危机的案例比比皆是。比如，津巴布韦滥发纸币引发严重通胀，津巴布韦元沦为垃圾货币。

（2）私人数字货币不是真正意义上的货币。

从经济学的角度来看，私人数字货币不具备成为真正货币的条件。

首先，私人数字货币受到了国家货币理论的挑战。国家货币理论将货币定义为国家发行的、作为法定清偿和记账手段的信用货币，该理论强调国家掌握了货币发行的权力。私人数字货币由私人主体或公司发行，它不符合国家货币主权的要求。

其次，私人数字货币的价值不稳定。从实际情况来看，以比特币为代表的私人数字货币表现出了总量限定、价格波动剧烈、交易耗时较长等特点。它是一种高度投机的资产类别，而不是一种支付手段，私人数字货币不能充当商品的一般等价物。

▶▶▶

小知识 4-3

《中华人民共和国中国人民银行法》规定，人民币由中国人民银行统一印刷、发行。这表明人民币是有法定地位的货币，具有法偿性，它以货币的身份作为交换媒介得到了法律的承认，而私人数字货币并不是法律承认的货币。

### 2. 法定数字货币

法定数字货币是央行主导发行的数字货币，是以国家信用为支撑，在法律上受到支持和保护，本质也是一串加密字符串，是与纸币无差别化的数字化货币。

早在20世纪80年代，已陆续有国外专家开始研究加密数字货币，称之为电子现金系统。电子现金系统是在互联网电子通信的环境下实现现金支付，而密码学以及分布式计算等技术的应用则是实现电子现金支付网络的必要手段。基于现有银行货币体系的法定数字货币是现有法定电子货币的升级形态，既引入计算机代码运行等新技术，又保持对货币运行的适度掌控力。其核心特点在于：①货币发行和运行的可编程性；②能够有效追踪货币在交易过程中的流通轨迹。

## 第二节　私人数字货币

### 情境导入 4-2

#### 洋葱路由

1995年，美国海军研究实验室为了避免船只被敌军跟踪信号，启动了一项旨在通过代理服务器加密传输数据的技术开发，这个产品被命名为"洋葱路由（Tor）"。

2004年，美国海军研究实验室陷入财政紧缺的状态，便砍掉了对于Tor的资金支持。于是，一个知名的自由主义网络组织接管了Tor。

但二者很快发现，已经无法控制Tor的发展了。分布于全球的中继节点，使得Tor彻底去中心化。每年有近5 000万人次下载Tor，而人们使用Tor的功能开始变得五花八门。比如，2013年斯诺登正是将"棱镜门"事件的信息通过Tor发布在暗网上，才躲避了美国政府的追捕，Tor因此浮出水面。斯诺登除了揭露美国中情局监听全球的计划外，还泄露了美国国家安全局（NSA）对于 Tor 的无奈。

资料来源：佚名．探索暗网|曾经的区块链加密货币重地，未来会如何发展？［EB/OL］．［2019-01-25］. https://zhuanlan.zhihu.com/p/55667620.经过整理。

## 一、私人数字货币的产生

### （一）密码朋克（cypher punk）

自 20 世纪 80 年代末以来，越来越多的自由主义科学家、工程师、计算机科学家和哲学家（称之为密码朋克）讨论和辩论如何使用密码学来保护他们的隐私，因为这个世界将日益被计算机和互联网所主导。

为了更清楚地解释隐私问题，密码朋克还使用了一些与日常交易直接相关的、非常实用的例子。例如，当你使用现金在商店购买杂志，店员无须知道你是谁，也不会问钱从哪儿来；当我要求电子邮件服务提供商发送或接收消息时，电子邮件服务提供商不需要知道我在和谁沟通，也不需要知道我说了哪些内容，以及别人对我说了些什么，电子邮件服务提供商只需要知道在什么地方获得信息，以及我需要为这些服务支付多少费用。因此，开放的社会需要匿名交易系统。到目前为止，现金才是这个系统的重要组成部分。匿名交易系统不是秘密交易系统。在使用匿名交易系统时，个体用户只会在需要透露他们身份时，通过授权来确认——这才是隐私的本质。正是基于上述原则，人们才开始尝试开发数字货币。

### （二）早期尝试

第一次尝试这种匿名交易系统的是亚当·贝克博士，他于 1997 年创建了"Hashcash"。就本质而言，它是一种反垃圾邮件机制，通过延长发送电子邮件的时间和提高计算能力，使发送垃圾邮件的成本增加：发件人必须证明他们已经花费了算力在电子邮件标题中创建"邮票"——类似于比特币中使用的工作证明（POW），然后才能发送邮件。

1998 年，戴伟发布了 B-money 提案，并推出了两种维护交易数据的方法：①网络上的每个参与者将维护一个独立的数据库，这个数据库中记录了属于用户的资金信息；②所有记录都需要以特定用户组保存。

这些特定用户组对记录数据进行监管，如果表现得诚实，就会获得激励；如果表现得不诚实，就会损失这笔钱。这种方法被称为"权益证明（proof of stake）"。如果特定用户组（或主节点）试图进行欺诈性交易，那么将会失去自己所有的资金。

由于权益证明的效率很高，因此许多加密货币都在使用，或是考虑使用这种方法来验证交易，其中最值得注意的就是以太坊（ETH）。

2004 年，哈尔·芬尼借鉴亚当·贝克的 Hashcash 原则，创造了可重复使用的工作量证明（proof of work）。2005 年，尼克·萨博发布了 Bit gold 提案，该提案的理念正是建立在哈尔·芬妮和其他加密项目的基础之上的。

自 20 世纪 90 年代以来，来自世界各地的专家一直在加密货币和区块链技术上不知疲倦地工作，而且已经尝试解决了很多关于加密货币的复杂问题，他们可以说是这个领域里最聪明的一批人了。

### （三）中本聪登场

2008 年 10 月，一个名叫中本聪的匿名人士（也可能是匿名组织）在 metzdowd.com 的密码朋克邮件列表中发布了一篇论文《比特币：一个 P2P 电子现金系统》。这篇论文不仅直接引用了戴伟的 B-money 提案和亚当·贝克的 Hashcash 原则，还解决了早期开发者所面临的许多问题，如双重支付（使用单个代币多次购买商品）的风险。2009 年 1 月 3 日，比特币创始区块被挖掘出来。

▶▶▶

小知识 4-4

多数国家认为比特币属于虚拟商品，并非货币。2013 年，中国人民银行等五部委联合印发了《关于防范比特币风险的通知》，明确比特币不具有法偿性与强制性等货币属性，是一种特定的虚拟商品。现阶段对比特币的称呼应该是数字资产。

至此，比特币登上了加密货币的历史舞台，虽然在发展过程中一直饱受批评家和怀疑者的质疑，但不可否认的是，比特币一直在不断发展。

## 二、比特币的含义

比特币（bitcoin）是一种去中心化的非普遍全球可支付的电子加密货币，即一种数字货币。其特色是使用密码学来控制货币的制造和管理。生活中我们给别人的钱是一张纸币或者一枚硬币，它们是一个实际存在的东西；当我们通过网络付款时，并没有给什么物理东西，而仅仅是记了个账。

### （一）比特币是一串数字签名链条

现实生活中两个从未相识的人做交易没有银行做保证中介，会极为不靠谱。因为小王付款给小李后，小李可能不认账，所以要小李写下收据，或者小王可能用假币付款，所以小李要有鉴别技术，并且每次都要验证真伪，这样在交易中极为不便。

比特币的数字签名是由比特币转账的转出方生成的一段防伪造的字符串。通过验证该字符串，既可证明该交易是由转出方发起的，又可证明交易信息在传输中没有被更改。数字签名通过数字摘要技术把交易信息缩短成固定长度的字符串，即付款方在交易单上根据交易单内容来签字，收款方有办法验证这个签字的真实性（不用法院和笔迹对比专家）。

例如，小李用支付宝付款给小王 100 元，支付宝在小李账户里记账"减去 100 元"，而在小王账户里记账"加上 100 元"。这是站在支付宝的角度思考以人类为中心来记账，如果我们站在这 100 元的角度以它为主角记账，则第一天记录为"我在中国人民银行"，然后记录它一系列的流转，"我从中国人民银行到招商银行账户""我从招商银行账户到今夜酒店特价公司的财务账户上""我从今夜酒店特价公司的财务账户到一个叫 Hao 的人手上""我从 Hao 手上到一个叫小孙的手上""我从小孙手上到小周手上"……

在数字世界中，每个人在转钱给其他人时都需要签名（技术上）才能完成转账交易，那么这一系列的签名：中国人民银行、招商银行、今夜酒店特价公司、Hao、小孙、小周……其实就代表这张钞票的前世今生，即这张钞票本身。如果最后一个所有者要把它转给其他人，签个名转给对方，把对方的签名也加到这一串名字里就好。这就是我们把一串数字签名链条称为一个数字币的意思。

### （二）比特币的账户是地址

和在银行开立账户一样，每个人都可以有一个或若干个比特币地址，该地址用来付账和收钱。每个地址都是一串以1开头的字符串，如你有两个比特币账户：1911HhKdLbnsffT5cRSiHgK3mdzMiyspXf和1JSUzrzMk7f6iymfVkvqLBJDBZXBopyfZK。

### （三）比特币系统的核心规则

比特币创建的理念是去中心化。银行账户就像是一本账本，而且这本账本只有一本。如果有两本账本，就无法保证两本账本同时更新。如果两本账本不一样，就要判断哪本是正确的。由此出现了一个问题，如果只有一个账本，那么这个账本丢了怎么办？又假如只有一个账本，有一个人随便在账本上改了几笔，谁会发现？所以，这种记账方式存在很大的漏洞。

比特币采用的是去中心化记账的方式，即这个加密货币和网络上的支付宝、微信支付（财付通）不一样，它不受政府和任何金融机构监管（不存在资金被银行冻结的情况），每一笔交易都是由使用的人自行完成，从而避免了高额的手续费、烦琐的流程以及受监管等问题，任何用户只要拥有可连接互联网的数字设备都可使用。

简单地说，去中心化记账就是大家都去记账，任何一个人都可以拿到一模一样的账本，所以就避免了只有一本账本的弊病。

比特币之所以能够把一本账本变成许多本账本，有它独特的做法。其中，为了保证这些账本保持一致，比特币的机制中邀请了很多人一起抄账本和查账。

## 三、比特币的组成

比特币由区块头、区块体、梅克尔根（可简单理解为身份）三部分组成一个数据块。每个区块头通过梅克尔根关联了区块中众多的交易事务，区块中主要包含了交易事务数据和区块的摘要信息，每个区块之间通过区块头中的哈希值串联起来，如图4-2所示。

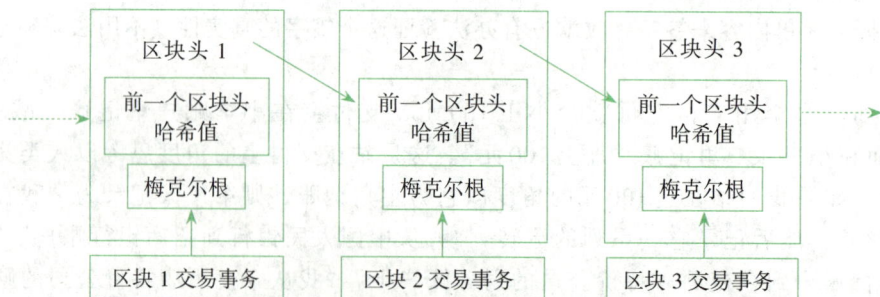

图4-2  比特币中区块链数据的组成以及关系

**小知识 4-5**

链条最大的特点就是一环扣一环，很难从中间破坏。比如，有人篡改了中间的 2 号区块，那么就需要同时把 2 号区块后序的所有区块都要更改掉，这个难度很大。在区块链系统中，一个节点产生的数据或者更改的数据要发送到网络中的其他节点接受验证，而其他节点是不会验证通过一个被篡改的数据，因为它跟自己的区块链账本数据不匹配，这也是区块链数据不可篡改的一个很重要的技术设计。

## （一）哈希函数和哈希值

哈希函数（Hash function）首次出现可以把给定的数据转换成固定长度的无规律数值，而这个无规律数值就是"哈希值"。转换后的无规律数值可以作为数据摘要应用于各种各样的场景中。我们可以把哈希函数想象成搅拌机，将数据 abc 放进搅拌机里，经过搅拌（哈希函数计算）后，搅拌机会输出固定长度的无规律数值。虽然哈希值是数字，但是可用十六进制来表示，如图 4-3 所示。

十六进制是用数字 0~9 和字母 a~f，总计 16 个字符来表示数据的一种方法

视野拓展 4-2
哈希函数

图4-3　哈希函数计算

### 1.哈希函数的特征

哈希函数具有的特征：①哈希值的长度与输入数据的大小、长度等无关；②输入相同数据，输出的哈希值也必定相同；③若输入不同，输出的哈希值也必然不同，哪怕只有细微区别；④输入的数据完全不同，但输出的哈希值有可能是相同的，这种特殊情况称为"哈希冲突"；⑤哈希值是不可逆的，通过哈希值不可能反向推算出原本的数据。

### 2.哈希值

哈希值，又称数字签名、数字指纹。

在网络上记账与线下记账不同，网络上是靠消息传递，彼此不见面。如果你收到一条信息，上面写着 A 支付 5 元给 B，这时你不禁要问：如何确保这条信息内容的完整性？如何确保信息的真实性？

这两个问题不解决，去中心化账本的理想就无法实现。要想解决第一个问题，必须先引入数字指纹概念。电脑上的任何信息，按照国际统一的编码标准，最终都被编码成 0101 来存储，这就是大名鼎鼎的二进制。例如"钱"字用二进制表示就是 1001010010110001。

二进制和原始信息只是一一对应的编码关系，一个英文字母或者数字对应8个字节，一个中文字符对应16个字节，原始信息越长，二进制编码也就越长。任何原始信息都可以转换成一串数字，有了数字就可以做数学运算，玩出各种花样了。

现在，我们给数学家提出一个要求：请设计一个算法，将任何一条信息，不论长短，都计算出一个唯一的数字指纹与它对应。但有两个附加条件：第一，指纹的长度必须固定；第二，只能从原始信息计算出指纹，谁也无法从指纹反向计算出原始信息。

这个要求看似过分，但是难不倒数学家。1993年，美国国家安全局发布了SHA算法，中文译为安全散列算法或数字摘要法。SHA算法是Hash算法的一种，自1993年发布以来，目前已经升级了4次。比特币用到的是第二代算法，简称为SHA-256算法，其中256表示由这个算法生成的指纹长度固定为256字节。

哈希函数就是从目标对象中提取出一个特征摘要，就好像人的指纹一样。哈希函数的运算结果就是哈希值，通常简称为哈希。

发送者将信息进行加密得到哈希值，然后用自己的私钥对哈希值进行加密得到一个签名，接收者用公钥进行解密就可以还原出哈希值，如图4-4所示。

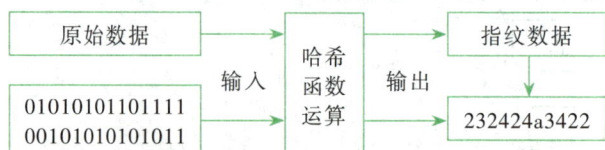

图4-4　哈希函数的运算过程

① 无论SHA-256算法输入的是什么数据文件、数字格式，或文件有多大，输出的都是固定长度为256bit的比特串。

② 输出只包含数字0~9和字母a~f，对大小写不敏感。

### 3.哈希计算可以转化为二进制

计算机使用二进制管理所有数据，虽然哈希值是用十六进制表示的，但是它也是数据，计算机在存储哈希值时会通过计算，将其转换为二进制进行管理，如图4-5所示。

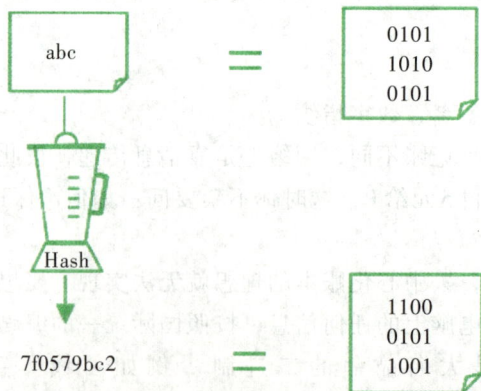

图4-5　哈希函数计算的转化

在生活工作中，人们会使用一些软件给别人传送文件数据，如果有人传送了一份文件给一个人，然后又有一个人传送了相同的文件给了另一个人，那么这个社交软件在第二次传送文件时会对两次传送的哈希值进行比较。如果二者的哈希值相同，该软件就不会再次上传文件给服务器了。

#### 4.哈希函数在区块中的作用

（1）快速验证。哈希函数在区块链中生成各种数据的摘要，当比较两个数据是否相等时，只需要比较其摘要就可以了。例如，比较两个交易是否相等，只需要比较二者的哈希值，既快捷又方便。

（2）防止篡改。传递一个数据，要保证它在传递过程中不被篡改，只需要同时传递它的摘要即可。收到数据的人将这个数据重新生成摘要，然后比较传递的摘要和生成的摘要是否相等。如果二者相等，就说明数据在传递过程中没有被篡改。

我们在一个网站注册一个账号，这个网站不论有多安全，密码也会有被盗取的风险。但是，如果用哈希值代替密码，就没有这个风险了，因为哈希值的加密过程是不可逆的。

假设一个网站被攻破，黑客获得了哈希值，但仅仅只有哈希值还不能登录网站，他还必须算出相应的账号密码。计算账号密码的工作量是非常庞大且烦琐的（严格来讲，密码是有可能被破译的，但破译成本太大，被成功破译的概率很小）。当然，黑客还可以采用一种物理方法，那就是猜密码。他可以随机一个一个地试密码。但是，密码的长度越长，密码就越复杂，就越难以猜出来。

### （二）梅克尔树和梅克尔根

#### 1.梅克尔树的结构

梅克尔树（Merkle tree），又称哈希树，是一种二叉树，由一个根节点、一组中间节点和一组叶节点组成。

每个区块都有一个梅克尔树，区块头中的梅克尔根（Merkle root）由区块体中所有交易的哈希值生成。

最下面的叶节点包含存储数据或其哈希值，每个中间节点是它的两个子节点内容的哈希值，根节点也是由它的两个子节点内容的哈希值组成。梅克尔树可以推广到多叉树的情形。梅克尔树的特点是，底层数据的任何变动都会传递到父亲节点，直到树根。

#### 2.梅克尔树的应用场景

梅克尔树可以应用在快速比较大量数据、快速定位修改、零知识证明等场景中。当两个梅克尔根相同时，意味着所代表的数据必然相同。如果D1中数据被修改，则会影响到N1、N4和Root，因此沿着Root-->N4-->N1，可以快速定位到发生改变的D1；如果想证明某个数据（D0…D3）中包含给定的内容D0，就可以构造一个梅克尔树，公布N0、N1、N4、Root，D0的拥有者可以很容易检测出D0的存在，但不知道其他内容，如图4-6所示。

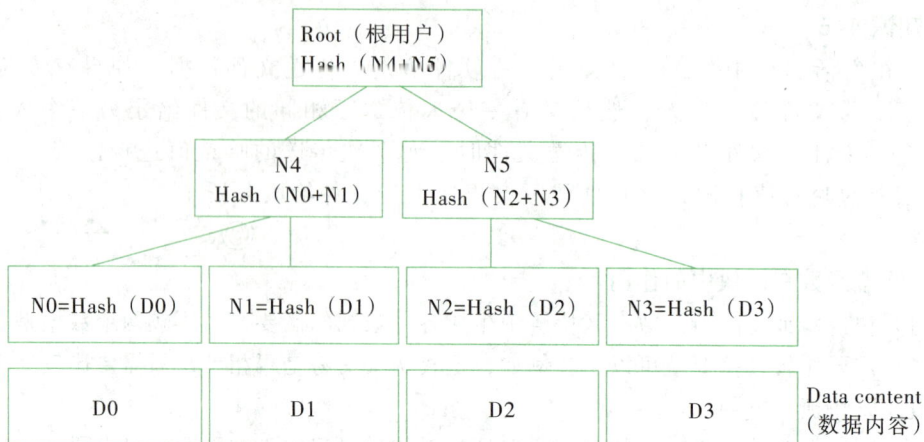

图4-6　梅克尔树的应用

✓ **教学互动 4-6**

问：举例说明，为什么比特币的交易信息无法篡改？

答：假如账本现在有1 000页了，一个矿工想在第900页加上一笔本来没有的交易，因为每一页都是环环相扣，所以他需要重新计算第900页到第1 000页的数据。假如他的算力跟全网其他矿工的总和一样，那么在他算出这100页的时候，全网的其他矿工也算出了100页。这时候，这个矿工的链长为1 000个区块，其他矿工的链长则为1 100个区块。所有的矿工都会默认最长的链为真正的链，因此这个篡改账本的矿工的链长是不会被认可的。

## 四、获得比特币的方法

获得比特币的方法主要是矿工挖矿奖励和通过大规模交易让矿工获得足够多的交易费。

### （一）矿工挖矿奖励

挖矿只是一个形象的比喻，比特币作为一种数字货币，并不像黄金一样要开着挖掘机一斗一斗地挖，而是记账。

▶▶▶

**小知识 4-7**

比特币系统中的任何一台矿机，每收到一条交易信息，就记在自己的区块里，如果你算出了满足要求的哈希值，那么将这个哈希值和区块一起广播出去——"我挖到了"，大家会帮你验证。矿工验证确认后，就默默地把你的块放到系统里。挖矿如同村民记账。在一个村里，当村民每次有借款行为发生的时候，就用村里的大喇叭告知大家，所有的村民（矿工）都会在自己的账簿里记录下交易信息，这样就会避免违约的风险。

### 1. 矿工做的是会计的工作

比特币是一本大账簿，它需要有人来记账，比特币网络中的所有电脑都只认可唯一的一个账本，任何一台电脑在接入比特币网络时，首先要同步更新这个唯一的账本。

每个记账的人（矿工）都保存了一份账本，即所谓的分布式账本，即使部分矿工的账本丢失（主动或被动的）了，也可以保证整个系统的账本是安全的。

### 2. 制造比特币的过程称为挖矿

比特币的发行不是由某个机构决定的，而是公开的一套算法，即把交易打包、提交、确认在区块链中。如果交易没有经过矿工确认，那么交易就没有完成；如果矿工永远不确认，转出去的比特币就会凭空蒸发。因此，记账（即挖矿）是一个很重要的过程。

（1）比特币是一组方程式的特解。挖矿是完成算法的过程，也是生产比特币的唯一方法。算法规定，比特币目前只有2 100万个。类似于一个数学系统包含了2 100万个数学题，需要通过庞大的计算量不断地去寻求每个数学题的特解。

（2）矿工记录交易信息。交易信息由矿工记录制作成区块，再通过算法把区块加到区块链上，每个区块包含了许多交易记录。从创建区块开始，每10分钟左右全网发生的交易被打包进一个区块，每个区块都包含上一个区块头的哈希值，从而在区块与区块之间形成"链条"，这就是所谓的区块链，如图4-7所示。

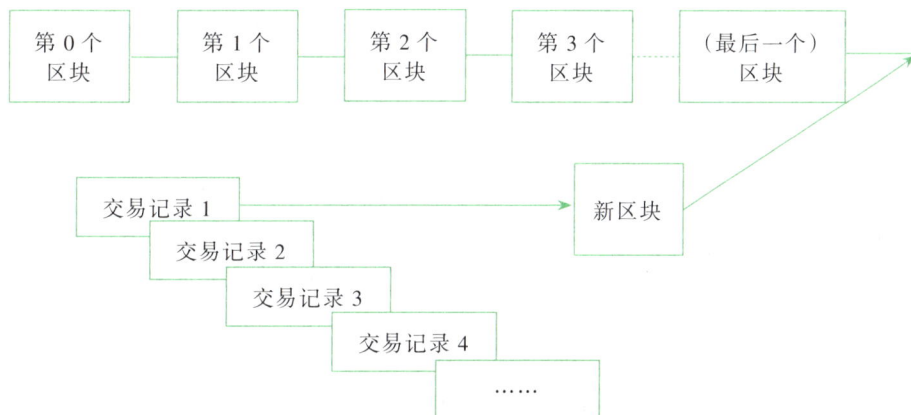

图4-7　比特币的区块链

### 3. 矿工争夺记账权

比特币网络上有许许多多来自世界各地的矿工，每个矿工同时生成许许多多的新区块，那么如何确定下一个新区块由哪个矿工生成呢？

比特币网络的解决方案是：记账的权利需要矿工们争取，比特币系统给每个"矿工"布置一道作业题，谁先解答出来，就算谁"挖矿"成功，谁就有可能抢到这个记账权，就可以在账本上新增加一个区块。假如我想转给你1个比特币，我发起这个转账之后，这个交易就进入了一个大池子，等待被记到账本上。这时候世界各地所有的矿工就会抢着把等待记账（确认）的交易写到新的一页账本上，也就是一个新的区块。

（1）矿工要做额外工作。

当矿工把检查好的交易记录变成新区块后，还要再额外做一项工作，矿工只有成功完成这个额外的工作后，才能把生成的新区块发布到网络上。这个额外的工作在整个比特币网络上一般只有一个矿工能在10分钟左右的时间成功完成一次，这样每10分钟的时间只有一个矿工能将做好的新区块发布在网络上。

这个额外的工作分为两步：

第一步，将新制作的区块所包含的内容（前一个区块的SHA-256函数值+这个新区块的基本信息+这个新区块所包含的所有交易记录）组合成一个字符串；

第二步，找一个随机数，在这个字符串的末尾添加上这个随机数，组成新字符串。

SHA-256（新字符串）=一个256位的二进制数，只有这个256位的二进制数的前72位全部为0，才算成功完成了这个额外的工作。

比特币系统中给出1～10个号码，随机从中抽取一个，放回后可以重复任意抽取，谁先抽到"小于等于N"的号码，就算解答成功。

因此，如果题目为"抽到号码小于等于10"，那么平均抽10/10=1次，才能出现；如果题目为"抽到号码小于等于5"，那么平均抽10/5=2次，才能出现；如果题目为"抽到号码小于等于2"，那么平均抽10/2=5次，才能出现……

可见N的值越小，需要抽的次数就越多。

中本聪规定这个区块链的数字指纹（一个256位的二进制数）的前72位必须全部为0。

因为SHA算出来的指纹是毫无规律可循的一个数字，所以想要满足中本聪的这个规定，唯一的办法就是只能凭运气，凑奥数，从0开始不断地去尝试，直到满足要求为止。这就是一个纯粹的概率问题，因为在二进制数中每一位只有两种可能，即0和1，所以凑出一个奥数的可能性是2的72次方分之一，大约是4.7万亿亿分之一。换句话说，就是要平均进行4.7万亿亿次的SHA计算，才能得到一个奥数，可见每一个奥数的金贵。

最巧妙的是，奥数并不是某一个方程的解，解出一个少一个。因为每一个区块的字符串都不同，所以每一次寻找奥数都需要从0开始，任何一个数字都有可能成为新的奥数，完全没有规律可循。

一旦成功找到了一个奥数，就获得了一次记账的权利，可以在账本上新增加一个区块。

（2）矿工的奖励机制。

比特币系统规定，每成功增加一个区块，这台记账的电脑（实际上是某个账号）就能获得12.5个比特币的奖励（目前的奖金额），以及这个区块中所有交易的手续费，总额取决于交易频繁程度（平均约为2个比特币）。这也是比特币的发行方式。这样一来，相当于每找到一个奥数，可以获得14.5个比特币奖励，相当于12万美元，这么丰厚的奖励，自然会吸引大量的"矿工"去抢夺记账权。每经过2 016个区块，难度就会调整一次。如果平均时间大于10分钟，则降低难度；如果平均时间小于10分钟，则增加难度。这个挖矿的过程实际上就是维护区块链的过程，矿工在这里扮演传统交易中第三方机构维护系统的角色。

▶▶▶

### 小知识 4-8

所有的比特币都是每页的第一笔转账记录产生出来的。

▶▶▶

### 小知识 4-9

矿工完成了一个区块的"链接"，他相应地就能得到一笔比特币奖励。新比特币作为对矿工的奖励进入比特币网络进行流通，这也是比特币的发行方式。

### ☑ 教学互动 4-7

问：为什么是经过 2 016 个区块调整一次？

答：如果 10 分钟可以挖一次，那么 6 次（每小时）×24 小时（1 天）×14 天（2 周）= 2 016（次）。

事实上，比特币"挖矿"的难度完全可以改为 5 分钟、20 分钟或任意分钟，但是综合考虑到既不能让人等太久才可以确认交易，又不能让攻击者有机可乘，便折中确定为 10 分钟。

### （二）通过交易获得比特币

和银行账户一样，需要先申请一个比特币地址（平台），比特币是一个大账本，上面记录了我有 1 个币，你有 0 个币。我转给你 1 个币之后，账本就对应地去更新，用区块链去记录，保证账本不被篡改。

比特币的交易其实是一种地址的交易，持有比特币其实就是拥有特定比特币的地址。人民币、美元的实体就是你手中的那张纸，比特币是虚拟币没有实体，它是由二进制数组成的一系列数字。当它需要转化为人看的时候，就会变为英文字母、数字等。

▶▶▶

### 小知识 4-10

比特币历史上第一笔转账为区块 181，时间是美国时间 2009-01-12 06：02：13，转账两笔：一笔是 10 比特币；另一笔是 30 比特币。比特币 181 区块为：https：//btc.com/ 00000000dc55860c8a29c58d45209318fa9e9dc2c1833a7226d86bc465afc6e5。

这套系统是一个公共的记账系统，每个人都有一个钱包（即银行账号，是一系列私钥的容器。钱包可以记录在 PC 端、手机端，也可以写在纸上），每个钱包都有一个唯一的编码，和银行卡都有一个银行卡号一样，只是这个钱包的编码比较长，如 1FA97cbd8EbFFRKnvkFfPQ4Z5C8V。通过这个账户大家相互之间就可以转账了，并且大家手里每人都有一个账本，账本上记录了所有参与此记账系统的用户的交易记录。比如，张三给李四转了0.1个比特币，那么系统会记录下这笔交易信息：某年某月某日某时某分某秒张三给李四转了0.1个比特币，当然是转换成0和1组成的字符串。

这笔交易记录需要有人出面确认它是存在的、合法的，然后再广播给所有人，让所有人把这笔记录都记在个人的账本上。这一过程就是：①在原有交易记录的基础上，记上这笔交易，然后生成一个随机数，再通过哈希函数算法生成一串新的字符串，这个过程是不可逆的；②所有的用户都有机会拿到这个字符串，然后不断地去生成新的随机数，用特定的算法去计算一串新的字符串，直到这串字符串前面连续出现规定个数的"0"，就证明验证成功了。

☑ **教学互动 4-8**

问：小红发起一笔比特币转账，如何操作？

答：（1）需要将该交易进行数字摘要（哈希值），缩短成一段字符串。

（2）用自己的私钥对摘要进行加密，形成数字签名。

（3）完成上述操作后，小红需要将原文（交易信息）和数字签名一起广播给矿工，矿工用小红的公钥进行验证。如果验证成功，说明该笔交易确实是小红发出的，且信息未被篡改。同时，数字签名加密的私钥和解密的公钥不一致，采用非对称加密技术。转账时只要输入私钥（验证）就可瞬间完成。

# 第三节　中央银行数字货币

**情境导入 4-3**

## 数字人民币初露真容

中国从2014年起就成立了专门的研究部门对数字人民币的发行和业务运行框架、相关技术、流通环境、法律，以及国际上CBDC（央行数字货币）发行经验等问题进行了深入探讨和研究。

2016年，中国人民银行数字货币研究所在前期研究和原型探索的基础上，开展了数字货币专利的申请，并于2018年将数字人民币的研发和试点项目正式命名为DC/EP。

2020年，中国人民银行已完成了数字人民币的顶层设计、标准制定、功能研发、联调测试等基础工作，并于2020年10月起草了《中华人民共和国中国人民银行法（修订草案征求意见稿）》，向社会公开征求意见。该意见稿指出，人民币包括实物形式和数字形式，旨在为发行数字货币提供法律依据。

2021年2月，中国香港金融管理局、泰国中央银行、阿拉伯联合酋长国中央银行和中国人民银行数字货币研究所宣布联合发起多边央行数字货币桥研究项目（m-CBDC Bridge），其目的是探索CBDC在跨境支付中的应用。

截至2022年8月31日，15个省（市）的试点地区累计交易数字人民币3.6亿笔、金额1 000.4亿元，支持数字人民币的商户门店数量超过560万个。

2023 年，在数字人民币（试点版）App 上的"钱包快付管理"页面，"商户平台"目前有 94 家可开通，"支付平台"新增微信支付。相关介绍称，目前可通过微信 App 使用数字人民币钱包进行支付，可支持在微信部分小程序等场景下使用，更多场景将陆续开放。

数字人民币（试点版）安卓和 iOS 版 App 迎来了 1.0.19 版本更新，本次更新带来钱包快付支持搜索，选择商户更便捷，同时修复了部分已知问题，改进了使用体验。

2023 年 4 月 25 日，据微信官方消息，即日起微信用户可以在数字人民币（试点版）App 内的钱包快付功能下开通"微信支付"。2023 年 5 月，1.0.20.5 版本更新，本次更新新增支持预览消息，服务通知更显著，同时修复了已知问题，优化了使用体验。

资料来源：佚名. 央行：截至 8 月底数字人民币试点地区累计交易笔数 3.6 亿笔 [EB/OL]. [2022-10-12]. https://finance.eastmoney.com/a/202210122527558843.html. 经过整理。

## 一、中央银行数字货币含义

目前，国内外对数字货币并没有统一的权威定义，英国央行——英格兰银行在其关于中央银行数字货币的研究报告中给出的定义是：央行数字货币（Central Bank Digital Currencies，CBDC）是中央银行货币的电子形式，家庭和企业都可以使用它来进行付款和储值。

我国不少专家和学者对央行数字货币的定义提出了自己的观点。例如，数字货币是一种数字性的货币，其特点是由中央银行发行，替代实物现金，增加交易的便利性；法定数字货币是由中央银行发行、使用数字密码技术实现的货币形态，其价值内涵本质上是中央银行以国家信用为价值支撑对公众发行的债务；数字货币的功能与纸钞完全一样，只不过形态是数字化的，数字货币的发展属于信用货币发展的范畴；数字货币是一种信用货币，本身不具有价值，本质上是这一种财富价值的序列符号。

虽然表述不同，但是关于数字货币的一些共识是无法否认的。也就是说，数字货币作为一种应运而生的数字化货币，与传统的货币相比，在交易时具有速度快、成本低、匿名性高的优势。如今，数字货币在消费、支付、旅游等各场景中得到了应用，消费人群也更加广泛。

## 二、央行数字货币的应用场景

一般来说，央行数字货币的路径选择分为两大类型：一是面向银行间的资金批发市场，被称为批发型央行数字货币；二是面向零售市场的资金批发市场，被称为零售型央行数字货币。

国际清算银行对全球 66 家中央银行（对应全球 75% 的人口和 90% 的经济产出）的调研发现，15% 的中央银行在研究批发型央行数字货币，32% 的中央银行在研究零售型央行数字货币，近一半的中央银行在同时研究批发型和零售型央行数字货币。

## （一）批发型央行数字货币

批发型央行数字货币的使用限于中央银行和金融机构之间，不面向公众，因此这类数字货币不是基础货币中的M0，而是对应银行的存款准备金。银行在每个营业日开始用账户中的准备金作为抵押，按1∶1兑换央行数字货币，到当天营业时间结束时再把央行数字货币兑回存款准备金，中央银行销毁兑回的数字货币。这意味着央行的资产负债表并不会产生变化。在交易的过程中，批发型央行数字货币可以脱离准备金账户，不需要统一记录各自账户的收支信息，也可以像现金一样直接流通。其技术手段主要借鉴比特币的区块链技术，用分布式记账替代中央式记账。目前，加拿大中央银行、新加坡金融管理局正在研发这类数字货币。

美国费城联邦储备银行于2020年6月发布了一篇名为《中央银行货币：对公众开放的中央银行》的工作报告。报告中进一步假设，中央银行与投资银行（证券公司）签约进行长期贷款发放，或者以其他形式为企业提供资金（即长期投资），在实现商业银行的吸收存款并发放贷款的金融中介功能后，中央银行可能完全取代商业银行，垄断信贷市场。一个没有竞争的垄断市场显然是效率低下的。鉴于上述原因，我国目前采用的是"中央银行—商业银行"二元体系。

## （二）零售型央行数字货币

零售型央行数字货币，又称一般目标型数字货币，其使用面向公众。零售型央行数字货币根据开立账户的不同，可分为居民在中央银行直接开立账户和"中央银行—商业银行"二元体系两种。

### 1. 居民直接在中央银行开立账户

居民直接在中央银行开立账户，通俗地说，类似于现在的支付宝和微信支付，支付宝是由阿里巴巴集团管理电子账户，进行统一集中的中央式记账；微信支付是由腾讯公司管理电子账户。这种方式在技术上并不困难，相当于让中央银行为每个普通用户开通一个电子账户，由央行直接管理。但是，目前这种方式只是在一些小国（如厄瓜多尔）适用，而主要国家的中央银行都没有采用这种方式。这是因为类似于中国这样的人口大国，给每个居民开立账户是一项庞大而烦琐的工作，需要大量的基础设施投入。更重要的一点是，目前绝大多数的中央银行担忧的是这种做法会对商业银行的存款造成挤出效应。

### 2. "中央银行—商业银行"二元体系

"中央银行—商业银行"二元体系，又称双层运营体系。具体来说，在数字货币发行阶段，中央银行扣减商业银行存款准备金，等额发行数字货币，商业银行再把数字货币发放到居民的电子钱包中；在回笼阶段，中央银行等额增加商业银行存款准备金，同时注销数字货币。这种架构能够充分利用银行的支付网络基础设施以及完善的IT服务系统，为数字货币的推广提供资源和载体。

由这个架构可以看出，在双层运营体系下是不会存在央行数字货币超发问题的。发行时，央行把数字货币转给商业银行的同时，商业银行需要按照数字货币金额100%缴纳准备金，然后由商业银行兑换给公众。整个过程与纸币发行流程非常相似，只是货币形态由纸质转为电子化，如4-8图所示。

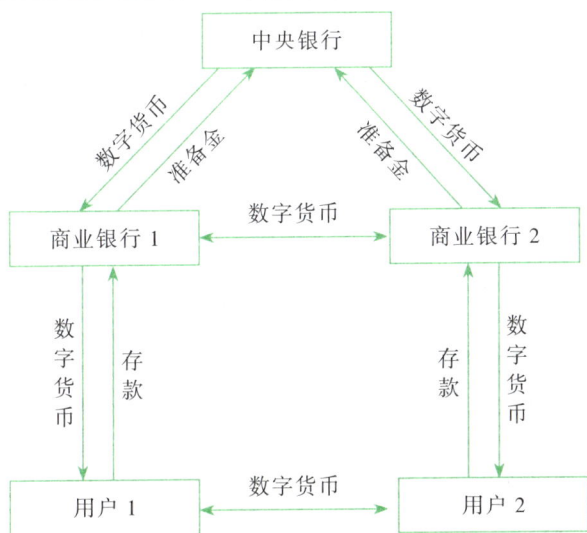

图4-8　DC/EP采用的双层运营体系

在DC/EP的双层运营体系中，作为第一层架构主体的央行与第二层主体的银行及其他运营机构之间，并非人们所理解的简单的批发-零售关系。事实上，第二层主体需要承担反洗钱、用户数据隐私保护等一系列合规责任，而一般的CBDC往往认为这些责任都归属于央行。

### 三、我国中央银行数字货币

世界上每个国家都拥有各自版本的CBDC，中国版CBDC的研发项目则被称为数字货币和电子支付工具（Digital Currency Electronic Payment，DC/EP或DCEP）。

#### （一）DCEP的本质

我国发行的数字货币（DCEP）从性质上来说定位和人民币一样，只是表现形式是以数字货币的形式表现出来的。

##### 1. DCEP的价值只与人民币挂钩

和Libra不同，DCEP直接与人民币挂钩，不存在一篮子货币的说法。Libra是一篮子货币的资产储备，一篮子货币的价值很难保证持续稳定。因为DCEP只和人民币挂钩，所以它不会受到其他国家货币的影响。

##### 2. DCEP具有无限法偿性

DCEP不会在市场竞争中受到排斥。也就是说，你到哪里都可以选择用DCEP进行支付。

### 3. DCEP不需要账户就能够实现价值转移

当两个人的手机上都有DCEP数字钱包，且保证手机有电时，即便手机没有联网，只要两个手机碰一碰，就能把一个人数字钱包中的DCEP转给另一个人。

### 4. DCEP的安全性极高

不管是支付宝还是微信支付，都是用商业银行存款货币进行结算的。在这种情况下，如果商业银行倒闭了，且银行没有购买存款保险，那么用户在支付宝或者微信支付账户中存的钱也就变成了空气。同样，如果支付宝或者微信支付破产了，腾讯和阿里巴巴也没有购买存款保险，那么用户就只能通过企业的破产清算获得很少的补偿。

但是DCEP则不一样，因为DCEP是由央行直接发行的，所以它就不会面临像商业银行和企业倒闭的问题。

## （二）DCEP与比特币的比较

DCEP如同比特币这样的加密资产，它最根本的优势是摆脱了来自传统银行账户体系的控制，因为它只是一个加密字符串。

央行的数字货币属于法币，具有中国央行背书，而比特币依靠的是共识机制，其价值的来源是人们对数字货币的认可，因此央行数字货币的稳定性与安全性远大于比特币。

## （三）DCEP与支付宝、微信支付的比较

目前，支付宝、微信支付都是用商业银行存款进行支付，即便使用人民币支付，但在央行数字货币推出后，只是换成了数字人民币，即用央行的存款货币。虽然支付工具变了，功能也增加了，但是渠道和场景并没有变化。

---

### 教学互动4-9

问：目前我国已有支付宝、微信支付，为何还要发行数字人民币？

答：和支付宝、微信支付相比，数字人民币具有多项优势——无限法偿性、可控匿名、可离线转账、无须绑定银行卡等。

---

## 四、我国央行数字货币采用的技术及运行架构

### （一）我国央行数字货币的核心技术

我国央行数字货币的核心技术分为：安全技术、交易技术和可信保障技术三类。

央行数字货币作为具有法定地位的货币，应能实现国家信用、安全存储、安全交易、匿名流通等目标。因此，安全属性是最核心的底层保障，如图4-9所示。

### 1. 安全技术

（1）基础安全技术。基础安全技术包括加解密技术与安全芯片技术。

加解密技术：由国家密码管理机构定制与设计，其核心是建立完善的加解算法体系，主要应用于数字货币的币值生成、保密传输、身份验证等方面。

安全芯片技术：包括终端安全模块技术和智能卡芯片技术。终端安全模块主要用于安全存储和加解密运算，为数字货币交易提供基础性的安全保护。数字货币通过在移动终端搭载的终端安全模块实现交易。

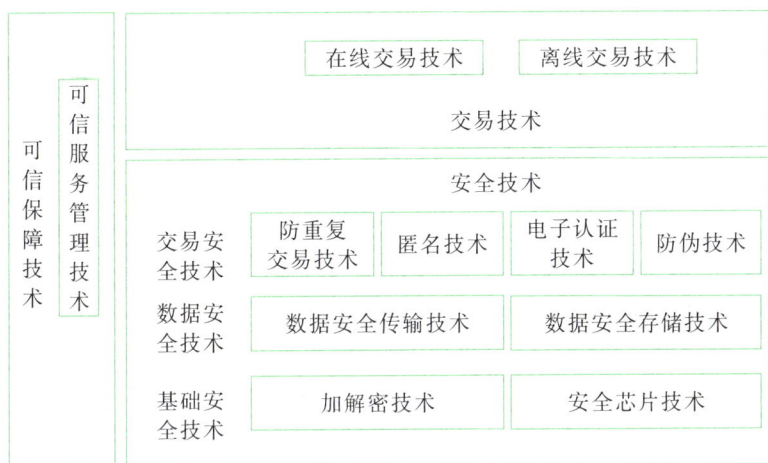

**图4-9 我国央行数字货币的核心技术**

（2）数据安全技术。数据安全技术包括数据安全传输技术与数据安全存储技术。

数据安全传输技术：通过密文+MAC/密文+HASH方式传输，以确保数据信息的保密性、安全性、不可篡改性。

数据安全存储技术：通过加密存储、访问控制、安全监测等方式储存数字货币信息，确保数据信息的完整性、保密性、可控性。

（3）交易安全技术。交易安全技术包括防重复交易技术、匿名技术、身份认证技术和防伪技术。

防重复交易技术：通过在数字货币字符串中增加数字签名、流水号、时间戳等方式，确保数字货币不被重复使用（双花问题）。

匿名技术：通过盲签名（包括盲参数签名、弱盲签名、强盲签名等）、零知识证明等方式实现交易的可控匿名。

电子认证技术：通过认证中心验证客户身份，确保交易者身份有效。

防伪技术：通过加解密、数字签名、身份认证等方式，确保数字货币交易的真实性。

## 2. 交易技术

交易技术包括在线交易技术和离线交易技术。在线交易技术和离线交易技术为设备交互、数据传输、交易处理等各个交易环节提供了在线和离线两种不同的技术解决方案，确保了数字货币的交易不受网络条件的限制。

（1）在线交易技术。在线交易技术包括在线设备交互技术、在线数据传输技术和在线交易处理等。

（2）离线交易技术。离线交易技术包括脱机设备交互技术、脱机数据传输技术和脱机交易处理等。

## 3. 可信保障技术

可信服务管理技术基于可信服务管理平台（TSM），为数字货币参与方提供安全芯片与应用生命周期管理功能。

可信服务管理技术为数字货币提供各项服务，包括应用注册、应用下载、安全认证、鉴别管理、安全评估、可信加载等，保障数字货币安全模块与应用数据的安全可信。

目前，以上这些核心技术还处于专利阶段，它们只是一种技术的实现方式，并不意味着央行一定按照以上方式来实现。

DC/EP在技术选型上采用成熟稳健的技术并兼顾创新，综合了传统集中式架构与区块链技术优势，借鉴了区块链技术的核心内涵与优势，回避其短板。

### （二）我国央行数字货币运行架构

目前，我国央行数字货币处于内测阶段，采用了"中央银行—商业银行"二元体系以及"一币、两库、三中心"运行框架，如图4-10所示。

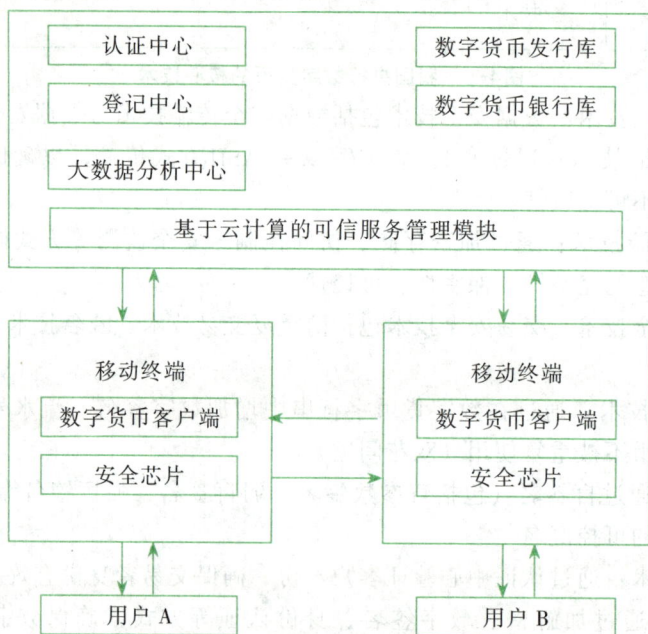

图4-10    "一币、两库、三中心"运行框架

### 1.一币

一币指的是央行担保发行的DC/EP，其设计要素和数据结构由央行负责。在形式上，央行数字货币是央行担保并签名发售的代表具体金额的加密字符串。在结构上，央行数字货币应该包含编号、金额、所有者和发行者的签名，同时附加扩展字段和可编程脚本字段，并将应用扩展功能和可编程功能纳入其中。因此，央行数字货币不是电子形式表现的账户余额，而是携带全部信息的密码货币。

### 2.两库

两库是指数字货币发行库和数字货币银行库。

DC/EP首先在央行和商业银行间发生转移，即DC/EP的发行与回笼，之后再由商业银行将DC/EP转移给居民与企业。

（1）数字货币发行库。中国人民银行存储尚未发放或已经收回的央行数字货币的数据库。

（2）数字货币银行库。各商业银行存放自身所有央行数字货币的数据库，可以选择存放在本地银行，也可以选择存放在央行数字货币私有云上。

两库的设计与双层运行模式相匹配，可从技术层面支撑二元模式运行，同时分层设计有助于分层管理，支持建设更安全的存储应用执行空间。

### 3.三中心

三中心是DC/EP发行与流通的技术保障，包括认证中心、登记中心和大数据分析中心。

（1）认证中心。认证中心负责对DC/EP用户（货币授权投放机构以及大众客户）的真实身份信息进行集中管理，这是DC/EP保证交易匿名性的关键；DC/EP在反洗钱、反偷税漏税和反恐怖融资等方面有较大的改进。

（2）登记中心。登记中心负责记录发行、转移和回笼的全过程；记录央行数字货币对应数字货币钱包的地址以及权属登记，即权属变更登记；记录央行数字货币产生、流通、清点核对及其消亡的全过程，这些有助于央行掌握高密度的货币流转信息。

（3）大数据分析中心。大数据分析中心充分利用大数据技术对数字货币环境下央行数字货币的全生命信息进行分析，了解货币运行规律，为央行货币政策、宏观审慎监管提供可靠的数据支持。

值得注意的是，认证中心以加密形式管理数字货币钱包地址与所有者真实姓名的映射关系；而登记中心记录央行数字货币与所属的数字货币钱包之间的从属关系，通过将央行数字货币与所有者真实姓名分层管理的设计，实现对其他金融机构的匿名性；大数据分析中心通过对支付行为的大数据分析，利用指标监控来达到监管目的。

另外，登记中心与认证中心之间设有"防火墙"制度，设定严格程序，双方信息不得随意关联，以保障合法持币用户的隐私，这一机制是"前台自愿、后台实名"的基础，进一步加固了央行数字货币的匿名可控性。

## 五、我国央行推出数字货币的意义

我国央行选择推出数字货币具有重要的突破性意义。可以说，央行选择推出数字货币不仅是顺应货币演进规律的必然选择，也是保护人民币主权地位的重要举措。

### （一）顺应数字经济时代的发展浪潮

纸币的发行、运输、存储等各个过程均耗费人力和物力，而随着移动互联网时代的到来，货币无纸化可以节省货币的发行和流通成本，给人们的生产生活带来便利。

另外，传统纸币不记名的特点使得监管机构无法掌握纸币的使用流通情况，利用纸币进行偷税、逃税、洗钱等经济犯罪是现实中无法避免的黑洞。央行数字货币可以实行可控匿名，在保证公民合法私有财产不受侵犯的同时，可追溯数字货币的来源，当发生洗钱、逃税等违法行为时，政府和相关机构能够有效打击这一行为，从而提升经济交易活动的透明度。

数字货币具备的快速流通性、便捷性、高安全性等特质均是传统纸币不能比拟的。正如纸质货币最终替代了金属货币一样，货币无纸化也是大势所趋，是货币不断演进的必然结果。目前，支付宝、微信支付、银联支付等已经实现了 M2 范畴的货币无纸化，而央行推出数字货币替代传统纸币，可以实现 M0 范畴的货币无纸化，顺应了数字经济时代的发展浪潮。

### （二）降低全球美元货币体系的不利影响

20世纪70年代，布雷顿森林体系瓦解后，货币发行以国家信用为基础，美国凭借强大的军事、经济能力使美元成为全球最主要的储备货币。但美元在执行世界货币职能的过程中，在获取了诸多经济利益的同时，可能给其他国家经济造成了各种负面影响。最明显的例子是，美国可以通过发行美元向世界征收通货膨胀税。

世界的三大金融系统 SWIFT、CHIPS、Fedwire 均被美国一家独揽，不论是美元、欧元、日元还是人民币，美国都可以实时获取各国货币的资金交易信息，美国利用以上金融系统对一些国家和企业进行制裁的行为屡见不鲜，欧洲与其他国家怨声载道。目前，除了中国之外，欧盟、日本、俄罗斯等国家都在研究如何构建数字货币支付网络，以推动"去美元化"的进程。

### （三）保护货币主权，推进人民币国际化

2019年6月，Facebook 发布 Libra 白皮书，试图打造一种超主权的"世界货币"。Libra 以区块链技术为基础，以一篮子银行存款和短期政府债券为储备资产，为 Libra 稳定币增信，最大限度地降低币值波动风险，其使命是建立一套简单的、无国界的货币和为数十亿人服务的金融基础设施。其中，在一篮子货币中美元占50%，欧元占18%，日元、英镑和新加坡元分别占14%、11%和7%，但是没有人民币。

由于 Facebook 在全球拥有23亿用户，若 Libra 被广泛使用，则 Libra 的跨境资金流动将不受限制，这就意味着在非储备货币国家可以随意使用 Libra 进行支付，因此非储备货币国家的货币主权地位势必会受到影响。对中国而言，人民币和外汇管理均会受到冲击，人民币国际化的进程也将受阻。因此，中国必须未雨绸缪，央行发行数字货币便是应对 Libra 的重要举措。

> **典型案例 4-1**　　　　　买卖"数字货币"被骗

数字人民币是法定货币的数字化形式，支付便捷、无需网络、隐私性好。目前，全国各地的数字人民币应用试点稳步推进，数字人民币的使用逐步被广大群众认可。但是不法分子瞄准时机，将矛头指向数字人民币。

20××年×月×日，南京的马某报警称，他被人拉进交流买卖"数字货币"的微信群，通过群内链接下载注册 App 后，被骗50 464元。

20××年×月×日，南京的蒋某报警称，他被人诱导在 Amin 交易所平台上购买"数字货币"，先后被骗1 293 674元。

20××年×月×日，南京的庆某报警称，他被人以代购"数字货币"可获取返现为由，骗取人民币2 732元。

资料来源：佚名. 南京电子货币案 2022［EB/OL］.［2023-06-18］. https://wenku.baidu.com/view/7c3c00b36b0203d8ce2f0066f5335a8103d26644.html? _wkts_=1686022167549. 经过整理.

**案例透析**：此案例对你的启示是什么？

经济观察 4-1

## 央行数字货币未来可期

抢购冰墩墩、"碰一碰"付款……借助北京冬奥会，数字人民币完成了全球首秀，成为各方关注焦点。俄罗斯专家赞叹，数字人民币展示了中国在金融领域的创新成就，北京冬奥会也将因数字人民币载入史册。

数字人民币是冬奥村一个美丽的"例外"。原本因冬奥品牌权益方面的规定，冬奥场馆内仅支持维萨（VISA）信用卡和现金支付。但是，作为主权货币的一种创新性存在形式，数字人民币与现金享有相同的法偿性，因此未受到限制。这不仅为国内用户带来了便利，还为国外友人提供了更多的支付选择，实现了非接触支付，充分满足了冬奥会的防疫要求。

如今，数字货币正成为全球金融发展的大趋势。目前，已有110多个国家和地区在不同程度上开展了央行数字货币的相关工作。近几年，美联储一直在从多个角度研究发行央行数字货币的潜在益处与风险。2021年7月，欧洲中央银行宣布启动数字欧元项目，并表示希望在5年内使数字欧元成为现实。俄罗斯央行计划2022年测试数字卢布，同时确定该国数字货币下一步发展的路线图。尼日利亚政府2017年开始研究发行数字货币，2021年"e奈拉"的推出使尼日利亚成为首个正式启用数字货币的非洲国家，也是全球率先发行数字货币的国家和地区之一。

与传统支付相比，央行推行数字货币的好处显而易见。

一是能够降低成本、提高效率。数字货币既继承了现金点对点支付、即时结算、方便快捷的优点，又弥补了现金在数字化流通和多渠道支付上的缺点，极大降低了发行和交易的成本，并且还能追踪交易，减少非法活动如避税、洗钱等。

二是提升普惠金融水平。数字货币不依赖实体网点和人工服务，能以较少的人工投入获得较大的服务容纳量。以尼日利亚为例，据世界银行数据统计，该国约3 800万人尚无银行账户，占成年人口的36%，如果能将"e奈拉"推广到所有的手机使用者，将极大地增强该国金融的包容性，并促进社会转移支付更直接有效地实施，从而提升民众福祉。

三是提升货币政策效用。一方面，推行数字货币有助于扩大货币政策空间；另一方面，推行数字货币有利于提高央行监测货币流动和组织市场的能力，在支持小微企业等方面减少中间环节的损耗，进一步提高货币政策调控的有效性。

数字货币优势巨大，但不少经济体对此仍保持谨慎态度，主要的担忧体现在技术不够成熟和市场风险监管方面。一些国家如果没有技术上的探索与储备，急于推行央行数字货币，到头来反而可能"换汤不换药"，对国内金融体系造成冲击。美联储认为，央行数字货币的设计要考虑货币政策、金融稳定、消费者保护、法律和隐私等重要因素，与美元等法定货币币值相关的"稳定币"可以提高支付效率和降低交易成本，但也对用户和金融体系构成潜在风险，应注意加以适当监管。

随着数字经济迎来巨大风口，各国纷纷开始加快研发数字货币，以应对未来的国际经济竞争。对中国而言，未来数字人民币发展可以大力发挥国家背书、央行发行等核心竞争优势，探索易使用、可持续、广连接的支付渠道，推动更大规模的落地，赋能实体经济高质量发展，同时开展跨境支付和国际合作试点，积极向外寻求合作伙伴，多措并举加快人民币国际化步伐。

资料来源：李雪菲. 央行数字货币未来可期［EB/OL］.［2022-02-28］. https://5gai.cctv.com/2022/02/28/ARTIGV2AYiE7ze2UhxHv3UHY220228.shtml.经过整理。

**启发思考：**

创新是发展，是前进，是对周边事物积极的探索。一个国家只有不断前进，才能国富民强；一个民族只有积极探索，才能知道得更多，也更加先进。一个只知道跟随的人是没有任何前途的，命运要把握在自己的手中。一个人如此，一个国家、一个民族也是如此。

## 综合训练

### 一、概念识记

记账货币　数字货币　哈希函数　梅克尔根　虚拟货币　法定数字货币　私人数字货币

### 二、单选题

1.比特币的创始人是（　　）。

A.中本聪　　　　B.马云　　　　C.无名氏　　　　D.马斯克

2.下列加密算法中，对比特币区块链的钱包地址进行加密的是（　　）。

A.SHA-256　　　B.AES　　　　C.Base58　　　　D.椭圆曲线

3.法定数字货币的特征不包括（　　）。

A.资产负债性　　　　　　　　B.去中心化

C.基于区块链和分布式记账方法　　　D.防伪性高

4.数字人民币是一种零售型央行数字货币，主要用于（　　）。

A.国内零售支付　　　　　　　B.稳定国际物价

C.国内私人收藏　　　　　　　D.国际贸易流通

5.以下关于数字人民币的说法中，错误的是（　　）。

A.数字人民币是央行发行的法定货币，但是不具备法偿地位

B.数字人民币保护交易隐私性，遵循"小额匿名、大额依法可溯"的原则

C.数字人民币可以依法打击电信诈骗、网络赌博、洗钱、逃税等违法犯罪行为

D.数字人民币发行权归属中国人民银行

6.下列选项中，不属于虚拟货币的是（　　　　）。

A.支票　　　　　　　B.微信支付　　　　　　C.支付宝　　　　　　D.狗狗币

7.下列表述中，正确的一项是（　　　　）。

A.比特币的规模能够满足当今金融体系的交易要求

B.目前，通信网络能够应对分布式记账产生的计算和存储需求

C.目前，比特币是被交易和投资的对象，但不被认为是一种资产

D.虽然比特币被称为"货币"，但是它不是由货币当局发行的，因此不具有法偿性
　　和强制性

8.（　　　　）是一种表示现金的加密序列数，可以用来表示现实中各种金额的币值。

A.电子支票　　　　　B.现金　　　　　　　　C.电子现金　　　　　D.电子货币

9.历史上最早出现的货币形态是（　　　　）。

A.实物货币　　　　　B.代用货币　　　　　　C.信用货币　　　　　D.电子货币

10.在同一个机构，一个自然人可以开立（　　　　）个实名钱包。

A.1　　　　　　　　　B.2　　　　　　　　　　C.3　　　　　　　　　D.无数

11.全网51%攻击能做到（　　　　）。

A.修改自己的交易记录，使其进行双重支付

B.改变每个区块产生的比特币数量

C.凭空产生比特币

D.把别人的比特币发送给自己

12.下列选项中，不属于比特币和Q币相同点的是（　　　　）。

A.交换现实货币　　　　　　　　　　B.支付手段没有烦琐的手续限制

C.不用纳税　　　　　　　　　　　　D.没有数量限制

13.比特币的总发行量有（　　　　）。

A.2 100万个　　　　B.1 100万个　　　　　C.4 200万个　　　　D.1 050万个

14.比特币挖矿的核心是（　　　　）。

A.矿山　　　　　　　B.算率　　　　　　　　C.电脑　　　　　　　D.挖掘机

15.以下关于商品货币和电子货币的说法中，错误的是（　　　　）。

A.商品货币没有内在价值，电子货币有内在价值

B.商品货币不是他人负债，电子货币是他人负债

C.商品货币不需要当局背书，电子货币需要当局背书

D.商品货币的价值来自内在价值，电子货币的价值来自信用背书

16.在比特币中，区块链是指（　　　　）。

A.拥有比特币的公司的合称

B.承载比特币的软件

C.用比特币打造的"金项链"

D.记录所有比特币交易的时间戳账簿

17.2020年，中国开始试点的数字货币名称是（　　　　）。

A.DCEP　　　　　　B.DMEP　　　　　　　C.DMDP　　　　　　D.DCDC

18.下列选项中,不能算作电子货币特征的是(　　)。

A.形式多样　　　　　　　　　　　B.技术精密,防伪性能好

C.自动化处理　　　　　　　　　　D.重要的保值工具

19.下列选项中,不能说明比特币比较安全的原因是(　　)。

A.整个网络是比特币的支付系统,它无须像其他虚拟货币一样有一个支付中心

B.比特币是有限的,具有极强的稀缺性

C.比特币是一种P2P形式的数字货币,无法追踪、不用纳税、交易成本极低

D.比特币的发行速度会越来越慢,且比特币的总量为2 100万个

20.下列表述中,正确的一项是(　　)。

A.哈希是一种函数

B.哈希可以把任何数字或者字符串的输入转化成一个固定长度的输出

C.哈希通过输出不可能反向推导出输入

D.哈希只能把数字输入转化成一个固定长度的输出

## 三、多选题

1.比特币具有的特征包括(　　)。

A.依靠算法产生,完全脱离政府和银行掌控

B.不可复制

C.总量"封顶",总量上限是2 100万个

D.交易成本低廉、易于储藏、价格由供求决定

2.货币的形态包括(　　)。

A.实物货币　　　　B.金属货币　　　　C.纸币　　　　　　D.电子货币

3.发行法定数字货币带来的影响包括(　　)。

A.降低纸币的需求量　　　　　　　B.提高货币相关数据的可追溯性

C.提高监管的效率　　　　　　　　D.减少纸币的发行和清算成本

4.数字货币需要实现的功能有(　　)。

A.交易媒介　　　　B.社会公平　　　　C.储值手段　　　　D.计价单位

5.按照发行主体的不同,虚拟货币可分为(　　)。

A.商业银行开立的存款货币

B.网络社交平台或游戏平台发行的货币

C.由私人部门发行的数字货币

D.由中央银行发行的数字货币

6.下列选项中,不属于数字货币特征的有(　　)。

A.电子货币　　　　B.数字技术　　　　C.去中心化　　　　D.看得见、摸得着

7.区块链技术与分布式记账技术使得数字货币具有(　　)的性质。

A.去中心化　　　　B.可追溯性　　　　C.匿名性　　　　　D.总量有限

8.关于电子货币和数字货币的异同,下列说法正确的有(　　)。

A.二者都不存在内在价值

B.电子货币的价值来自信用背书，数字货币的价值来自期望和信念

C.电子货币不是当局背书，数字货币是当局背书

D.电子货币是他人负债，数字货币不是他人负债

9.数字货币是一种价值的数据表现形式，通过数据交易来发挥交易媒介、记账单位及价值存储的功能。2019年8月10日，第三届中国金融四十人伊春论坛上，中国人民银行有关负责人表示正在进行数字货币系统的开发，数字人民币时代即将到来，推出数字货币将会（　　）。

A.有效降低传统纸币的发行和流通成本

B.降低商业银行对货币供给和货币流通的控制力

C.提升经济交易活动的便利性和透明度

D.可以改变货币流通量，加快货币的流通速度

10.大学生小王利用课余时间在学校附近的小餐馆做兼职，月底老板付小王1 500元工资，为庆祝自己人生的第一份工资，小王拿出200元请同寝室的同学去看电影。对此，下列理解正确的有（　　）。

A.1 500元执行的是货币的支付手段职能

B.1 500元执行的是货币的基本职能

C.200元执行的是价值尺度职能

D.从小王兼职到看电影消费，体现了一种劳动交换

11.货币的功能有（　　）。

A.交易媒介　　　　B.记账单位　　　　C.储值手段　　　　D.经济增长

12.2020年春节期间，沈阳的小明决定去北京旅游，他通过微信支付在网上成功订购了沈阳—北京的往返机票，并预订了酒店，费用从他的银行储蓄卡中扣除。这一支付过程包含的货币知识有（　　）。

A.借贷消费　　　　B.电子货币　　　　C.转账结算　　　　D.转移支付

13.2016年11月18日，中国人民银行发布重磅消息：10年后我国纸币将消失，取而代之的是数字货币。以下关于数字货币的说法中，正确的有（　　）。

A.支付宝、微信支付就是数字货币

B.数字货币是央行发行的、加密的、由国家信用支撑的法定货币

C.数字货币既能节省发行和流通成本，又能提高交易与投资效益

D.央行数字货币等同于"比特币""莱特币""狗狗币"

14.数字货币需要实现的功能有（　　）。

A.交易媒介　　　　B.社会公平　　　　C.储值手段　　　　D.计价单位

15.DCEP的优势有（　　）。

A.无限法偿性　　　　B.信用安全性　　　　C.便捷性　　　　D.匿名性

16.发行央行数字货币的必要性有（　　）。

A.保护自己的货币主权和法币地位　　　　B.便于储存、回笼

C.便于防伪、使用　　　　D.满足公众匿名支付的需要

17.私人数字币的非负债性体现在（　　）。

A.由于每个交易账户的资金支出不能大于收入，因此导致借贷无法发生

B.由于交易的匿名性，交易双方之间存在极为严重的信息不对称现象

C.私人数字货币交易系统中不存在借贷关系

D.作为一种虚拟货币，私人数字货币是持有人的资产，但不是任何人的负债

18.哈希值计算的特点包括（    ）。

A.将任意长度的数据映射为固定长度的大整数

B.数据有任意变化后，计算出来的结果完全不同

C.无法通过哈希值逆推出原始数据内容

D.通过哈希值可以逆推出原始数据内容

19.比特币钱包的功能有（    ）。

A.管理比特币账户（密钥）　　　　　　B.发送交易信息

C.查询交易额　　　　　　　　　　　　D.查询余额

20.以下关于私人数字货币金融特征的说法中，正确的有（    ）。

A.私人数字货币是一种去中心化的、匿名的、可追溯的点对点电子现金系统

B.可追溯是指所有的交易信息都被存储下来，可以随时查看

C.私人数字货币没有特定的发行者，因此不是任何人的负债，而是持有者的资产

D.匿名是指无法通过交易信息追踪账户的所有者

## 四、判断题

1.CBDC是央行货币的一种数字形式，和传统的储备金余额或者结算账户余额相同。（    ）

2.数字货币的价值转移方式依靠DLT。（    ）

3.比特币是有准入门槛的，互相知道对方身份。（    ）

4.CBDC对现有支付系统没有影响。（    ）

5.知道对方比特币的地址就可以进行支付。（    ）

6.比特币是一种全球通用的加密电子货币，且完全交由用户自治的交易工具，是被我国政府认可、流通的。（    ）

7.数字货币的"新"在于数字属性。（    ）

8.从货币属性来看，比特币等虚拟货币本质上并非货币。（    ）

9.银行存款不是电子货币。（    ）

10.目前，我们财富转移的交易模式都是中心化的账本模式，基本上由银行掌控。（    ）

11.银行卡里的资金也属于虚拟货币的一种。这类虚拟货币是由金融机构发行的，是金融机构的负债。（    ）

12.中心化机构通常具有一定的规模、信誉，是由国家背书（如银行）的，因此不会出错。（    ）

13.中心式记账是将所有的数据存放在一个中心数据库中，并且为了防止数据的丢失，进行了备份。（    ）

14.虽然比特币被称为"货币"，但是由于它不是货币当局发行的，因此不具有法偿性和强制性。　　　　　　　　　　　　　　　　　　　　　　（　　）

15.数字货币更强调价值以数字形式表现。　　　　　　　　　　　（　　）

16.数字货币是商品经济发展到一定阶段的产物。　　　　　　　　（　　）

17.数字货币的推出有利于降低减少现金的使用量，降低交易成本。（　　）

18.CBDC对现金、银行存款，甚至对国库券、外币、外国存款、国际储备资产等有替代效应。　　　　　　　　　　　　　　　　　　　　　　　　　（　　）

19.由于比特币的发行和使用均不受官方机构的监管，因此在毒品交易、人口贩卖等地下经济和黑市交易中使用频繁，以期逃避监管。

20.比特币是一种分布式的虚拟货币，整个网络由用户构成，没有中央银行。（　　）

## 五、简答题

1.比特币的优点、缺点有哪些？

2.数字人民币有哪些功能？我国为何要推行数字人民币？

## 六、实战演练

通过本章情境导入4-3："数字人民币初露真容"，分析我国央行数字货币的特点有哪些？

**学习目标**

知识目标：

• 了解第三方支付的产生背景、支付方式、业务流程，以及银联及网联的产生背景；
掌握第三方支付的含义。

能力目标：

• 能够准确对第三方支付进行分类；能够正确判断第一方支付、第二方支付、第三
方支付、第四方支付。

素质目标：

• 了解与专业相关的法律法规，遵守职业规范，具备职业道德操守，具有创新意识。

# 第一节　第三方支付的产生

## PayPal

　　PayPal 是世界上第一家支付公司，也是世界上使用范围最广的第三方支付公司。PayPal 支持 200 多个国家和地区的用户，全球活跃用户接近 2 亿，通用货币涵盖加元、欧元、英镑、美元、日元和澳元等 24 种。

　　1998 年，在美国的斯坦福大学一位叫马克斯·列夫琴（Max Levchin）的程序员被一场名为《市场全球化和政治自由之间的联系》的演讲所打动，演讲结束后他主动找到演讲者彼得·蒂尔（Peter Thiel），与他讨论了当前支付领域的种种痛点，想尝试用一种新的技术（数字钱包）来代替现金，实现个人对个人的支付。

　　康菲尼迪公司就这样在两位年轻人简短交流和几次思想碰撞后诞生了。该公司的初衷是为客户和商家的网上交易提供一个方便的工具。

　　2000 年，埃隆·马斯克（Elon Musk）为解决在网上快捷转账业务上的竞争，将 X.com 与康菲尼迪公司合并，这家新公司于 2001 年 2 月更名为 PayPal。

　　2002 年 10 月，全球最大拍卖网站——eBay 以 15 亿美元收购了 PayPal，PayPal 便成为 eBay 的主要付款途径之一。2005 年，PayPal（中国）网站开通，又称"贝宝"，但是 PayPal（中国）网站和 PayPal 实际上是两个相互独立的账户，因为 PayPal（中国）网站使用人民币作为唯一的支付货币。

　　有趣的是，PayPal 自 2002 年出售给 eBay 之后，大部分重要员工纷纷离职创业，PayPal 也因此一举成为硅谷史上创造创业者群体最多的一家公司，这些人被誉为"PayPal 黑帮"。

　　资料来源：佚名. eBay 介绍〔EB/OL〕.〔2021-06-06〕. https://wenku.so.com/d/7623fc4f77 cdf7 eec1e2940ec650ec7b. 经过整理。

## 一、支付方式的演变

　　支付是发生在购买者和销售者之间的金融交换，是社会经济活动所引起的货币债权转移的过程。

　　支付需求本身不是天然存在的，而是随着人类社会出现经济活动才产生的，并随着商品社会的发展而建立和完善。在以物易物的社会中，交换双方是以物品的相互转移实现物品所有权性质的交换，其间并不存在任何支付行为和需求，只有当货币这种一般等价物作为交易媒介出现时，才有了支付的需求和活动。

### （一）第一方支付

　　第一方支付，又称货币支付，是自己持货币向卖家支付的一种支付行为。货币支付是最古老的支付方式，如图 5-1 所示。

**图5-1   第一方支付**

从最早出现货币起，人们就开始使用并且长期依赖这种支付方式。在现代社会，商务流通更加频繁，涉及金额巨大，货币支付方式也会逐渐削弱，但是不会被淘汰，货币会作为其他支付方式的辅助形式继续存在下去，并在某些场合独立完成支付任务。

## （二）第二方支付

第二方支付是依托银行的支付方式，在网上购买商品选择银联卡支付的一种支付行为，如图5-2所示。

**图5-2   第二方支付**

目前，第二方支付正从日常支付和小额支付中淡化，并转向巨额交易和政策性金融。

## （三）第三方支付

第三方支付是通过第三方平台支付的一种支付行为。第三方支付平台是指和银行签约，独立于银行且有央行颁发的第三方支付牌照的机构，如图5-3所示。

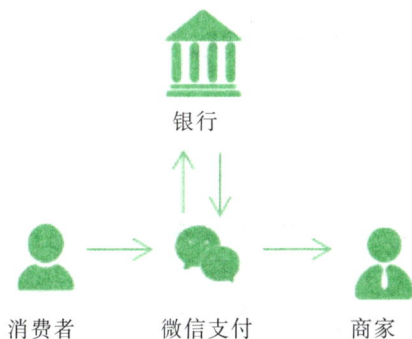

**图5-3   第三方支付**

当买卖双方在缺乏信用保障或法律支持的情况下，买方将货款付给买卖双方之外的第三方，第三方提供安全交易服务。第三方支付的实质是在收、付款人之间设立中间过渡账户，使汇转款项实现可控性停顿，只有在双方意见达成一致后才能决定资金去向。

**教学互动 5-1** --------------------------------------------------

问：为什么叫"第三方"支付？

答：之所以称为"第三方"，是因为这些平台并不涉及资金的所有权，而只是起到中转作用。第三方支付是在买家和卖家之间建立一个中立的支付平台，为买卖双方提供资金代收代付，促进交易的完成。

### (四) 第四方支付

第四方支付是相对第三方支付而言的，又称聚合支付，是对第三方支付服务的拓展。随着互联网行业的蓬勃发展、支付场景的不断丰富，支付机构的一些弊端逐渐暴露，当我们在便利店准备付款时，可以根据商家收银台上微信和支付宝的收款二维码或桌面上的POS机，选择不同的付款方式付款。但是，对商家来说，微信、支付宝、POS机则是不同的支付平台，而每个平台都有自己的流程和管理手段，中小商家们往往难以应对，于是聚合支付就出现了。

第四方支付集成了各种第三方支付平台、合作银行、合作电信运营商和其他服务商接口，集合了各个第三方支付及各种支付渠道的优势，能够根据商户的需求进行个性化定制，形成支付通道资源互补优势，满足商户需求，提供适合商户的支付解决方案。

2014年，第四方支付（如图5-4所示）应时而生。

图5-4　第四方支付

与第三方支付介于银行和商户之间不同，第四方支付对第三方支付进行了信息的整合，介于第三方支付和商户之间，且没有支付许可牌照的限制。总体来讲，第四方支付重点在于支付服务的集成。第四方支付具有无可比拟的灵活性、便捷性和支付服务互补性，是对第三方支付平台服务的拓展。第四方支付满足了客户的多方位需求，在未来具有可观的发展前景。

聚合支付将网银、线下POS机和面对面转账全部聚合在简单的二维码操作中，商家通过聚合支付App就能够对所有平台的支付情况一目了然。同时，聚合支付可以把握账号体系和用户体系，无论是线下连锁店铺还是线上商城，每一个网点都有独立的子账户，在用户付款时聚合支付能够区分收银主体，然后结算到指定账户，并提供结算凭证和对应信息。

**经济观察 5-1**

## 我国第三方支付行业现状及前景分析

第三方支付是指具备一定实力和信誉保障的独立机构，通过与银联或网联对接而促成交易双方进行交易的网络支付模式。第三方支付具有显著的快捷、便利等特点，使网上交易变得更加简单。在网络购物、线下扫码支付等不同推动力的作用下，我国第三方支付行业快速发展。

数据显示，2016—2020 年我国第三方移动支付交易规模由 58.8 万亿元增长至 249.2 万亿元，2021 年第三方移动支付交易规模为 288.1 万亿元左右；2016—2020 年我国第三方互联网支付交易规模由 19.9 万亿元增长至 21.8 万亿元，2021 年第三方互联网支付交易规模为 23.6 万亿元左右。

第三方支付行业发展的前期以 C 端市场（账户侧）作为主要切入点，观研报告网发布的《中国第三方支付行业发展趋势调研与未来前景预测报告（2022—2029 年）》显示，目前我国第三方移动支付交易规模主要来自 C 端用户相关的支付交易，C 端市场已趋向垄断。2020 年，支付宝和财付通市场份额稳居第三方综合支付和第三方移动支付市场份额的前三位。相较 C 端市场，第三方支付 B 端市场相对分散，2019 年排名前两位的银联商务和拉卡拉的市场占比分别为 7.8%、5.1%，B 端市场上企业之间第三方移动支付渗透率仍有较高的增长空间。

随着 C 端市场达到饱和状态，线下场景成为第三方支付增长的新动力，我国第三方支付 B 端市场有望快速发展，预计 2025 年行业整体交易规模将超 500 亿元。

资料来源：佚名. 中国第三方支付行业发展趋势研究与未来前景预测报告（2022—2029 年）［EB/OL］. ［2022-08-06］. https://www.chinabaogao.com/baogao/202208/607238.html. 经过整理。

启发思考：

（1）数据显示，作为国内最大的第三方移动支付平台，支付宝应用连接了超过 8 000 万的商家、超过 2 000 个的金融机构合作伙伴、超过 10 亿的用户，已渗透到全方位的生活场景。

（2）从互联网支付的基本要素到支付工具，再到支付系统、清算体系和监管体系，以及支付安全和区块链技术在支付方面的应用等，呈现出完整的中国特色社会主义互联网金融支付体系。

## 二、第三方支付的产生

### （一）第三方支付的萌芽阶段（1998—1999 年）

这一阶段被定义为网关支付阶段。

电子商务的出现使得人们不用见面就可以完成交易的整个过程，不仅节约了交易成本，还提高了交易效率。作为中间环节的网上支付，是电子商务交易双方最为关心的问题。由于信用问题，网上支付一度成为限制中国电子商务进一步发展的瓶颈。显然，如果有一种支付方式能够解决网上支付的信用和安全问

微课堂 5-1

第三方支付

题，那么这种方式的市场潜力就是无限的。

### 1.跨区域支付的内在需求增大

（1）人们收入增加。1992年，我国实行社会主义市场经济体制改革后，产品价格基本放开，由经营者自主定价；农村地区家庭联产承包制度稳定落实，农民增收；乡镇企业在获得第一个发展高峰期的同时，带动了城市工业、建筑业的发展；消费者的购买能力大幅度提高。

（2）商品种类地域分布不平衡。沿海地区（如广东、上海）的先发优势以及对外开放，加强了与外界的贸易和信息交流。随着产品日益丰富和价格的地域差别越来越明显，消费者从多样性和成本考虑，不仅对远程合意的商品有需求，中小供应商对扩大市场范围也有需求。

### 2.传统支付方式具有一定局限性

（1）传统支付方式具有时间和地点的限制。当时，汇款需要去银行或邮局，而银行和邮局的工作时间固定为8小时/天，邮局汇款到账一般要3天以上；若远程邮购物品，则一定需要去邮局办理，当邮局营业网点太少或距离较远时，办理业务就极为不便。

（2）传统支付方式存在信用风险。客户想要购买在杂志、报纸上看到的感兴趣的商品，因为对卖方不了解，如果先汇款，则意味着要承担卖家不发货或者买到劣质商品的风险。对卖家来说，如果是货到付款，则意味着要承担收不到货款的风险。

以上这些是限制远程交易量的重要因素。为迎合同步交换的市场需求，第三方支付应运而生。

**小知识 5-1**

在我国，规模较大的第三方支付企业有支付宝、财富通、银联在线、拉卡拉等。

### 3.网上交易与支付中介示范平台产生

1998年11月12日，由北京市政府与中国人民银行、信息产业部、国家内贸局等中央部委共同发起的首都电子商务工程正式启动，确定首都电子商城为网上交易与支付中介的示范平台。

1999年3月，首都电子商城（后更名为首信易支付）正式投入运营，标志着我国第一家第三方支付平台成立。

总体来说，这一阶段的第三方支付主要采用服务交易的支付网关模式，第三方支付平台只提供资金支付的中转服务，属于被动响应的服务方式。

### （二）第三方支付的形成阶段（2000—2005年）

这一阶段被定性为信用中介阶段。

### 1.第三方支付厂商陆续出现

2000年7月，上海环迅电子商务公司（以下简称环迅支付）在上海正式成立，第三方支付厂商充当了各家商户和银行之间连接的"中转站"。2001年，环迅支付实现了与VISA、MasterCard的系统对接，成为当时国内唯一支持VISA和MasterCard的在线实时支付服务平台。为了扩大用户的使用范围，2002年环迅支付与20家银行实现对接，支持近40种银行卡的在线支付，由此在国内首开网上支付之滥觞。由于电子商务在中国的缓慢发展，其影响力一直不大。

### 2. 银行卡的普及使在线支付成为常态

因为银行卡与现金相比更安全、更便于携带，加上中国人民银行和商业银行的广泛宣传，到20世纪末，银行卡用户已颇具规模。由企业网银推广到个人网银，突破了在线交易的时空限制，只要连接互联网，在线支付随时得以实现。

2002年，银联电子支付服务有限公司（ChinaPay）成立（银联电子支付服务有限公司和银联商务有限公司都是中国银联控股的公司，后者负责银行卡业务），拥有面向全国的统一支付平台，主要从事以互联网等新兴渠道为基础的网上支付、企业B2B账户支付、电话支付、网上跨行转账、网上基金交易、企业公对私资金代付、自助终端支付等业务。银联电子支付满足了企业和个人的网上支付需求。

### 3. 引入国外信用中介模式

信用中介模式的价值在于促成交易。与支付网关模式不同，信用中介模式能够通过第三方的介入有效解决在线交易中的信任问题，促成交易。国外第三方支付公司的成型交易中介模式和稳定的运营方式为国内突破单一的网关型支付模式提供了借鉴。

2002年，美国最大的电子商务公司——eBay收购了国内的易趣，标志着信用中介模式的引入。2004年，阿里巴巴引入信用中介，推出支付宝，进一步推动了第三方支付在我国的快速形成，第三方支付业务进入高速发展时期。

2005年9月，腾讯依据自身的即时通信软件的庞大客户群体，推出拍拍网，同阿里巴巴一样，腾讯也提供信用中介服务。信用中介模式的拓展，解决了线上交易中最核心的信任问题，为第三方支付业务的高速发展解决了最大障碍。

### （三）第三方支付的普及阶段（2006—2009年）

这一阶段被定性为行业支付阶段。

第三方支付机构在这个阶段已拓展到航空业、保险业，并逐步渗透到各行业。此时的第三方支付不仅带有清算服务的特性、信用中介服务的功能，还兼具了部分融资的特性，进而释放了全新的资金理念。这一阶段针对第三方支付的管理正在形成，为第三方支付的监管奠定了基础。

### （四）第三方支付的高速发展阶段（2010年至今）

这一阶段被定性为规范与监管阶段。

互联网在硬件和软件方面的逐年提升为金融环境提供了必要条件，2015年央行出台了一系列管理办法及配套细则，第三方支付机构被纳入央行支付监管体系。

第三方支付在商家与消费者之间建立了一个公共的、可以信任的平台。一方面，第三方支付平台连接银行处理资金结算、客户服务、差错处理等一系列工作；另一方面，第三方支付平台又连接众多的商户和消费者，通过第三方支付的接入，满足了电子商务中经营者和消费者对信誉和安全的要求。

### 三、第三方支付的分类

从狭义上来讲，第三方支付是指具备一定实力和信誉保障的非银行机构，借助通信、计算机和信息安全技术，采用与各大银行签约的方式，在用户与银行支付结算系统间建立连接的电子支付模式，即第三方网络支付（本书所探讨的重点）。

根据央行2010年在《非金融机构支付服务管理办法》中给出的非金融机构支付服务的定义，从广义上来讲，第三方支付是指非金融机构作为收、付款人的支付中介所提供的网络支付、预付卡发行与受理、银行卡收单以及中国人民银行确定的其他支付服务。广义的第三方支付已不再局限于最初的互联网支付，而是成为线上线下全面覆盖、应用场景更为丰富的综合支付工具，如图5-5所示。作为央行电子支付体系的重要组成部分，第三方支付能够有效提升资金流动的效率并降低资金流动的成本，是实现资金流信息化的重要途径。

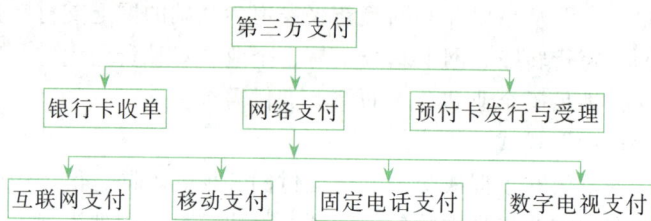

```
                        第三方支付
                            │
        ┌───────────────────┼───────────────────┐
        │                   │                   │
   银行卡收单             网络支付          预付卡发行与受理
                            │
        ┌───────────┬───────┴───────┬───────────┐
        │           │               │           │
    互联网支付    移动支付       固定电话支付   数字电视支付
```

图5-5　第三方支付类型

#### （一）网络支付

网络支付，又称线上支付，是指依托公共网络或专用网络在收、付款人之间转移货币资金的行为，网络支付属于电子支付的一种。网络支付又分为面向个人的支付平台（如支付宝、财付通、银联在线等）和面向企业提供的支付解决方案（如快钱、汇付天下等）。

例如，支付宝、微信支付（财联通）、易付宝等第三方支付机构，既是互联网支付，又是移动支付。

##### 1.互联网支付和移动支付

支付最早是以支付介质区分的，因为早期电脑跟手机区别很大，所以使用电脑支付称为互联网支付，使用手机支付称为移动支付。但随着电脑越来越移动化，手机越来越电脑化，电脑端、手机端成为客户支付的两个端口。

互联网支付是最先兴起的支付方式，该方式推动了电子商务产业的发展。

视野拓展5-1

NFC支付

移动支付是指用户使用移动设备（如手机、掌上电脑和移动电脑等）对所消费的商品或服务进行账务支付的行为，其手段包括NFC、二维码、App等。

##### 2.固定电话支付和数字电视支付

固定电话支付是指消费者使用电话或其他类似电话的终端设备，通过银行系统从个人银行账户里直接完成付款的支付方式。

数字电视支付是面向家庭用户的支付，消费者在家中借助电视遥控器即可完成电视购物、费用缴纳等自助支付业务，该方式为大众提供了一种更为安全、便捷的支付手段。

相比互联网支付和移动支付，固定电话支付和数字电视支付，没有发展起来，比较小众。

### （二）预付卡发行与受理

预付卡是指由发行机构发行的、可在商业服务领域使用的债权凭证，包括采取磁条、芯片等技术制作的消费卡、积分卡、会员卡。

目前，市场上流通的预付卡主要分为两类：单用途预付卡和多用途预付卡。

#### 1.单用途预付卡

▶▶▶

**小知识 5-2**

2011 年 5 月，央行核发的第一批支付许可证中，支付宝（中国）网络技术有限公司等在内的几家第三方支付企业的业务范围包括"货币汇兑"。2012 年 7 月，四家一度获准发展货币汇兑业务的第三方支付企业换发了新的支付业务许可证，新牌照中无一例外地将"货币汇兑"从原有业务范围中剔除。在之后获得支付牌照的第三方支付企业中也没有一家涉及"货币汇兑"。

单用途预付卡只能在本企业或同一品牌商业连锁企业使用（如沃尔玛或家乐福发放的购物卡），单用途预付卡支付流程，如图5-6所示。

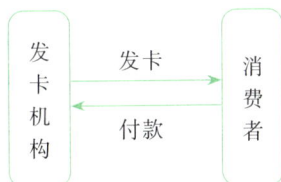

图5-6　单用途预付卡支付流程

#### 2.多用途预付卡

多用途预付卡主要由第三方支付机构发行，该机构与众多商家签订协议，消费者可以凭借此卡到众多的联盟商户刷卡消费。

先存钱进去，然后凭卡支付，无需现金（如超市储值卡、旅游预付卡等），这样的方式既为消费者带来方便，避免了携带现金的麻烦与风险，又为发行企业带来了可观的预收现金流，可以更好地支持企业的运作。

预付卡与银行卡不同之处是，预付卡不与持卡人的银行账户直接关联。多用途预付卡支付流程，如图5-7所示。

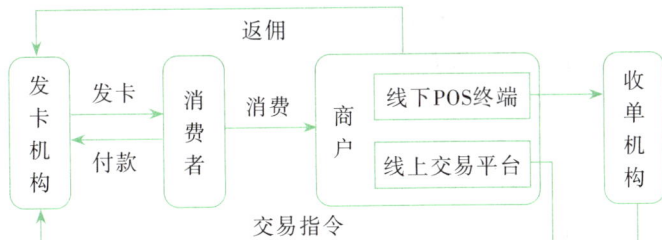

图5-7　多用途预付卡支付流程

目前，国内预付卡消费主要集中于零售业。从全国范围来看，预付卡市场发展的地区性差异明显。北京、上海等城市起步较早，参与者众多，竞争也最激烈，在当地已形成了个别有影响力的主导品牌，如上海的"斯玛特"、北京的"资和信"等。

预付卡的盈利来源为支付时的手续费、沉淀资金的投资收益以及过期预付卡的剩余资金。

### （三）银行卡收单

#### 1.狭义的银行卡收单

狭义的银行卡收单就是POS机收单业务。POS机是安装在特约商户能够与金融机构联网实现非现金消费、预授权、余额查询和转账功能的电子设备。狭义的银行卡收单可分为三方模式和四方模式。

（1）三方模式。在这种模式下，商户接受卡组织发行的卡片，商户将客户账号、支付金额等在内的购买信息发送给卡组织，卡组织将每段时期（通常一个月）消费者的支付记录发送给持卡人，然后持卡人按约定方式结账。

在三方模式下，存在三个市场主体，即商户、消费者与卡组织。早期做收单业务的只有或者只能是银联一家，商家通过银联商务公司（中国银联的下属企业）申请银联POS机，因此银行卡收单也可以被笼统地认为是银联商务的POS机收单业务。在三方模式下，银行卡收单业务流程，如图5-8所示。

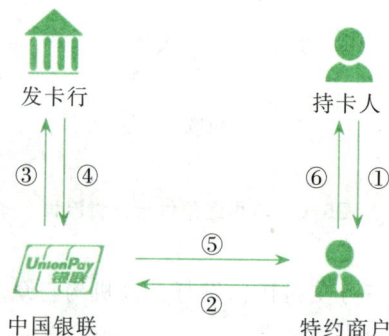

图5-8  银行卡收单业务流程（三方模式下）

**小知识 5-3**

资和信商通卡由资和信电子支付有限公司发行，其系列产品包括普通商通卡、员工福利卡等，是北京地区市场占有率和知名度最高的预付卡产品，现已拥有百万用户，年发卡量超过500万张。

商通卡商户网络涉及零售百货、汽车服务、餐饮、美容健身、医疗健康、旅游酒店及教育服务等众多领域，是一款安全可靠、购买方便、服务专业的，且能在全国范围内通用的预付卡。

银行卡收单的具体业务流程如下：

①持卡人到特约商户刷卡消费；②特约商户上传交易数据到银联；③银联传送交易数据到发卡行；④发卡行确认交易数据；⑤银联传送交易数据到特约商户；⑥特约商户提供产品或服务。

（2）四方模式。由于三方模式的卡组织具有封闭性质，大大阻碍了其市场范围的扩大，从各国支付产业的发展趋势来看，其逐渐被四方模式取代。而这种取代的最根本原因在于四方模式进一步将分工细化了，卡组织专职于做清算，支付则交由更多的合作者（银行）来完成，从而大大拓展了市场范围，规模报酬的递增降低了提供服务的成本。

简单来说，特约商户在银行（开户行）开设结算账户，银行为特约商户安装 POS 机，消费者就是持卡人，在特约商户进行消费时，通过刷卡方式进行支付，收单行（即银行）负责扣减一定的手续费后，再将消费资金计入特约商户账户。在四方模式下，银行卡收单业务流程，如图5-9所示。

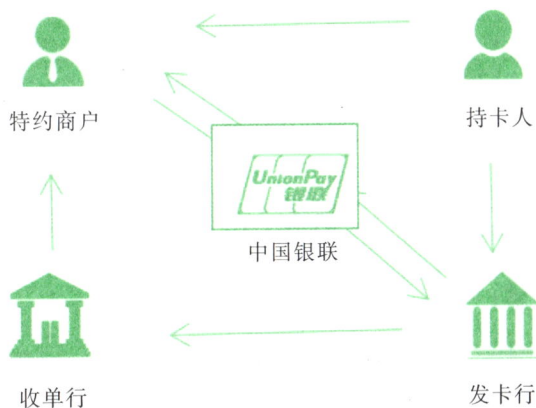

图5-9 银行卡收单业务流程（四方模式下）

▶▶▶

**小知识 5-4**

一个新开业的超市，在建设银行办理了 POS 机业务，消费者小王（持卡人）到超市购买了 100 元的大米，在收银台进行付款时，如果小王使用建设银行（发卡行）的储蓄卡（或信用卡）在 POS 机付款，那么 POS 机会将付款数据发送到建设银行，建设银行收到请求后进行确认并直接进行处理，这时发卡行和收单行都是建设银行。如果小王使用中国银行（发卡行）的储蓄卡（或信用卡）在 POS 机付款，那么 POS 机将付款数据发送到建设银行，建设银行将数据转接到中国银行，两个银行在结算后（银联清算），将消费资金转入该超市在建设银行的指定账户上。

银行卡收单业务的整个过程就是消费者手持银行卡，通过终端将交易数据传送给银联，银联将收单请求转发给指定的发卡行，发卡行确定后回复银联，银联再将结果传送给 POS 机，最后消费者收到扣款通知。

**2.广义的银行卡收单**

广义的银行卡收单还包括第三方 POS 机运营商间连模式，广义银行卡收单的内容，如图5-10所示。

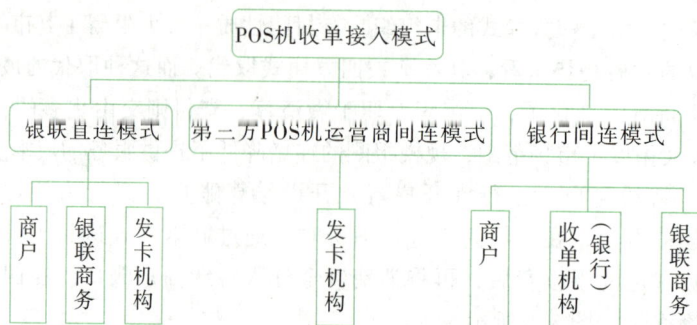

图5-10 广义的银行卡收单

2010年，中国人民银行放开了国内银行卡收单市场，承认了非金融机构在支付领域的合法经营地位，并对非金融机构从事收单业务实行了准入许可的牌照管理。而在此之前，收单市场的主体主要是各商业银行和中国银联下属的银联商务公司。

# 第二节　第三方支付的业务模式

## 情境导入 5-2

### 亚马逊"刷手"结账

2018年1月22日，亚马逊对公众开放了"拿了就走，无须结账"的无人店 Amzon Go，但顾客首次进店仍需下载 App、登录亚马逊账号并扫描二维码。对亚马逊来说，这个速度还是太慢了。

不久，亚马逊公司研究了一项新的支付模式，消费者要在实体店的结账终端将信用卡信息与自己的手掌联系起来，结账的过程只需晃一下手，扫描仪在0.3秒内即可验证顾客，完成支付动作，顾客无须使用其他任何设备。手读（hand-reading）误差仅有百万分之一，未来误差会进一步缩小到亿分之一。与指纹技术不同，手读不需要顾客将手放在扫描仪上，而是可以远程读取其签名。该技术于2018年12月26日由美国专利商标局公布。

目前，亚马逊已经开始在无人店中推广类似的技术，顾客可以使用他们的移动设备在实体店的旋转门上办理手续，然后在没有收银台的情况下购买产品。

从指纹支付到扫码支付，再到现在的刷脸支付、无感支付，都是为了减少消费者排队结账的时间，提高零售门店的运营效率，而这些便捷的背后其实都离不开强大的第三方支付支撑。

资料来源：佚名. 亚马逊公布人手识别技术专利0.3秒"刷手"就可完成支付［EB/OL］.［2023-06-18］. https://www.maigoo.com/news/539367.html. 经过整理。

## 一、第三方支付参与者

### （一）第三方支付主体

第三方支付参与主体有第三方支付平台、终端用户、商户、内容服务提供商、银联、清算中心、银行、网联、电信运营商、储值服务商，如图5-11所示。

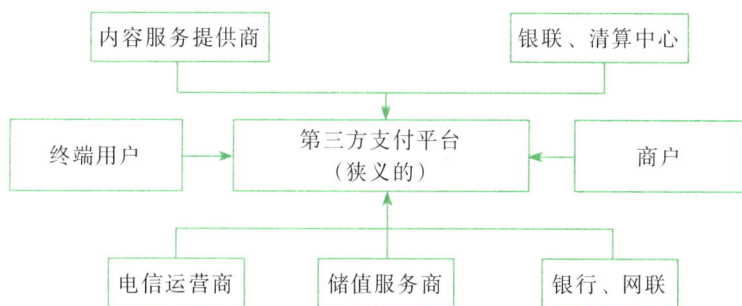

**图5-11　第三方支付参与主体**

### 1. 第三方支付平台

第三方支付平台是指平台提供商通过通信设备、计算机和信息安全技术，在商家和银行之间建立连接，从而实现消费者、金融机构以及商家之间的货币支付、现金流转、资金清算、查询统计在同一个平台。

第三方支付平台是第三方支付方式得以实现所必需的媒介。

### 2. 终端用户

终端用户包括个人客户、公司客户，作为普通的购物者充当着客户的角色。终端用户可以通过第三方支付在线上和线下完成交易。

（1）线上购物。线上购物是指客户在商户提供的平台上使用第三方支付进行付款购物。

（2）线下购物。线下购物是指客户在线下商场、商超、商店等购物时使用POS机、智能POS机等设备刷卡交易。

### 3. 商户

商户的源头是客户，商户有小商户和大商户。小商户一般为微商代理、小超市业主、连锁饭店、连锁企业等，这类商户一般都是通过代理商接入第三方支付系统；大型商户，如滴滴、美团等，这类大型商户一般都有对应的优惠政策，由第三方支付平台直接签约，是第三方支付平台争夺的对象。

### 4. 内容服务提供商

内容服务提供商是指硬件设备和软件技术的提供商。

硬件设备即支付终端解决方案，如POS机、移动读卡器、NFC设备等；软件技术即系统解决方案，涉及在线第三方平台的构建，以及与每个金融机构的接口，即支付网关，如移动App、微信、支付宝等。

### 5. 银联、清算中心

银联、清算中心是指在银行业务往来及货币兑换过程中，对各种货币汇率的结算及各种商户通过终端支付资金到商户账户的一种清算。

### 6. 电信运营商

电信运营商是指提供固定电话、移动电话和互联网接入的通信服务公司。中国五大电信运营商分别是中国电信、中国移动、中国联通、中国广电、中信网络。中国移动通信集团公司是全球第一大的移动运营商。设备厂商有华为、爱立信、中兴等。

### 7.储值服务商

储值服务商是指发行预付卡、储值卡的第三方支付服务商。

### 8.银行、网联

银行、网联是连接各大银行的桥梁，银行转接线下支付，网联转接线上支付，第三方支付平台可任意选择接入，但不得直连银行，银行充当第三方支付的最后收款人（付款人）。

网联采用分布式云系统对支付业务进行穿透式监管，并应用大数据及人工智能技术，对海量支付数据进行深度智能化监管，有效保障了我国支付业务的安全性。支付机构利用智能算法设定反欺诈场景模型与规则账户、洗钱特征模型、智能风险监测模型和异常行为安全极限，减少支付欺诈、洗钱等违法行为的发生。

### （二）第三方支付功能

一个完整的支付系统包括以下方面：

（1）应用管理。应用管理同时支持公司多个业务系统对接。

（2）商户管理。商户管理支持商户入驻，同时商户需要向平台方提供相关的资料备案。

（3）账户管理。账户管理，即渠道账户管理，支持共享账号（个人商户）及自有账户。

（4）支付交易。支付交易提供生成预支付订单、退款服务。

（5）对账管理。对账管理能够实现支付系统的交易数据与第三方支付渠道交易明细的自动核对（通常T+1），确保交易数据的准确性和一致性。

（6）清算管理。清算管理，即计算收款交易中商户应收与支付系统的收益。

（7）结算管理。结算管理，即根据清算结果，将资金划拨至商户对应的资金账户中。

（8）渠道管理。渠道管理支持微信支付、支付宝、银联、京东支付等多种渠道。

## 二、第三方支付的业务流程

### （一）支付环节

一个完整的支付过程包括代收、清（结）算和代付三个环节。

#### 1.代收

代收是指第三方支付平台把资金从买方的银行卡转移到第三方支付平台银行账户（或卖方银行账户）的过程。第三方支付公司经营代收业务，实际收到的客户委托预收（代付）货币资金，即备付金，必须托管在指定商业银行（存管银行）开立的专用存款账户，第三方支付公司不能挪用。

#### 2.清（结）算

清算和结算均是清偿收付双方债权债务关系的过程及手段。清算的参与者是银行或者直连的金融机构，跟商户和客户没有直接关系。在支付活动中，同一家银行内的账户资金往来可直接结算，而涉及不同银行之间的账户资金往来则需要先清算再结算。清算不涉及债权债务关系的转移。

清分是指清算的数据准备阶段，是网络交易数据（如笔数、金额、轧差净额等）分门别类记录、整理、汇总的过程。简单地说，清分是算清楚各方的账目，结算是将算好的钱实际挪到账户上，是银行和客户之间的资金转账行为。清算=清分+结算。

第三方支付行业中，一般只会有清分和结算的概念，但有时也会将清算和清分统称为清算。

### 3. 代付

代付可以理解为第三方支付公司在完成清（结）算之后，结清交易当事人之间的债权债务关系，并最终完成资金转移的过程。

### （二）支付过程

支付过程就是货币从一方到另一方的债权转移。第三方支付就是帮用户完成从银行划款给商户的交易，其流程如图5-12所示。

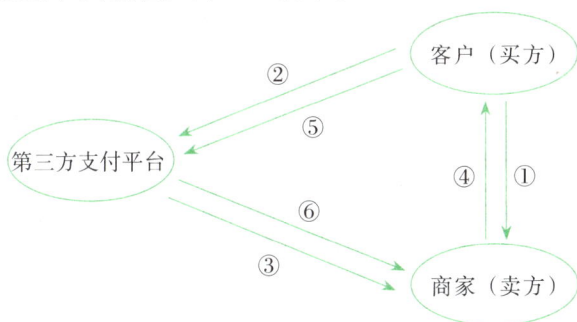

**图5-12　第三方支付流程**

第三方支付的具体流程如下：

①客户在电子商务网站上选购商品，下订单达成交易；

②客户选择某一个第三方支付平台作为交易中介，在第三方支付平台的页面上选择合适的支付方式，点击后进入银行支付页面进行支付，将货款划转到第三方账户；

③第三方支付平台将客户已经付款的消息通知商家，并要求商家在规定时间内发货；

④商家收到通知后，按照订单发货；

⑤客户收到货物并验证后，通知第三方支付平台；

⑥第三方支付平台将其账户上的货款划转到商家账户，交易完成。

## 三、第三方支付的系统架构

### 小知识 5-5

第三方支付的外部合作，涉及银行、银联、网联、商户、用户、公安、电信运营商、安全防控公司、服务器运营商等，而内部的具体业务大致分为入金类业务、出金类业务、清算对账类业务、差错处理类业务。因为支付业务涉及方方面面，所以导致了复杂的技术架构。架构不是静态的，而是动态演化的。只有能够应对环境变化的系统，才是有生命力的系统。因此，即使你掌握了以上所有的业务细节，仍然需要演化式思维，在设计的同时，借助反馈和进化的力量推动架构的持续演进。

架构决定需求和设计，好的架构应该满足逻辑完整、业务功能明确、可扩展（发展方向明确、业务边界清晰）、灵活（非耦合）等特点。

　　互联网支付系统是由众多关联子系统构成，通过多个子系统间协同合作完成支付流程的系统集。从前端用户的视角来看，支付是一个很简单的动作：绑定银行卡、手机短信验证或直接输入支付密码即可。但从整个系统来看，支付的过程实际涉及了众多支付子系统的协同以及复杂的系统逻辑。例如，远程连接、分布式计算、消息机制、全文检索、文件传输、数据存储、机器学习等，以上的每个子系统都不是孤立的，而是通过产品架构相互关联。

　　一个典型的支付流程涉及十多个子系统，一般来说，各家支付系统都会结合公司自身业务和系统架构的特点，通过不断地演化形成公司特有的支付系统。但无论怎样变化，基本的模块和逻辑都是相通的。

　　支付系统可分为三个层级，最上层级是面向用户端使用的前端产品服务层，中间层级属于支付系统核心部分，最底层级是一些提供基础服务的系统模块，如图5-13所示。

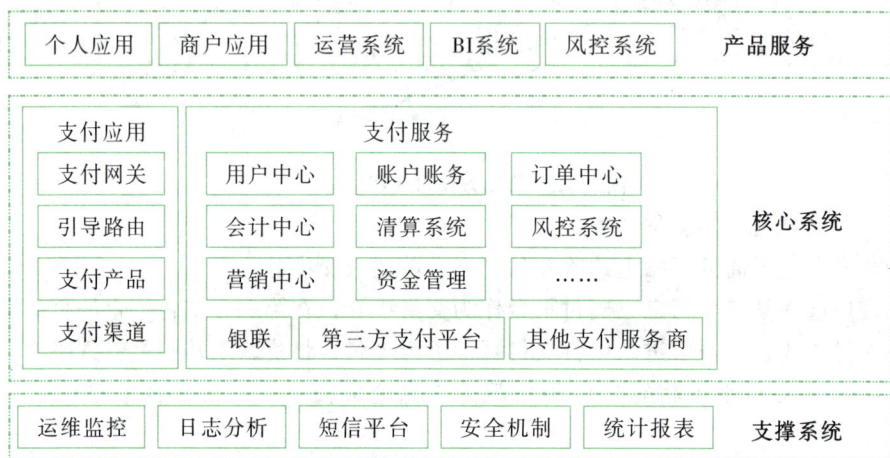

图5-13　支付系统的层级

▶▶▶

小知识 5-6

　　第三方支付的灵活性在于可根据业务需求，开设各类中间账户，根据业务指令，实现资金的可控性与清（结）算，满足不同场景需求。

（一）产品服务层

　　产品服务层，又称应用层，是通过支撑层、核心层提供的服务组合起来，对最终用户、商户、运营管理人员提供服务的系统。它包括面向个人的应用（如支付宝）、商家收银产品（如POS机）、商户对账平台、代理商渠道管理平台、支付系统内部运营人员使用的运营管理平台，以及BI报表等独立系统。产品架构与技术架构相辅相成，技术架构决定技术的框架和性能。

（二）核心系统层

　　核心系统层一般可分为支付应用模块和支付服务模块，支付应用模块负责实现支付的主流程，从发起支付到与支付渠道对接并最终返回支付结果。支付服务模块负责提供与支付业务相关的其他服务，如用户管理、订单管理、记账、对账、清算等。

### 1. 支付应用模块

（1）支付网关。一个完整的交易过程中，银行内部网需要与互联网进行交互。为了保证银行系统和支付活动的安全性，需要在银行内部网（金融专用网）与互联网之间建立一道安全屏障，以隔离银行网和互联网，通常我们将其称为支付网关。因此，第三方支付平台只作为支付通道将买方发出的支付指令传递给银行，银行完成转账后再将信息传递给第三方支付平台，第三方支付平台将此信息通知卖方，并与卖方进行结算。在支付网关模式下，第三方支付平台扮演着"通道"的角色，并没有实际涉及银行的支付和清算，只是传递了支付指令，相当于银行的门卫，控制谁可以进出银行。图5-14是支付业务处理流程。

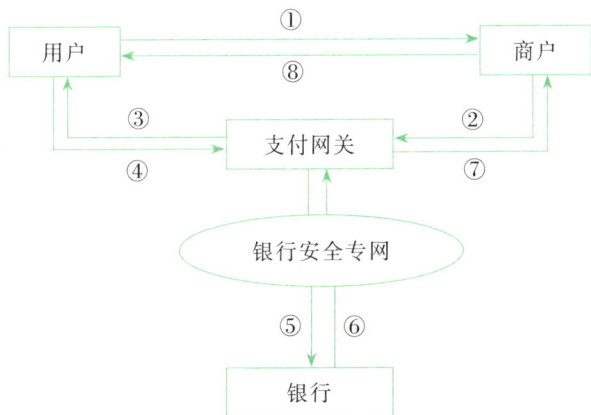

图5-14　支付业务处理流程

小知识 5-7

　　互联网金融业务模式的多样性，导致对好客户和坏客户的定义标准不尽相同。例如，在传统的银行信用卡业务中，有少量逾期的客户是好客户，因为他们能给银行创造罚息，但他们又不是恶意违约的。在互联网金融对客户信用评价中，"少量逾期"则意味着必须马上采取措施……

支付业务处理的具体流程如下：

①用户在商户选购商品并发起支付请求；②商户将支付订单通过B2C网关收款接口传送至支付网关；③第三方支付平台验证卖方身份，提供支付页面；④用户选择网银支付或银行支付方式；⑤第三方支付平台发送买方的卡号信息至银行；⑥银行授权支付，并把信息反馈给支付网关；⑦发送支付成功消息；⑧支付成功，发送货物。

（2）引导路由。每一种支付应用都可能对应一种或多种支付方式，具体某个支付场景下的用户选择、排序等都是出引导路由负责管理实现的。以"饿了么"点餐时的支付为例，"饿了么"收银台的支付应用是根据引导路由展示给用户选择支付方式的界面。

图5-15是"饿了么"的引导路由。

图5-15　"饿了么"的引导路由

（3）支付产品。通常所谓的支付方式，其本质是银行和第三方支付机构封装好的支付产品。例如，银行卡快捷支付、微信支付（如App支付、扫码支付等）、网银支付、账户余额支付等。

（4）支付渠道。支付渠道模块负责对接各家支付机构的支付接口，对接的机构包括银行、银联、第三方支付平台以及其他支付服务商。

### 2. 支付服务模块

支付服务模块负责提供与支付业务相关的其他服务，如用户管理、订单管理、记账、对账、清算等。

（1）用户中心。客户使用不同的产品、签署不同的协议，就有了用户。用户中心负责用户相关信息管理，包括个人用户注册、商户签约入网、客户归并等。

（2）账户账务。账务的核心功能是根据前端业务系统的要求设计相匹配的账户类型、管理各类账户、记录账户资金变动等。同时，按照公司内部的财会规范，提供反映各账户间交易资金变化情况的会计数据，负责将自身记录的账务流水与支付渠道结算资金或结算流水进行核对，对对账结果中出现的差错交易进行处理。

（3）订单中心。一般订单系统可以独立于业务系统来实现，这里的订单主要是指支付订单。

订单中心负责所有业务订单与支付订单的创建与管理，当前端产品确认好金额、商品等信息后，订单中心创建相关业务订单。当用户决定使用某种支付产品进行支付时，创建支付订单。

（4）会计中心。会计中心提供会计科目、内部账务、试算平衡、日切、流水登记、核算和归档等功能。例如，当支付订单成功时，账务系统进行流水账记账（单边账），同时异步通知会计系统进行复式记账。当在会计日期（如23：00）切换时，会计中心进行日切处理，汇总相关会计科目。

小知识 5-8

反洗钱系统一般放在"客户信息"模块中进行管理。根据监管部门的要求，对系统内所有交易进行反洗钱规则过滤，监控可疑交易，并向有关部门报送触发反洗钱规则的交易和用户信息。除了对交易中的反洗钱行为进行监控外，还需要对用户身份进行持续识别。

（5）清算系统。支付完成后，先根据支付指令完成资金清算，再根据与特约商户约定的结算周期进行资金结算。对有分润需求的业务，还需要提供清分、清算、对账处理和计费分润功能。

（6）风控系统。风控是支付系统必备的基础功能，所有的支付行为必须做风险评估并采取对应的措施。风控系统负责审核商户资质、风险交易，并防控洗钱、盗卡等情况的发生。风控系统一般进行交易放行、交易拦截、交易验证三种校验。比如，一般交易仅需要验证支付密码就能支付，高风险交易则需要额外验证，如手机验证、指纹或人脸识别等。

（7）营销中心。营销中心负责支付业务中优惠活动、优惠券的创建与管理，如管理红包、优惠券的发放、回收、使用、对账等。

（8）资金管理。资金系统是指围绕财务会计而产生的后台资金核实、调度和管理的系统，管理公司在各个支付渠道的头寸，在余额不足时进行打款。

### （三）支撑系统层

支撑系统是一个公司提供给支付系统运行的基础设施，用来支持核心系统的服务，是面向公司运营、客服、风控、清（结）算等相关部门打造的运营中台，满足各部门的日常需求，如标准化客户服务流程、风险交易处理流程、清（结）算差错处理流程等，提升公司内部的工作效率。

支撑系统主要提供短信平台、消息通信机制、认证服务、日志服务、安全控件以及一些与外部对接的第三方服务，如实名认证、人脸识别、OCR等。支撑系统主要包括以下子系统：

#### 1.运维监控

支付系统在运行过程中不可避免地会受到各种内部和外部的干扰，如光纤被挖断、被黑客攻击、数据库被误删、上线系统中有bug等。运维人员必须在第一时间对这些意外事件做出响应，但又不能全天24小时盯着，这就需要一个运维监控系统来协助完成。

#### 2.日志分析

日志是支付系统进行统计分析、运维监控的重要依据，公司需要提供基础设施来支持日志的统一收集和分析。

#### 3.短信平台

短信平台在支付系统中有重要作用。身份验证、安全登录、找回密码和报警监控，都需要短信平台的支持。

### 4.安全机制

安全是支付的生命线。SSL、证书系统、防刷接口等，都是支付的必要设施。

### 5.统计报表

统计报表是支付数据的可视化展示，是公司进行决策的基础。

▶▶▶

**小知识 5-9**

某用户购买了一部 Apple 手机，需要支付 9 998 元，系统调用支付机构的服务后进入收银台，用户选择快捷支付，这意味着用户经过了产品层和核心层，及其相关的子系统。比如，会员系统会对该用户进行校验；风控系统会对这笔交易进行判断，以确认能否放行；签约系统会选择用户的银行卡进行签约；收费系统会计算该笔交易的手续费是多少；订单和交易系统会生成交易订单，方便以后查询核对；当交易完成时，清算对账系统会对该笔交易进行对账，还会结算相应款项给商户；网关系统会为该笔交易选择合适的渠道进行资金转移；支付机构可通过运营支撑，对该交易进行监测管理。

## 四、金融科技在第三方支付中的应用

金融科技应用于第三方支付业务的技术创新，表现为市场参与者在交易中使用区块链技术可以享用平等的数据来源，交易流程更加方便、安全。在区块链技术的支持下，交易模式有以下三大优势：

### （一）减少交易成本

对我国而言，边远贫困地区的金融服务供给不足，移动支付的应用在可负担的成本内为当地群体提供必要的金融服务，落实普惠金融。通过移动支付手段，有效提升了当地金融服务的覆盖率，实现了移动支付使用率、账户渗透率的双高。

电信运营商推出的移动货币业务，在金融科技的支持下其交易流程更公开、简洁、透明、快速、有效，减少重复功能的信息技术系统也提高了市场的运转效率。

### （二）降低交易风险

支付机构利用区块链技术实现了对支付信息的追溯和验证，进一步保障了支付的安全性；支付机构通过生物识别技术，降低了支付账户被盗用的风险，进而保障了支付的安全性。比如，亚马逊 2017 年推出的 Amazon Go 就是把个人生物特征识别与云计算等技术结合，无需中间环节的识别（如对个人身份、账户和信用水平等的识别），取消支付载体，直接完成支付。

### （三）跨境支付更便捷

当前，跨境支付结算的方式日趋复杂，存在时间长、费用高、中间环节多等问题。同时，各国的清算程序不同，一笔汇款通常需要 2～3 天才能到账，效率极低，且在途资金占用量极大。

基于区块链技术的应用，跨境支付的优势有：一是降低了成本。通过减少价值转移过程中中介机构的参与，可以有效降低直接成本和间接成本。二是提高了效率。基于区块链技术中点对点的支付模式，可以实现全天候支付、实时到账，有效提高了支付效率。

以银行为例，利用区块链技术实现点对点快速低廉跨境支付；凭借区块链技术安全、透明、低风险的特性，提高了跨境汇款的安全性，加快了清（结）算速度，提高了资金利用率。同时，银行与银行之间不再通过第三方支付平台，而是应用区块链技术实现点对点支付，无需第三方中间环节，全天候支付，实时到账，提现简便。

## 第三节　中国现代支付体系

### 情境导入 5-3

#### 中国古代支付系统的形成

明清时期，世道不平，土匪为患，商人要是带着大量银子出门，被劫是常事。虽然当时已有了快递行业，也就是镖局，但是商人的人身和财产安全仍无法保障，就算能安全送达，快递费也需要不少。

道光年间，山西平遥商人创立了日升昌票号——专门办理汇款业务的票号，分为总号和分号两个层级。当时的日升昌票号支持异地汇款业务：商人来票号汇款，交了银子之后，票号就开出汇票给商人。

跟现在的银行一样，商人可以携带汇票或者把汇票寄给亲人，只要凭票就可以到日升昌票号全国各地的分号兑出银子，分号给商人兑换之后先记内部账，日后再和总号清算债务。从此以后，商人在城市之间进行贸易往来可以不用携带大量的银子。

而汇票在不同城市的各个分号之间流转也形成了很多债务，需要大量的银子周转，镖局就专为票号运送银子以及为商人运送票据。

在这个时期，通过汇票+账本（手工记账）解决了信息流传递的问题（成交），通过镖局替票号运送银子解决了资金流清算（交割）的问题。

资料来源：佚名．"日升昌票号"在当时到底有多牛？说出来都不敢信！[EB/OL]．[2018-03-02]．https：//baijiahao.baidu.com/s？id=1593796869969743276&wfr=spider&for=pc.经过整理。

### 一、支付和清算

支付是货币的转移，自从人类有了货币，就产生了支付，支付是货币的基本功能之一。清算是对因跨行交易而产生的银行间债务债权进行定期净轧差，以结清因跨行交易产生的债务债权。

通俗地讲，银行与商户（卖方）、客户（买方）之间是结算关系，而银行之间则是清算关系，当两个层次的交易都彻底完成后，支付环节才算了结。

现代社会所有商业行为，最终都会产生交易。而所有的交易，除了物物交换，最终都体现在银行之间的资金划拨上，因此一个国家的支付清算系统是最基础的工程。这个系统涉及两个问题：一是信息流如何传递；二是资金流如何清算。

#### （一）客户和商户在同一个银行开户的交易

当客户和商户之间进行交易时，如果在同一银行开户，那么在转账时，银行只需把两个账户的金额进行改变，即一增一减。

例如，小王和小李都在工商银行开户，小王要给小李转账100元，此时工商银行只需把小李的账户增加100元，把小王的账户减少100元，如图5-16所示。

工行

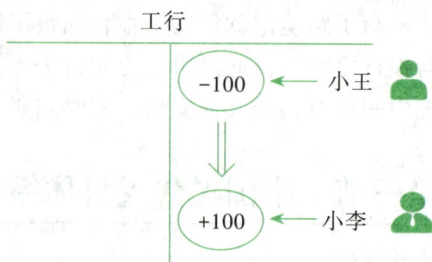

图5-16　同一个银行内的转账交易

### （二）客户和商户在不同银行开户的交易

#### 1.商业银行的备付金账户

通存通兑是指用户只要在银行网点开立了存款账户，便可以在其他银行系统或者开户行的任一网点办理存取款业务。不同的客户可能会在不同的银行开户，以保证客户实现通存通兑。银行需要建立备付金账户。

假设小王在工商银行开户，小李在建设银行开户，小王要给小李转账100元，在资金"搬运"时，工商银行怕建设银行的客户在工商银行取了钱之后，建设银行不认账，为了保险起见，工商银行会要求建设银行先开个户，且存入一部分钱作为保证金或存款准备金。这个备付金账户是专门用于清算同业头寸的账户，如图5-17所示。

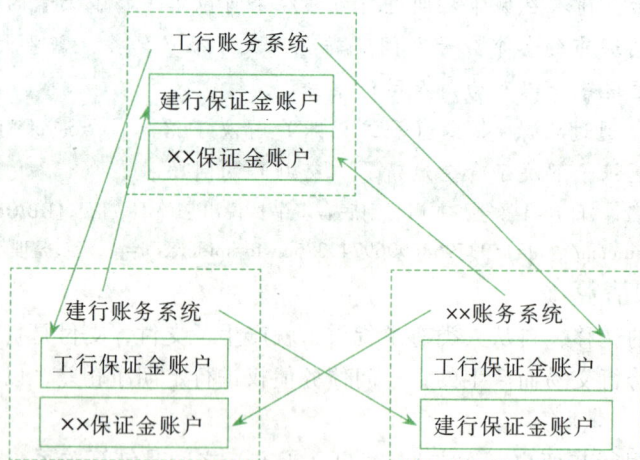

图5-17　备付金账户

#### 2.央行的备付金系统

随着银行业的不断发展，银行每天处理各类跨行业务的数量增多，银行之间的债权债务关系变得非常复杂，由各家银行自行轧差进行清算变得非常困难，这就要求成立一个清算中心，所有银行都在清算中心开户便于清算。

1984年，中国人民银行行使中央银行职能之后，确立了法定存款准备金制度，央行的备付金系统正式确立，央行承担起全国清算中心的角色，清算过程是以各银行在央行开设的备付金账户为基础（提供流动性），而结算过程则是以消费者、商户在银行开设的结算账户为基础，如图5-18所示。

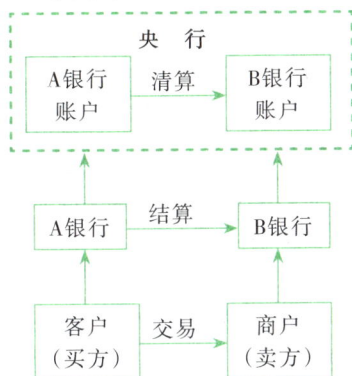

图5-18　清算中心的清（结）算流程

　　因此，不在同一个银行开户的小王和小李通过清算中心使转账得以顺利完成，小王与小李之间称为"结算"或"支付"，工商银行与建设银行之间称为"清算"。清（结）算体系的本质是监控资金在全社会的流动，避免系统性风险，提高支付效率，树立公众对支付体系的信心，以及有效地实施货币政策等，如图5-19所示。

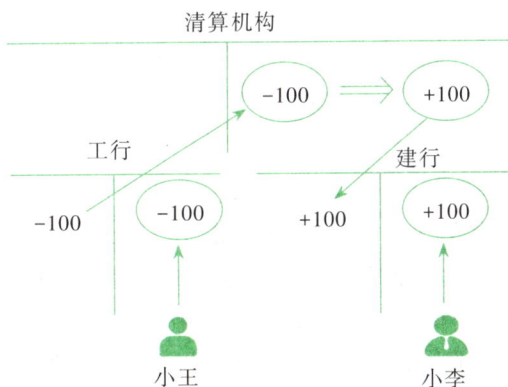

图5-19　小李和小王的资金清算

视野拓展5-3

大额支付系统和小额支付系统的区别

### （三）中国银联跨行支付系统

　　中国银联是指中国银行卡联合组织，通过银联跨行交易清算系统实现商业银行系统间的互联互通和资源共享。

#### 1.中国银联概述

　　中国银行于1985年发行了中国第一张银行卡——珠江卡，1986年发行了第一张信用卡，开启了中国银行卡发展的序幕。当时，日常生活中的银行卡支付是由银行独立完成的，持卡人只能在自己的开户行柜面或ATM机、POS机上使用，即不能实现银行卡的跨行交易。

　　如果每家银行都发行自己的银行卡，那么就需要几千种银行卡（截至2022年12月底，我国各类银行业金融机构共计4 602家），何况去不同的银行都要办理银行卡，这既不方便也不可能。

## 2. 中国银联的作用

中国银行卡联合组织，又称中国银联或卡组织。中国银联的作用是：当发卡行和收单行是同一家银行时，从消费者的账户划转到商户的账户；当发卡行和收单行不是同一家银行时，其资金结算通过银联清算平台实现跨行结算。

（1）中国银联成立后打通了各个银行之间的接口。1993年，国务院启动了以发展我国电子货币为目的的金卡工程，在金卡工程的推动下，各地先后成立了银行卡信息交换中心，初步实现地区性的ATM机取现、POS机跨行刷卡的互联互通。但这与实现银行卡业务的全国性互通还有不小的距离。

2002年3月26日，中国银联股份有限公司成立后，所有银行都与其有合作关系。只要有银联标志的卡，就可以在有银联标志的设备上使用。也就是说，同一张银行卡可以跨银行、跨地区，甚至跨境使用。

（2）使一些共享共用资源规范化。中国银联承担跨行清算职能，以及对卡组织、行业监管职能。例如，当你拿工商银行的银行卡在农业银行的ATM机上取款时，ATM机中的钱是农业银行的，但是扣款却在工商银行账户上。中国银联在此交易中的作用是：①打通通道，确保工商银行和农业银行都能够收到这笔交易；②通过清（结）算方式，确保工商银行和农业银行的账户在经过清算后其账务无误。

### 教学互动 5-2

问：举例说明银联的作用。

答：有一张建设银行的存折和一张工商银行的存折。没有中国银联的话，就不能使用"转账"将钱从建设银行转到工商银行。

没有中国银联，银行只能发行VISA、万事达等银行卡，所有中国人的转账汇款都将被这些外国发卡组织抽成，且汇款手续费较高。如果你用建设银行的银行卡在4S店购车，而这个店有工商银行、招商银行和农业银行的POS机，唯独没有建设银行的，且POS机不支持非本行的银行卡，那么你只能去柜台取现金来购车了。另外，没有中国银联提供的快捷支付通道，支付宝连绑卡都不可以，更不用说转账和消费了。

## 3. 中国银联的运转过程

中国银联参与支付—清算—结算的运转过程。中国银联可以掌握每笔交易的信息，银行和央行也可以掌握每笔交易的信息。商户在与消费者进行交易之后，通过中国银联将交易信息传递给发卡行和收单行，在卡组织完成清算之后，央行将这笔交易的款项从发卡行的准备金账户划拨到收单行的准备金账户，这笔交易才算正式完成。

央行处于最顶端，对各个银行进行监管，各个银行又联结众多商户和消费者，从而形成一种金字塔结构。同样，网联在线的作用同中国银联一样，也是实现线上银行和支付机构的渠道对接，实现转接清算的功能，如图5-20所示。

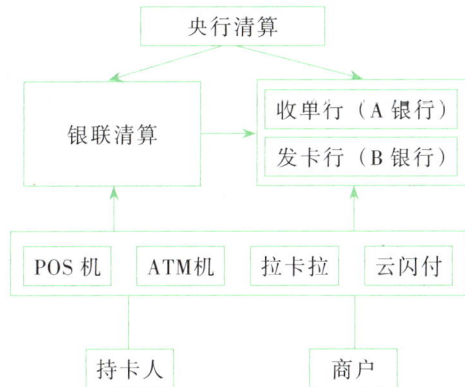

图5-20　中国银联的运转过程

中国银联的银行卡跨行信息交换网络（CUPS）只是中国现代化支付系统（China National Automatic Payment System，CNAPS）的一个子系统。

## 二、中国现代支付体系的形成

支付需要银行，银行又离不开央行，央行的核心是清（结）算系统。

### （一）中国支付清算系统的前身

#### 1.清算中心建成

1990年，中国人民银行清算中心建成，专门为金融机构提供支付清算服务。这个清算中心包括国家金融清算总中心（National Process Center，NPC）和城市处理中心（City Clearing Processing Center，CCPC）。

#### 2.全国电子联行系统投产

1991年4月1日，基于金融卫星通信网络的应用系统——全国电子联行系统（EIS）开始试运行。

EIS是中国人民银行专门用于处理异地（包括跨行和行内）资金清算和资金划拨的系统，它连接了商业银行、央行、NPC和CCPC。全国电子联行系统的支付流程，如图5-21所示。

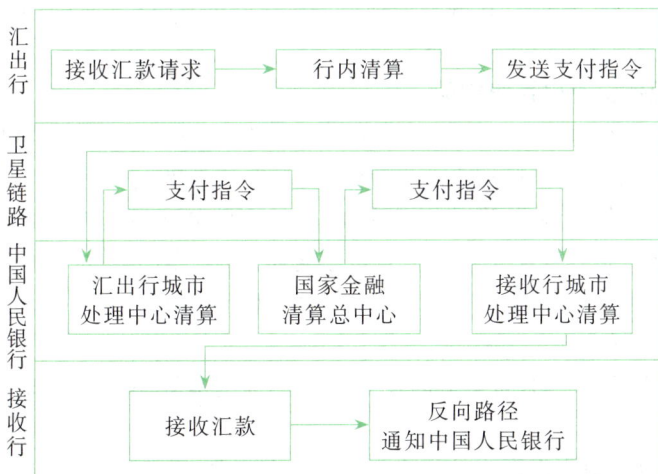

图5-21　全国电子联行系统的支付流程

金融卫星通信网络系统和国家金融网络系统解决了银行信息流的问题；NPC 和 CCPC 解决了资金流的问题。从此之后，各银行间的跨行汇款就可以直接通过电子化的操作来完成了，客户资金的在途时间缩短到了一两天，这是中国金融系统的一个里程碑。

假设客户在建设银行深圳分行汇款给工商银行北京分行，通过 EIS 处理跨行汇款的业务流程，如图5-22所示。

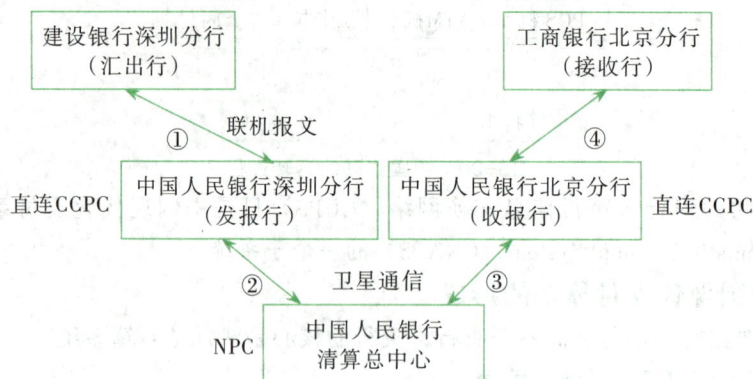

图5-22  EIS跨行汇款的业务流程

EIS跨行汇款的具体业务流程如下：

① 建设银行深圳分行（汇出行）接到客户的汇款请求后，向中国人民银行当地分行，即中国人民银行深圳分行（发报行）提交支付指令（转汇清单）；支付指令可以是纸质凭证，也可以是磁介质信息或联机电子报文。

② 发报行借记汇出行账户后，将支付信息分类、打包，通过卫星链路即时发送给中国人民银行清算总中心。

③ 中国人民银行清算总中心收到转汇电文，经记账并按发报行的支付指令清分后，通过卫星链路即时发送给相应的收报行。

④ 收报行对工商银行北京分行（接收行）账户贷记后，以生成的纸质凭证或电子报文方式通知接收行。接收行在账务处理后，以来账的反方向，向汇出行发送确认的答复信息，此时便完成了一笔汇兑业务。

## （二）中国现代化支付系统构架

20世纪，随着信息技术的飞速发展，中国开始着手建设中国现代化支付系统（CNAPS）。从此，全国电子联行系统（EIS）逐步向CNAPS过渡。

中国现代化支付系统以清算账户管理系统（SAPS）为核心，以大额支付系统（HVPS）、小额支付系统（HEPS）、支票影像交换系统、网上支付跨行清算系统（超级网银）为业务应用子系统，以公共管理控制系统和支付管理信息系统为支持系统。运行的清算系统均由央行主管。

出于各种商业目的，不同渠道的业务采用不同的清算系统来实现跨行交易，具体如下：

（1）银行柜台。银行柜台直接用大、小额支付系统。

（2）手机网银。手机网银主要用大、小额支付系统+超级网银。

（3）ATM机。ATM系统中的信息流由银联处理，即银联CUPS（实现全国范围内所有跨行银行卡业务的信息转接和资金清算，以及数据的收集、清分和下发等工作的系统）为各银行间的交易提供指令的转接和清分；资金流由银联通过大额支付系统完成各银行间的资金划拨。

（4）POS机。POS系统跟ATM系统类似，由银联处理信息流。不过资金流分两个部分，发卡行和收单行之间的资金划拨由银联通过大额支付系统完成；收单行与商户间的资金划拨由银联通过小额支付系统完成，如图5-23所示。

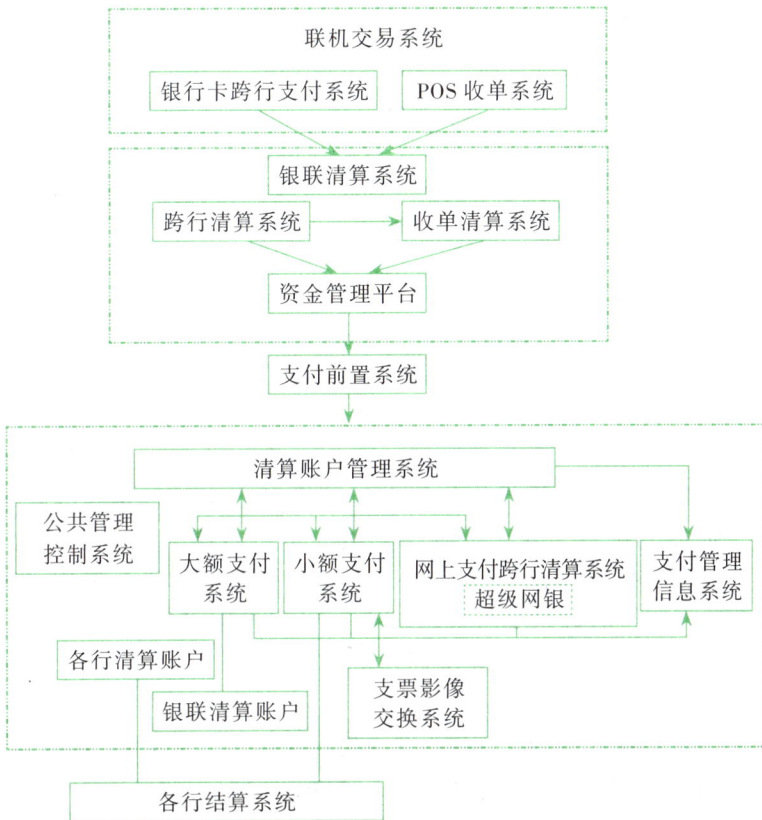

图5-23  中国现代化支付系统构架

## 三、第三方支付的网联模式

网上银行是指银行通过互联网向客户提供开户、查询、对账、行内转账、跨行转账、信贷、网上证券、投资理财等传统服务项目，使客户可以足不出户就能够安全、便捷地管理活期和定期存款、支票、信用卡及个人投资等。可以说，网上银行是互联网上的虚拟银行柜台。

### （一）直连和间连模式

#### 1.直连

直连就是第三方支付机构直接对接银行接口，如认证、支付清算、对账和资金划转都是和银行直接进行。直连交互不用经过多个系统，速度快、支付成功率高、出错率低；由于直连交互是单独开发的，因此在对接时间、专线费用上享受银行为第三方支付平台定制的专用接口。

### 2. 间连

间连是指第三方支付机构间接对接银行接口，中间存在一个中介方（如银联）。间连省去了接口单独开发，对于一些交易量很小的银行省去了专线对接的各种成本。

▶▶▶

**小知识 5-10**

2018年6月30日起，央行要求第三方支付机构必须断开与银行的直连，接入合法清算组织——网联或银联。也就是说，所有网络支付（如微信支付、支付宝）都必须"断直连"，全部经过网联。过去，支付机构普遍绕开清算组织直接与银行接入，既节约通道费用，又将资金流和信息流掌握在自己手中，由此衍生出"金融"服务。"断直连"将改变支付清算流程，监管部门可以掌握支付机构资金流和信息流，通道费用也没有了谈判空间。

◎

### （二）直连的弊端

#### 1. 大量的交易形成了金融监管上的盲区

第三方支付机构可以在多家银行开立账户，其在跨行转账的过程中，只需在内部轧差之后，调整不同银行账户的金额，就完成了所有的支付交易流程。因为没有通过央行的清算账户，监管机构只能够看到第三方支付机构在各家银行账户上的资金变动，而看不到第三方支付机构完整的资金转移链条，这样就使得银行、央行、银联都无法掌握具体的交易信息，无法掌握准确的资金流向，这给金融监管、货币政策调节、金融数据分析等各项金融工作带来了很大困难。更危险的是，第三方支付机构也有可能被不法分子利用，成为洗钱、行贿、偷税、漏税和盗取资金的渠道。

例如，小王在工商银行开户，小李在建设银行开户，小王的第三方支付机构（以支付宝为例）绑定了工商银行账户。小王要给小李转账100元，由于支付宝在工商银行和建设银行都开有账户，于是整个转账过程（如图5-24所示）如下：

小王在工商银行账户的100元转至支付宝在建设银行的账户，支付宝在建设银行账户的100元转至小李在建设银行的账户。

从这个转账过程中可以看到，通过第三方支付机构跨行转账的过程，是没有通过央行清算账户的。因此，央行和银行都不知道小王向小李转账100元，这就为洗钱等犯罪行为创造了空间，同样可能产生其他风险。

#### 2. 传统的线上收单业务出现"二清"风险

"大商户+二清"模式就是所有客户资金都统一先划转至某一家公司（服务平台）或某一个人，再由这家公司或个人结算给该平台二级商户。"二清"的危害不言而喻，平台方随时有携款潜逃的可能，从而导致一些子平台血本无归。

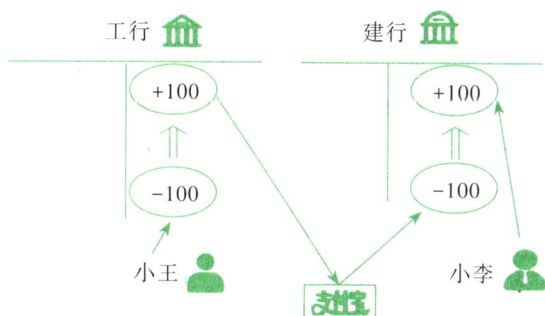

图5-24　直连交易

用户在支付公司开立的虚拟账户的客户备付金，是用于方便互联网小额支付（如支付宝余额、微信零钱）的，不属于支付机构的自有财产，其所有权属于客户。与银行存款的性质不同，这些预收客户的待付货币资金不受《存款保险条例》的保护，也不以客户本人名义存放在银行，而是以支付机构名义存放在银行，且由支付机构向银行发起资金调拨指令。

没有支付牌照的支付公司和电商类平台在实际从事业务的过程中使用的是"大商户+二清"模式。理论上，支付公司不能提供和银行活期存款一样的信用背书，因此具有跑路风险。线下实体商场跑路一般是区域性的风险事件，影响较为有限，并在其跑路时通常会留下固定资产，跑路的成本比较高；而电商类平台则多数是轻资本运营，成本无非是服务器、办公用品，并且互联网没有边界，极有可能酿成全国性风险事件。

### （三）网联的作用

网联清算有限公司（Nets Union Clearing Corporation，NUCC）（以下简称网联）是经中国人民银行批准于2017年成立的非银行支付机构的网络支付清算平台运营机构。网联主要处理由非银行金融机构发起的涉及银行账户的网络支付业务。简单地说，网联就像"线上版的银联"，只做清算业务，不处理银行金融机构发起的跨行支付业务。网联的建立解决了交易信息不透明、违规从事跨行清算、多头连接导致社会资源浪费，以及客户备付金的安全等问题，如图5-25所示。

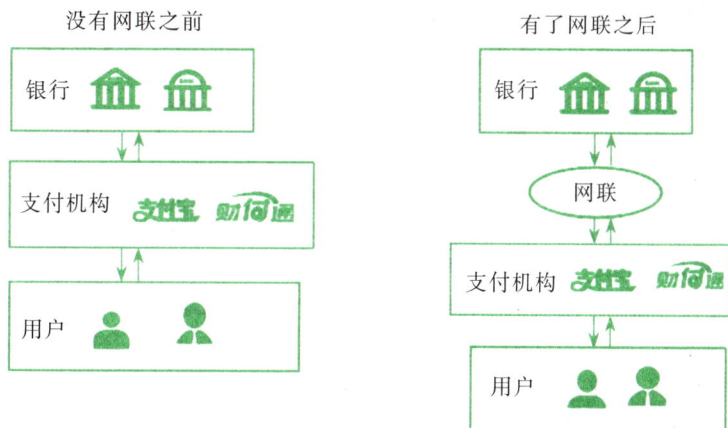

图5-25　网联出现的前后对比

### 1. 央行通过网联获得了更多的金融大数据

在没有网联之前，支付机构直接与各家银行对接，进行线上支付业务；央行设立网联后，要求支付机构必须与网联对接，才能在线上接入各家银行。网联等于在第三方支付机构和用户间放了一个数据引流器，切断了第三方支付机构直连银行的清算模式，所有的支付清算数据，最终都通过网联汇总到央行，使资金流向一目了然。

### 2. 网联的建立解决了困扰已久的备付金集中管理难题

央行规定由第三方支付机构接收备付金的，应当在商业银行开立备付金专用存款账户存放备付金，第三方支付机构只能选择一家商业银行作为备付金存管银行，且在该商业银行的一个分支机构只能开立一个备付金专用存款账户。个人在第三方支付虚拟账号中的余额，统筹在央行的备付金下集中存管。网联加了一个清算环节，在一定程度上能够纠正第三方支付机构违规从事跨行清算业务，有利于监管。

▶▶▶

**小知识 5-11**

截至 2020 年 5 月，央行共发放了 272 张第三方支付牌照，其中注销了 34 张。央行官网显示，目前全国共有 238 张第三方支付牌照。

进入中国人民银行官网，点击"政务公开目录"栏目，打开"行政执法信息"分目录下的"行政审批公示"，再点击"已获许可机构（支付机构）"，可查看目前已获资质的第三方支付机构。

### 3. 网联带来新的变化

网联时代下，所有的第三方支付机构和银行都接入网联，使第三方支付机构的"一对一"模式变成了"多对一"模式。

对第三方支付机构而言，网联可以大大节约其银行渠道拓展与维护的成本投入。例如，目前市场上拥有第三方支付牌照的机构（有效）共有 238 家，如果按每家机构对接 100 家银行计算，对接规模为 23 800 对。但是，通过网联连接，对接规模则变成 238+1 对关系。也就是说，238 对关系只需要维持相当于原来 1% 的关系。

第三方支付机构和银行间的所有接口都通向网联，网联统一了接口费率，让更多小规模的第三方支付机构有更公平的竞争环境，它们比的不再是谁的银行渠道多、谁的清算成本低，而是谁能为客户提供更多、更优的支付场景和体验。

对于一些中小型银行，网联可以使其参与支付的权责变得更加明确、清晰和独立。

### 4. 网联在中国现代化支付体系中的地位及支付流程

网联在中国现代化支付体系中的地位及支付流程，如图 5-26 所示。

有了网联之后，用户在淘宝上买一双 300 元的鞋，通过支付宝使用绑定的银行卡（工商银行）付款。其流程为：①用户向支付宝发送支付请求；②支付宝收到用户的支付请求后，自动向网联发送信息；③网联将交易信息保存在数据库后，再将请求转发给工商银行；④工商银行在用户的账户中扣掉 300 元，并通知网联已扣款成功；⑤网联再通知支付宝支付已成功；⑥交易完成。

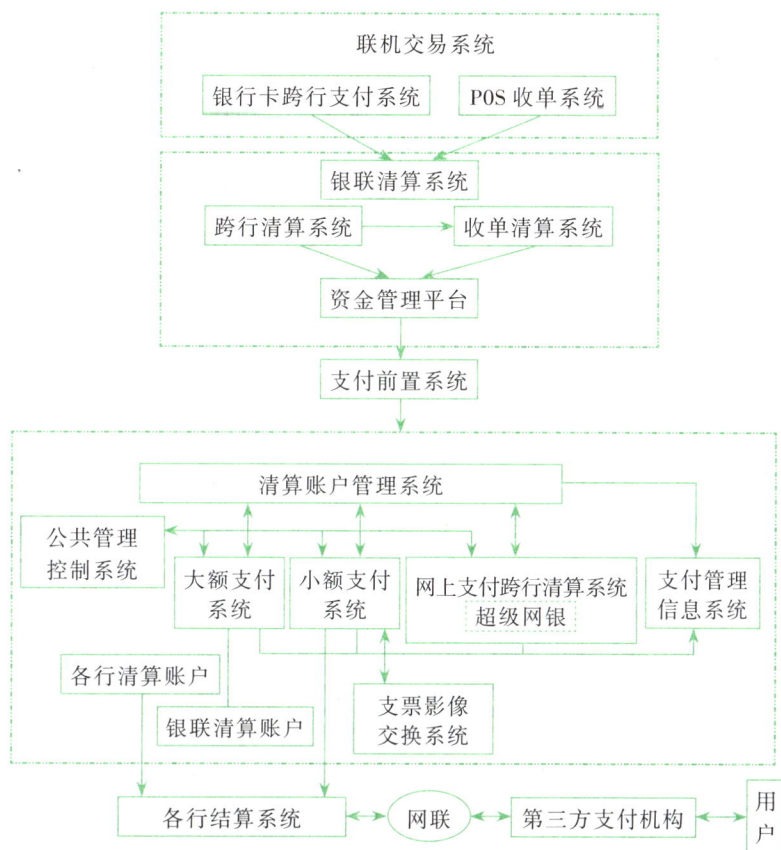

图5-26　网联在中国现代化支付体系中的地位及支付流程

✓ **教学互动 5-3**

问：网联和银联都是由央行设立的，二者有什么不同？

答：网联和银联都是由央行设立，但负责的是完全不同的两个领域。网联相当于"第三方支付版的银联"，专门负责支付宝、财付通、微信支付等网络支付的清算。网联成立的目的是：①直接监管（第三方支付机构变相行使了央行才有的跨行清算职能，而网联使这种情况得以避免）；②掌握具体交易和资金流向、制定金融监管政策和分析金融数据等；③防止不法分子洗钱、套现等违法行为。

## ≫ 典型案例 5-1　　　　　　　　支付宝的产生

在淘宝网创办之初少有交易，这是因为有一个重要的问题，即买卖双方之间缺乏信任。在网上交易的过程中，卖家担心货发出去了而没有收到钱，买家担心钱付出去了而没有收到货。用户对于全程线上交易这种模式很谨慎，而当时也确实出现了一些商家收了钱不发货并逃之夭夭的现象。

受此影响，淘宝网早期的很多交易是在同城进行的。比如，杭州的买家在网上拍下了同城卖家的货，然后双方约定线下见面成交，这时沿用的依然是"一手交钱，一手交货"的传统交易模式。为了降低用户上当受骗的风险，淘宝网当时也鼓励这种"线上下单，线下成交"的方式，但这种交易方式的局限性很大。比如，广州的买家和杭州的卖家之间很难实现交易。因此，淘宝网若想进一步发展，就必须先在买家和卖家之间建立互相信任的关系。

一次，淘宝网的负责人孙彤宇在逛淘宝网论坛时发现，淘宝社区中的买家和卖家正在讨论这个问题，他就主动发帖参与讨论。一来二去，他的思路越来越清晰。孙彤宇认为，既然用户最关心的是钱，那么只要保证资金安全，用户就敢用淘宝网了。因此，如果能在淘宝网推出一种基于担保交易的支付工具，问题就解决了。

所谓"担保交易"，是指买家在下订单之后，将钱先打入一个由银行托管的第三方账户（淘宝网在银行的对公账户），淘宝网收到买家的付款信息后，通知卖家发货，在买家收到货物并确认货物与描述相符时，淘宝网才会将钱打给卖家。

其实，这种担保交易的模式曾在阿里巴巴的B2B交易中尝试过，但企业和企业之间的交易远比个人之间的交易复杂得多，付款方式和物流方式均有明显的不同，所以这种模式在B2B交易中并没有得到推广。但是，淘宝网的创业团队觉得这种交易模式在C2C交易中可能会有用武之地。

淘宝网无意间的探索，触碰到了金融的本质。金融的基础是交易，交易的本质就是信任机制，担保交易正好提供了这样一种信任机制。有了信任，陌生人之间才可以做买卖，商业行为才能突破地域的限制，其作用不容小觑。

资料来源：佚名. 电商二清合规速成课：20分钟，从淘宝网的担保交易开始 ［EB/OL］.［2020-03-23］. https://baijiahao.baidu.com/s？id=1661935635960741747&wfr=spider&for=pc.经过整理。

**案例透析：** 支付宝从专职服务于淘宝网到如今业务的扩展，给我们的生活带来了哪些变化？支付宝还可以有哪些创新？（此答案不唯一）

# 综合训练

## 一、概念识记

网络支付　预付卡　银联　支付　清算　网联　直连

## 二、单选题

1.下列网上支付工具中，不适合进行小额支付的是（　　）。

A.电子现金　　　　　　　　　B.电子支票

C.银行卡支付系统　　　　　　D.信用卡支付系统

2.第三方支付是通过在买家、卖家之间引入第三方的模式，为买卖双方提供了支付信用（　　）。

A.转移　　　　　B.担保　　　　　C.免责　　　　　D.追溯

3.（　　）是指清偿商品交换和劳务活动，以及金融资产交易所引起的债权债务关系，是由银行提供的金融服务业务。

A.清算　　　　　B.支付　　　　　C.结算　　　　　D.网上支付

4.余额宝在工作日（T）15：00后转入的资金将会顺延至工作日（　　）确认。

A.T+0                    B.T+1                  C.T+2                  D.T+3

5.以支付宝为例，第三方支付流程为（        ）。

A.选择商品—付款到支付宝—买家收货确认—支付宝付款给银行—交易完成

B.选择商品—付款到银行—银行转账给支付宝—交易完成

C.选择商品—付款到支付宝—支付宝付款给卖家—交易完成

D.选择商品—付款到支付宝—买家收货确认—支付宝付款给卖家—交易完成

6.中国第三方移动支付市场由于巨头的（        ）和App的活跃，使得人们的习惯逐步适应移动端，移动支付在2013—2014年得到高速发展。

A.收购               B.补贴                C.退出                D.合并

7.首信易支付平台创建于（        ）。

A.1997年3月        B.1998年3月        C.1999年3月        D.2000年3月

8.下列电子货币中，不是目前网上常用的是（        ）。

A.储值卡型电子货币                      B.银行卡型电子货币

C.电子支票                              D.电子现金

9.支付宝的迅速发展也为其母公司（        ）在互联网金融其他业务上的布局铺路。同时，这也反映出当前我国第三方支付强劲的发展态势。

A.天猫商城          B.阿里巴巴          C.蚂蚁金服          D.淘宝网

10.余额宝通过支付宝这个平台，发掘出一个（        ）尚未重视的新兴客户群体的投资需求。

A.政府               B.银行                C.证券公司          D.期货公司

11.2013年（        ）月，由支付宝推出的余额宝正式上线。

A.1                   B.4                    C.6                    D.3

12.在大额支付系统中NPC是指（        ）。

A.城市处理中心                          B.国家处理中心

C.省联社清算中心                        D.银联处理中心

13.拥有支付牌照，意味着券商在央行大额支付系统中有直接划拨资金的席位，可以实时清算到账，不用借助（        ）。

A.商业银行          B.证金公司          C.证券公司          D.中国银联

14.下列选项中，不属于银行卡支付中涉及的角色是（        ）。

A.消费者            B.商户                C.第三方平台        D.银行

15.如果我们将买和卖进行分离，就可以降低交换对于时间的要求，既可以在某个合适的时间卖，又可以在另一个合适的时间买。能帮助我们达到这样效果的中介是（        ）。

A.信用               B.货币                C.网络                D.资金

16.总结起来，支付的本质就是两个步骤：一是传递支付账号；二是鉴定（        ）。

A.利率               B.资金                C.指纹                D.权限

17.以下选项中，不属于中国现代化支付系统"二代"的核心部分是（        ）。

A.大额支付系统

B.小额支付系统

C.网上支付跨行清算系统（超级网银）

D.银行卡跨行交易系统

18.（　　）28日，中国人民银行正式颁布了《非银行支付机构网络支付业务管理办法》，困扰互联网金融行业多年的支付业务等相关问题得以解决。

A.2015年7月　　　　B.2015年12月　　　　C.2016年7月　　　　D.2016年9月

19.在银行卡型电子货币中，具备"先存款，后支用"特征的是（　　）。

A.贷记卡　　　　　B.准贷记卡　　　　C.借记卡　　　　　D.准借记卡

20.在银行卡型电子货币中，具备"先消费，后还款"特征的是（　　）。

A.贷记卡　　　　　B.准贷记卡　　　　C.借记卡　　　　　D.准借记卡

## 三、多选题

1.超级网银主要用来处理用户通过在线方式发起的小额跨行支付（金额在5万元以下）和账户信息查询业务，主要包括（　　）等功能。

A.跨行转账　　　　　　　　　　B.跨行账户查询

C.资金归集　　　　　　　　　　D.第三方支付

2.中国现代化支付系统"二代"的核心部分由（　　）构成。

A.大额支付系统

B.小额支付系统

C.网上支付跨行清算系统（超级网银）

D.银行卡跨行交易系统

3.大额支付系统按法定工作日运行。每个工作日中，系统均有（　　）的运行状态。

A.日间业务　　　　B.清算窗口　　　　C.日终处理　　　　D.营业准备

E.结算窗口

4.下列选项中，属于储值卡型电子货币的有（　　）。

A.电话充值卡　　　B.商场购物卡　　　C.加油卡　　　　　D.公交乘车卡

5.电子支票中包含的信息主要有（　　）。

A.与原有纸质支票完全一致的支付信息

B.数字证书

C.数字摘要

D.数字签名

6.在互联网大数据时代下，支付公司的价值主要凝聚在（　　）方面。

A.沉淀的支付数据　　　　　　　B.经营模式多元化

C.业务模式众多　　　　　　　　D.用户资源

7.以下选项中，（　　）是央行颁布的规范和监管支付领域的文件和规章。

A.《非金融机构支付服务管理办法》

B.《电子支付指引（第二号）》

C.《电子支付指引（第三号）》

D.《非银行支付机构网络支付业务管理办法》

E.《电子支付指引（第·号）》

8.通常电子商务包含（　　　），其中一个不可或缺的环节就是资金流，它是建立在支付的基础上的。

A.物流　　　　　　　B.商流　　　　　　　C.信息流　　　　　　　D.资金流

9.从市场交易结构来分析，中国电子商务市场可分为（　　　）。

A.B2B　　　　　　　B.B2C　　　　　　　　　　　　C.C2C

D.OTA　　　　　　　E.O2O

10.按支付方式可将电子货币分为（　　　）。

A.储值卡型电子货币　　　　　　　　B.银行卡型电子货币

C.电子支票　　　　　　　　　　　　D.电子现金

11.中国人民银行制定了《非金融机构支付服务管理办法》，其中非金融机构支付服务主要包括（　　　）。

A.网络支付　　　　　　　　　　　　B.预付卡的发行与受理

C.银行卡收单　　　　　　　　　　　D.中国人民银行确定的其他业务

12.以下选项中，属于P2P平台的有（　　　）。

A.陆金所　　　　　B.红岭创投　　　　C.人人贷　　　　D.温州贷

13.以下选项中，（　　　）是在第三方支付平台开户需要提供的资料。

A.提供企业三证（即营业执照、法定代表人身份证、开户许可证）

B.网站、App、公众号等证明

C.提供域名并在网站ICP备案，备案信息必须跟提供的资料信息一致

D.法人或个人划款的银行账户

E.企业其他资质证明

14.现金支付的特点有（　　　）。

A.是最终的支付手段

B.具有"分散处理"的性质

C.具有"脱线处理"的性质

D.稀缺性和信誉性

15.电子现金的支付过程包括（　　　）。

A.购买并储存电子现金　　　　　　　B.用电子现金购买商品或服务

C.资金清算　　　　　　　　　　　　D.确认订单

16.在支付过程中，所用的系统有（　　　）。

A.支付结算系统　　　　　　　　　　B.支付服务系统

C.支付资金清算系统　　　　　　　　D.结算资金清算系统

17.网上支付活动的主要参与者包括（　　　）。

A.卖家　　　　　　　　　　　　　　B.买家

C.银行　　　　　　　　　　　　　　D.第三方支付机构

18.第三方支付充当的角色有（　　　）。

A.结算机构　　　　　B.网关代理　　　　　C.信用中介　　　　　D.资金媒介

19.按照业务类型的不同，第三方支付可分为（　　　）。

A.依托互联网的投资理财型支付

B.依托大型 B2C、C2C 等网站的网关支付

C.通过销售点（如 POS 机）终端的线下支付

D.通过储值卡等的预付服务

20.在淘宝网上，支付宝工具的使用步骤为（　　　）。

A.买家付款给淘宝网　　　　　　　　B.卖家发货给买家

C.买家收到货物后确认支付　　　　　D.淘宝网付款给卖家

## 四、判断题

1.支付宝的运作实质是以支付宝为信用中介，在买家和买家之间进行担保，在买家确认收到商品前，由支付宝替买卖双方暂时保管货款的一种服务。（　　　）

2.第三方支付平台主要具有款项收付操作便利、功能可扩展性强、信用中介的可靠信誉保证等优势。（　　　）

3.储值卡是指某一行业或公司发行的可代替现金使用的 IC 卡或磁卡。（　　　）

4.电子现金具有匿名性、不可跟踪性、节省传输费用、节省交易费用的特点。（　　　）

5.在互联网上支付时，对支付的安全保证要求较高，其核心问题是消费者、商户和银行之间信息的安全传输。（　　　）

6.与传统的商业银行相比，网络银行有许多竞争优势，突出体现在对成本的替代效应和对服务品种的互补效应上。（　　　）

7.目前，网络银行的运行机制主要是传统银行在互联网上建立网站提供服务。（　　　）

8.支付机构不得为金融机构，以及从事信贷、融资、理财、担保、信托、货币兑换等金融业务的其他机构开立支付账户。（　　　）

9.在排除客户过错的情况下，如果快捷支付发生了风险损失，银行要承担先行赔付的责任。（　　　）

10.可以说，网络银行是在互联网上的虚拟银行柜台。（　　　）

11.以支付宝为代表的第三方支付模式完全独立于电商平台，不具有担保功能。（　　　）

12.银联主要从事以互联网等新兴渠道为基础的网上支付、企业 B2B 账户支付、电话支付等银行卡网上支付及增值业务。（　　　）

13.商品交易经历了现金支付、电子支付、第三方支付三个阶段。（　　　）

14.网上支付方式都可算作第三方支付。（　　　）

15.一次完整的支付过程，将包括支付和结算两个过程。（　　　）

16.中国现代化支付系统的间接参与者是商业银行的广大客户。（　　　）

17.中国现代化支付系统的直接参与者包括国有商业银行和中国人民银行。（　　　）

18.第三方支付要加强风控能力，实现24小时安全监控，自建反欺诈系统，防止木马病毒盗取资金和用户信息。（　　　）

19.用户要提高风险意识，重视个人信息的保密，要在安全平台上进行交易。（　　）

20.诈骗者一般会冒用第三方支付平台工作人员的身份要求付款人通过微信。（　　）

## 五、简答题

1.第三方支付的功能有哪些？

2.第三方支付的业务流程是什么？

## 六、实战演练

张大妈一大早就去早市买菜，可是在买白菜时，商贩没有零钱可找，张大妈只能从西边走到东边的羊肉摊位去换零钱。下午，张大妈去煤气公司交纳煤气费，路上不小心摔了一跤，脚肿了，煤气费也没有交成。

请你说明一下微信支付和支付宝的应用场景有哪些？思考如何帮助张大妈在智能手机上使用微信支付和支付宝？

第六章

# 区块链+
# 供应链金融

## 学习目标

**知识目标：**

- 了解供应链金融的产生背景及其与传统供应链金融的区别；了解了解公有链、私有链、联盟链的含义和联盟链的特点；掌握供应链金融含义及特点。

**能力目标：**

- 掌握供应链金融业务模式；掌握区块链供应链金融的业务架构；能够针对供应链金融的痛点提出解决方案；能够区分供应链金融和商业保理之间的区别。

**素质目标：**

- 借助区块链技术的去中心化、信任机制公开透明等特点，探索出符合实际的爱国主义教育创新模式，培养学生树立为祖国为人民永久奋斗、赤诚奉献的坚定理想，让新时代的年轻人都为实现中华民族伟大复兴的中国梦而奋斗。

# 第一节　供应链金融概述

## 甘肃用蚂蚁区块链实现无接触招投标

在新冠肺炎疫情防控的特殊时期，各地都在比拼如何用科技创新开展"云复工"。2020年2月10日，甘肃省公共资源交易局联合蚂蚁区块链、阿里云、甘肃文锐，基于蚂蚁区块链服务平台开发网上开评标系统。系统上线3天，就完成了7个交通建设项目11个标段的在线开标工作，参加投标企业50余家，交易金额达16.2亿元。

甘肃省公共资源交易局的做法如下：

### 1. 企业用蚂蚁区块链开启无接触复工模式

（1）云投标：链上开标系统。甘肃省上线后3天完成7个项目，总金额16.2亿元，50余家企业投标不用跑场地。

（2）云贷款：双链通。中科大旗和上下游企业的真实交易过程记录在区块链中，让小配件商用"欠条"业务快速贷到周转金。

（3）云签约：智能合同。智能商品租赁公司"八戒租"，上线第一个月完成无接触签约1 000单，全流程自动存证可追溯，回款有保障，有效减少坏账。

### 2. 蚂蚁区块链招投标应用的优势

（1）蚂蚁区块链成为线上交易信息的"保险柜"。从企业投标、专家评标到公示结果等12项交易环节，所有电子数据自动上传存证且不可篡改，交易规则通过智能合约自动执行，大大提升多参与方协同的招投标效率。企业不需要等疫情结束，不需要从全国各地来兰州，不需要拿文件一趟一趟地跑，在家动动鼠标就能完成项目投标。

（2）服务能力提升。通过技术手段保证整个交易过程不再依赖政府公信力，利用区块链来保证公开、公平和公正。

（3）极大节省企业招投标成本。区块链技术为该行业实现数字化保驾护航，以2月12日甘肃某交通项目为例，每家投标企业上传2 000多页标书，如果按照"纸质作业"，每家企业仅制作标书（按照一套副本计算）就要3 000元左右，加上交通、住宿等费用，至少要花费6 000元。甘肃公共资源交易局使用区块链前后对比如表6-1所示。

表 6-1　　甘肃省公共资源交易局使用区块链前后对比

| 项目 | 使用前 | 使用后 |
|------|--------|--------|
| 时间 | 排队办事，100个投标人至少10小时 | 每人10分钟，所有人同步进行 |
| 服务能力 | 每天开多少项目受限于场地 | 服务无上限 |
| 便捷性 | 线下完成不止跑一次 | 全流程线上化，一次不跑 |
| 安全性 | 电子认证加密操作复杂、易发生故障、易作弊 | 安全稳定、易操作、防篡改，多方监督 |
| 成本 | 标书制作、交通费、住宿费等 | 上网零成本 |

　　甘肃省每年公共资源交易成交总额约 3 000 多亿元，对地方经济影响重大，而招投标则是所有项目开工建设的第一步，其用区块链技术既最大限度保障了项目建设，又避免了传统方式线下多人接触，是特殊时期的创新。

　　资料来源：佚名. 甘肃走上"云复工"潮流前排：用蚂蚁区块链实现无接触招投标［EB/OL］.［2020-02-19］. https：//baijiahao.baidu.com/s？id=1658933944174295417&wfr=spider&for=pc.

## 一、供应链管理

　　一个产品的生产过程可分为三个阶段：原材料、中间产品、产成品。在产品生产过程中，不同工序、不同区段、不同零部件等需要分工操作。由于技术进步和需求升级，生产过程从以前的企业内细分，转变为企业间分工。

　　于是，整个产品生产过程演变成了如今的供应链管理流程：计划、采购、生产、存储、分销、服务。更大范围的供应链涉及产品全周期的闭环，从产品的计划到产品生命周期结束，即产品返厂维修以及回收报废品，如图6-1所示。

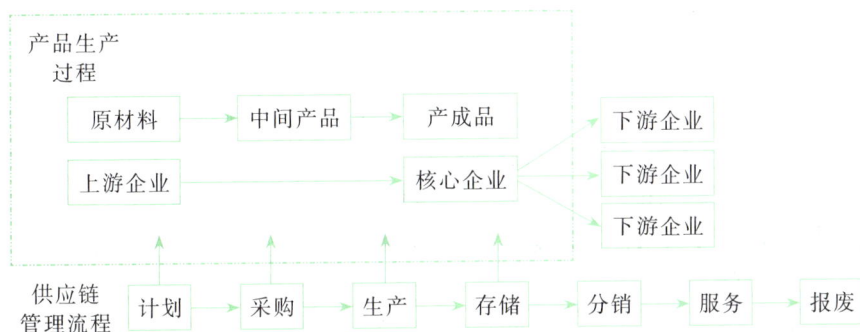

图6-1　供应链涉及产品全周期的闭环

　　也就是说，一些企业完成原材料的收集（上游企业），一些企业分环节完成产品的制作加工过程并对接下游的经销商，由经销商来完成产品的销售。

　　这样一条链式的功能结构就是供应链。供应链管理要帮助企业打通三个流：信息流、物流、现金流。其中信息流是中枢神经系统，物流是过程，现金流是结果，如图6-2所示。

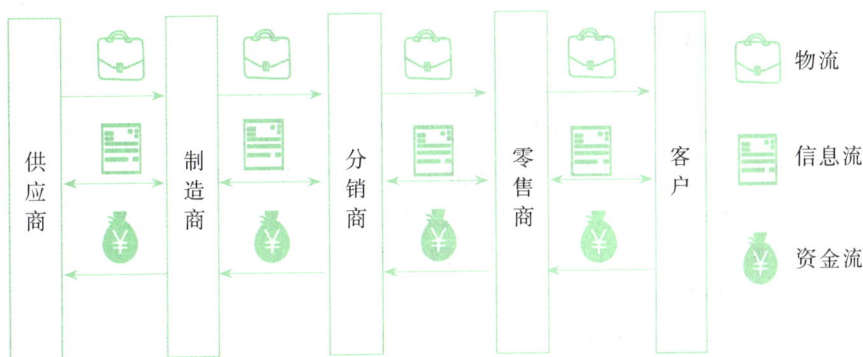

图6-2　供应链实物体流向、资金流向和信息流向

### 1. 实物体的流向和资金流的方向相向而行

　　（1）实物体的流向。物流是真实物体的流向，比如纯棉的衣服是以棉花为原料生产

的，那么在这个供应链中，棉花提供商就是供应商，衣服设计生产商就是制造商，衣服生产好之后批发给各个分销商，分销商再将这些衣服批发给街边店面的零售商，最终消费者付钱获得这件衣服。

（2）资金流的方向。每个企业，不管是大公司，还是小公司，都是机器上的一个齿轮，驱动企业运转的是资金，伴随物流的是资金流。简单理解就是制造商付钱给供应商，才能拿到棉花进行生产；分销商把钱给到制造商，制造商才会从仓库里把做好的衣服给分销商，以此类推。资金流的方向是客户→零售商→分销商→制造商→供应商。

### 2. 信息流与产品流、资金流结伴而行

信息流是供应链的神经系统，支配产品流和资金流的运作。例如，你要寄一个包裹，填写的表格就是沟通信息。包裹的流动形成产品流，表格的流动则形成信息流。表格支配着包裹的流动。对一个多重的复杂供应链来说，信息的有效流动非常重要。

由上述讲解可见，供应链是指商品到达消费者手中之前，各相关者的连接或业务的衔接，是围绕核心企业，通过对信息流、物流、资金流的控制，从采购原材料开始，制成中间产品以及最终产品，最后由销售网络把产品送到消费者手中，将供应商、制造商、分销商、零售商直到最终用户连成一个整体的功能网链结构。

## 二、传统的分工矛盾与制度模式的变化

#### 小知识 6-1

在传统商务活动中，买卖是面对面进行的，信息流、资金流和物流是在同一时间、同一地点完成传递的。消费者了解商品信息、询价是信息流，消费者付款给卖方是资金流，卖方将商品交付给消费者便实现了物流。因此，传统商务活动是"一手交钱，一手交货"，把三个流一次性完成了。

在电子商务交易过程中，信息流、资金流和物流被分离了，他们通过不同的渠道来协同完成。信息流的渠道主要是网络，物流的渠道是配送中心或快递公司，而资金流的渠道是银行。

在传统贸易中，由于市场交易成本的限制等原因，企业大多都会在自身内部完成一个完整的产品生产过程，即所谓的企业内分工。这时候的产品由于大规模统一制作，类型比较单一。随着业务的发展，企业规模越来越大，业务也越来越复杂，运营成本越来越高，企业主开始要求各个部门都要尽职做好本职工作。

### （一）企业局部利益与整体利益出现矛盾

（1）企业通常利用规模效应来降低成本。所以，销售部门要不断地多卖货，研发部门要不停地开发新产品，采购部门要大批量采购，物流部门必须满载、齐套发货。

（2）研、供、产、销各方矛盾爆发。在大家各自为战之后，部门业绩好了，但企业不赚钱了。因为预测不准，各部门矛盾爆发。企业的销售部门认为缺货很严重，制造部

门告诉销售部门库存满足率接近99%，物流部门告诉销售部门准时交付率高达99%，现有的货都交付了，没有的货不管……

### （二）各个部门分工的矛盾需要管理来协调

在企业内部，每个部门都做好了自己的工作并不代表整体利益能够最大化。采购部门和生产部门需要考虑经济批量问题，多大量才是合适的？库存或新鲜度如何平衡？销售部门要提升交付率，什么程度是恰当的？高交付率的代价多大？研发部门需要推陈出新，但是每个产品的定位是什么？前后端如何衔接？这就需要企业的内部分工管理。

### （三）传统供应链管理的是更大的供应链

企业内部的管理要由顶层管理者做出决策，当涉及多个企业的供应链时就不能只靠研发、采购、生产、物流和销售这几个职能业务部门来维系运转，而是要从宏观角度来细分工作任务。

#### 1. 供应链中核心企业占主导地位

一般来说，一个产品的供应链是从原材料采购到生产最终产品，再由销售网络把产品送到消费者手中，将供应商、制造商、分销商、零售商、最终用户连成一个整体。如果整个过程都像客户从零售者手里买东西一样，一手交钱，一手交货，那么整个链条就是通畅的，而且谁都不会缺钱。

但实际上在这个供应链中，竞争力较强、规模较大的核心企业因其处于强势地位，往往在交货、价格、账期等贸易条件方面有一定的议价权，从而给其他企业造成的压力。而上下游配套企业如果是中小企业，难以从银行融资，结果往往造成资金紧张，导致整个供应链失衡。

例如，C是很有名气的服装分销商，它的产品热销，制造商B非常依赖C，在现实中C往往会提出要求，希望先拿货，等卖得差不多时再把钱给B。那么B就需要先承担这批服装的生产成本。如果此时B没有足够的资金去供应商A那里购买原材料生产或加工，那么B就需要金融企业的帮助，即B找金融机构借钱买原材料来完成订单。但是传统的信贷只能解决整个链条的一环，并且银行偏向于选择信用评级较高的大型企业作为授信对象，如图6-3所示。

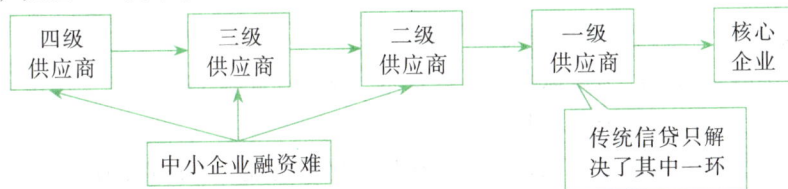

图6-3　传统的信贷模式

#### 2. 中小企业融资难

一般来说，中小企业的现金流缺口经常会发生在采购、经营和销售三个阶段。上下游的中小企业为了缓解资金压力，维持生存经营就要去借钱。然而，中小企业因为自身信用级别较低、固定资产等抵押担保品较少、经营管理不善、财务信息不透明等原因，使其很难在银行等金融机构借到钱。

那么与之合作的核心企业能否利用自身良好信用帮助中小企业取得金融机构的贷款

呢？区块链供应链金融应运而生。

## 三、区块链供应链金融的含义及解决的痛点

### （一）区块链供应链金融含义

**微课堂6-1**

区块链+供应链金融

供应链金融兴起于供应链管理。区块链供应链金融是指以核心客户为依托，以真实贸易背景为前提，运用自偿性贸易融资的方式，通过应收账款质押登记、货权质押等手段，封闭资金流或控制物权，对供应链上下游企业提供综合性金融产品和服务。

区块链供应链金融能够为一个产业供应链的上下游企业提供全面的金融服务，它改变了过去银行对单一企业主体的授信模式，改为围绕某一家核心企业，从原材料采购到制成中间及最终产品，最后由销售网络把产品送到消费者手中这一供应链链条，将供应商、制造商、分销商、零售商、最终客户连成一个整体，全方位地为链条上的若干个企业提供融资服务，通过相关企业的职能分工与合作，实现整个供应链的不断增值。

▶▶▶

**小知识 6-2**

通俗地说，供应链金融就是围绕一个大公司的上下游朋友圈，金融机构通过了解真实的业务往来，提供资金服务。比如说某大公司采购了某小公司的100万元的原材料，那么小公司就可以用这笔100万元的应收账款去融资。

◎

例如，C是一家很有名的经销商，业绩也很好，B和C有合同，金融机构就不太担心贷给B的钱收不回来，所以愿意借钱给B。这里就体现出了供应链金融的特别之处：一般房贷、车贷，金融机构借钱要看本人的信用如何，是否有稳定的工作和收入。而供应链金融借钱给B，主要是看C是否足够优秀，是否能够按照约定把货款给B，B本身的资质可能不够得到金融机构的贷款，但只要B（上游）在供应链上，下游有足够信誉的C企业，B就能够凭借和C的业务往来获得这笔贷款。这就是供应链的作用。

### （二）供应链金融解决了信息孤岛的问题

供应链金融是典型的多主体参与、信息不对称、信用机制不完善、信用标的非标准的场景，与区块链技术有天然的契合性。

区块链供应链金融能有效地解决信息孤岛、信用传递，预防履约风险，解决借贷双方信任问题。

#### 1. 供应链存在很多信息孤岛

供应链涉及信息流、资金流和物流，是个多主体、多协作的业务模式。但由于每个主体使用的供应链管理系统、企业资源管理系统，甚至财务系统都有所不同，导致对接困难。就算对接上了，也会由于数据格式、数据字典不统一，从而导致信息共享难，如图6-4所示。

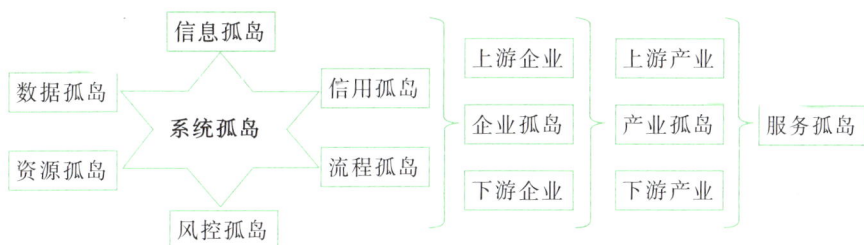

图6-4 供应链上的信息孤岛

导致供应链存在很多信息孤岛的原因主要有以下两个。

（1）企业间信息不互通。供应链中往往有多层供应、销售关系，核心企业的信用只能传递到一级供应商或一级经销商，无法传递到更需要金融服务的上下游两端的中小企业，因为这些中小企业往往不直接与核心企业进行交易，导致供应链涉及的多主体存在互联互通难的问题。

▶▶▶

**小知识 6-3**

传统供应链金融中的企业往往分布在不同地域，涉及很多机构，业务系统也打不通，企业间信息的不互通制约了很多融资信息的验证。比如一个突出的问题是谁来做中心节点？银行等金融机构来做中心节点，核心企业不愿意（核心企业担心核心业务数据泄露）；如果核心企业来做中心节点，银行也不放心（没有区块链技术，担心数据造假骗贷）。在没有中央机构的情况下，对于跨银行的客户认证、信用证流转等业务，各家机构都不希望加入由他人主导的中心化服务体系里。

（2）企业与金融机构之间信息不对称。因为企业用自己的ERP系统对交易信息进行记录，存在更新信息不及时、数据不公开等问题，融资信息如交易和单据的真实性难以验证。数据多由核心企业或参与企业分散孤立地记录保存在中心化的账本中，当账本上的信息不利于自身时，就存在被篡改的风险。

**2.区块链是解决信任的机器**

区块链作为一种分布式账本，为各参与方提供了平等协作的平台，降低了机构间信用协作风险和成本。

（1）区块链数据永久存储解决了信用传递的问题。信用是金融的核心，区块链对于供应链金融的价值是信任传递。区块链多种技术的组合应用能帮助解决跨地域、跨机构、跨系统的信任问题。

（2）供应链对数据的深度保存，即将供应链中涉及的原材料信息、部件生产信息、每一笔商品运输信息以及成品的每一项数据都在链上永久存储，其核心是为每一个商品找到出处，然后进行数据溯源和追踪，在企业的层层交易中追溯所需记录。这些信息可以让金融机构在很短的时间内了解一个行业和企业，增加了金融机构与企业之间的信任。

（3）区块链数据按时间顺序存储。企业的交易在平台上完成，交易记录按时间顺序存储在平台上，区块链上的数据都带有时间戳，能够保证所有的数据信息不被篡改，最重要的是平台上的每个节点都可以根据自己的权限查询链上的信息，保证了数据的一致性和信息的对称性，从而降低了企业间的沟通成本和道德风险。

（4）区块链信息透明解决了在分布式场景下达成一致性的问题。区块链的共识机制是去中心化，在共识机制下，企业和企业、企业与用户之间的运营遵循的是一套协商确定的流程，而非依靠核心企业的调度协调，多个机构之间数据实时同步，可实时对账，使得众多的节点在链上达到一种相对平衡的状态。

### 3. 核心企业信用可拆分便于为更多的企业提供融资业务

（1）数字资产赋予传统资产高度自主流动性。根据民法典、电子签名法等相关法律条文，核心企业的应收账款凭证可以通过区块链转化为可流转、可融资的确权凭证，使得核心企业信任能沿着可信的贸易链传递。区块链的多个利益相关方只要提前设定好规则，就可以实现合约智能清算，减少人工干预，降低操作失误，也可以减少道德纠纷的发生。

（2）智能合约的真实性和效率性保证合同的执行。将企业业务流程中供应链的信息流、物流和资金流数据与融资数据上传至区块链后，可以加速数据的互通和信息的共享，减少人为交互，极大地提高资金的利用率。在区块链架构下提供线上基础合同、单证、支付等结构严密、完整的记录，提升了信息透明度，实现了可穿透式的监管，从而提供可信贸易数据。

（3）数字凭证可进行多级拆分和流转。基于相互的确权，整个凭证可以衍生出拆分、溯源等多种操作，银行往往围绕核心企业为其一级、二级供应商提供供应链金融服务。近两年出现的区块链底层应收账款债转平台，运用电子商票的拆分和流转，可服务三级、四级甚至更多级供应商，如图6-5所示。

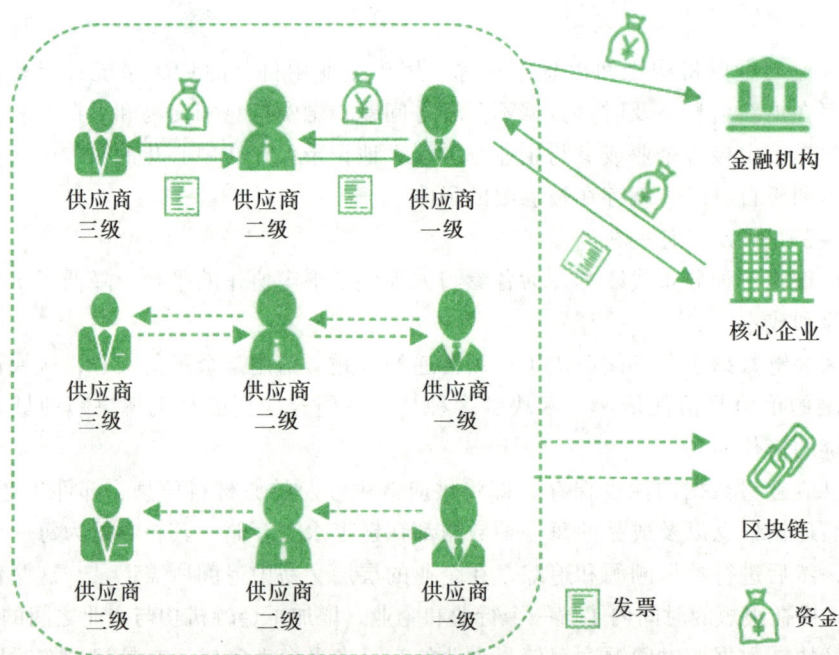

图6-5　区块链平台的信用拆分和传递

### （三）区块链技术重构生产关系

在区块链技术下，生产关系呈现出参与主体多、链条长、环节多等特征，产品越来越丰富，技术越来越先进，效率越来越高，成本越来越低，风险越来越可控，受益主体越来越多。

#### 1.打通各层之间的交易关系

（1）从参与方来看。区块链链接了各个参与方的信息系统，打通了各层之间的交易关系，提供了可信的协作环境，提高了交易协作的效率，多个参与方基于交易本身进行协作，共同见证了交易的过程，为交易的真实性提供了保障。例如，银行、核心企业、供应商以及第三方机构组成一个区块链联盟，基于智能合约技术将数据和信息的输入输出标准化，当交易发生时，各成员参与记录，这就从根源上保障了数据的一致性，提高了数据质量，也为银行降低了运营成本，从而降低了企业贷款贵的问题。

（2）从供应链金融平台来看。供应链金融平台已经从简单的贸易金融和物流服务商、金融机构的三方主体转为多方主体的供应链金融；从提供简单的融资服务转为综合的供应链+金融服务；从简单的低效线下交易转为高效的线上平台。

#### 2.增进了各主体的良好关系

供应链金融的本质是信用融资，基于信任传递能够很好地解决传统融资项下中小企业缺乏信用的问题，不再以企业的规模、实力、潜力等为主要参考依据，而是以核心企业的信用情况和企业在供应链中的地位为依据，以交易行为为基础进行贷款，从而实现对与核心企业没有直接交易远端企业的信用传递，将其纳入供应链金融的服务范畴，让整个链条更顺畅。

（1）对核心企业。首先打破原有信息的不对称，全面了解供应链网络，释放了企业信用，让优质核心企业闲置的银行信用额度得到释放，盘活了应付账款。其次，拉长了原有账期，增加了现金流。最后，使用加密技术，保证数据安全。

（2）对金融机构。金融机构作为授信方和资金提供方，基于可信的数据源，利用数据分析等手段，为企业进行授信和放款，简化了融资流程，提高了融资效率，降低了融资成本。

供应链金融首先解决了核心企业、供应商与金融机构间信息不对称问题。其次，所有的合同、票据都实现了电子化流转与存储，使业务办理更高效；数字签名也使用了区块链技术，有效控制道德风险。最后，赚取利差并且通过资产证券化增加收益，将银行信用融入上下游企业的购销行为，增强其商业信用，促进中小企业与核心企业建立长期战略协同关系，提升供应链企业的竞争能力。

（3）对融资企业。在供应链融资模式下，每个节点的参与者在授权之下都有了系统内的数据，系统中实现了去中心化，这在一定程度上弱化了对核心企业的依赖，融资企业通过核心企业的作用，将个体信用扩展为企业链信用，提高了话语权。同时，将资金有效注入处于相对弱势的上下游配套中小企业，解决中小企业融资难和供应链失衡的问题。

**经济观察 6-1**

**切入绿色供应链金融的"抓手"**

绿色供应链金融要求将绿色供应链、供应链金融以及绿色金融有机融合，在融资要求上更加注重企业绿色低碳发展。在国家的号召下，银行等金融机构积极响应，并推出了一系列绿色供应链金融方面的实践。

数据显示，截至2021年年末，国内11家主要银行绿色信贷余额达9.77万亿元。六大国有行的绿色信贷余额共86 792.07亿元。其中，工商银行、农业银行、中国银行、建设银行四家绿色信贷余额突破万亿。

在供应链金融的探索方面，各大银行根据自身优势，大展身手，创新绿色金融模式和产品。例如：农行推出的合同能源管理未来收益权质押贷款、生态修复贷、绿色交通贷、绿色节能建筑贷、生态保护贷、碳汇林业贷等产品。交通银行落地的碳配额质押融资业务、碳排放配额质押叠加保证保险融资业务等。邮储银行落地可持续发展挂钩贷款和碳汇收益权质押贷款。

银行在绿色产业方面的金融产品的创新，不仅降低了企业的授信门槛，而且有力地盘活了企业资产。

资料来源：雨亦. 中国绿色贷款存量世界第一　绿色供应链金融新风口　上海深圳在行动 [EB/OL].[2022-06-17]. https://baijiahao.baidu.com/s? id=1735884066576797258&wfr=spider&for=pc.

**启发思考：**

供应链金融是通过金融资本与实业经济协作，构筑银行、企业和商品供应链互利共存、持续发展、良性互动的产业生态。供应链的底层逻辑是相关企业为了适应新的竞争环境而组成的一个利益共同体，其密切合作建立在共同利益的基础之上，供应链各成员企业之间通过一种协商机制，来谋求多赢互惠的目标。

不同的思维方式对应着不同的管理模式以及企业发展战略。供应链管理改变了企业的竞争方式，将企业之间的竞争转变为供应链之间的竞争，强调核心企业通过与供应链中的上下游企业之间建立战略伙伴关系，以强强联合的方式，使每个企业都发挥出各自的优势，在价值增值链上达到多赢互惠的效果。

**教学互动 6-1**

问：举例说明供应链金融的特点。

答：一般的房贷、车贷，能否获得金融机构的贷款，取决于本人的信用如何，是否有稳定的工作和收入。而借钱给B企业，却主要是看C企业是否足够优秀，是否能够按照约定把货款付给B企业，这就是供应链的作用。B企业本身可能没有资质来得到金融机构的贷款，但只要在B企业的供应链上下游有足够信誉的C企业，B企业就能够通过和C企业的业务往来获得这笔贷款。这就是供应链金融的特别之处。

## 四、区块链供应链金融与其他金融模式的关系

### (一) 与产业金融及物流金融的关系

供应链金融包含在产业金融当中，供应链金融又包括了物流金融，二者存在一定程度的从属关系，如图6-6所示。

图6-6　区块链供应链金融与产业金融及物流金融的关系

#### 1. 产业金融

产业金融（industrial finance）是将最具流动性的金融资本与产业资本相结合，是一种为产业融资的有效做法。产业金融体系犹如在产业运作中的"水利工程"，把资金汇集到统一的产业方向后，再根据产业发展的需要进行资金配置，进而实现资源合理配置，达到调整产业结构和促进产业升级的作用。产业金融体系的主体平台是产业投资基金和产业银团组织，其雄厚的资金实力能够在整合产业链方面发挥重要作用。

#### 2. 物流金融

物流金融（logistics finance）是指在面向物流业的运营过程中，通过应用和开发各种金融产品，有效地组织和调剂物流领域中货币资金的运动。这些资金运动包括发生在物流过程中的各种存款、贷款、投资、信托、租赁、抵押、贴现、保险、有价证券发行与交易，以及金融机构所办理的各类涉及物流业的中间业务等。

物流金融主要涉及三个主体：物流企业、金融机构和贷款企业（客户）。贷款企业是融资服务的需求者，物流企业与金融机构为贷款企业提供融资服务，三者在物流管理活动中相互合作、互利互惠。

### (二) 与传统金融模式的区别

传统金融和供应链金融的区别主要体现在对风险的控制、授信的灵活度等方面，具体情况如图6-7、图6-8所示。

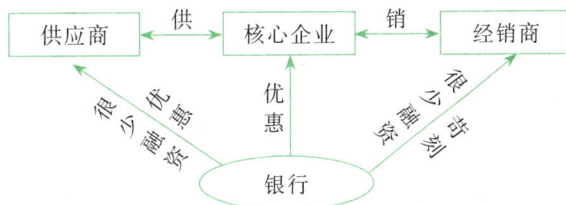

图6-7　传统金融模式

区块链供应链金融与传统信贷虽然都能满足企业的融资需求，但供应链金融与传统信贷在思路、实现模式和管理方法上都不同。

#### 1. 对供应链成员的信贷准入评估不同

（1）传统金融孤立地关注企业和业务本身。传统信贷业务注重申请授信企业自身经

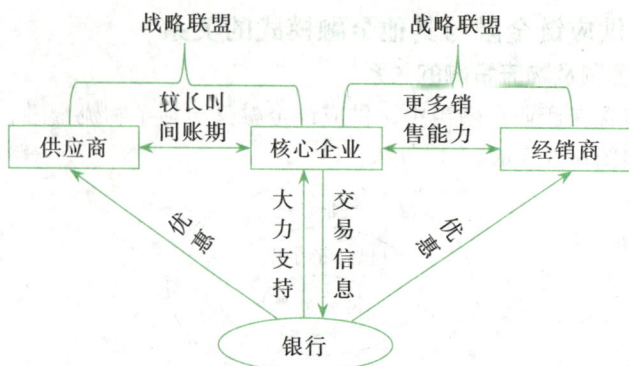

图6-8　区块链供应链金融模式

营状况，注重审查申请授信企业生产、经营、市场情况，银行基于企业的商品交易中的存货、预付款、应收账款等资产状况对企业进行信贷支持。

（2）供应链金融的风险主要在于链条的稳定性。供应链金融的服务对象是供应链中核心企业上下游的中小企业。在准入标准上，不再孤立地评估单个企业的财务状况和信用风险，而是侧重于考察中小企业在整个供应链中的地位和作用，以及其与核心企业的交易记录。如果条件满足，而且证明整条供应链联系足够紧密，那么银行将为中小企业提供融资安排，并且不会对其财务状况做特别的评估。

### 2.在实现模式方面有区别

（1）传统信贷评估的是企业综合信用。这一动态指标相对难以掌握，这也是资产支持型融资成为主流的原因。①极少关注产业供需；②不关注贸易流程和交易过程，和单一的企业打交道，较为孤立；③服务往往立足于某一行业、企业。

（2）供应链金融强调的是交易确定性和资金封闭性。供应链金融要求资金与交易、运输、货物出售严格对应，对供应链信息流的掌控程度，决定了供应链金融方案的可行性。①关注产业供需，并以此为基础提供供应链金融服务；②关注并重视贸易过程和交易过程，与供应链中的所有企业打交道；③服务跨企业、跨行业。

### 3.服务对象有所不同

（1）传统金融的主要服务对象是大型企业、核心企业和极具潜力的企业。对于上下游中小型企业而言，受制于信用水平不足，进行直接融资的难度很大，即便能够融到资，获得的额度也较少，且成本较高，中小型企业通过传统金融获得融资非常难。

（2）供应链金融主要服务对象是供应链中的核心企业及上下游的中小型企业。金融机构不再孤立地评估中小型企业的信用状况、经营状况、前景、财务状况等，而着重考察中小型企业在供应链中的地位。其与核心企业的交易记录，是供应链金融是否注入资金到中小型企业的重要依据。与核心企业的购销行为能增强中小型企业信用等级，从而解决中小型企业融资难的问题。

### （三）供应链金融和商业保理之间的关系

商业保理即保付代理，是指基于买卖双方的交易关系，卖方将其现在或将来与买方订立的货物或服务贸易合同所产生的或将要产生的应收账款转让给保理商，商业保理的主要工作是面对债权人转让应收账款，集商业资信调查与信用评估、应收账款管理、坏账催收、担保与融资为一体。商业保理是债权人与债务人的合作关系。

供应链金融是商业保理的延伸，是在商业保理的交易结构的基础上，在整个供应链上进行的融资行为。在这种商业模式下，供应链金融服务需要找出整个产业链的核心企业，通过核心企业将产业链的上下游整合在一起，是由核心企业对银行达成的对整个产业链的金融服务。供应链金融是以核心企业为主要的合作合同方，通过信息流、现金流等方式来更加灵活地展开业务，如图6-9所示。

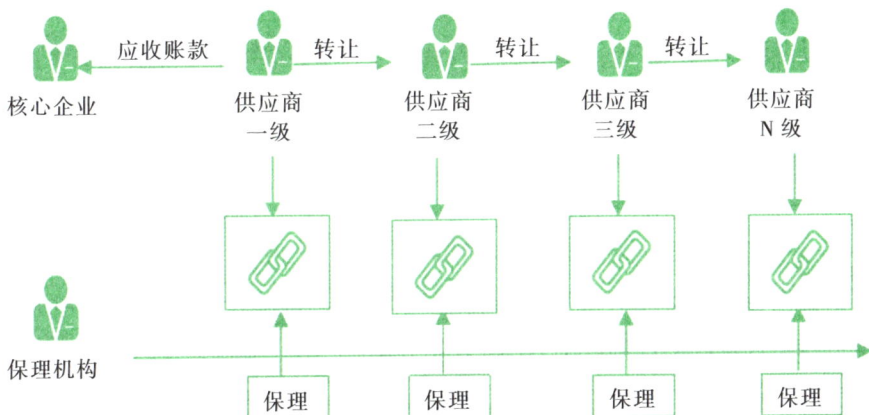

图6-9  供应链金融和商业保理之间的关系示意

**小知识 6-4**

由于核心企业信用的传递，使得供应商融资成本更低。中小供应商平时的融资成本在12%～18%，甚至更高，而在生态内的融资成本可以控制在10%以内。

## 五、供应链金融的作用及优势

供应链金融平台是从简单的贸易金融和物流金融的三方主体转为多方主体的供应链金融；从简单地提供融资服务转为综合的供应链+金融服务；从简单的低效线下交易到高效的线上平台。供应链金融平台呈现出参与主体多、链条长、环节多等特征；具有实现产品越来越丰富、技术越来越先进、效率越来越高、成本越来越低、风险越来越可控、受益主体越来越多等趋势。

### （一）拓宽企业融资新渠道

在传统的工业领域，在产业链上的中小企业通常以赊账销售形式达成交易，因此造成企业资金紧张、风险增大。由于产业链较长，因而导致整条产业链运行不佳，中小企业融资难度更大。而供应链金融不仅有核心企业作为担保，还有实际的交易行为作为抵押，保障回款安全，解决了中小企业融资难、融资成本高等问题，激活了融资市场。

**1. 中小企业的资金需求特点主要表现为急、少、频**

中小企业的贷款频率是大型企业的5倍，而单个企业贷款规模不大，这就导致金融机构信贷审核成本较高，且一般金融机构不具备这些产品的处置能力。

**2. 金融机构面临巨大的操作成本、交易成本和机会成本**

传统融资模式是一对一融资，金融机构需要对分散在各地的客户一个一个地进行营销、了解、办理、贷后管理、催收等工作。不动产容易识别，也不会损失（地震等不可抗力除外），所以金融机构大多采取不动产抵押的方式发放贷款。如果到期不还款就通过法律途径处置不动产，或者干脆放弃小微企业贷款业务，只做大企业。如果做一个小企业的一百万贷款和做一个大企业的一个亿贷款交易成本和操作成本一样的话，那么金融机构及其员工都会选择大企业。

**小知识 6-5**

一个灯泡厂一次借贷可能就几十万元，贷款 3~6 个月，为了这一点利息收入要做大量调研，还要承担灯泡卖不出去放在银行抵押品仓库的风险，对银行来说代价太高。因此，大型金融机构不愿意做小企业的融资，当然也无法在众多中小企业中发掘优质客户。

### 3. 区块链帮助信任传递

区块链使商业体系中的信用变得可溯源、可传递，可以为产业链上末端的中小企业提供融资机会，并且降低他们的融资成本。

### 4. 提升核心企业产品的竞争力

对于大型企业而言，供应链金融作为融资的新渠道，不仅能弥补被银行压缩的传统流动资金贷款额度，而且可以通过上下游企业引入融资，使自己的流动资金需求水平持续下降。

另外核心企业还能利用闲置的授信或者资金提供服务获得额外收益，加强对上下游企业的把控。

## （二）延伸银行的纵深服务

### 1. 供应链金融比传统业务的利润更丰厚

由于信用具有穿透性，银行可以依托核心企业信用，面向多级供应商特别是中小微企业贷款，客户群体大幅增加，贷款利率也相应比原一级供应商的贷款利率高，利润空间更大。

### 2. 供应链金融提供了更多强化客户关系的宝贵机会

供应链金融提供了一个开发和稳定高端客户的新渠道。通过面向供应链系统成员的一揽子解决方案，核心企业被"绑定"在提供服务的银行。

## （三）物流、资金流、信息流"三流合一"

### 1. 物流、资金流、信息流的含义

（1）物流。物流是指因人们的商品交易行为而形成的物质实体的物理性移动的过程，它由一系列具有时间和空间效用的经济活动组成，包括包装、存储、装卸、运输、配送等。在信息技术高速发展的今天，物流作为物质实体从供应者向需求者的物理性移动，依然是社会再生产过程中不可缺少的中间环节。

（2）资金流。资金流是指资金的转移过程，包括支付、转账、结算等。资金的加速流动具有财富的创造力，商务活动的经济效益是通过资金的运动来体现的。

（3）信息流。信息是客观世界中各种事物变化和特征的反应，是客观事物之间相互联系的表征，它包括各种信息、情报、信号、资料等，也包括各类科学技术知识。信息流是电子商务交易各个主体之间信息传递与交流的过程。经济信息的流动是经济货单的

重要组成部分，是对持续不断、周而复始的商品流通活动的客观描述，是资金流、物流运动状态特征的反映。

### 2.物流、资金流、信息流构成了一个流通过程

物流、资金流、信息流三者相互作用、密不可分，既相互独立，又是一个综合体，三者有效结合起来，能产生更大的能量，降低融资成本，创造更大的经济效益。

供应链金融将贸易中的买方、卖方、第三方物流以及金融机构紧密地联系在了一起，实现了用供应链物流盘活资金。

供应链金融系统结合企业采购、生产加工制造、销售等环节，开发增信、融资、担保、账款管理、支付结算等一站式供应链金融整体解决方案。供应链金融系统可有效整合供应链上下游资源，助力客户占领供应制高点，增强企业的行业主导地位，拓展企业收入来源，为企业战略转型提供强大支撑，最终打造一套完整的供应链金融生态系统，如图6-10所示。

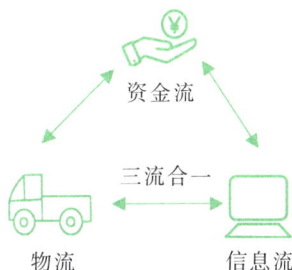

图6-10　物流、资金流、信息流的"三流合一"

## 第二节　区块链供应链金融构架

### 情境导入 6-2

#### 怡亚通供应链金融

深圳市怡亚通供应链股份有限公司深挖供应链大数据，整合金融机构、物流商、征信服务商等社会资源，形成囊括物流、采购、分销于一体的一站式供应链管理服务，满足客户多元化的金融服务需求。在怡亚通供应链金融生态圈中，线下服务平台主要致力于为供应链中的传统实业提供金融服务，线上服务包括理财端和消费金融服务，整个体系形成一个完整的闭环，具有比较显著的特征。

怡亚通设计融资方案并提供资金。实际业务中的怡亚通主导融资过程中的对象选择、方案设计，同时还负责确定融资规模、融资利率及还款方式等。怡亚通是方案实施过程中融资抵押物的实际掌控者，还是信息渠道建立者和信息掌握者。它通过自身的物流网络对掌控目标抵押物进行实时监控，将各方连接在一起，实现信息同步。

怡亚通围绕"N1N"供应链金融模式，形成一站式供应链管理服务平台，并通过采购与分销职能，为客户提供类似于银行存货融资的资金代付服务。

资料来源：凡人-问道.怡亚通供应链金融的融资租赁业务是怎么样的？[EB/OL].[2019-01-22] https://www.zhihu.com/question/309751043.作者有整理。

目前，国外供应链金融模式已比较成熟，主要有核心企业主导、银行主导和物流商主导三种模式。由于我国供应链金融刚刚兴起，大小平台公司爆发式增长，供应链金融模式还未实现标准化和规模化。伴随着国内互联网金融的发展，供应链金融嫁接互联网基因后衍生出的供应链金融系统包括核心企业、供应链企业、银行、技术公司等，供应链金融平台大多数是纯金融功能，也有的是供应链+金融的功能。

## 一、银行主导的供应链金融

这种模式主要是各大商业银行在转型的过程中推出在线供应链产品，它们自己搭建线上平台与核心企业合作，为产业链上的中小企业提供金融服务，银行作为资金方赚取收益。由于银行是主要风控主体，因此其在选择供应链企业时，规模较大、资金数据较全的企业是银行的优先偏好。例如建行的易信通、浙商的应收款链、平安的SARS。

银行主导的供应链金融特点如下。

### 1.降低了银行运营成本

如果主要数据都在核心企业的手中，那么银行会对核心企业形成比较大的依赖，数据的真实性也难以保证。如果核心企业业务做得好，又有可能会把金融机构撇开，自己来主导供应链金融业务。

因此，银行通过搭建一套区块链系统，使产业链上下游的企业都加入其中，借助物联网技术，使产品从生产到销售，各环节的数据都上链，从而收集更多的数据，并且每笔交易都可追溯，杜绝交易数据被修改的可能。

这样银行就可以凭借其金融系统职能，做好中间环节服务，如资信调查、汇兑等，以此减少调研评估成本。

**视野拓展6-1**

平安银行供应链应收账款服务平台

### 2.降低中小企业融资门槛

（1）供应链金融填平了金融机构与中小企业之间信任的鸿沟。银行独有的优势是与大型企业具有紧密的合作关系，通过多方记账确权数据存储，实现数据的横向共享，进而实现核心企业的信任传递，从而提升中小企业的融资效率，降低小微企业的融资成本，为小微企业提供资金支持，加速实现普惠金融。

（2）银行通过渗透供应链进行获客和放款。供应链金融在贷款、授信、质押中强调各类凭证的有效性和真实性，银行通过其优势地位，采取技术手段，将各个相关方链入同一个平台，围绕核心企业将物流商、供应商、经销商连接起来，从而寻找到心仪客户。

### 3.银行主导的供应链金融缺点

银行主导的供应链金融的缺点是需要花费大量的精力对接核心企业，前置营销周期较长。

## 二、核心企业主导的供应链金融

供应链金融的本质是核心企业信用在产业链上的转移，因此，供应链金融的推动一定要有产业链上的大企业牵头。

### 1.核心企业有着深厚的行业背景和资源

传统银行的不足是缺乏真实的交易数据。核心企业有多年来在产业链上下游的资源积累，掌握了产业链上游供应商与下游需求方与经销商的业务数据。这些数据涉及上下游企业的经营情况，有数据有场景，可以作为上下游企业授信的依据，对拟融资企业的业务模式、潜在风险、还款实力、品牌信誉等情况具有深刻的理解。

### 2. 核心企业占据主导地位的现状不会改变

大型企业多为供应链金融系统中核心的一环，众多小微企业的融资需求都是围绕其展开的，所以能够通过担保、提供出质押物或者承诺以回购等方式帮助融资企业解决融资担保困难，从而保证其与融资企业良好的合作关系和稳定的供货来源或分销渠道。

供应链核心企业往往规模较大、实力较强、信息化程度较高，并对上下游合作企业有一定的准入、退出机制和相应的激励、约束管理机制。核心企业可以利用行业优势来发展供应链金融，所以其发展供应链金融的意愿较强烈。

### 3. 核心企业主导的供应链金融的优缺点

核心企业布局供应链金融对企业本身和行业来说是一种双赢。

（1）提升企业综合竞争实力。当供应商和经销商出现财务问题时，核心企业的经营也会遇到阻碍。因此，核心企业帮助上下游供应商融资，既能解决上下游供应商的融资问题，降低上下游供应商的融资成本，也能保证自身的经营按计划进行，同时还为企业带来拓展服务收入。愿意配合金融平台发展供应链金融业务的核心企业可以通过信用转移或出卖，赚取担保收益。例如，海尔互联网供应链金融的货押模式，利率在年化率5.7%左右，信用模式的利率在年化率8%左右，海尔互联网供应链金融通过商业银行代收获取1%的服务费。

（2）整合和帮助产业链上的中小企业。供应链融资的优势是信息共享，核心企业可以利用其平台优势掌握足够多的信息，并根据自身的特点建立适合整个供应链中所有企业的融资平台，解决上下游经销商融资中的信息问题，从而协助上下游经销商融资，实现利益最大化和所有企业共同发展。

（3）带动产业的持续发展。对行业来说，从行业领军企业转变成供应链金融服务商，能帮助供应链上下游中小企业良性运营，带动产业的持续发展。行业巨头企业在这个环节展开竞争，能够更好地实现资金流转的平台，使上下游的供应商和经销商建立更加紧密的商业合作。

> 视野拓展6-2
>
> 海尔供应链金融

> **小知识6-6**
>
> 核心企业自己搭平台，拉自己的供应商上线。大企业可以在线上给他们打电子"白条"，有融资需求的供应商可以拿着"白条"在线上向核心企业申请贴现。核心企业自己做资金方，赚供应链金融中金融的钱。例如TCL的金单、中航集团的航信、铁建集团的银信。

缺点是需要自己花钱雇人、搭平台、维护运营等，人力物力前期投入大。在前期平台规模储备阶段，需要强大的股东背景支撑，才能脱颖而出，且后期效果不可预测。

### 三、电商主导的供应链金融

电商平台开展供应链金融的核心是真实的交易数据，利用平台的交易属性，贷款发放和还款可以形成资金闭环。电商平台一边拉拢核心企业，另一边拉拢银行等资金方，同时撮合产业链上的中小企业获得金融服务，如图6-11所示。

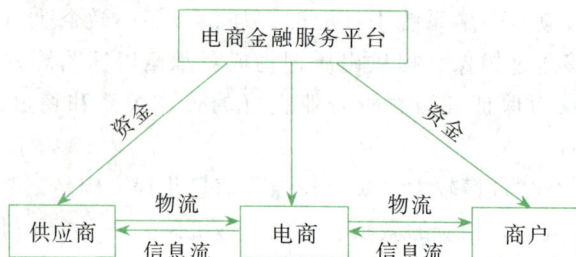

图6-11　电商平台发展模式

2007年，阿里巴巴与银行共同推出"网络联保贷款"模式，该模式创新地将企业在电子商务平台上形成的网络信用纳入银行的信用评价指标体系，具有里程碑的意义。

电商平台发展供应链金融的优势如下：

（1）电商平台积累了大量的真实交易数据。电商平台可以通过不断积累和挖掘交易行为数据，分析、归纳借款人的经营与信用特征。通过云计算和大数据技术，电商平台可以实现合理的风险定价和风险控制，且相关成本很低。

（2）电商平台可以提供金融产品与融资服务。电商平台凭借在商流、信息流、物流等方面的优势，扮演担保角色（资金来源主要是商业银行）或者通过自有资金帮助供应商解决资金融通问题，并从中获取收益。

以电商主导的供应链金融主要有以下几种模式，如图6-12所示。

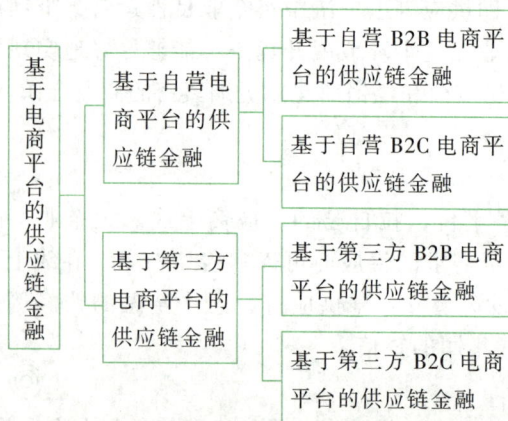

图6-12　以电商主导的供应链金融模式

### 1. 自营电商平台和第三方电商平台

（1）自营电商平台流程（以京东自营为例）

京东自营是自己建仓库，搭建自己的物流体系，从供应商处采购商品，如图6-13所示。

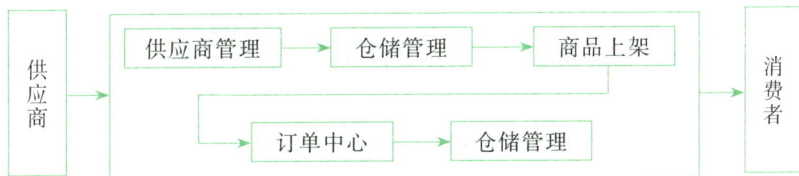

**图6-13　自营电商平台流程**

① 京东通过供应商管理，发起采购计划，把商品采购到自有仓库；

② 仓储系统收到货物根据仓库的仓位把商品全部入库；

③ 平台的商品管理部门根据采购货物进行商品的信息录入和上架销售；

④ 订单中心收到订单后，会按照业务规则对订单进行处理，处理完后将订单推送至仓储系统；

⑤ 仓储系统会根据订单信息进行拣货、出库，最后交给物流配送；

⑥ 商品通过物流送给消费者。

（2）第三方电商平台流程

京东第三方商家入驻京东，利用京东平台，采用第三方物流将货物送给消费者，如图6-14所示。

**图6-14　第三方电商平台流程**

① 商家提交资料入驻京东平台，审核通过后即可销售商品；

② 商家通过商品管理进行商品信息和库存的录入，并进行销售；

③ 订单信息系统在收到订单后，按照订单业务规则进行处理，之后推送给商家后台；

④ 商家根据订单信息，通过第三方物流进行发货；

⑤ 商品通过物流送给消费者。

大部分的平台电商都有以上两种方式，一些垂直领域的电商，比如生鲜基本采用第一种方式，这样能自己控制产品质量，更好地服务消费者。

### 2. B2B电商平台和B2C电商平台

电商企业获得小额贷款牌照后，就可以基于其运营的电子商务牌照、网站、旗下小贷公司的资金，独立开展网上供应链融资、消费者信贷等服务。

（1）以B2B电商平台为主导的供应链金融（以京东供应链金融为例）

以B2B电商交易平台（垂直电商平台）为代表的供应链金融模式，通过B2B电子商务平台，发挥核心企业的基础优势资源，满足个别贸易环节的融资需求，提升生产

和流通效率。当每个环节都顺畅流通后，所在行业的整个供应链随之活跃起来。由于
B2B平台天然具有企业的交易数据、物流信息和资金数据等，更容易对供应链上卜游
企业进行增信。这个模式的典型代表有上海钢联、找钢网、慧聪网、敦煌网、阿里巴
巴等。

视野拓展6-3

B2B

京东是国内大型的电商平台之一，其依托京东商城积累的交易大数据以及自建的物流体系，在供应链金融领域已经得到了飞速发展。"京保贝"是京东首个互联网供应链金融产品，也是业内首个通过线上完成风控的产品。京保贝根据供应商与京东商城的应收账款，将采购订单、入库至结算单付款前的全部单据形成应收池，并根据大数据计算得出的风控模型，计算出供应商可融资额度。客户在可融资额度内任意融资，系统自动放款。融资成功后按日计息，直至该笔融资还款成功。

电商平台能够方便并快速地获取整合供应链内部交易和资金流等核心信息，这是电
商平台切入供应链金融领域的最大优势所在。由于积累了大量的真实交易数据，电商平
台可以通过不断积累和挖掘交易行为数据，分析、归纳借款人的经营与信用特征，通过
云计算和大数据技术，做到合理的风险定价和风险控制，且相关成本很低。京保贝业务
模式如图6-15所示。

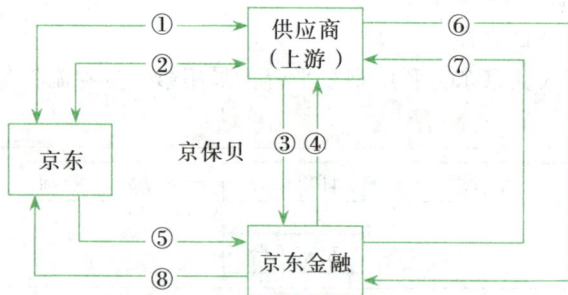

图6-15　京保贝B2B电商平台的业务模式

① 京东与供应商之间签订采购协议；

② 京东和供应商确定稳定的合作关系，获得长期的真实交易数据；

③ 供应商向京东金融提交申请材料，并签署融资协议；

④ 当供应商确认办理供应链金融业务后，供应链金融业务专员将发送邮件给供应
商，告知最高融资额度；

⑤ 京东金融将批准额度告知京东；

⑥ 供应商在线申请融资，办理融资业务，每次融资时，应向采销同时申请，确认
进行融资的采购订单等事项；

⑦ 系统会根据以往的交易数据和物流数据为基础，自动计算出供应商的融资额度，
系统自动化处理审批并在核定额度范围内放款；

⑧ 京东完成销售后，向其金融部门传递结算单，自动还款，完成交易过程。

（2）以B2C电商平台为主导的供应链金融（以蚂蚁金服与蒙羊集团合作为例）

B2C电子商务网站由三个基本部分组成：为顾客提供在线购物场所的商场网

站、为客户所购商品进行配送的配送系统、确认顾客身份及货款结算的银行、认证系统。

B2C代表网站有天猫、京东、凡客等。由于与血多产业链核心企业有长期采购合作，天猫电商平台上掌握着大量这些企业的交易往来和资金流水信息，便于蚂蚁金服通过建立风控模型，对其进行信用评级，制定准入机制，由此将金融服务向产业链上游延伸，在惠及资金需求者时最大程度降低融资风险。

2016年12月蚂蚁金服宣布开启专门服务农村经济的"谷雨计划"：联合100家产业链龙头企业为大型种植户、养殖户提供供应链金融服务；联合多方合作伙伴为1 000个县提供综合、金融服务；拉动社会合作伙伴和社会力量为国内"三农"用户提供累计10 000亿元的信贷。蚂蚁金服与蒙羊集团的合作模式如图6-16所示。

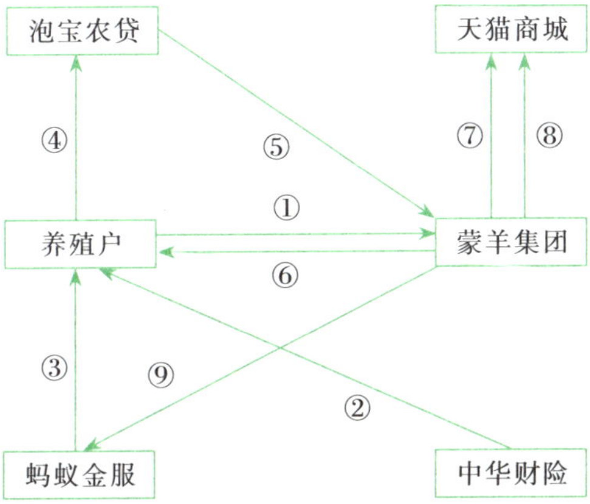

图6-16　蚂蚁金服与蒙羊集团的合作模式

① 养殖户和蒙羊集团签订育肥羊收购订单；
② 中华财险为养殖户提供信用保证保险；
③ 蚂蚁金服为养殖户发放望农贷贷款；
④ 养殖户向淘宝农贷购买饲料；
⑤ 养殖户向淘宝农贷购买饲料信息同步到蒙羊集团；
⑥ 蒙羊集团向养殖户收购肥羊；
⑦ 蒙羊集团向天猫商城销售加工食品；
⑧ 天猫商城向蒙羊集团回款；
⑨ 蒙羊集团偿还蚂蚁金服贷款本息，收购剩余款付给养殖户。

## 四、ERP管理软件公司主导的供应链金融

企业资源计划（Enterprise Resource Planning，ERP）系统，是指建立在信息技术基础上，集信息技术与先进管理思想于一身，以系统化的管理思想，为企业员工及决策层提供决策手段的管理平台。

ERP系统自20世纪90年代引入我国以来，目前已成为企业信息化的重要部分。供应链的管理也非常需要应用ERP系统。ERP系统可以节约企业的管理成本，整合供应链中的多个企业数据共同管理，也能为金融机构设计融资产品创造新的突破口，如图6-17所示。这使得很多软件公司纷纷转型，构建基于ERP系统的供应链金融操作

模式。比如用友、畅捷通平台、金蝶、鼎捷软件、南北软件等企业，都采用先进的信息化管理手段，使基于供应链管理的相关业务更加便捷，减少了供应链金融中的风险。

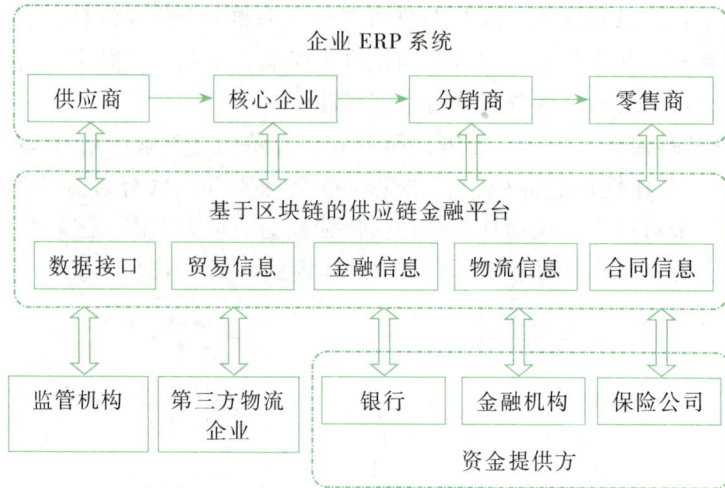

图6-17　基于ERP系统的供应链金融操作模式

一般来说，基于ERP系统的供应链金融有两种操作模式：

### （一）融资企业作为供应链中的上游企业（供货商）

上游企业与其下游企业（经销商）进行货物交易后，收到下游企业的应收账款票据融资企业为了尽快获得资金，将应收账款票据交予金融机构做抵押以获得抵押贷款。下游企业为融资企业做担保，向金融机构做付款承诺金融机构对票据以及相关企业进行审核，如果通过审查，则向融资企业发放贷款。下游企业在销售货物并获得货款时，将承诺数额的资金支付给金融机构，金融机构与融资企业的短期合同随即注销。

### （二）融资企业作为供应链中的下游企业（经销商）

下游企业在其上游企业（供货商）发送货物后，将货物交予第三方物流机构评估与监管，将仓单抵押给金融机构，金融机构获得提货权，上游企业向金融机构做出回购承诺。金融机构审查融资企业及其上游企业的资信状况与营运情况，在确保企业符合资质后，向融资企业提供短期贷款。融资企业获得分批付款并且分批提取货物的权利，缓解了企业的短期资金压力。

由于ERP系统的存在，金融机构可以方便快捷地查看企业的动态营运状况，增强了金融机构对其所贷资金的控制力和贷款的回收力度，降低了参与供应链金融的风险。

## 第三节　供应链金融业务种类

### 情境导入 6-3

#### "1+N" 供应链融资

区块链供应链金融的核心思想是 "1+N" 模式，"1" 指的是一个产业或者供应链中的核心企业（强势企业），"N" 指的是围绕这个核心企业的上下游企业或供应链的整体成员企业。

"1+N" 供应链融资是自偿性贸易融资和结构性融资在融资模式与风险控制方面深化发展的产物。这种融资既包括对供应链单个企业的融资，也包括该企业与上游卖家或下游买家的供应链的融资安排，更可覆盖整个 "供–产–销" 链条，提供整体供应链贸易融资解决方案。针对企业生产和交易过程的特点与需求，预付款融资、存货融资与应收款融资这三种基础的供应链融资模式可以组合为更复杂的整体解决方案。

（1）对核心企业的融资安排：核心企业自身具有较强的实力，对融资的规模、资金价格、服务效率都有较高要求。这部分产品主要包括短期优惠利率贷款、票据业务（开票、贴现）、企业透支额度等产品。

（2）对上游供应商的融资解决方案：上游供应商对核心企业大多采用赊销方式，核心企业对上游供应商普遍采用长账期采购方式。因此上游企业融资以应收账款融资为主，主要配备保理、票据贴现、订单融资等产品。

（3）对下游经销商的融资解决方案：核心企业对下游经销商的结算一般采用先款后货，部分预付款或一定额度内的赊销。经销商要扩大销售，超出额度的采购部分也要采用现金（含票据）付款。对下游经销商融资方案主要以动产及货权质押授信中的预付款融资为主。配备的产品主要包括短期流动资金贷款、票据的开票、保贴、国内信用证、保函等。

"1+N" 供应链融资模式显著地改善了贸易融资风险状况。与核心企业建立直接授信关系或紧密合作关系，有利于消除核心企业的信息不对称造成的风险，达到业务操作过程中物流、资金流和信息流的高度统一，解决对配套中小企业融资授信中风险判断和风险控制的难题。

资料来源：佚名. 供应链金融运作模式是怎样的，有哪几种？[EB/OL]. [2017-04-05] https://news.xwjr.com/jinrong/348.html. 作者有删减整理。

供应链金融通过采购阶段的预付款融资、生产阶段的存货融资、销售阶段的应收账款融资，共同完成商品的生产–分配–交换–消费–生产的循环以及信息流、资金流和物流的集成，以此解决中小企业的现金流缺口，如图 6-18 所示。

图6-18　生产的周期及 "三流" 的集成

　　供应链金融有别于传统信贷的融资模式。供应链金融的实质就是依靠风险控制变量，帮助企业盘活其流动资产从而解决其融资问题。流动资产最重要的无外乎现金及等价物、应收账款和存货三大类。这就有了供应链金融的三种模式。

## 一、采购阶段的供应链融资——预付账款融资模式

**小知识 6-8**

　　国外供应链金融注重贸易融资，力图维护供应链稳定，避免核心客户流失，这是国外商业银行的竞争格局导致的。国内供应链金融有明显的新客户导向，以及缓解中小企业融资困境的政策背景，与国外思路并不相同。从实践形式上来看，国外注重应收账款，国内注重存货抵押；从客户群体来看，国外注重核心企业的上游供应商，国内注重下游分销商，关注资产抵押价值是国内供应链金融与传统信贷的相似之处。

　　预付款融资就是先款后货融资。先款后货，顾名思义，就是先支付货款再发货。预付账款融资模式是在上游核心企业（销货方）承诺回购的前提下，中小企业（购货方）以金融机构指定仓库的既定仓单向金融机构申请质押贷款，并由金融机构控制其提货权的融资业务。预付款融资有以下四种：

### （一）先票/款后货授信

　　先票/款后货是存货融资的进一步发展。它是指买方从银行取得授信，在交纳一定比例保证金的前提下，向卖方预付全额货款；卖方按照购销合同以及合作协议书的约定发运货物，货物到达后设定抵质押作为银行授信的担保。先票/款后货授信流程，如图6-19所示。

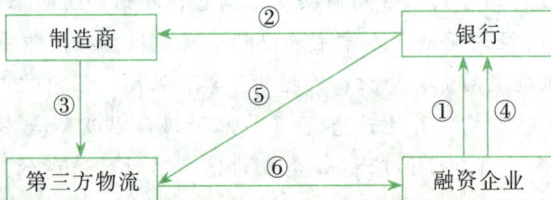

**图6-19　先票/款后货授信模式**

　　对客户而言，由于授信时间覆盖了上游的排产周期和在途时间，而且到货后可以转为库存融资，因此对客户流动资金需求压力的缓解作用要高于存货融资。其次，由于是在银行资金支持下进行的大批量采购，所以客户可以从卖方争取较高的商业折扣，进而提前锁定商品采购价格，防止涨价。

　　① 买卖双方签订贸易合同，约定采取预付款结算付款方式，融资企业根据贸易合同向银行提出授信申请，并向银行交付保证金；

　　② 银行对融资企业核实后，向制造商支付货款；

　　③ 制造商将采购货物发给第三方物流发公司；

　　④ 融资可以一次或多次向银行追加保证金来赎回货物；

　　⑤ 银行收到保证金后通知第三方物流公司放货；

⑥ 第三方物流公司向融资企业发放货物。

▶▶▶

**小知识 6-9**

　　供应链中的核心企业对上下游企业的议价能力更强，所以，它在上游企业买东西，可以后付钱；向下游卖东西，要马上收钱。如果这个东西很抢手，还会让下游先付钱。但下游的中小企业本来就缺钱，很多时候根本无力承担预付款。先款后货融资就可以为中小企业解决这个问题。

◎

　　对于银行而言，可以利用贸易链条的延伸，进一步开发上游企业业务资源。此外，通过争取订立卖方对其销售货物的回购或调剂销售条款，有利于化解客户违约情况下的变现风险。由于货物直接从卖方发给客户，因此货物的权属要比存货融资模式更为直观和清晰。目前国内供应链贸易企业中常用的方式为先票/款后货贷款。

### （二）担保提货授信

　　担保提货授信又称保兑仓融资或未来货权融资，是下游购货商（买方）向平台申请贷款，用于支付上游核心供应商（卖方）在未来一段时期内交付货物的款项，同时供应商承诺对未提取的货物进行回购，并将提货权交由金融机构控制的一种融资模式。

　　担保提货（保兑仓）授信是先票/款后货授信的变种，也就是在买方交纳一定保证金的前提下，银行贷出全额货款给买方，买方再向卖方采购用于授信的抵质押物。随后，客户分次向银行提交提货保证金，银行再分次通知卖方向客户发货。由卖方就发货不足部分的价值向银行承担退款责任。

　　买方（融资企业）通过保兑仓业务获得的是分批支付货款并分批提取货物的权利，因而不必一次性支付全额货款，这样有效缓解了企业短期的资金压力，实现了融资企业的杠杆采购和供应商的批量销售。大批量的采购可以获得价格优惠，"淡季打款、旺季销售"模式有利于锁定价格风险。此外，由于货物直接由上游监管，省去了监管费用的支出。

　　对于卖方而言，可以获得大笔预收款，缓解流动资金压力，同时锁定未来销售可以增强销售的确定性。对于银行而言，将卖方和物流监管合二为一。在简化了风险控制维度的同时，引入卖方发货不足的退款责任，实际上直接解决了抵质押物的变现问题。此外，这种模式中的核心企业的介入较深，有利于银行对核心企业资源的直接开发。担保提货（保兑仓）授信流程如图6-20所示。

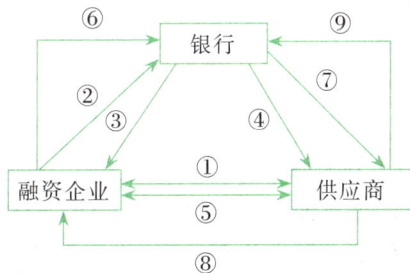

图6-20　担保提货（保兑仓）授信

①经销商与生产商签订商品购销合同；

②经销商向银行申请开立以生产商为收款人的银行承兑汇票，并按照规定比例交存初始保证金；

③银行根据经销商的授信额度，为其开立银行承兑汇票；

④银行按保证金金额的规定比例签发"提货通知单"，并将银行承兑汇票和"提货通知单"一同交给生产商授权的部门和人员；

⑤生产商根据银行签发的"提货通知单"向经销商发货；

⑥经销商销售产品后，在银行续存保证金；

⑦银行收妥保证金后，再次向生产商签发与续存保证金金额相同的"提货通知单"，银行累计签发"提货通知单"的金额不超过经销商在银行交存保证金的总余额；

⑧生产商再次向经销商发货，如此循环操作，直至经销商交存的保证金额达到应付款总金额；

⑨银行承兑汇票到期前15天，如果经销商存入的保证金不足以兑付承兑汇票，银行要以书面的形式通知经销商和生产组织资金兑付。如果到期日经销商仍未备足兑付资金，那么生产商必须无条件向银行支付已到期的银行承兑汇票与"提货通知单"之间的差额及相关利息和费用。

### （三）进口信用证项下未来货权质押授信

进口信用证项下未来货权质押授信是指进口商（客户）根据授信审批规定交纳一定比例的保证金后，银行为进口商开出信用证，并通过控制信用证项下单据所代表的货权来控制还款来源的一种授信方式。

货物到港后可以转换为存货抵质押授信，这个模式特别适用于进口大宗商品的企业、购销渠道稳定的专业进口外贸公司，以及扩大财务杠杆效应、降低担保抵押成本的进口企业。

进口信用证项下未来货权质押授信的具体流程如图6-21所示。

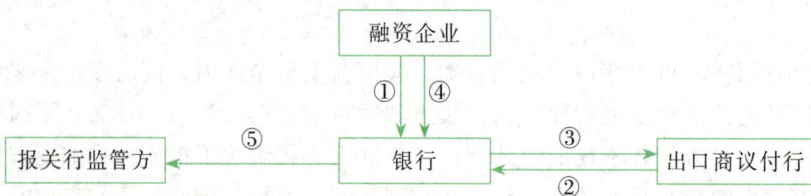

**图6-21　进口信用证项下未来货权质押授信**

① 融资企业向银行交纳保证金；

② 出口商议付行向银行开证；

③ 银行向出口商议付行交单；

④ 融资企业向银行赎单；

⑤ 银行向报关行委托报关和监督。

对客户而言，在没有其他抵质押或担保的情况下只需交纳一定的保证金即可对外开证采购。客户可以利用少量保证金扩大单次采购规模，且有利于优惠的商业折扣。

银行放弃了传统开证业务中对抵质押和保证担保的要求，扩大了客户开发半径。同时，由于控制了货权，银行风险并未明显放大。

### （四）国内信用证

国内信用证业务是指在国内企业之间的商品交易中，银行依照买方的申请开出符合信用证条款的单据支付货款的付款承诺。国内信用证可以用来解决客户与陌生交易者之间的信用风险问题。它以银行信用弥补了商业信用的不足，规避了传统人民币结算业务中的诸多风险。同时，信用证也没有签发银行承兑汇票时所设的金额限制，使交易更具弹性，手续更简便。

客户可以利用在开证银行的授信额度开立延期付款信用来提取货物，用销售收入支付国内信用证款项，不占用自有资金，提升了资金的使用效率。卖方按照规定发货后，其应收账款就具备了银行信用的保障，能够杜绝拖欠及坏账。

对于银行而言，国内信用证与先票/款后货授信和担保提货授信相比，规避了卖方的信用风险，对货权的控制更为有效。银行还能够利用信用证获得相关的中间业务收入。国内信用证业务具体流程如图6-22所示。

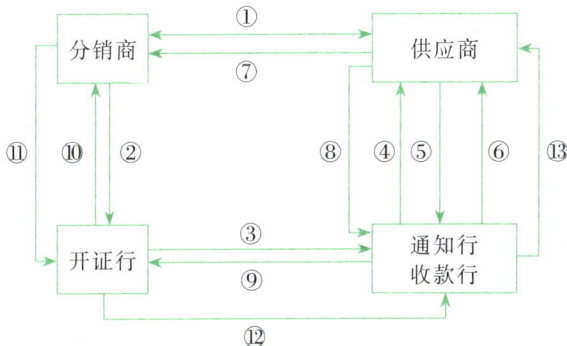

图6-22　国内信用证的业务流程

① 买卖双方基于真实贸易背景签订商品购销合同，双方约定以国内信用证为结算方式；

② 买方向当地开证行提出开证申请，提交相应单据；

③ 开证行应买方申请，在审核买方资信后开立以卖方为受益人的国内信用证，并将其寄送到卖方当地银行（通知/收款行）；

④ 通知行通知卖方，将信用证交给卖方；

⑤ 卖方在收到信用证后发货前向通知行申请打包贷款；

⑥ 通知行在审核买卖双方资信后同意卖方打包贷款申请并放款；

⑦ 卖方在准备好货物后向买方发货并获得相关单据；

⑧ 卖方将取得的相关单据提交通知行；

⑨ 通知行寄送单据给开证行；

⑩ 开证行通知买方付款赎单；

⑪ 买方向开证行支付信用证项下相应款项；

⑫ 开证行向通知行偿付相应的融资款；

⑬ 通知行在扣除相应的打包贷款金额及利息等其他费用后将余额支付给买方。

### (五)附保贴函的商业承兑汇票

附保贴函的商业承兑汇票实际上是一种授信的使用方式。在实践中，由于票据当事人在法律上存在票据责任，构成了贸易结算双方简约而有效的连带担保关系，因此该票据可以作为独立的融资形态存在。

该产品对交易双方的利益在于：对于交易双方来说，这个模式的融资成本较低，因为免除了手续费，且贴现利率也低于贷款。银行保贴函的存在，对出票方形成了信用升级，而且不用签署担保合同等其他文件，使用简便。

对银行来说，一方面可以控制资金流向，另一方面票据责任形成了隐形连带担保，从而降低了操作风险和操作成本。附保贴函的商业承兑汇票操作流程如图6-23所示。

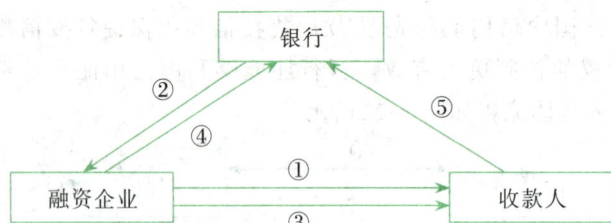

图6-23 附保贴函的商业承兑汇票操作流程

① 融资企业向收款人出具商业承兑汇票；
② 融资企业在额度内向银行出具保贴函；
③ 融资企业通知收款人；
④ 融资企业向银行付款；
⑤ 收款人凭保函向银行进行贴现。

## 二、运营阶段的供应链融资——动产质押融资模式

供应链下的动产质押融资模式是指银行等金融机构接受动产作为质押，并借助核心企业的担保和物流企业的监管，向中小企业发放贷款的融资业务模式。在企业的经营过程中，通常都是先付出资金、购入存货，再售出成品、收回资金，由此构成一个经营循环。在这个经营循环中企业的资产会以多种非现金形式存在，占用企业资金就会给企业资金周转带来压力。通过企业的存货融资，可以增加企业的资金流动性，提高企业资金利用效率。

随着参与方的延伸以及服务创新，存货融资表现形式多样，主要为以下三种方式。

### 1.静态质押授信

静态质押授信（非定库存质押）即融资企业需要融资时，先与银行达成融资协议，之后把一笔质押物直接交付给第三方物流公司的库房做"静态"质押，第三方物流公司接到质押物以后通知银行，然后银行授信放款。企业通过静态货物质押融资盘活积压存货的资金，以扩大经营规模，货物赎回后可进行滚动操作。静态质押授信是一种最原始的库存融资方法。

静态动产质押业务基本上都是一次性质押授信。在静态动产质押业务中，借款企业不得随意提取或更换其已质押给商业银行的货物，只能现金赎回，所以当融资企业需要赎回的时候，便向银行以追加保证金的方式赎货，待保证金到账银行通知物流公司，物流公司向融资企业放货。静态质押授信对融资企业的要求最"苛刻"，所以一般来说生产型企业不会采用这种融资手段，而贸易型企业对这种授信方式比较喜闻乐见。

采取该模式的客户得以将原本积压在存货上的资金盘活，扩大经营规模。同时，该产品的保证金派生效应最为明显，因为保证金赎货不允许以货易货，故赎货后所释放的授信敞口可被重新使用。静态质押授信的流程如图6-24所示。

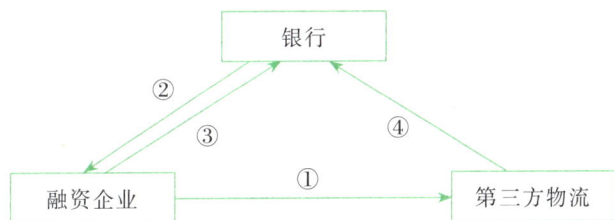

图6-24 静态质押的授信流程

① 融资企业向第三方物流公司交付合法拥有的存货作为质押物；

② 供应链企业获得该货物的担保权益，通知银行向融资企业提供融资资金；

③ 融资企业向银行追加保证金进行赎货；

④ 供应链企业向第三方物流公司下达发货指令；

⑤ 第三方物流公司收到指令，并向融资企业发货。

例如，某进口车的车商是典型的贸易公司，该公司进口一批高级轿车，银行对这笔交易授信300万元。当进口车"到港"以后，第三方物流公司通知银行放贷，而车停在第三方物流公司的库房里。这样车商拿到了融资，还可以进行销售，当他卖掉第一辆车，他就可以将车款（比如说50万元）交给银行，银行通知第三方物流公司把相应的那辆车放货给车商，车商就可以把车交到买主手上了。与此同时，银行释放50万元的授信敞口，车商可以利用这50万元继续从国外进口汽车。

### 2. 仓单质押授信

仓单，就是仓库的提货单，也就是企业将一批货物存储在仓库后的提货凭证，企业持有这个凭证可以从仓库里把货物取出来。这个凭证还可以转让，仓单转让了，也就代表这批货物的所有权被转让了。

仓单质押融资就是把仓单质押给银行，从银行那里获得融资。仓单属于有价证券，所以开具仓单的仓库或者物流公司，需要很高的资质。

仓单质押分为标准仓单质押和普通仓单质押，区别在于质押物是否期货交割仓单。

（1）普通仓单质押授信

普通仓单也叫非标准仓单，是指由商业银行评估认可的第三方物流企业出具的以生产、物流领域有较强变现能力的通用产品为形式表现的权益凭证。

普通仓单质押授信是指客户提供由仓库或其他第三方物流公司提供的非期货交割用仓单作为质押物，并对仓单进行背书，银行进行质押授信并融资，赎回时直接向银行归还融资款项进行赎单。一般来说，普通仓单质押授信可以找银行一次性对多个进口合同进行授信，然后相应地抵押多个"仓单"。这样在赎回一个仓单以后就可以利用释放的授信敞口进行再次融资了。所以普通仓单质押融资多数应用在贸易领域，与单纯的贸易融资手段结合使用。

从我国商业银行与第三方物流企业合作物流金融的领域出发，非标准仓单质押业务更具有代表性。普通仓单质押流程如图6-25所示。

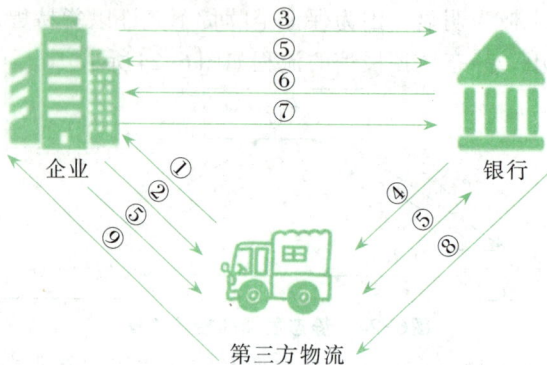

图6-25  普通仓单的质押流程

①融资企业向物流公司交付仓储货物；

②物流公司给融资企业出具仓单；

③融资企业向银行申请仓储质押融资；

④银行向第三方物流公司核实货物；

⑤融资企业和银行、银行和第三方物流公司签订协议；

⑥银行按货物折价向融资企业提供资金；

⑦融资企业向银行支付货款；

⑧银行通知第三方物流公司给放货；

⑨第三方物流公司给融资企业放货。

例如，有家企业有一批库存暂时用不上，它可以找到一个有资格开仓单的第三方物流公司，把这批货物放到这个物流的仓库里，然后物流公司给它开出这批货物的仓单。接下来，企业拿着仓单找银行融资，申请仓单质押融资，银行向第三方物流调查核实；银行审核通过后，就可以接受仓单的质押转让，并且跟企业、第三方物流签署一系列的协议书，规定各自的义务。上述流程走完，银行就可以给企业借贷融资了，但融资金额一般不会是质押物的原价，银行需要保留一部分作为借贷的保证金；等企业要用这批库存货物了，就向银行偿还货款和利息；银行在收到货款后，通知第三方物流放货；物流公司收到通知后，就会向企业交付相应的货物。

还要考虑到质押货物市场价格变动的因素。也就是说，企业还完借贷之前，如果质押的货物市场价降了，企业要向银行补差价，也就是追加保证金，如果企业不追加保证金，或者欠钱不还，银行有权把质押在物流公司的货物做变现处理。

通过普通仓单质押融资，企业可以质押库存得到融资，需要库存时也不影响使用；银行也能赚取差价和利息，第三方物流公司也能获得更多的收益。

（2）标准仓单质押融资

标准仓单是指符合交易所统一制定的，由期货交易所指定交割仓库在完成入库商品的验收、确认合格后签发给货主并在期货交易所注册生效的提权凭证。标准仓单经期货交易所注册后，可用于进行交割、交易、转让、质押和注销等。

标准仓单质押融资是指商业银行以标准仓单为质押物，给予符合条件的借款人（出质人）一定金额融资的授信业务。标准舱单质押融资适用于通过期货交易市场进行采购或销售的客户，以及通过期货交易市场套期保值、规避经营风险的客户。

相比动产抵质押，标准仓单质押融资手续简便，成本和风险都较低。对于客户而言，标准仓单通过交易所注册和验收，风险较低，所以融资成本也相应降低。对银行而言，标准仓单质押融资授信手续较为简便，同时具有较强的流动性，有利于银行在客户违约情况下对质押物的处置。由于其标准化特性，在客户违约的情况下处置成本也较低，进一步降低了风险。

需要说明的是，工业半成品一般无法进入期货市场，因为只有生产商的下游企业愿意接受。能进行期货交易的，通常是区别不大、又容易变现的货物，比如粮食、棉花、石油、钢铁、煤炭、白酒，这些货物需要的人多，更容易变现。因此，跟普通仓单质押相比，标准仓单质押的融资对银行来说风险更小，也更容易操作。标准仓单质押流程如图6-26所示。

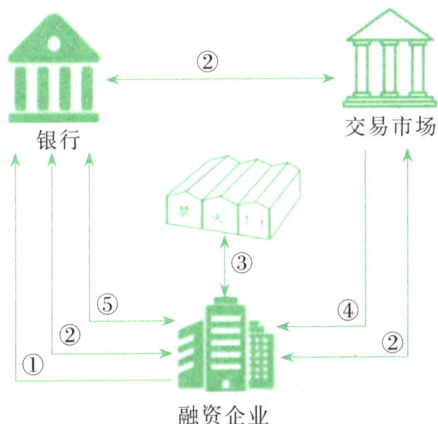

图6-26　标准仓单的质押流程

①融资企业向银行申请标准仓单质押融资，提交标准仓单，以及企业自身的相关材料；

②银行、企业、期货经纪公司分别签署贷款合同、质押合同、合作协议等一系列文件，并且共同在期货交易所办理标准仓单质押手续，确保质押生效；

③第三方物流交割货物办理质押手续；

④证券交易市场和融资企业（交易所买方会员）电子交易合同锁定；

⑤（交易所买方会员）向银行交存初始保证金，银行核算折算比例，向企业提供融资，当企业需要质押的货物，就向银行还钱，赎回标准仓单。

在这段时间内，如果质押货物的市场价降了，企业需要向银行追加保证金，如果企业不想要货，不想还钱，银行除了留有保证金外，还有权对质押的标准仓单进行处理，比如拍卖、转让，或者拿到期货交易市场卖掉。

**小知识 6-10**

标准仓单是期货中的概念，期货其实就是保证在未来以某一价格购买某个东西的承诺。

**教学互动 6-2**

问：普通仓单质押融资和标准仓单质押融资有何区别？

答：（1）签发主体资格不同。标准仓单是由期货交易所统一制定，指定交割仓库完成入库商品的验收，确认合格后发给货主并在期货交易所注册生效的提权凭证。普通仓单是由商业银行评估认可的有资质的第三方物流方出具，以生产、物流领域有较强变现能力的通用产品为形式表现的权益凭证。

（2）资金用途不同。普通仓单质押融资业务下，资金方发放的信贷资金用途为补充融资方的流动资金，资金方不接受以未来可获得仓单为质押物的融资申请；标准仓单质押融资业务下，资金方信贷资金既可以用于满足融资方流动资金需求，也可以用于满足融资方标准仓单实物交割资金需求。

（3）执行标准不同。标准仓单的表现形式为"标准仓单持有凭证"，交易所依据"货物存储证明"代为开具；而普通仓单没有过多的标准规定，主要是双方或多方接受即可。

（4）法律效力不同。由于出具人的资质不同、程序标准不同，从而影响到不同的法律效力；标准仓单具有公开法律意义，而一般仓单容易存在争议。

### 3. 动态质押授信

动态质押授信也叫核定库存质押业务，指银行对于企业质押的商品价值设定最低限额，允许在限额以上的商品出库，企业可以以货易货。动态质押授信是库存质押的延伸产品，对于一些存货进出频繁，难以采用静态质押授信的融资，常用动态质押业务融资。

动态质押授信一般适用于库存稳定、货物品类较为一致、质押货物核定较容易的企业。对于这些融资企业而言，由于可以以货易货，因此质押设定对于生产经营活动的影响相对较少。特别对于库存稳定的企业而言，在合理设定质押价值底线的前提下，授信期间几乎无须启动追加保证金赎货的流程，因此对盘活存货的作用非常明显。

对于银行而言，该业务的保证金效应相对小于静态质押授信，但是操作成本明显小于后者，因为以货易货的操作可以授权第三方物流企业进行。动态质押授信业务流程如图 6-27 所示。

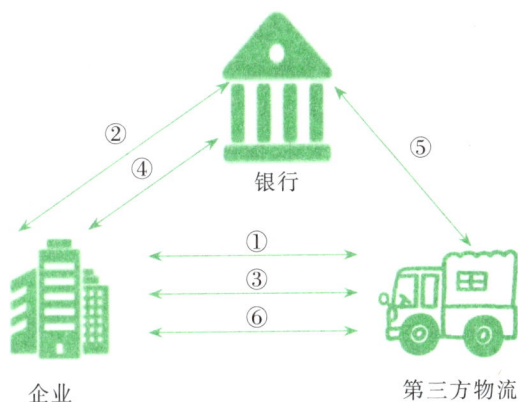

图6-27　动态抵质押授信业务流程

① 融资企业向第三方物流公司交付合法拥有的存货作为质押物；

② 供应链企业获得该货物的担保权益，并向银行申请融资；

③ 银行设置最低限额让质押物自由进出，并授权第三方物流进行以货易货；

④ 银行向融资企业放款；

⑤ 银行向第三方物流公司下达发货指令，如果超过授信额度，融资企业就向银行追加保证金；

⑥ 第三方物流公司收到银行指令向融资企业放贷。

✓ **教学互动 6-3** ·······

问：动态动产质押与静态动产质押相比较有哪些特点？

答：较之静态动产质押（非定库存质押）最大的区别在于：银行在动态动产质押中除了对借款企业的货物核定质押率并给予一定比例的授信金额以外，还会根据存货的价值核定最低价值控制线。当货物价值在控制线之上时，借款企业可自行向第三方物流企业提出提货或者换货的申请。当货物价值在控制线之下时，借款企业必向商业银行提出申请，第三方物流企业根据银行的指令进行提货或换货操作。

### 三、销售阶段的供应链融资——应收账款融资模式

应收账款融资是指供应商以核心企业签发的应收账款为担保，向金融机构申请贷款的融资方式。核心企业在偿还应收账款时，先偿还金融机构，再偿还供应商。简单地说，由于强势的下家要求赊销，所以当上家把货卖给下家以后就会形成一笔应收账款，缺钱的时候上家就把应收账款转让或质押给银行，银行基于对下家的信任借钱给上家，所以上家相当于提前收回了货款。这种模式使得企业可以及时获得机构的短期融资，不但有利于解决融资企业短期资金的需求，加快中小企业健康稳定地发展和成长，而且有利于整个供应链的持续高效运作。

例如，A公司主要从事生产和销售显示器及相关部件，其上下游企业均是强大的垄断企业。其在采购原材料时必须现货付款，而销售产品后，货款回收期较长（应收账款确认后的4个月才支付）。随着A公司成长和生产规模扩大，应收账款已占公司总资产的45%，公司面临着极大的资金短缺风险，严重制约了公司的进一步发展。A公司找到

金融机构借款，由供应链核心企业为该项贷款提供信用担保，帮助 A 公司解决了流动资金短缺瓶颈。之后核心企业将货款直接支付给金融机构。核心企业在供应链中拥有较强实力和较好的信用，所以金融机构在其中的贷款风险可以得到有效控制。

保理商（拥有保理资质的供应链企业）从供应商或卖方处买入通常以发票形式呈现的对债务人或买方的应收账款，同时根据客户需求提供债务催收、销售分账管理以及坏账担保等服务。

应收账款融资通常有以下几种方式：

### 1. 正向保理

正向保理全称保付代理，又称卖方保理、普通保理、托收保付，是指由债权人（卖方）发起业务申请的保理。即卖方（债权人）将其现在或将来的基于其与买方订立的货物销售/服务合同所产生的应收账款转让给保理商，由保理商向其提供资金融通、销售账户管理、信用风险担保、账款催收等一系列服务。

应收账款融资在传统贸易融资以及供应链贸易过程中均属于较为普遍的融资方式，通常银行是主要的金融平台。但在供应链贸易业务中，供应链贸易企业在获得保理商相关资质后亦可充当保理商的角色，它所提供的应收款融资方式对于中小企业而言更为高效、专业，可省去银行的繁杂流程且供应链企业对业务各环节更为熟知，同时在风控方面针对性更强。

保理业务期限一般在 90 天以内，最长可达 180 天，通常分为有追索权保理和无追索权保理。无追索权保理指贸易性应收账款通过无追索权形式出售给保理商，以获得短期融资，保理商需事先对与卖方有业务往来的买方进行资信审核评估，并根据评估情况对买方核定信用额度。有追索权保理指到期应收账款无法回收时，保理商保留对企业（供应商）的追索权，出售应收账款的企业须承担相应的坏账损失。在会计处理上，有追索权保理视同以应收账款为担保的短期借款。正向保理业务的操作流程如图 6-28 所示。

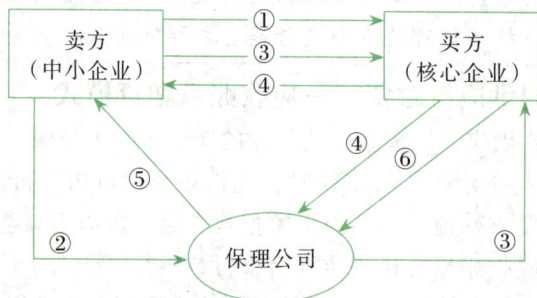

**图6-28 正向保理业务操作的流程**

① 融资企业供应商与供应链下游企业签订购买协议，形成应收账款；

② 供应商将应收账款以发票形式转让给供应商和保理商；

③ 同时通知供应链下游企业，其债务已发生转让；

④ 供应链下游企业向保理商和供应商同时确认其债务发生转让；

⑤ 保理商向供应商支付具体的融资额；

⑥ 应收账款到期时供应链下游企业向保理商支付账款。

## 2. 反向保理

反向保理又称买方保理、逆保理，是指由债务人（核心企业）也就是买方发起或主导业务申请的保理。供应链保理商主要针对下游客户与其上游供应商之间因贸易关系所产生的应收账款，与规模较大、资信较好的核心企业（下游客户）达成反向保理协议，为上游供应商（中小企业）提供一揽子融资、结算方案。

反向保理与一般保理业务区别主要在于信用风险评估的对象转变。反向保理业务的操作流程如图6-29所示。

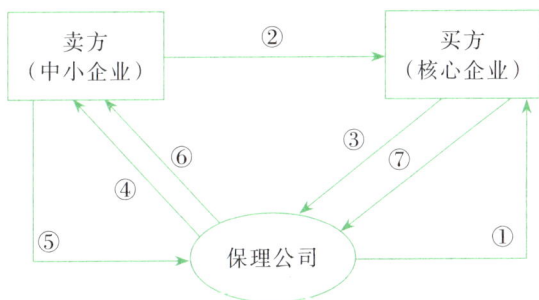

图6-29　反向保理业务的操作流程

① 保理商与买方签订反向保理协议，核定反向保理额度；
② 融资企业供应商与供应链下游企业签订贸易合同，赊销形成应收账款；
③ 核心企业（买方）传递应收账款，保理公司验证；
④ 保理公司对买方进行资质审核；
⑤ 卖方和保理公司签署保理合同转让应收账款通知转让确认；
⑥ 保理商向供应商支付具体的融资额；
⑦ 应收账款到期时供应链下游企业向保理商支付。

## 3. 保理池

相对于与发票对应应收账款的融资模式而言，保理池融资不是根据单笔发票金额及期限来设定融资金额及期限，而是基于卖方将其对特定买方或所有买方的应收账款整体转让给保理公司，且在保理公司受让的应收账款余额保持稳定的情况下，以应收账款的回款为风险保障措施，根据稳定的应收账款余额（最低时点余额），向卖方提供一定比例的融资业务。简单地说，保理池就是将一个或多个具有不同买方、不同期限以及不同金额的应收账款打包一次性转让给保理商，保理商再根据累计的应收账款情况进行融资放款。

应收账款池余额管理是开展保理池融资业务的基础，也是主要的保理风险保障手段。保理池融资模式下需实时监控客户应收账款池余额变化，保证卖方转让给保理公司的所有合格应收账款余额在任何时间点按融资比例进行打折后均能足够覆盖卖方在保理公司的保理融资余额。

保理池融资有效整合了零散的应收账款，同时免去多次保理服务的手续费用，有助于提高融资效率，但同时也对保理商的风控体系提出了更高要求，需对每笔应收款交易细节进行把控，避免坏账风险。保理池模式的实操流程如图6-30所示。

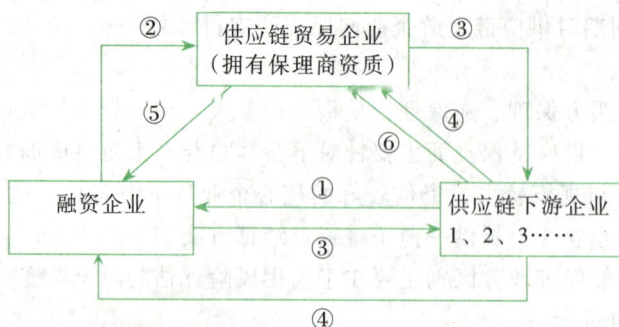

图6-30　保理池模式的实操流程

① 供应链下游企业与上游企业（融资企业）签订购买协议，形成上游企业应收账款；

② 上游企业向拥有保理商资质的供应链贸易企业抵押或背书转让应收账款；

③ 上游企业通知供应链下游企业已经转让应收账款；

④ 供应链下游企业审核后确认；

⑤ 有保理商资质的供应链贸易企业向上游企业提供综合授信；

⑥ 供应链下游企业向有保理商资质的供应链贸易企业支付货款。

## ≫ 典型案例 6-1

港股上市公司承兴国际控股有限公司（Camsing International Holdings Limited，以下简称承兴国际）为了解决短期资金流断裂的问题，与京东签署应收账款协议，并将京东的应付账款做成一个金融产品，同时提供6.7亿股承兴国际的股票（规模在34亿元人民币左右）作担保。此项目成功吸引诺亚控股有限责任公司（Noah Holdings Limited，以下简称诺亚控股）的投资，承兴国际的资金流也得到了补充。供应链金融应收账款融资方案如图6-31所示。

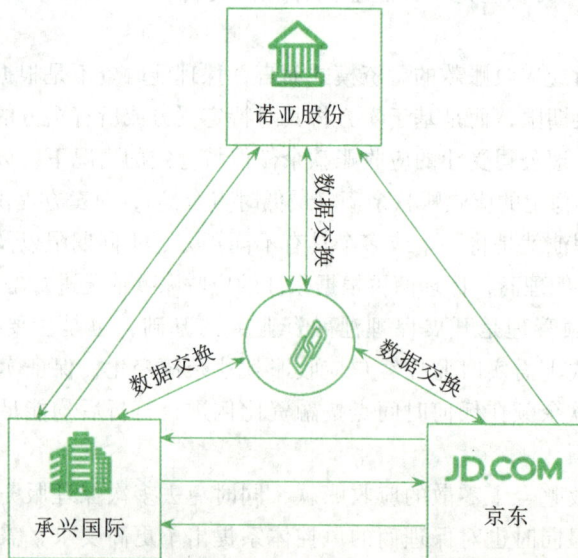

图6-31　区块链驱动的供应链金融应收账款融资方案示意图

此项目融资看似皆大欢喜、多方共赢。但问题在于，融资兑付出现了逾期。2019年7月，诺业控股就这项供应链融资对承兴和北京京东世纪商贸有限公司（以下简称京东）提起欺诈指控。然而，京东的母公司否认与此事有关，并声称承兴国际伪造了与京东的商业合同，诺亚控股自始至终没有通过任何方式和京东进行合同真实性的验证。

此事件严重打击了包括银行和投资机构在内的投资者的信心，暴露了诺亚控股在合规和风险管控上存在重大缺陷。受此事件影响，承兴国际在香港的股票暴跌80%，诺亚控股在纽约的股价下跌了20%。

资料来源：李健，朱士超，张文，等. 面向中小企业的区块链驱动下供应链金融解决方案［EB/OL］. ［2020-11-10］https://zhuanlan.zhihu.com/p/282796520？utm_id=0.

**案例透析：** 分析原有模式的缺点，并提出改进方案。

## 经济观察 6-2

### 我国区块链产业综合实力

据工信部网站 2023 年 6 月 7 日消息，近日，工业和信息化部、中央网络安全和信息化委员会办公室联合发布《关于加快推动区块链技术应用和产业发展的指导意见》，其中明确，到 2025 年，区块链产业综合实力达到世界先进水平，产业初具规模。区块链应用渗透到经济社会多个领域，在产品溯源、数据流通、供应链管理等领域培育一批知名产品，形成场景化示范应用。培育 3～5 家具有国际竞争力的骨干企业和一批创新引领型企业，打造 3～5 个区块链产业发展集聚区。区块链标准体系初步建立。形成支撑产业发展的专业人才队伍，区块链产业生态基本完善。区块链有效支撑制造强国、质量强国、网络强国、数字中国战略，为推进国家治理体系和治理能力现代化发挥重要作用。

到 2030 年，区块链产业综合实力持续提升，产业规模进一步壮大。区块链与互联网、大数据、人工智能等新一代信息技术深度融合，在各领域实现普遍应用，培育形成若干具有国际领先水平的企业和产业集群，产业生态体系趋于完善。区块链成为建设制造强国和网络强国，发展数字经济，实现国家治理体系和治理能力现代化的重要支撑。

资料来源：工业和信息化部. 关于加快推动区块链技术应用和产业发展的指导意见》文件解读 ［EB/OL］. ［2021-06-07］ https://www.miit.gov.cn/jgsj/xxjsfzs/gzdt/art/2021/art_0f8b5a86d0ac4c85bd7afea25b6916dc.html.

**启发思考：**

当前，我国区块链技术应用和产业已经具备良好的发展基础，在防伪溯源、供应链管理、司法存证、政务数据共享、民生服务等领域涌现了一批有代表性的区块链应用。区块链对我国经济社会发展的支撑作用初步显现。随着全球数字化进程的深入推进，区块链产业竞争将更加激烈，我国区块链也面临核心技术亟待突破、融合应用尚不成熟、产业生态有待完善、人才储备明显短缺等问题。

《中华人民共和国国民经济和社会发展第十四个五年规划和2035年远景目标纲要》中将区块链作为新兴数字产业之一，提出"以联盟链为重点发展区块链服务平台和金融科技、供应链金融、政务服务等领域应用方案"等要求。这有助于进一步夯实我国区块链发展基础，加快技术应用规模化，建设具有世界先进水平的区块链产业生态体系，实现跨越发展。

## 综合训练

### 一、概念识记

供应链金融　供应链公有链　私有链　联盟链　应收账款融资模式　保理预付账款融资模式　动产质押融资模式

### 二、单选题

1.能够为金融行业和企业提供技术解决方案的是（　　）。

A.以太币　　　　　B.联盟链　　　　　C.比特币　　　　　D.数据链

2.（　　）是区块链最核心的内容。

A.合约层　　　　　B.应用层　　　　　C.共识层　　　　　D.网络层

3.区块链在资产证券化发行方面的应用属于（　　）。

A.数字资产类　　　B.网络身份服务　　C.电子存证类　　　D.业务协同类

4.B2C电子商务模式是指（　　）。

A.公司与公司之间的电子商务　　　　　B.公司与顾客之间的电子商务

C.公司与政府之间的电子商务　　　　　D.顾客与顾客之间的电子商务

5.相比于普通仓单质押，以下哪项不属于标准仓单质押融资具有的特点（　　）。

A.手续简便　　　　B.成本相对低廉　　C.风险较低　　　　D.违约处理难度大

6.以下哪个"链"需要信任机制（　　）。

A.真链　　　　　　B.伪链　　　　　　C.弱链　　　　　　D.公链

7.封装了供应链的应用场景，是供应链成员与信息平台的交互媒介，也是用户直接信息交互的载体的是（　　）。

A.应用层　　　　　B.合约层　　　　　C.共识层　　　　　D.网络层

8.以下表述正确的是（　　）。

A.供应链管理中信息流是中枢神经系统，现金流是过程，物流是结果

B.供应链管理中物流是中枢神经系统，信息流是过程，现金流是结果

C.供应链管理中信息流是中枢神经系统，物流是过程，现金流是结果

D.供应链管理中现金流是中枢神经系统，物流是过程，信息流是结果

9.共识由多个参与节点按照一定机制确认或验证数据，确保数据在账本中具备正确性与（　　）。

A.真实性　　　　　B.多样性　　　　　C.可靠性　　　　　D.一致性

10.保兑仓项下货物存放在（　　　）指定仓储方，仓储方必须严格按照与银行签订的保兑仓业务协议保管货物，唯一接受指令发货。

A.银行　　　　　　　　B.卖方或银行　　　　　C.买方或银行　　　　　D.卖方或买方

11.如果你寄的包裹丢了属于（　　　）的问题。

A.信息流　　　　　　　B.物流　　　　　　　　C.商流　　　　　　　　D.资金流

12.以下不属于区块链应用的三大优势的是（　　　）。

A.数据可靠　　　　　　B.权利明确　　　　　　C.主动履约　　　　　　D.回款难定

13.区块链的安全性主要是通过（　　　）来进行保证的。

A.签名算法　　　　　　B.密码学算法　　　　　C.哈希算法　　　　　　D.共识算法

14.以下不属于供应链金融的特点概括的是（　　　）。

A.物流、信息流、资金流分开管理

B.参与主体多元化

C.具有自偿性、封闭性和连续性的特点

D.突破了传统的授信视角

15.保兑仓与未来货权质押的异同，下列说法不正确的是（　　　）。

A.前者适用存在销售压力较大的商品，后者一般适用于紧俏的商品

B.前者必须为厂商核定授信额度，后者不必为厂商核定授信

C.二者都是先款/票后货模式

D.二者对经销商融资的风险都依托在厂商

16.保兑仓与未来货权质押的异同，下列说法不正确的是（　　　）。

A.前者适用存在销售压力较大的商品，后者一般适用于紧俏的商品

B.前者必须为厂商核定授信额度，后者不必为厂商核定授信

C.二者都是先款/票后货模式

D.二者对经销商融资的风险都依托在厂商

17.以下不属于区块链的技术的是（　　　）。

A.公有链　　　　　　　B.数字链　　　　　　　C.联盟链　　　　　　　D.私有链

18.以下不属于保理业务的是（　　　）。

A.代理出口账款　　　　　　　　　　　B.核定进口商信用额度

C.出口风险担保　　　　　　　　　　　D.开立贸易保函

19.下列哪项交易比较适用国内保理业务（　　　）。

A.买方是大企业，卖方是小企业　　　　B.买方是小企业，卖方是小企业

C.买方是大企业，卖方是大企业　　　　D.买方是小企业，卖方是大企业

20.标准仓单只有经过（　　　）才有效。

A.交易所签发后　　　　　　　　　　　B.交易所注册后

C.交割仓库注册后　　　　　　　　　　D.交割仓库签发后

## 三、多选题

1.区块链技术带来的价值包括（　　　）。

A.提高业务效率 B.降低拓展成本

C.增强监管能力 D.创造合作机制

2.供应链金融的参与主体主要有（ ）部门。

A.金融机构 B.中小企业 C.支持型企业 D.核心企业

3.区块链的技术特点包括（ ）。

A.去中心化 B.高度透明 C.集体维护 D.不可篡改

4.公有链是以（ ）为核心目标的开放系统。

A.数字资产构建 B.生态建设 C.查询数据 D.保护数据安全

5.下列适合做汽车行业核心企业的有（ ）。

A.整车制造企业 B.境内总代理 C.区域总代理 D.一级经销商

6.区块链在网络范围内分为（ ）三种类型。

A.独立链 B.公有链 C.联盟链 D.私有链

7.区块链技术特点有（ ）。

A.分布式 B.去中心 C.分散式 D.去中介

8.数字资产类应用案例包括（ ）。

A.数字票据 B.第三方存证 C.应收款 D.产品溯源

9.区块链的特征有（ ）。

A.高度自治性 B.信息透明性息

C.分布式数据存储 D.数据不可篡改

10.构成人类经济循环的过程包括（ ）。

A.生产 B.分配 C.交换 D.消费

11.区块链计算模式下，区块链账本的保障机制包括（ ）。

A.共识确认 B.多方存储 C.安全可信 D.不可篡改

12.供应链融资中，根据企业购买原材料、日常生产运营以及销售等几个不同环节，其融资模式大概可以分为（ ）。

A.应收账款融资 B.存货融资

C.订单融资 D.预付账款融资

13.供应链金融业务模式有（ ）。

A.基于预付账款的保兑仓融资模式

B.融通仓模式

C.基于存货的融通仓融资模式

D.基于应收账款的融资模式

14.保兑仓业务对卖方的益处包括（ ）。

A.卖方获得杠杆融资

B.将应收账款转为预收账款，改善公司资产质量

C.巩固了与厂家的合作关系

D.提前获得订单，扩大销售，便于排产

15.不属于区块链应用后的三大优势的是（ ）。

A.数据可靠　　　　　B.权利明确　　　　　C.主动履约　　　　　D.回款难定

16.商业保理中应收账款债权人将应收账款转让给保理人，保理人提供（　　）服务。

A.应收账款融资　　　　　　　　　　B.应收账款管理

C.应收账款催收　　　　　　　　　　D.应收账款债务人付款保证

17.下列机构有动力构建自己的区块链供应链金融生态的有（　　）。

A.核心企业　　　　　　　　　　　　B.大平台

C.掌握核心数据的物流公司　　　　　D.技术服务公司

18.天然具有开展供应链金融业务的优势的有（　　）。

A.供应链上的核心企业　　　　　　　B.银行

C.做供应链管理的传统巨头企业　　　D.小企业

19.供应链金融平台由（　　）部门搭建。

A.核心企业　　　　B.供应链企业　　　　C.银行　　　　D.政府

20.应收账款质押业务与保理业务的区别有（　　）。

A.产品本质不同　　　　　　　　　　B.生效条件不同

C.提供的服务不同　　　　　　　　　D.第一还款来源不同

## 四、判断题

1.在任何有信任问题的地方，都可以使用区块链。　　　　　　　　　　（　　）

2.供应链上存在很多信息孤岛，区块链供应链金融也无法填平金融机构与中小企业之间信任的鸿沟。　　　　　　　　　　　　　　　　　　　　　　　　　（　　）

3.供应链金融只是物流金融的机械相加。　　　　　　　　　　　　　　（　　）

4.供应链金融与物流金融均以融通资金为目的。　　　　　　　　　　　（　　）

5.供应链金融与物流金融相比参与主体与作用范围相同。　　　　　　　（　　）

6.联盟链的数据只限于联盟里的机构及其用户才有权限进行访问。　　　（　　）

7.在采购阶段，采用基于预付账款融资的供应链金融模式，以使"支付现金"的时点尽量向后延迟，从而减少现金流缺口。　　　　　　　　　　　　　　　　（　　）

8.标准仓单质押授信是指客户以自有或第三人合法拥有的标准仓单为质押的授信业务。　　　　　　　　　　　　　　　　　　　　　　　　　　　　　　　（　　）

9.预付款融资的担保基础是预付款项下客户对供应商的提货权，或提货权实现后通过发货、运输等环节形成的在途存货和库存存货。　　　　　　　　　　　　（　　）

10.传统信贷的评估聚焦于单个企业节点，贷款质量基本上由企业经营情况决定。　　　　　　　　　　　　　　　　　　　　　　　　　　　　　　　　（　　）

11.共识由多个参与节点按照一定机制确认或验证数据，确保数据在账本中具备正确性与一致性。　　　　　　　　　　　　　　　　　　　　　　　　　　　（　　）

12.预付款融资就是先款后货融资。先款后货，顾名思义，就是先支付货款再发货。　　　　　　　　　　　　　　　　　　　　　　　　　　　　　　　　（　　）

13.应收账款融资模式弥补了"卖出存货"与"收到现金"之间的现金

流 缺 口 。                                                                  （       ）

14.预付账款融资模式实现了中小企业的杠杆采购和核心大企业的批量销 售。                                                                  （       ）

15.区块链技术可以解决信用传递。                            （       ）

16.供应链中企业的很多相关信息都被记录在区块链中，包括企业过去的交易记录、订单状态、库存信息等。                            （       ）

17.应收账款融资是以未到期的应收账款向金融机构办理融资的行为。 （       ）

18.供应链金融非常强调金融主体与企业之间的协作关系。        （       ）

19.联盟链很容易达成共识，因为联盟链的节点数是无限的。      （       ）

20.区块链具有可溯源、共识和去中心化的特性。                （       ）

## 五、简答题

1.正向保理和反向保理的区别有哪些？

2.填空。

（1）比较区块链供应链金融与传统供应链金融，见表6-2。

表6-2                 区块链供应链金融与传统供应链金融比较

| 类型 | 区块链供应链金融 | 传统供应链金融 |
|---|---|---|
| 信息流转 | | 信息孤岛明显 |
| 信用传递 | | 仅到一级供应商 |
| 业务场景 | | 核心企业与一级供应商 |
| 回款控制 | | 不可控 |
| 中小企业融资 | | 融资难、融资贵 |

（2）传统供应链金融与区块链驱动的供应链金融对比，见表6-3。

表6-3                 传统供应链金融与区块链驱动的供应链金融

| 服务对象 | 一级供应商或零售商 | 供应链中的所有中小企业 |
|---|---|---|
| 交互方式 | 纸质文件 | |
| 风险管理 | 提前评估 | |
| 贷款可得性 | 融资难、融资贵 | |
| 信用传递 | 能传递到第一层 | |
| 银行人力成本 | 人力成本高 | |
| 银行验证时间 | 长 | |
| 道德风险 | 有 | |

## 六、实战演练

2017年4月，翼启云服与大大买钢网完成区块链系统对接。在与翼启云服的区块链合作中，大大买钢网将中小微企业的贷款申请同步给翼启云服。通过对订单、应收账款、物流、发票等流程的绑定，形成一个无纸化、标准化的贷款申请。在这个链条中，订单无法篡改，如果一个订单发两次货，就会被认为可能存在虚假交易，物流无法顺利绑定。对于资产的处置如质押等，由于会在链上记录，能有效避免重复质押现象发生。

翼启云服同步拿到大大买钢网的数据之后，风控系统对授信对象进行评测，进而根据资质决定贷款额度和资金成本，客户接受即可放款。放款后，可以在系统中跟进订单的发票和付款，关注订单的环比增长率等数据，加强贷后管理。

实现区块链技术之后，供应链数据将会实时计入系统，包括平台交易往来所形成的订单、运单、收单、融资等经营行为数据。由于没有中心化的机构存在，所有的数据主体都将通过预先设定的程序自动运行，不仅能大大降低成本，更能提高效率。计入区块链系统的数据与翼启云服保持同步，这样在上下游企业做融资申请的时候，审核流程就非常简单，运营成本得以降低，如图6-32所示。

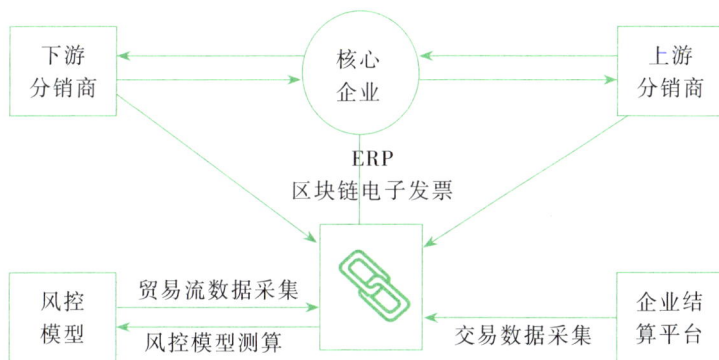

图6-32　翼启云服与大大买钢网区块链系统对接图

分析此案例中供应链金融的作用有哪些？

资料来源：佚名. 翼启云服：为大大买钢网构筑基于区块链BlockwormBaaS平台的风控防火墙[EB/OL].［2021-05-14］. https://max.book118.com/html/2021/0513/8002040065003101.shtm.

# 第七章

## 金融智能营销

## 学习目标

**知识目标：**

- 了解营销模式的转变。了解传统的营销思维和智能营销思维的不同；了解智能营销涉及的主流技术；掌握客户流量、客户留存、客户转化、用户黏性的含义。

**能力目标：**

- 掌握智能营销涉及的主流技术；掌握支付端产品、理财端产品和信贷产品的运营；能够对客户转化进行分析。

**素质目标：**

- 树立正确的营销道德观与价值观，培养诚信经营、恪守社会责任与商业道德的作风。

# 第一节　从互联网营销到智能营销的转变

## 智能营销已经来临

截至 2020 年 6 月，中国网民达 9.4 亿，每天网民在互联网上的各种行为产生了海量的数据，这些数据是实时增加的。在这么多的大数据中很难找到企业的目标客户，但是，智能营销就能够做到。

比如一个人可能在微信上叫小明，在微博上叫小刚，大数据技术可以知道两个名字是同一个人，系统中会给这个人起另外一个名字，即一串唯一的数字来识别他。这样这个人在网上的各种行为就被记录和整合起来了，根据这些数据可以对他画像，描述出的画像可能是：男，30 岁，白领，刚有小孩，喜欢足球，爱喝酒，喜欢读历史书等。系统画像可能比你还懂你，靠的是人工智能。

当所有人都被画像了，被贴上标签了。那对于营销人来说，找人就容易了。知道你在网上搜索过什么信息，浏览过什么资讯，去过哪里，买过什么东西。不仅如此，还能推测出你的意图，比如你可能最近要买车，可能要买房，可能要出国留学等。不仅仅是找到你，还能找到能影响你的人，比如你喜欢刘德华，你最近想买路虎车，那可能在你看刘德华演唱会视频的时候会跳出来路虎车的广告。还能找到你的亲人、朋友、同事，通过影响他们来间接影响你。此外，智能洞察不仅能找人，还能洞察行业趋势、热点、竞争，还能分析品牌竞争、品牌发展、消费决策。

当有了洞察结果后，系统的人工智能自动就能给出广告应该在哪些媒体投、投多少钱、怎么投等策略，这个策略直接分发到投放系统中，而且其给出的策略就是媒体投放系统能理解的。

人工智能自动生成内容，可以理解为机器写稿。不仅能自动写文字，还能自动组合图片，自动生成视频。因为每个消费者都不同，因此商家希望能给每个消费者个性化的广告内容，比如三个人同时搜索"宝马 320"，会看到三个结果，一个人看到的是弯道超车，因为他关注操控感，第二个人看到的是一家三口坐在车里出行，因为他关注舒适度，第三个人看到的是红色绚丽的车身，因为他注重外观。消费者千人千面，靠人力为每个人制作不同的广告内容是不现实的，而人工智能可以做到。这个技术，术语叫程序化创意。

正是有了千人千面的创意内容，才能在投放时智能识别客户，然后给他相符合的内容，也就是找对人之后说对话。在这个过程中还能智能地调整说话的内容。比如，商家本来以为客户是关注操控性的，跟他说了宝马 320 操控性强之后发现他不太感冒，因为客户没有认真看海报，那下次就跟客户强调舒适性。

我们假设一个场景，一个关注舒适性的用户看到了汽车广告，广告上有拨打电话的按钮，他拨打后，销售人员的电脑上弹出了这个用户的画像和之前搜索的行为记录，还看到了系统给的建议话术。于是销售人员接听电话，第一句话就说：先生您好，您希望买更宽敞舒适的车，对吗？您每天送孩子上下学，周末全家出游的时候用车，我们这款车非常符合您的需求。

　　此外，还有预算的智能调整：当系统发现关注操控性的人看的多、最终购买的少，而关注舒适性的人容易成交时，系统就会自动把广告多推送给关注舒适性的人。

　　资料来源：盘小东. 闲聊智能营销，是遥远的未来还是已经来临的现在［EB/OL］.［2020-06-09］. https：//baijiahao.baidu.com/s？id=1668977126607391399&wfr=spider&for=pc.

## 一、智能营销的兴起

### (一) 营销环境的变化

　　古往今来，人类为了能够在复杂多变的自然环境中更好地生存，从未停止过对自然的探索，从一开始制作使用简单的石器工具到驯服牛马，从绿皮火车到高铁飞机，从蒸汽机开启的工业时代，到计算机开启的信息时代和互联网时代。每一次技术革命，都给人类带来了前所未有的发展机会，让人类从陆地探索到海洋、天空、宇宙以及虚拟的互联网世界。随着科技的发展，消费模式、营销渠道、客户需求等都在不断发生变化，营销模式也随之发生变化，如图7-1所示。

图7-1　营销模式的变化

#### 1. "脚力"营销

　　在原始社会营销靠人力，统称"脚力"。这个时期的商人营销比较简单，主要靠脚力，谁的人手多，走的路远，肩膀上扛的货物多，知道的信息多，在其他条件不变的情况下，自然赚钱就多。

#### 2. "畜力"营销

　　在农业社会，营销靠牛马，统称"畜力"。进入农业社会，人类适应自然的能力越来越强，开始了大面积的农作物种植，以及驯服牲畜、饲养家禽等，牛和马在农业生产和商业运输中得到应用。马车、骆队、船运等改变了运输方式，降低了运输成本，提高了运输效率和规模，淘汰掉了原始社会靠脚力的运输方式。

#### 3. "汽力"营销

　　在工业社会，营销靠轮子，统称"汽力"。人类从农业社会迈入工业社会，意味着蒸汽时代、电气时代的到来，利用"汽力"，改变了"畜力"的运输方式，淘汰掉了农业社会靠畜力的运输方式，通过汽车、火车、轮船、飞机，降低了运输成本，提高了运输效率和规模，贸易得以拓展海内外。

#### 4. "网力"营销

　　在信息社会，营销靠电网和互联网，统称"网力"。互联网是社会发展的产物，网络营销是网络信息技术的发展、消费者价值观的改变、激烈的商业竞争环境下的一种新型的市场营销方式。简单地说，网络营销就是以互联网为主要手段进行的，为达到一定营销目的的营销活动。网络营销具有跨时空、多媒体、交互式等功能。网络营销最重要的是思路与实践，这二者缺一不可，所有的网络营销知识离开了这两点就毫无意义。

### （二）消费者地位的变化和企业营销思维模式的转变

智能营销的兴起归结于消费者和营销思维模式两大因素的嬗变。

#### 1. 消费者的变化

战争中，统帅会研究决定战争胜负的相关因素从而做出应对策略，例如，骑兵作为古代战争中的关键作战手段，可以改变一场战争的胜负；枪阵挡住了骑兵的冲击，成为决定战争胜负的因素；机枪的出现，让枪阵变得毫无意义；坦克的出现，又让机枪的战略作用降低……

同样，营销人员也要研究决定顾客选择的相关因素如何变化，因为顾客的选择永远是占领市场的关键。随着互联网的发展和移动设备的不断普及，消费者的消费认知、心智和自主意识均有大幅提升和成熟，消费偏好也更加多元化、个性化，客户从被动接受转变为主动选择，更有话语权，因此，企业与客户的关系不再局限于单向的传播和影响，呈现双向互动的特征。

#### 2. 营销模式的转变

▶▶▶

**小知识 7-1**

内容为王包括很多方面：产品有做好宣传吗？有让更多的潜在客户了解吗？有传递出产品价值吗？交付落地能让客户满意吗？

在互联网时代，消费者的行为方式以及心理特征都发生了翻天覆地的变化，这意味着在互联网传播环境下，谁能迅速有效地找到消费者、准确洞察消费者的需求，谁就率先占得先机和商机。这种营销分析、洞察和判断正是建立在人工智能和大数据的营销基础上的。

（1）从流量到存量。如果说流量思维强调的是广告与曝光，不断获取新用户。那么在存量时代，最大的不同就是获取用户之后的行为。提升客户价值是存量时代营销增长的重要引擎。

（2）从内容到服务。内容是核心产品，首先要看产品，然后才是如何运营、营销，即服务。所谓服务为王，其本质就是谁抓住了客户的心，谁就能在这个行业立足。一款好的产品如果没在它该有的市场出现，就无法发挥出它该有的价值；如果它有了市场，但是没有留住更多客户，那么在需求分析、客群定位、产品选型、落地、交付整个环节的某个节点或多个节点必然存在脱节。

### 二、传统营销、互联网营销、智能营销思维的比较

多年来，营销理念不断创新、需求不断激发。营销史就是一部营销理念与技术的创新融合史。从以产品为中心的营销，到以客户为中心并注重情感与体验的营销，发展到以数据为核心的智能营销，营销发生了翻天覆地的变化。

### （一）传统的营销思维

传统的营销思维是"定位+4P（产品、价格、渠道、促销）"，定位就是企业营销人员在目标市场上为产品确定一个恰当的位置，用以标识自己的产品，从而区别于竞争者的产品。其核心内容包括产品必须能满足消费者的需求，即与企业的目标市场相吻合；企业的产品和竞争者的产品必须有区别，即企业的产品要有自己独特的卖点。

对于金融机构来说，即使金融产品存在着较强的同质性，各个金融机构依然可以根据自身优势进行产品定位。例如交通银行利用其在外汇业务上的优势，开发出了"外汇宝"；招商银行利用自己在网络方面的优势推出了"一卡通"；中国太平洋保险公司推出的"神行车保"汽车保险，等等。

## ➤ 典型案例 7-1　　　　　　史玉柱脑白金

传统营销通常的做法就是为产品找准定位，取一个好记独特的名字，设计一条最洗脑广告语和视频，买断当地电视台黄金时间，多次重复播放。

为了定位，史玉柱亲自去公园找大爷大妈聊天，找到了"老人晚上失眠""儿女过节给老人送礼"的需求，然后给"褪黑素"取了一个"雍容华贵、通俗易懂"且好记的名字——脑白金。假设广告上尬舞的两个老人唱的是"今年过节不收礼，不收礼呀，不收礼！收礼只收——褪黑素"，你会不会觉得这广告是疯了。

史玉柱首先小规模试错，在营销策略和广告投放上，选三四线小城市做一轮测试，看效果后再规模投放。经过测试，他们发现媒体中性价比最高的是当地报纸，于是在营销过程中报纸软文成了必备武器。在电视广告上，最开始是尬舞的两位老人，在广告播出后遭到当地市民的投诉，于是换成了卡通人物以及"今年过节不收礼，收礼只收脑白金"的轰炸式广告，其达到的效果就是出上句你就能对下句。

后来，史玉柱利用超一流的软文能力进行再次宣传。当时克隆羊很火，于是史玉柱把软文包装成一篇科普专栏，先科普克隆羊，攻破读者的第一层心理防线，再科普褪黑素是如何改变睡眠的，最后引出"脑白金"如何感动美国。受其轰炸式的营销影响，如果读者经常失眠，就产生试一试这款产品的想法。

资料来源：熊叔. 2个案例弄懂互联网营销与传统营销的区别［EB/OL］.［2018-05-29］. https://www.jianshu.com/p/55ae735e22.28.作者有整理。

案例透析：分析史玉柱的营销思维。

### （二）互联网营销思维

简单地说，一切以数据为驱动的运营思维模式，都是互联网思维。在互联网时代，互联网营销思维已经取代传统营销思维，其基本思想如下：

#### 1.用户思维

站在用户的角度来思考问题就是用户思维，更确切地说，就是站在对方的角度、换位思考。

传统思维在诉说产品卖点的时候，更倾向于表述产品的功能特点。这就决定了需要用户自己去判断该产品是否符合自己的需求。而用户思维则是站在用户角度直接描述产品利益点，让用户不用思考，就能一秒判断。这样不仅仅省略了用户思考判断的过程，更能给用户一种"啊，这就是我想要的东西"的感觉。

互联网运营可以通过网络随时随地地同用户沟通，坐在办公室就可以通过调研问卷对全世界的用户进行定量分析，可以建微信群邀请用户来吐槽，建论坛让核心用户随时随地评论，可以快速分清什么是用户的真正"痛点"，什么是想象的"瓶颈"。而不是像传统的营销思维那样把企业当成宇宙中心，主观地以为客户需要什么产品，猜想用户喜欢什么广告。传统思维与用户思维如图7-2所示。

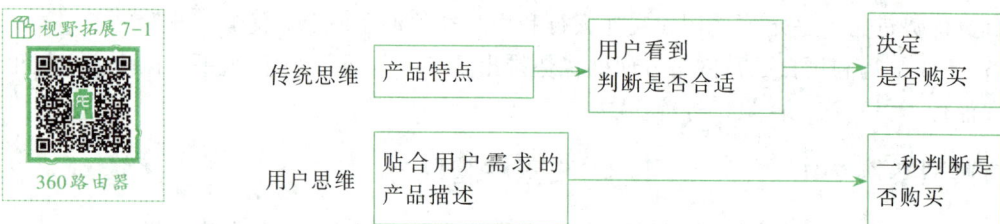

视野拓展7-1

360路由器

传统思维　产品特点 → 用户看到 判断是否合适 → 决定 是否购买

用户思维　贴合用户需求的 产品描述 → 一秒判断是 否购买

图7-2　传统思维与用户思维

例如广告语"小米手机，就是快！"直接亮出产品给用户带来的利益点和价值点，一下子就抓住了用户急需解决智能手机卡顿的问题，使用户不用在"高通芯片、摄像头1 500万像素，屏幕尺寸5.7吋……"等参数中徘徊。

小知识 7-2

不追求完美，允许有所不足，尽早将产品推到用户面前，接收反馈，不断试错，持续完善产品的思维就是迭代思维。

2. 数据思维

传统企业很少与用户进行"面对面，心贴心"的交流，且交流效率低、效果差。互联网时代，企业可以借助用户行为留下的数据来发掘用户场景需求，把一切营销行为量化，预测用户行为。

小知识 7-3

互联网产品的概念是从传统意义上的"产品"延伸而来的。简单来说，互联网产品就是指网站为满足用户需求而创造的用于运营的功能及服务，它是网站功能与服务的集成。例如，新浪的产品是"新闻"，腾讯的产品是"QQ"，网易的产品是"邮件"，互金的产品是"信贷"。

数据不会骗人，在大数据时代，智能手机及各种传感器将人们的一举一动、一言一行都记录、存储下来。用户每时每刻产生的数据，都将被场景营销产业链中各环节上的企业用于用户细分研究、用户行为研究、用户留存研究、用户媒介接触习惯研究等，从而更好地服务营销行为，提升营销效率。

如谷歌和亚马逊比你还了解你自己的喜好；医生利用数据分析做出正确诊断，政府、法院在推动信息公开的同时制定出有益于未来的制度和法案等。

### 3.产品迭代思维

传统的广告投放成本高，每一个广告内容投放都慎之又慎。而互联网时代想出一个好点子可以马上投入核心用户群进行检验，效果好就大量投放。迭代思维保证了产品在大规模投入市场之前能够经过核心用户的多轮充分检验，失败的概率自然会小很多。

> **典型案例 7-2**　　　　　　　　　　　　**小米的迭代思维**

小米初期零预算做广告，在打法上有以下三点：

1.极致单品：从MIUI到小米手机再到全系列产品，每个阶段小米都把单品做到极致，每一款单品都让人叫好，通过体验提升档次和格调、通过价格感动用户，让客户产生口碑传播的意愿。（用户思维）

2.社群迭代：前期找到种子用户，培养参与感，让种子用户参与到产品的研制过程中，根据社群的反馈进行快速迭代，不断积累产品势能。在粉丝的需求不断被满足和超越过程中，促成口碑传播。（迭代思维）

3.口碑传播：有了1、2的基础之后，通过事件营销、网络渠道，持续与粉丝互动，让用户参与营销过程。一个粉丝在预售阶段没有抢到小米手机，那么他会让亲戚朋友帮忙抢，无形之中介绍了产品也拓展了用户。粉丝购买到产品后由于兴奋和喜悦，也会在朋友圈进行分享和扩散。当然，口碑传播一定要做到自愿传播，利诱的口碑传播并不是真正的口碑传播，只能算病毒传播。（数据思维）

资料来源：熊叔.2个案例弄懂互联网营销与传统营销的区别［EB/OL］.［2018-05-29］.https：//www.jianshu.com/p/55ae735e2228.

**案例透析**：分析学会互联网营销思维的意义。

### （三）智能营销新理念

目前，智能营销新理念是高效和交互。

#### 1.效率思维

规模思维是把交易数量、用户数量、订单数量等规模指标作为关注重点，反映到品牌营销层面，表现为全渠道、大力度投放效果类广告，通过大量的品牌活动增加曝光、提升知名度。效率思维是对规模思维做更为精细的拆解，业务层面重点关注转化率、留存率、单位贡献等效率指标，在品牌营销层面更多思考如何提高有效渠道和有效用户的识别率、传播扩散效率、有效用户转化率等问题。

在跑马圈地式的扩张行不通、存量流量争夺乏力、合规整改帷幕将落、金融回归本质之际，金融科技可以借助大数据分析，更加精准判断客户需求，从盲人摸象的灌输式营销转向数据驱动的精准式营销，提高运作效率、提升服务体验；利用云计算提供更加低成本、高效率的财务和运营支持。

智能营销不仅大大缩短了营销链路，还能利用智能化的技术快速收验和迭代，然后以最快的速度响应诉求。同时，金融机构以单位效率为核心发力点，对每一个业务/营销单元进行细节深挖，提升品牌营销竞争力。

微课堂7-1
智能营销

### 2.提升用户交互体验

人工智能、大数据和营销相互融合，被人工智能赋能的营销将变得更加聪明：读懂客户的心思和需求，实现与客户的互动。智能营销的核心在于它能够像人一样思考，从人的诉求出发，跟人进行互动，在交互的过程中，逐渐激发人的需求。

当客户打开金融App，看到的资讯都是与投资标的相关的信息，这些市场信息对于投资标的的潜在影响也一目了然，客户可以据此做出投资选择；有人工智能根据客户的收入情况及承担风险的能力和家庭情况为客户量身定制包含不同投资标的的资产配置方案以供选择；有的基金产品还可以在市场出现风险时提醒客户实时调仓，及时避险，甚至能通过手机一键给全家配置保险方案。可见，以智能手段与客户保持对话，实现对客户生命周期的全程追踪，并对不同时期的客户制定针对性的营销策略变得至关重要。

金融业务非常依赖数据，如融资成本、融资需求、企业的运营状况等都属于数据范畴。而通过人与人交互的方式了解用户需求并不涉及数据。智能营销借用数据搜集能力在无形之中拉近金融机构与用户的距离，从而形成更佳的用户服务交互体验。由此，用户享受到了智能化的金融产品与更便捷的金融服务，而金融机构则通过效率的提升获得了更多用户，提升了收入与利润。

借助智能营销，金融机构可以收获以下四大价值：①将海量存储数据变现为营销价值；②通过用户画像、用户分层、用户定位实现银行营销的精准化、场景化、个性化；③优化营销的质量与效率；④降低人力成本、提高营销效率。

### 教学互动7-1

问：为什么说智能营销开启了未来金融营销新模式？

答：借助智能营销的应用，金融机构有望收获以下四大价值：将海量存储数据变现为营销价值；通过用户画像、用户分层、用户定位实现银行营销的精准化、场景化、个性化；优化营销的质量与效率；降低人力成本、提高营销效率。

## 三、智能营销涉及的主流技术

### (一)自然语言处理（NLP）

自然语言处理包括自然语言理解和自然语言生成。

#### 1.自然语言理解和自然语言生成

自然语言处理包括自然语言理解和生成。自然语言理解是指将自然语言变成计算机能够理的语言，将非结构化文本转变为结构化信息。自然语言生成是指计算机能够通过自然语言文本表达它想要达到的意图。

NLP技术可以使人和机器通过自然语言进行互动和沟通，用户可以和营销系统实现更友好的交互，提供更实时的诉求反馈。例如从标题中抽取关键词、优化搜索和排序。

## 2. NLP平台体系

NLP主要分为技术层和应用层两大类。如图7-3所示。

| 技术层 | 大数据 | 知识图谱 | 机器学习 | 语言学 |
| --- | --- | --- | --- | --- |
| 应用层 | 文字校对 | 智能问答系统 | 机器翻译 | 自然语言生成 |

图7-3　NLP的分类

### （二）机器学习

机器学习技术在智能营销中有更为普遍的应用，例如，在广告投放、智能决策、创意生成等场景中，机器学习可以基于对历史数据的归纳和学习，构建出"事件模型"，并将合适的新数据输入模型中，以此来预测并指导决策。

例如，监督学习的用户点击/购买预测、房价预测；无监督学习的邮件/新闻聚类；强化学习的动态系统以及机器人控制。机器学习法过程如图7-4所示。

图7-4　机器学习过程简介

### （三）知识图谱

知识图谱是用人工智能研究如何将人类的知识转化为图谱，以方便计算机存储并用于推理。计算机可以通过知识图谱实现从感知智能到认知智能的飞跃，支持智能问答、辅助决策、智能分析等场景。

在人工智能发展的三个阶段：计算智能、感知智能和知识图谱中，知识图谱是实现机器认知智能的关键技术，其在智能营销上的应用非常多。比如推荐系统，即利用知识图谱实现更精准、更智能的个性化推荐。知识图谱在客服系统、知识问答、文档审核、智能分析等领域也有较多应用，如图7-5所示。

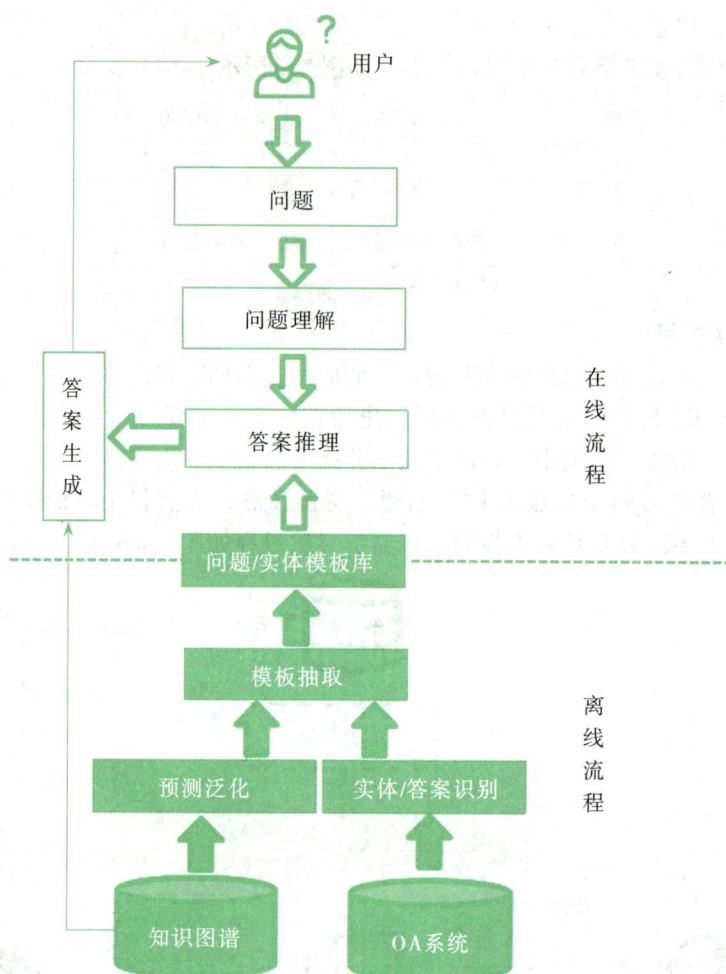

图7-5　基于知识图谱的问答系统

### （四）数据中台

智能营销包含业务数据化、数据资产化、资产场景化、场景智能化等，其中大部分都离不开中台，尤其是数据中台的能力支撑。中台包含先进的技术竞争力，同时依托于技术竞争力，利用其内部拥有的核心资源竞争力（包括业务产品、组织、价值观、人才等），构建企业在数字化转型过程中的核心竞争力及话语权，并形成企业内部甚至外部的生态向心力，从这方面来说，中台其实是一种技术、赋能、创新、生态和内部驱动力的优势集合体。

数据中台的规模化优势往往离不开数据能力的组件化、服务化、平台化建设，通过提供通用的能力，可达到"简单配置、一键接入、高效复用"的线上数据自助能力，如图7-6所示。

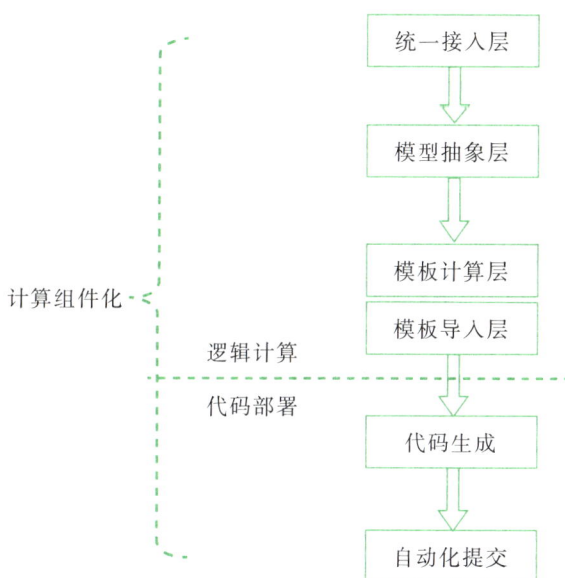

**图7-6　数据计算的组件化能力**

经济观察 7-1

### 百丽国际数字化转型

百丽国际作为一家大型实体经济企业，拥有7个研发生产基地，60多个自有仓库，在中国300余个城市拥有约2万家自营门店，员工总数约10万人。如果采取传统的方式进行管理，不进行数字化转型，那整体的效率肯定不高。百丽国际数据化转型后升级了已有的CDH平台，整合了原有的7个数仓平台，形成流批统一、湖仓一体架构。

与此同时，百丽国际围绕货、场、人构建完善的标签与指标体系，依托自身积累的技术优势，基于AI销售预测、算法模型，支撑商品的铺补调货建议，对比传统的人工统计方式，效率上得到了极大的提升，在业务核心链路上，不再完全依赖于人力的自主决策与执行，实现螺旋上升式工作优化模式，推动整体业务稳固发展与创新，门店商品主推智能播报，效率提升30%。

这相当于百丽在原有的运转引擎上增加了一个新的观察点。比如原先发现一款新上线的鞋子试穿率排名第一，但转化率只有3%，实际调研后发现是因为鞋带过长。于是将这款鞋调回工厂改进后重新推出，转化率瞬间达到20%。

在数字运营方面，百丽基于数据智能平台构建支撑事前预测与分析、事中预警与指导、事后反馈与迭代的中央控制能力，形成数据资产+业务逻辑统一，创新数据智能应用，通过分析商品、店铺主数据、交易数据、外部数据等数据源，建立模型来进行滚动销量预测，精准率达到90%。

由于底层数据平台升级统一，可以统一管理超过2.5 PB数据量、500 GB/每天新增，查询性能提升30%、硬件资源每年维护成本降低25%，对于一个企业来说，效率得到了提升，成本得到了降低，整体的收益也能得到提升。

资料来源：程序员吴师兄.传统企业如何实现数字化转型？［EB/OL］．［2021-12-24］. https://zhuanlan.zhihu.com/p/449453452.

**启发思考：**

随着时代的发展和社会变革，当代大学生接触新信息、新思想的渠道越发丰富。由于大学生的思想尚未成熟，极易受到各种不健康、非主流社会思潮影响，导致他们偏离正确价值观的轨道。因此，引导大学生树立正确的世界观、人生观、价值观，坚定他们对于中国特色社会主义道路的信念，提升他们的道德情操，迫在眉睫。学生应了解数字经济时代营销理念和思想嬗变的重要课程，将课程知识讲解、学生能力的提升与课程思政相结合，从而发挥课程的思想价值引导功能，实现全过程、全方位育人的目的。

# 第二节　金融企业精准营销

**情境导入 7-2**

## 精准获客策略

在大数据弥漫的今天，我们仿佛看见眼前影影绰绰的都是客户，但当伸手去抓，却发现寥寥无几。客户变成了镜花水月的主要原因，在于对客户的把握不够精准。例如，你希望男性还是女性青睐你的产品？产品是为年轻人还是中年人打造的？什么职业的客户是你的营销目标？

当我们讨论产品、需求、场景、用户体验的时候，往往需要将焦点聚集在某类人群上，用户角色是一种抽象的方法策略，是目标用户的集合，而用户画像则是用户信息标签化总集。用户画像的核心工作就是为用户打标签，也是通过一系列的标签把用户呈现给业务人员，首先要知道目前客户是什么样的群体。从粗放式到精细化，用户画像将用户群体切割成更细的粒度，辅以短信、EDM、活动、流量端等手段，驱以关怀、挽回、激励等策略，古老的营销套路因为加入了基于大数据的用户画像，而变得精彩异常。

假设，一位老人在某搜索引擎上搜索"健康险"，B保险公司出现在首位，老人点击进入浏览了该公司的各种保险品种，并在"老年健康险"的页面停留最久，填写注册了自己的手机号，但在输入身份证号的时候放弃了。与此同时，这位老人的行为已被B保险公司所使用的数据平台监测到，并通过分析为他打上一个标签，也就是所谓的用户分群。通过特殊标签打包分析后，平台就会给包括这位老人在内的同一标签用户推送"老年健康险"优惠券，进行精准营销。

上述过程可以被看作智能营销的一个应用场景。

资料来源：佚名.备受瞩目的智能营销到底带来了什么？营销人才会被替代吗？［EB/OL］.［2018-11-22］. https://www.sohu.com/a/277134140_120000816.

## 一、金融业营销的难点

### （一）金融行业的特点导致其比其他行业更难营销

#### 1. 创新难

金融业在市场经济中居于核心地位，其经营活动具有作用力大、影响面广、风险性高等特点。国家对金融业的监管更严，而金融业的营销又受到渠道的监管。比如，有一些创意不能使用，在广告上不承诺刚性兑付年化利率为20%等。

#### 2. 获客难

普通产品呈现多样化，受众人群更细分，比如，婴儿奶粉的营销很容易定位，刚生完小孩的母亲就是目标人群。但是金融产品几乎对所有人都是有吸引力的，无论男女老少都有购买金融产品的需求。在这种情况下，获取目标用户就有挑战性。买信托的用户、买银行理财产品的用户与买消费贷的用户可能有非常大的差异，也可能没有什么差异，你很难用普通的方法区分用户在某个时间段的需求是消费贷还是买信托，受众定向属性更难实现。

#### 3. 转化难

金融产品转化变量多，营销周期长，用户很容易流失。尤其是一些投资类型的产品，大多数用户对于金融产品存在着认知局限，往往存在防范心理。金融的转化情况非常有特点，与普通消费品有很多的不同。比如，消费者买瓶饮用水基本上不会考虑什么，但是买车就会考虑很多。金融产品也是一样的，当客户有100万元时，就会花一个较长的周期去考虑是投资信托，还是买风险大回报高的股票，或者买基金，这就会形成一个金融产品的转化周期。对于金融产品来说，从拉新、注册到投资，整条用户行为路径的转化注定更艰难。

### （二）全行业共同面对流量稀缺的问题

金融业除了要面对自身的难题，还逃不过另外一个典型的问题——流量稀缺。

2010年以前，随着宽带和移动端的普及，存在用户数量一直在增长的流量红利，企业只需要不断寻找新的流量和找到合适的网站投放就能找到新客户。但是，今天的流量已经进入了一个平台期。例如，10年前投放搜索广告的效果特别好，但现在投放搜索词的成本从2元涨到70元，增长了35倍，效果还不如以前。事实上，如今一些线下的推广和营销甚至比线上的推广成本还低。

### （三）越来越难打动消费者

▶▶▶

**小知识 7-4**

当我们浏览网上商城时，经常会出现商品推荐的信息。这是商城根据你往期的购物记录和冗长的收藏清单，识别出其中你真正感兴趣，并且愿意购买的产品。这样的决策模型可以帮助商城为客户提供建议并鼓励产品消费。

在过去，企业利用搜索引擎或在各个门户网站上投放广告就能起到不错的效果，而现在信息流广告竞争激烈，搜索广告的效果也大不如前，还有各种视频网站和不断涌现出来的新形式，让人应接不暇。因此，从某种程度上来讲，营销面对更多的挑战。不断获取新客户是生存下去的关键。面对获客成本越来越高，但是转化率却越来越低的僵局，智能营销应时代产生。

智能营销是基于大数据、机器学习计算框架等技术，在可量化的数据基础上分析消费者个体的消费模式和特点，划分顾客群体，精准地找到目标客户，然后进行精准营销和个性化推荐。同时实时监测，一方面用于优化策略方案，另一方面将数据反馈给数据库系统用于接下来的客户分析。智能营销是精准营销的再精准化。

## 二、金融业营销的核心

从用户看见公司网站到完成投资是一个比较漫长的过程。首先要让客户知道公司，然后把他们吸引到网站，还要想方设法把这些客户都留住，而不是看一眼就走，最后还需要让客户对平台产生依赖，这样才能获取源源不断的订单。

那么如何有效利用智能营销解决这些挑战呢？总结起来有获客、承接/互动、转化三个核心，如图7-7所示。

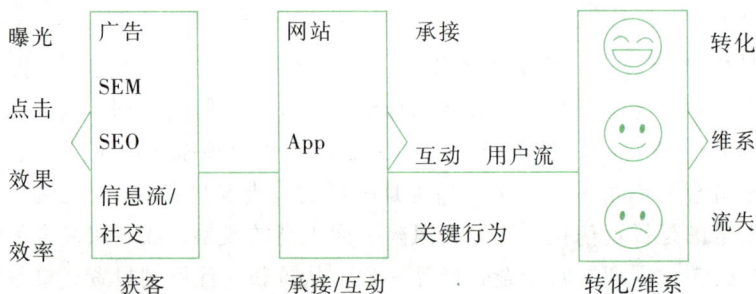

图7-7　金融业营销的核心

## 三、金融企业获客

### 1.运用已有的渠道选择客户

在金融业获客这个环节，行业内已经出现一些很好的金融类型的投放产品。比如腾讯面向金融人群定向的产品"金融立方"，如图7-8所示。通过这个产品根据企业的需求去逆向选择不同的人群。

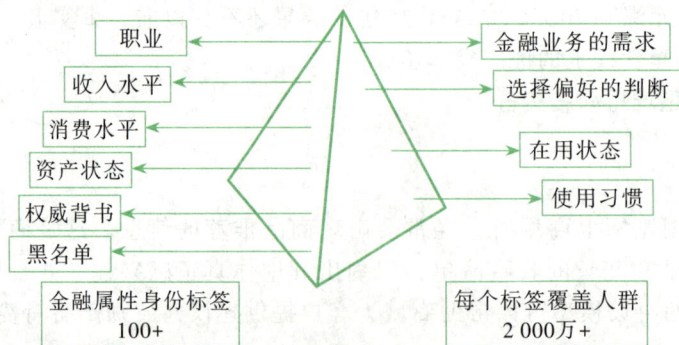

图7-8　金融立方

①职业：细到职业名称；②收入水平：细到收入分层；③消费水平：细到消费水平分层；④资产状态：细到资产类别与价值分层；⑤权威背书：第三方背书；⑥黑名单：

行业针对性黑名单；⑦金融业务的需求：贷款、信用卡、保险、理财；⑧选择偏好的判断·品牌、类型、风险；⑨在用状态：信用卡、贷款、理财投资；⑩使用习惯：信用卡还款习惯、信用卡消费金额、理财金额。

### 2.主动收集用户的数据

出于各种原因，很多公司没有专门的金融投放产品，这时数据就是唯一解决方案。公司要在投放不同渠道时对获取的人群做好标记，收集用户的数据。图7-9是用数据来分析所获取的人群价值的常用方法。

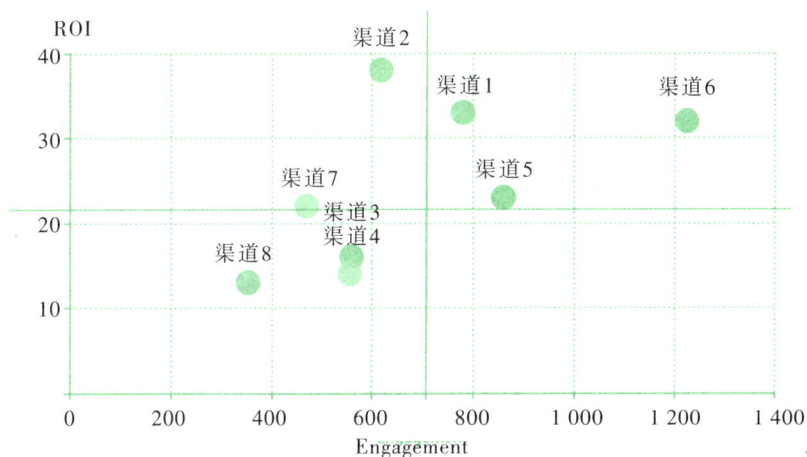

图7-9    基于人群流量标记分析

图7-9中横轴为Engagement，指这些流量在各个渠道的使用强度，强度越高表明客户对产品越感兴趣；纵轴的ROI是指用户购买产品的可能性大小，ROI越高，表明用户购买的情况就会越理想；每一个圆饼就是一个流量渠道，可能是搜索引擎的一个关键词，也可能是一个信息流广告，也可能是微信等，圆饼大小为流量大小。每一个渠道的用户都会在该渠道上留下痕迹，通过这些数据，很容易分析哪个渠道更好。在右上角的流量渠道很优质，在左下角的流量渠道不太理想。渠道1、5、6分布在第一象限，说明其ROI及Engagement都很高，用户行为参与度及投资回报率都很好，需要重视且继续投入；渠道2、7的用户参与度虽然不高，但是ROI不错，属于高价值用户，也是需要继续投入。渠道3、4、8在第三象限，两项指标都很低，表明其在用户行为参与度及投资回报率都比较差。

### 四、金融企业承接/互动

在做数据分析时要解决有些人群兴趣程度特别高但是却不购买，而有些人群兴趣程度低却购买的疑问，就需要做更细致的数据分析。比如，可以分析这些不购买人群是不是初次接触产品的人群？这类新人群虽然对产品很有兴趣，但因为刚接触还不够了解产品所以没有发生购买行为，那么，这类人群的质量非常好，有很大的潜力，在未来的工作中，就可以采取一些有效方式使其转化。将资源与精力投入到真正可能购买的高价值用户上。

### 1.分析用户的核心行为

对于互联网金融平台，甚至所有包含在线交易的平台来说，用户的购买意愿是可以从用户的行为数据上识别出来的。由于互联网金融平台具有特殊性，相比于电商平台来说，其商品品类更少，平台功能也更为简单，所以用户的行为数据也更能反映出其购买意愿。用户核心行为如图7-10所示。

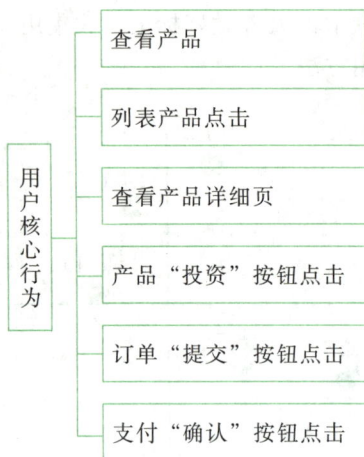

图7-10　用户核心行为

用户查看产品列表页，说明有一些购买意愿；点击某个产品，说明用户希望进一步了解；用户最终确认了支付，完成了购买，他的理财需求也就得到了满足。购买流程的每一种行为都显示出用户不同程度的购买意愿，所以获得用户的行为数据就十分重要。

### 2.通过量化分析找出高价值用户

数据分析模型是衡量客户价值和客户创新能力的重要工具和手段。数据分析常用的模型如下：

（1）客户评估模型法

RFM模型是衡量客户价值和客户创利能力的重要工具和手段。RFM模型较为动态地展示了一个客户的全部轮廓，这为个性化的沟通和服务提供了依据，从而为更多的营销决策提供支持。

例如，如果预算不多，而且只能提供服务信息给2 000或3 000个顾客，你会将信息传递给贡献80%收入的顾客，还是那些贡献不到20%的顾客？通过RFM模型法可以通过用户行为来区分客户。用R、F的变化，可以推测客户消费的异动状况，根据客户流失的可能性列出客户，再从M（消费金额）的角度来分析，就可以把重点放在贡献度高且流失概率也高的客户身上，重点联系他们，以最有效的方式挽回更多的商机。

RFM模型评估方法如下：

第一步：用RFM模型法将客户购买行为转化为3个指标。

① 最近一次消费R：Recency；

② 消费频率F：Frequency；

③ 消费金额 M：Monetary。

然后用量化的数据与之对应，例如：111、223。通过该数据直观地判断客户的优劣。表7-1是常见的指标分段。

表7-1　　　　　　　　　　　　　　　　　常见指标分段

|  | R（最近一次消费） | F（消费频率） | M（消费金额） |
|---|---|---|---|
| 第一档 | 1～7天 | 10次以上 | 1 600元以上 |
| 第二档 | 8～30天 | 3～9次 | 400～1 599元 |
| 第三档 | 31天以上 | 1～2次 | 0～399元 |

第二步：建立模型。

将第一档记为1，第二档记为2，第三档记为3。可获得每个客户在RFM模型中的对应数值。

例如：最近一次消费在7天内，且两个月总消费为5次，消费金额为1 000元的客户，在RFM模型中的对应数组为122。

显然，数字较小的客户是相对优质的，比如111、122，数字较大的客户是相对劣质的，比如223、333。

这样就获得了3×3×3=27类客户，在工作中可以选取指定属性的客户进行营销。

第三步：确定维护内容。

例如：想对一段时间没购买商品，但是历史记录很好的客户进行激活，就选取211或311的客户；想对购买频次较多的客户进行奖励则选取212、312等，见表7-2。

表7-2　　　　　　　　　　　　　　　根据RFM模型的营销策略

| 内涵 | R（最近一次消费） | F（消费频率） | M（消费金额） |
|---|---|---|---|
| 影响因素 | 网点记忆强度<br>接触机会多少<br>回购周期 | 品牌忠诚度<br>网点熟悉度<br>产品种类<br>购买习惯 | 消费能力<br>产品认可度 |
| 应用策略 | 决定接触策略<br>决定接触频次<br>决定刺激力度 | 决定资源投入<br>决定营销优先级<br>决定活动方案 | 决定推荐产品<br>决定优惠门槛<br>决定活动方案 |

✓ 教学互动 7-2 ----------------------------------

问：如何运用RFM模型提高客户的购买机会？请举例说明。

答：企业应该设计一个客户接触频率规则，如购买后三天或一周内应该发出一个感谢的电话或邮件，并主动关心消费者是否有使用方面的问题；一个月后发出使用是否满意的询问；而三个月后则提供交叉销售的建议，并注意客户的流失可能性，不断地创造主动接触客户的机会。这样一来，客户再购买的可能就会大幅度提高。

（2）漏斗模型

漏斗模型本质是分解和量化，营销的环节是指从获取用户到最终转化成购买这整个流程中的一个个子环节，相邻环节的转化率是指用数据指标来量化每一个步骤的表现。所以整个漏斗模型就是先将一个完整的购买流程拆分成一个个步骤，然后用转化率来衡量每一个步骤的表现，通过异常的数据指标找出有问题的环节，然后解决该环节的问题，最终达到提升整体购买转化率的目的。要监控每个层级上的用户转化，寻找每个层级的可优化点。对于没有按照流程操作的用户，专门绘制他们的转化模型，缩短路径提升用户体验，如图7-11所示。

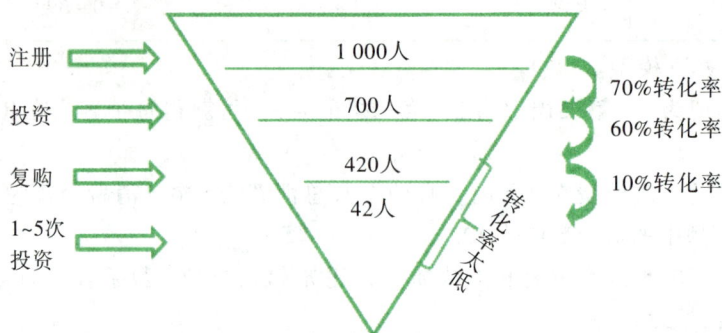

**图7-11　转化漏斗**

在用户行为数据分析中，不仅看最后的转化率，也要关心每一步骤的转化率。从图7-11中可以看到：①新用户在注册到投资的过程中不断流失，最终形成一个类似漏斗的形状；②复购之前的转化率都较高，但在投资的流程中，1~5次的节点转化率急剧降低至10%，这里就是需要改进的地方。所以需要提高用户复购转化率，其实就是提高用户的黏性和忠诚度。

（1）回收数据。通过留下转化路径回收数据。①可监测的数据。通过数据分析工具（GA Google Analytics 网站数据分析）植入监测链接，查看这些点击链接查看网站的用户流量，以是否达到营销目的（注册网站或者购买产品）为依据，来判断营销效果。②可评估的数据。不能直接植入监测链接的渠道（电话、QQ、微信），需要企业自己统计数据，从而分析营销效果，如图7-12所示。

（2）转化分析。营销漏斗模型是将非潜在客户逐步变为客户的转化量化模型，常用于营销过程分析。

**小知识7-5**

微信通过发放红包，把普通用户变成了绑卡用户，具备了金融的属性，然后再通过理财产品进行转化。

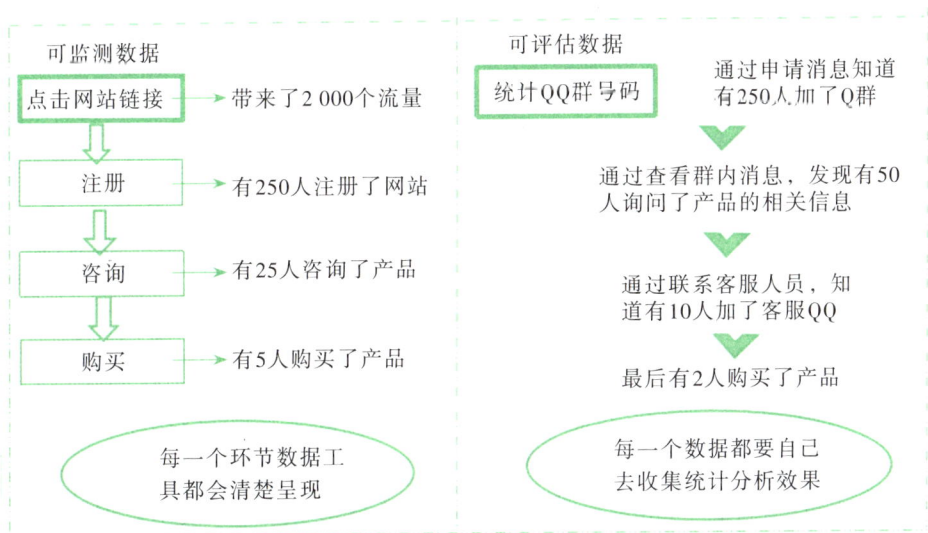

图7-12　回收数据图

①漏斗模型的核心思想。漏斗模型的核心思想可以归为分解和量化，将整个购买流程分解成一个个环节，然后用转化率来衡量每一个环节的表现；相邻环节的转化率是指用数据指标来量化每一个步骤的表现；通过异常的数据指标找出有问题的环节，从而解决问题，优化该步骤，最终达到提升整体购买转化率的目的；营销本就是一个不断失败和改正的过程。

②发现问题节点。整个漏斗的转化率以及每一层的转化率，可以帮助我们明确优化的方向，找到转化率低的节点，想办法提升它。

以投资为例，互联网金融产品通过各种运营手段让用户不断增长，从完成实名验证和绑卡，到完成第一次投资/交易，再到第二次以及第N次的交易，这都需要对每个漏斗环节做精细化运营；最终目的是让用户不断进行投资交易。用户交易越多，对于平台的贡献的利润就越大，边际成本就越低。

### 五、金融客户的转化

在获客并承接后需要做的第三步就是转化，这也是最重要的一步。要获得良好的转化效果，一个很好的方法就是将不同的用户引向各自感兴趣的内容。通常来说，对于互联网金融产品的转换率，主要有以下几个：注册转化率、投资转化率（1次交易）、复购转化率（2次交易）、用户从第1次投资到第5次投资的留存率（5次交易）。因此需要构建起从流量到用户转化的漏斗，并对其每个环节进行分析，提升转化率。以投资理财型产品为例，互联网金融用户的旅程如图7-13所示。

图7-13　互联网金融用户旅程

## （一）设置关键点

想要让新用户快速转化，就需要设置很多关键点，对人群做一些刺激，利用从众心理、安全心理、权威认证、效果反馈等促使用户决定。表7-3是一些常用的关键点，表7-4为某平台页面优化前后对比。

表7-3 流量承接引导关键元素

| 刺激 | 诱惑；制造紧迫；占便宜 |
|---|---|
| 从众心理 | 很多人都尝试了；很多人都获得了益处；这些人都是真实的，不是虚假的 |
| 安全心理 | 不会发生负面的情况；即使发生负面的情况，也不会有任何严重后果；即使发生后果，也会轻松得到赔偿 |
| 权威 | 权威认证；权威许可；权威推荐 |
| 公用和效果 | 功用描述清晰；公用易用：使用一下不费功夫；使用这些功用一定能够得到效果 |

表7-4 某平台对页面优化后对比

| | | 页面优化前 | 页面优化后 |
|---|---|---|---|
| 刺激 | 是否有刺激点 | 有，首屏下面有8%～12%的年化收益率 | 有，将9.2%的年化收益率放大突出 |
| 从众心理 | 是否有从众心理 | 没有 | 有，有为用户赚取金额的从众心理暗示 |
| 安全心理 | 是否有安全性 | 没有 | 有，如：电子数据安全再升级字样 |
| 权威 | 是否有信任感 | 没有 | 有，如：新增权威认证，增强信任感 |
| 公用效果 | 是否有公用和效果 | 没有 | 有，如：将"能为你赚钱"的功用凸显出来 |

## （二）分群与培育

除了上述促进转化的方法，还可以做好分群和培育来促进转化。

### 1. 捕捉用户的所有触点

微信、网站、App、广告都是触点。一个用户在广告页面、网站、微信公众号可能都有行动记录，通过技术打通这几个平台，就能够把他所有的ID集中起来。

### 2. 分析客户各个渠道的行为数据

通过客户的行为数据，我们就可以知道他是个什么样的人，比如喜欢唱歌还是喜欢旅游等。基于这些数据设置一个流程自动化逻辑，建立一个自动化的营销决策系统，就可以在系统里面按照规则定义出一群人。

### 3. 促进客户转化

运营人员在从拉新注册到完成实名验证和绑卡、首投，复投等一系列的核心路径中，通过精细化运营提升每个环节的漏斗转化率及运营效率，最终实现用户不断投资。用户交易越多，对于平台的贡献的利润就越大，从而有效降低边际成本，实现商业价值的最大化。

## 情境导入 7-3

### 新一轮抢客大战：银行和第三方支付巨头纷纷涌入 ETC

ETC 的全称是"不停车电子收费系统"。只要安装了 ETC 设备（OBU）的车辆，在经过高速 ETC 通道时就不必人工持卡，通过车上安装的 OBU 设备利用计算机联网技术与银行进行后台结算处理，可大大缩短收费时间。

2019 年 5 月 28 日，国家发展改革委、交通运输部印发了《加快推进高速公路电子不停车快捷收费应用服务实施方案》，要求 2019 年年末全国 ETC 用户数量突破 1.8 亿。

据了解，在正常通行的情况下，安装 ETC 的客车平均通过省界的时间由原来的 15 秒减少为 2 秒，减少了大概 86.7%；货车通过省界的时间，由原来的 29 秒减少为 3 秒，减少了 89.7%。从政府层面来看，推广 ETC 能够有利于提高全国高速公路的通行效率，能极大地降低全社会的物流成本，同时促进节能减排。

对银行来说，有车一族是优质的潜在客户，可以借机推广银行的银行卡、信用卡等产品和业务。因此，在推广 ETC 的政策出台后，各银行都加大力度积极争抢 ETC 客源。进入 6 月后，几乎每个银行网点都在大堂显眼位置摆放了办理 ETC 的宣传标识："免费安装、通行费 9.5 折""充 100、送 100""加油立减 50"……一些银行还支持网上申请，用户在手机客户端即可办理。ETC 争夺战不仅在大城市上演，在偏远的山区，同样也在发生。某山区银行网点所有的工作重点就是寻找这些有车一族，并帮他们安装 ETC 设备。

7 月 1 日，支付宝宣布与中国邮政储蓄银行联合推出免费办理 ETC 业务，线上申请办理，通过邮寄的方式将 ETC 设备寄到车主家中，每次 ETC 过高速出行都有绿色能量；同时，未来每次账单查询、电子发票、账户更改都可以通过支付宝一站式完成，但每次使用过程中支付宝都要收取 1% 左右的服务费。

微信方面也宣布，在 ETC 助手、高速 ETC 办理等小程序上就能直接申办 ETC。微信 ETC 有两种办理方式：一是办理记账卡，记账卡需要提前充值，充值金额在 300~5 000 元之间；二是直接绑定借记卡或者微信零钱，这种形式的 ETC 需要额外购买设备，虽然设备没有折扣，但是可以参与抽奖。

ETC 属于日常刚性支付场景，而且用户开通后若需更换绑卡方需注销，所以用户黏性较高。各大银行及第三方巨头之所以重视推广 ETC，看重的是 ETC 背后可以拓展的很多应用场景，如小区车辆门禁、停车场收费、自助加油收费、自助洗车扣费、充当电子车牌等。可见，金融机构争夺的不是高速收费业务带来的利润，而是下一个支付流量入口。

资料来源：独角金融. ETC 烽烟四起：银行、微信、支付宝的又一个流量战场［EB/OL］.［2019-07-05］. https://36kr.com/p/1723966210049.

金融服务组织在不同的社会形态不同，但核心业务是贷款的放收、存款的存取、汇兑的往来，如图7-14所示。

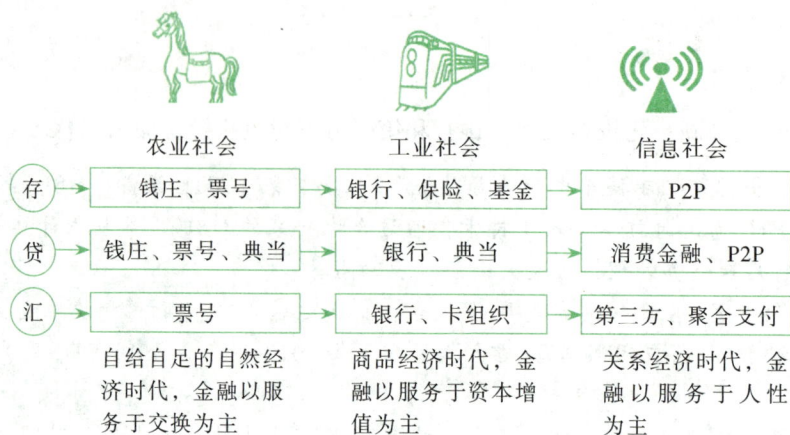

图7-14　金融服务组织在不同的社会形态

　　支付、理财、信贷这三大业务问题是任何金融公司都必须面对的。支付是基础，理财和信贷是支撑，三者相互依托，相互获客、相互促进。

## 一、支付端产品运营

　　道路是一个人从一个地点通向另一个地点的途径。金融系统的通道也是如此，只不过金融通道上经过的不是人，而是资金。我们把银行以及三方支付当作一种支付渠道（通道），是因为资金可以通过这个通道从一个账户转到另一个账户，实现账户余额的增加或减少。

### （一）支付的服务场景

　　随着智能手机、移动网络的快速发展，电子支付方式由电脑端的网上支付向手机和POS端的移动支付转移，并表现出小额化和零售化的趋势。移动支付机构主要有以商业银行为代表的银行支付机构和以微信、支付宝为代表的非银支付机构。

#### 1.非银支付机构的发展模式

　　非银支付凭借其终端的易用性、商户对接的快速性和支付场景的丰富性，快速获取了大量的客户群，并迅速占领了小额移动支付的市场（笔均金额不足千元）。同时，非银支付机构通过业务扩张，由最初的支付结算进入网络信贷、投资理财等领域，建立了一个完整的金融生态体系，形成了

视野拓展7-3

第三方支付的
场景集约化

资金闭环，并对商业银行产生了隔离效应，对商业银行传统的存贷业务造成了一定冲击。

### 2. 银行的发展模式

（1）商业银行创新App体验。聚合支付是商业银行进入支付环节，巩固自身专业领域地位的重要策略。推广和使用过程中，在三个方面重点发展：丰富的市场营销、充分的产品对接、全面的商户服务。银行支付机构表现出使用频率低、笔均金额大的特点。面对非银支付机构的业务扩张，银行也在积极求变，尤其是在C（客户）端和B（商户）端，不断和非银支付机构争夺用户和接口。在C端，商业银行提供丰富产品线和App体验改良。

（2）银行的聚合支付。面对支付宝和微信的垄断地位和巨额补贴，各银行手机端各自为政，C端发力效果甚微，商业银行难以进入高频的日常支付环节。在B端，商业银行通过聚合支付，为商户提供主扫或被扫的一个二维码，集合了支付宝、微信、银联和本行等多种收款渠道，实现资金在B端的"一码聚合，统收统付"，并进入本行结算的存款账户，实现存款资金回流。

### （二）聚合支付是第三方支付平台服务的拓展

### 1. 聚合支付产生的背景

视野拓展7-4

央行对聚合支付商的要求

传统时代，支付场景集中在线下，除现金外，商家主要通过POS机收款，支付机构主要为银行和三方支付公司。互联网时代，网络购物风生水起，互联网支付的第三方——支付宝和微信——诞生了。

第三方支付介于银行和商户之间，而聚合支付是介于第三方支付和商户之间，通过集成多种接口和工具进行综合支付，满足了一点接入、多种支付渠道的需求。它们分别是：①银联体系第三方支付公司的刷卡和芯片卡方式；②微信和支付宝的二维码支付方式；③翼支付、百度钱包和京东钱包等支付方式，如图7-15所示。

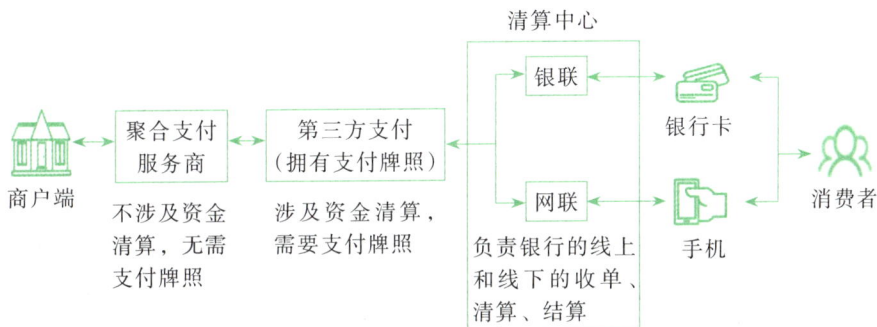

图7-15　第三方支付与聚合支付

### 小知识 7-7

聚合支付通常不具有支付许可牌照，它们的业务团队穿梭于大街小巷，为小微商户提供技术支撑和营销服务。它们中的很大部分，是将不同小微商户的多个二维码聚合到一个二维码上，可同时收取消费者从支付宝、微信等第三方支付渠道的付款，并能够完成清算、结算、对账等功能。

### 2. 聚合支付产生的应用场景

移动互联网时代，传统线下、互联网、移动互联网三重空间场景同时存在，互相叠加。消费者同时分布于线下、电脑端和手机端的各个流量入口。商业模式的行业场景层出不穷，不断跨界融合，所涉及的支付场景也随之碎片化。商家需要为消费者提供全场景、全方式的支付收款的服务。

一方面，支付的行业结构和供应链条，在链接、服务上，已经无法应对错综复杂、突如其来的剧烈变化；另一方面，不同的支付官方只能提供自己的支付方式、标准化的接口和客服的标准式的回答。在这种情况下，聚合支付出场了。

聚合支付（第四方支付）是对第三方支付平台服务的拓展，立足于商圈整合支付方式并向消费者提供信息以达到帮助商家营销的目的。聚合支付的市场拓展应用场景见表7-5。

表7-5　　　　　　　　　聚合支付的市场拓展应用场景

| 营销管理 | 卡券、积分、满减、折扣券、红包、营销引擎决策 |
| --- | --- |
| 金融信贷 | 2C的理财、2B的供应链金融、商户贷款、个人信用贷款和支付 |
| 账户管理 | 用户账户创建、删除、冲转提；商户对账、分账、权限管理 |
| 门店管理 | 供应链、订单、物流、在线点单、外卖渠道 |
| 数据分析 | 交易（异常）结果；用户群体、交易数据、营销数据分析 |
| 生活缴费 | 水电煤缴费、油卡话费充值等 |
| 智能硬件 | 智能POS、智能收银机、扫描枪、打印机、刷卡器 |
| 认证管理 | 公安网认证、个人征信卡鉴权、网关报关服务、人脸识别服务 |

**小知识7-8**

金融的整个产业链和生态体系已经被蚂蚁金服打通。在资金、资产和风险管理的资金链为横向，在大数据（芝麻信用、支付宝）、云计算（蚂蚁金融云）的数据链为纵向的生态体系下，蚂蚁金服在未来互联网金融领域的发展不可限量。生态级公司蚂蚁金服：①在基础支付领域有支付宝；②在资金端有余额宝、招财宝、蚂蚁聚宝；③在资产端有网商银行、蚂蚁小贷；④在征信端和风险管理有芝麻信用。

### 3. 聚合支付的优点

（1）安全性高。信用卡信息或账户信息仅需要告知支付中介，而无须告诉每一个收款人，大大减少了信用卡信息和账户信息失密的风险。

（2）支付成本较低。支付中介集中了大量的电子小额交易，形成规模效应，因而支付成本较低。

（3）使用方便。对支付者而言，他所面对的是人性化的友好界面，不必考虑背后复杂的技术操作过程。支付担保业务可以在很大程度上保障付款人的利益。支付的核心是提供服务便利。商户需要的不仅仅是支付，而且包括销量信息或服务。因此，支付不是商户的主要业务，商户不可能为支付投入大成本，但商户可以为用户和销量买单。

## 二、理财端产品运营

投资者选择某个平台理财，是因为他认为该平台比其他竞争品牌更安全，且能带来更大的投资价值。因此把握用户需求、加强用户体验、持续培养忠诚用户是理财平台获客的关键和竞争优势所在。

### （一）了解客户的需求

投资者的核心需求是资金的安全性、收益性、流动性。其中最本质的需求是资金安全，保值增值，具体体现为：经营依法合规、理财标的安全、保障措施齐全、风控手段严谨、提现方便快捷、信息披露透明、资产资料齐全等。

投资者的感性化需求是用户体验好，即操作便捷、人性化、功能全，容易理解，花费时间和精力少。

投资者的外延性需求主要包括：安排合理的还款方式、提高资金流动性、避免投资者资金站岗（如自动投标等）、续投奖励（如赠送加息券、现金券等）、富有趣味性（如抽奖、游戏化、场景化等）、贴心管家（如新产品上线和理财到期预告、月度对账单、理财日历等）。这样既满足了用户投资理财和账务管理的需要，又可让新老用户都分享到更多的投资收益。

### （二）加强用户体验

用户体验以产品设计为核心，好的产品体验是获客的基础，投资者认同感、参与感越强，越容易转化成理财平台的忠诚客户。

#### 1.投资者体验的行为内容

投资者体验的行为内容包括页面感官、产品种类、注册（投资）流程、技术保障、客服应答等行为内容。

好的用户体验主要表现为页面直观，UI设计人性化；操作简单，快捷无障碍；运行顺畅不卡顿，优化及时BUG少；救助及时，响应迅速，解决问题快等。

#### 2.投资者体验的感性内容

投资者体验的感性内容包括让投资者参与移动端页面和理财平台产品的改进。用户在产品使用过程中遇到的问题，可以反向推动产品改进。

对于理财端的用户来说，在一个平台上所有的行为，都可以放到"核心任务—扩展任务—外延任务"的框架中进行考核和分析，如图7-16所示。

（1）核心任务。金融产品要综合考虑收益性、流动性以及运营的设计。例如，设计理财产品期限是28天，就是从流动性的角度来思考，一年中最短的一个月是28天，如果定的是29天或者30天的话，用户就有可能拿不出钱去还月供。所以把整个流程打通，用户才愿意买定期理财产品。

核心任务是产品经理主要关心的领域，例如App核心功能设计、用户体验设计基本都在这个区域。

外延任务

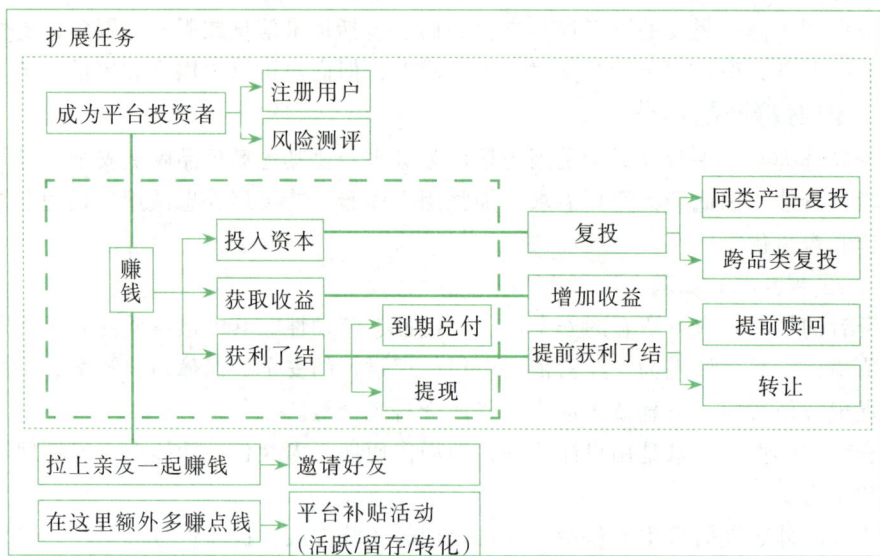

图7-16　对于理财端的用户的考核和分析

（2）扩展任务。扩展任务区域是产品和运营的交界地带，对产品经理来说，扩展任务是用户体验持续优化的方向，对运营经理来说，扩展任务中的各项子任务都是运营活动很好的载体。例如用户在平台上投钱就可以获得一个抽奖的机会，成功邀请到一个好友就可以可拿现金红包等。

（3）外延任务。金融产品用户的范围比较窄，使用的手段有限，以及需求比较精准，很难运用差异化的方式获客，所以需要挖掘用户的外延性需求。比如电商化、场景化、游戏化，以此增加获客的手段和用户黏性。例如用户投资指定的定期理财产品达到约定的额度，就可以免费获得一部手机。假如这笔资产的收益可能是5 000元，那么可以先把其中的2 500元换成手机，相当于收益前置。有的用户原本没有投资动力，但现在可以马上拿到一部手机，于是他就投资了。

（三）培养忠诚用户

营销人员在不断寻找获得新客户的方法的时候，一定要加强老客户的维护工作。培养忠诚用户即投资者的培养和进阶管理，由潜在客户向浏览客户、尝试用户、稳定用户、忠实用户的进阶离不开健康的用户增长通道。使用客户管理模型，提高老客户维护的能力是常用的方法。

所谓的客户管理模型，就是通过客户特色、客户结构、客户生命周期、客户忠诚度这四种角度对客户进行分析，并从而改进营销人员工作内容的知识体系模型。

1.客户特色

顾客在做产品选择时的判断模式，主要是依靠理性的分析，还是感性的好恶，就是顾客的性格特点。

（1）理性客户。一般理性的客户更关注产品价值，也就是项目和产品能带来的好处有哪些。面对这类客户需要客服人员具备高水平的专业知识，为客户进行清晰、有效的介绍，同时帮客户分析利弊，协助客户做出选择。

（2）感性客户。感性客户更在意内心感受，比如营销人员的服务态度以及购买产品带来的满足感。对待感性的顾客，需要营销人员具备更强的沟通能力，不能一味地介绍产品，而是需要先建立信任关系，建立起较亲密的关系后，不需要太多对项目的描述，客户会主动为关系买单。

### 2. 客户结构

每个人的精力都是有限的，所以要思考如何在有限的时间内创造出更大的价值。在客户管理工作中，营销人员可以按照重要和紧急两个角度，给客户分类。

想要做好较优质的客户服务，可以根据客户的消费额度、到店频率、到店时间这三个方面对客户进行分类。比如：重要价值客户、重要保持客户、重要发展客户、重要挽留客户、一般价值客户、一般保持客户、一般发展客户、无意向客户等。

营销人员先了解客户构成，再根据自身掌握的顾客资源进行分析，可以合理地分配工作时间从而提高工作效率。

### 3. 客户生命周期

企业最希望看到的就是自己的客户成为忠实客户。客户生命周期可以最直观地告诉营销人员在客户消费之后的每个时期该如何为客户服务，如何让新客户变成老客户，最终转变成忠实客户。

从第一次消费的时间节点起，客户通常会经历四个时期。

（1）活跃期。客户的第一次消费体验会让客户存在一定的消费期待，所以这个期间是客户关注度高的期间。

（2）沉默期。客户度过了最开始的兴奋期之后，基本就不会再主动与营销人员联系了，这个时期最重要的是要保持与客户沟通的次数，没话题时选择朋友圈点赞也是一个好的沟通方法。同时可以进行少量的销售营销刺激，比如老客打折活动等。

（3）遗忘期。这个时期的客户流失风险很高，要控制有限的接触，避免出现过多的问候或信息，因为这样会令客户厌烦，甚至可能会拉黑营销人员。营销人员可以继续为朋友圈点赞，同时有针对性地推送特价活动。

（4）流失期。此时营销人员要主动减少与顾客之间的信息接触，只在大型促销活动或是大幅度打折活动时，再进行唤醒工作，对客户进行重点信息推送。

只有了解了客户生命周期，才可以根据客户消费时间节点，合理地安排营销资源。为营销体系不断注入更多的客户资源。

### 4. 客户忠诚度的建立

一般情况下，想要获得客户忠诚度，都需要经过 $2 \sim 5$ 次满意的消费行为。企业可以分析客户以往的消费活动品类，制定不同的销售设计，来投其所好。比如，对于活动期的顾客，主要进行活动期信息推送，而对于沉默期的顾客，多关注其使用反馈便可。

## 三、信贷产品运营

金融的核心是银行，银行的基本业务包括存款、贷款、支付结算三个方面。对于互联网金融来说，理财、信贷、支付是互联网金融的核心业务，资金端与资产端是形成完整网贷系统不可或缺的两个部分，如图7-17所示。

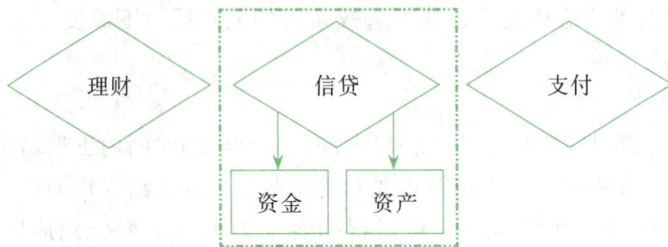

图7-17　银行的基本业务

进行存贷款产品营销时，可对高价值信用卡用户的资产管理规模进行分析，筛选他们每月的消费金额、信用额度、当前存款情况、贷款有没有拖欠，是不是商务卡持有者等信息。再针对不同用户群体给出不同的营销策略。比如说哪些用户该提升额度，哪些应该为其推荐金融产品。在落实营销时，可以先通过短信进行营销，再通过呼叫中心来了解客户意图。当客户有意向时，再交由理财经理进一步跟进。

### （一）资金端

资金端指出借人一方，也就是投资挣利息收益的一方。资金端提供资金保障，借款人通过资金端满足自身的需求。

#### 1.资金端获客渠道

资金端获客渠道如图7-18所示。

（1）互联网金融公司。①有电商背景的公司：先把线上用户转化成金融理财的用户，然后再通过数据等手段筛选和甄别出能承受不同风险等级的用户，进行细分和不同的产品推送，例如阿里、京东。②线下转线上的贷款公司：把线下的用户转至线上和纯线上互联网获客，例如宜信。③流量入口公司：直接靠入口导流的互联网公司，通过产品供给去做甄别和筛选，例如百度、微信。

图7-18　资金端获客渠道

（2）各大银行通过互联网平台。①大力增加理财，做用户金融属性的增值。②增加大量使用场景，让用户产生使用黏性。

### 2.资金端运营方式

资金端运营最重要的是获客。有实际活跃的用户，才有拓展业务的可能。通过短期的活动、长期的渠道对比、日常运营，可完成拉新促活。

（1）拉新。拉新是指拉来新用户。拉新是运营工作的基础，用户是产品生命的源泉，没有用户，就谈不上用户运营。拉新的核心工作是快速让用户了解产品并使用产品，继而引导用户完成下载、注册。常见的拉新策略见表7-6。

表7-6　　　　　　　　　　　　　常见的拉新策略

| 信息披露 | 借权威机构来给自己的品牌背书，给用户营造一种安全感 |
|---|---|
| 挖掘精准获客渠道 | 通过渠道的数据分析，挑选出几个转化率较高的渠道做精细化的运营 |
| 简化注册流程 | 过于复杂的操作往往会导致用户流失，所以要减少用户从注册到实名验证的步骤 |
| 利益驱动 | 送福利如新人专享福利、体验金、现金券等，在利益的驱动下，用户是最积极的 |

## 典型案例7-3　　互金平台再现拉新大战　　华融道理财力推"组团赚"

随着淘宝的"双十一"、京东的618被热炒成网上购物狂欢节，各大互金平台也纷纷大搞网络理财节，在518、618等带有好口彩的日期，都会精心设计各种活动进行促销，大力吸引新客户注册投资，而88、818这样的好日子，当然更不能错过。

对于互金行业，新用户就像源泉，只有源源不断地流入新泉水，平台的运营才能更稳健、更鲜活。所以，互金平台对拉新的投入不遗余力：理财通推出集财神抢红包活动、久金所投资抽iPhone，各平台的新手红包、体验金等更是常规福利，力求用更实惠的利益、更多样化的玩法吸引用户，惠及更多的投资理财者。其中，华融道理财力推"组团赚"，玩起了社交营销。

"组团赚"的核心思路在于邀请好友，即已注册用户组团邀请好友注册，邀请1位新团员注册成功即可获得0.3%加息券，邀请2位得0.7%加息券，邀请得3位1.2%，邀请4位满团，可获得1.8%加息券。此外，邀请人还可享受与每位团友前三笔投资收益10%等额的现金返利。如果说加息的奖励只是让用户在投资时能享受到更高的收益，那么返利的奖励就让用户不投资也能享受收益。华融道理财App显示，每个月都有用户靠邀请好友赚到高达万元的收益。被邀请的团友，也能获得比普通用户更多的福利。首先新手红包会多出近一倍，达到368元；其次可获得额外的首投奖励（话费和京东卡）。

资料来源：华融道. 8月互金平台再现拉新大战 华融道理财力推组团赚［EB/OL］.［2017-08-18］. https://www.sohu.com/a/165635603_596228.

**案例透析**：华融道理财在互金平台拉新方式的优势是什么？

（2）促活。拉新是开源，留存是节流，就像一个水池里，拉新是不断注入新水源，留存是控制从其中漏掉的水。如果留存不好，拉新就是白费力气，没有留存的拉新是毫无意义的。促活就是采取合理的方式，促使留存用户与平台建立一种高黏度的互动关系。

提高老用户的活跃数量，是互联网留存用户必不可少的一项步骤，用户促活是每一个互联网公司都必须具备的重要营运环节，见表7-7。如果用户不活跃，平台不仅缺乏发展的动力，更有可能会出现用户流失的现象。

表7-7                                **提高老用户的活跃率方法**

| 活动 | 重要节假日、热点、签到、促销活动、发放积分、优惠券 |
|---|---|
| 用户账号系统 | 用户成长、用户等级（等级奖励、等级特权） |
| 用户激励系统 | 物质激励（积分系统、邮寄奖品）、精神激励（排行榜、勋章、特权）功能激励（付费功能、新功能） |
| 通知 | PUSU、EDM、短信、弹窗 |
| 其他 | 更方便的入口、版本更新、任务 |

### （二）资产端

资产端是指资金需求方，即所谓的融资方。如果一项投资项目可以吸收资金，并且在未来产生收益，那么它就可以被看作一项资产。资产可以是各类投资项目。比如，某项房地产开发项目就可以看作资产；再比如分期购物赊账形成的消费金融贷款，也可以被看作一项资产。

资产端和资金端同样重要，如果资产端的资源开发速度赶不上投资需求的增长速度，就会造成空跑资金，甚至沦为庞氏骗局。没有优质资产端的平台，久而久之，逾期、坏账等问题都会出现。自2013年互联网金融驶入发展快车道以来，资金端就始终面临着获客难、获客贵的问题，而资产端的获客成本远高于资金端。

无论在线上还是线下都有很多个人或者企业有融资需求，从行业发展趋势来看，线下比线上的优势大。所以资产流量的获取不应该只依托于线上，或者说不能只在在线上投放流量和广告，在做资产端的时候更要关注好线下的流量获取。获客模式有以下几种。

### 1. 经典银行模式

经典银行模式如图7-19所示。该模式比较简单，最常见的有两种。

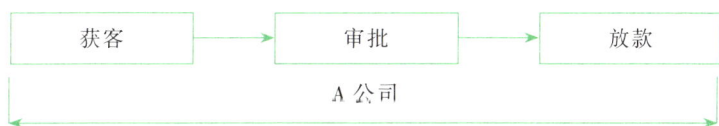

**图7-19　经典银行模式**

（1）住房贷款。银行在售楼部签约客户，收集好客户资料之后由风控部门进行审核，审核通过之后，银行将资金发放到开发商账户，完成购房消费贷款的资金发放。

（2）信用卡。银行客户经理通过线下各种方式找到需要办信用卡的客户，提交客户资料之后由信用卡中心审核，审核之后发放信用卡（发放额度）。

该模式下，客户的逾期风险由放款公司（A公司）承担。客户和放款公司（A公司）直接签订借款协议，无需第三方。客户知道自己在贷款，并且知道放款公司是哪家，还款关系是客户与放款公司（A公司）。

### 2.流量合作模式

A公司是流量公司（比如趣店、360贷款等），俗称贷款超市。客户在A公司的贷款超市中申请B公司的贷款产品，由B公司对客户的风险水平进行审核、放款。B公司支付A公司流量费用，A公司是销售客户资源，不承担风险，只要客户申请产品就会有收入（例如各大视频App、短视频App、知识付费App上面都会有贷款产品的广告位），如图7-20所示。

**图7-20　流量合作模式**

流量合作模式下，客户的逾期风险由放款公司（B公司）承担，由客户和放款公司（B公司）直接签订借款协议，无需其他第三方。①客户下载B公司App，知道自己在贷款，并且知道放款公司是哪家。②客户申请、放款、还款流程都在贷款超市（A公司）客户端上进行操作，由于一般签订的都是电子合同，申请贷款的人不会仔细去看，可能不知道放款公司（B公司）是哪家，还款关系是客户与放款公司。

### 3.资源分层模式

A公司获取借款客户后，会进行初步的风控审核，将审核后的通过可能性较大的客户推送给B公司。B公司通过自己的风控系统对客进行审核，然后由B公司放款。此时由A公司判断B公司大概率不通过的客户或者是被B公司拒绝的客户，则有以下几种操作选择：①推送给其他资金方，一家资产端一般来说有多个资金方；②介绍给同行其他资产方；③让客户申请公司其他产品（例如信用贷款被拒绝了，可申请房产抵押贷）；④开发其他新增值业务（比如针对央行征信有污点的客户，推荐信用修复增值业务）；⑤沉淀为论坛等贷款相关的社群成员，以社群广告等其他形式变现。一般情况是签订的三方合同，包含A公司与借款人的服务协议，B公司与借款人的借款协议。通常A公司业务范围不局限在推荐贷款上，客户也知道A公司是一个中介公司，客户知道B公司（A公司客户端上的合同里面会体现）。还款关系是客户与放款公司（B公司）。借款完成后A公司与客户在该次借款上结束服务关系，如图7-21所示。

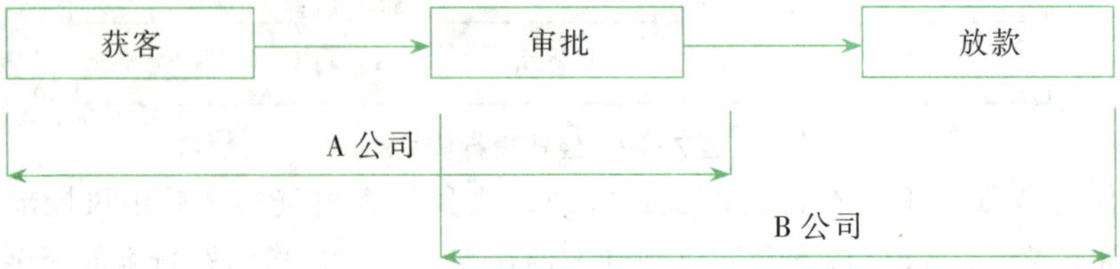

图7-21　资源分层模式

### 4. 风控外包模式

这是在第一种、第二模式的基础上，放款公司将自己的风控部门职责外包，由专业的风控服务公司来负责，但是风控服务公司（B公司）不承担逾期的风险，是风险与服务费用挂钩的合作模式。在客户逾期之后，放款公司也可以通过债务转让的方式出售资产，也可以外包给催收公司来进行催收。这样对B公司来说是相对轻资产的运营模式。由客户和放款公司（B公司）直接签订借款协议，无需其他第三方；信息透明，客户知道是哪家公司放款的；还款关系是客户与放款公司，如图7-22所示。

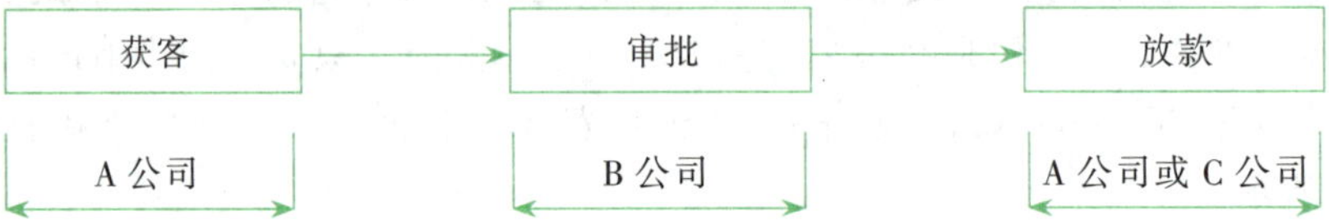

图7-22　风控外包模式

### 5. 暗箱模式

在这种模式下客户不知道自己在贷款，例如，客户购买手机，商家做了以下操作，如图7-23所示（实线为借款，虚线为还款）。

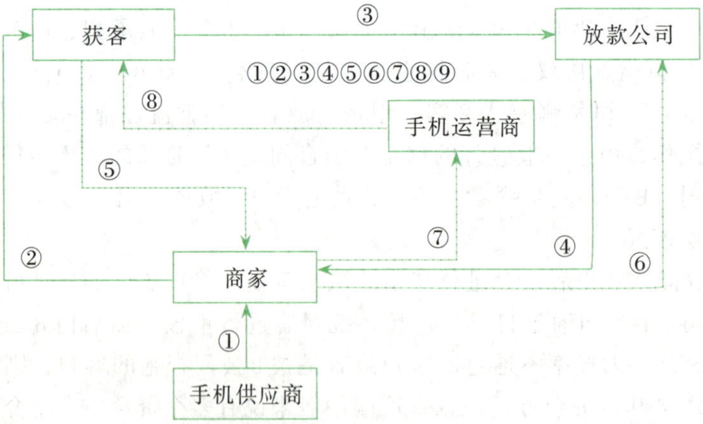

图7-23　暗箱模式

（1）免费送手机。实际上是贷款买手机。

（2）每月保底消费，为期2年。实际上是每月还贷款和借款期限。

站在客户层面，客户接收到的信息就是免费拿了一部手机，每月保底消费50元，持续2年。借款步骤客户完全不知情，客户签订协议时对于协议中相关的贷款约定不认真审读，或者是签电子协议时只勾选"已阅读"选项。

当然，不是所有免费送手机都是这种模式。有的公司资金实力雄厚，直接赚取全部手机批零差价、话费批零差价，毕竟在贷款模式里面有放款公司参与，利润摊薄。

假设：①批发手机（600元/台）；②客户免费拿到手机（售价为1 200元/台）；③借款（700元）；④放款给商户；⑤每月充值（500元话费）；⑥代客户还款（32元）；⑦充值（10元）；⑧话费到账（50元）。

那么商家盈利：100元手机批零差价

8元/月×24月＝192元话费批零差价

经济观察 7-2

### 良品铺子公司的智能营销

数字化时代下，随着消费结构的逐步升级，消费者对休闲食品的消费需求逐步品质化、个性化、便捷化、细分化，休闲食品市场呈现多元化发展。因此，零售食品企业需要构建数字化技术平台来满足消费者日益多变的需求。

良品铺子公司原有的技术架构已经不能完全满足数字化时代下消费需求和业务模式创新，因此，良品铺子公司把握消费升级趋势，坚持"以客为本"，借助互联网、大数据等新技术、新工具不断提升公司的数字化水平和智慧化水平。良品铺子公司做了以下工作：

1.建立以顾客为导向的数字化技术架构

良品铺子公司运用数字化技术优化企业价值链，使得生态伙伴价值链协同，推进以强调技术主动革新，使得业务与技术相互驱动以实现业务与技术完全融合的数字化技术架构。同时，良品铺子公司不断关注和利用新技术，与第三方技术研发企业形成良好的合作关系，利用新技术不断更新迭代业务流程，用全局数据分析顾客需求变化，研发满足顾客的产品，支持业务价值链不断深度优化。

2.加强建设公司的业务和数据

良品铺子公司依托数字化技术对现有信息系统进行深度整合，围绕会员、商品、营销、交易、库存等业务领域打造良品铺子公司业务中台，让业务更加专注业务，实现一切业务以数据说话，使数据和业务更紧密，提供实时支持，从而提升创新业务的落地效率，优化全渠道库存共享。

不仅如此，良品铺子公司还通过大数据平台持续完善丰富会员画像和商品标签，构建数据中台，链接前台用户和后台核心资源，运用先进的数字化技术，对公司前台海量的数据进行获取、计算、分析、储存，形成并积累大数据资产，在业务中台和数据中台之间形成一个良好的闭环，探索其中的业务价值，构建数据生态，实现数据共享。

资料来源：佚名．新零售时代下，良品铺子如何进一步营造，数字化管理的文化氛围？[EB/OL]．[2022-07-04]．https：//baijiahao.baidu.com/s？id=1737413464081342794&wfr=spider&for=p.

启发思考：

良品铺子公司作为休闲食品公司，面对消费升级，市场呈现多元化等势态，收集、整合及储存客户数据非常重要。构建数据中台，可以储存每个客户的数据，而且可以发现客户数据的变化，预测和满足顾客需求，具有一定的前瞻性，从而实现企业的会员增长和业绩增长，提升企业竞争力。

## 综合训练

### 一、概念识记

客户流量　客户留存　客户转化　用户黏性　聚合支付　用户思维　数据思维　产品迭代思维　效率思维

### 二、单选题

1.智能营销的本质是（　　）。

A.以销售为中心　　B.以客户为中心　　C.以交易为中心　　D.以利润为中心

2.精准营销是在精准定位的基础上，依托现代信息技术手段建立（　　）的顾客沟通服务体系，实现企业可度量的低成本扩张之路。

A.专业化　　　　B.大众化　　　　C.个性化　　　　D.普及化

3.为个人服务的网络经济成功的重要条件是（　　）。

A.具有弹性　　　B.具有高点击率　　C.具有黏性　　　D.具有经济性

4.投资者最本质的需求是（　　）。

A.安全性　　　　B.收益性　　　　C.流动性　　　　D.合规性

5.甲和乙都是做装修服务的，但是甲的服务是为客户量身定做，且会最大程度地满足客户的需求，而乙则是店大欺客，大多数都是公版，客户最后选择甲。这是客户的（　　）。

A.认同感　　　　B.熟悉感　　　　C.信任感　　　　D.附加值

6.支付宝在现有的账户和支付流程中嵌入余额宝产品，确保客户在原有的便捷体验下获得更丰富的产品和服务，是（　　）的代表。

A.服务整合　　　B.个性化服务　　C.引导用户成长　　D.口碑式营销

7.拥有搜索引擎、大数据、社交网络和云计算，可以将碎片化信息进行组合，利用大数据技术从中挖掘商机，这说明了智能营销具有（　　）优势。

A.透明度高　　　B.参与广泛　　　C.中间成本低　　　D.信息处理效率高

8.首次投资赠送体验金，投的越多送的越多。此策略可以实现（　　）。

A.个性化服务　　B.开发新产品　　C.引导用户成长　　D.用户的留存率高

9.以下（　　）不属于漏斗的元素。

A.时间　　　　　B.节点　　　　　C.流量　　　　　D.营销

10.通过数据分析，阿里小贷可以把利率做到18%、坏账低于1%，余额宝通过数据分析可以做到T+0、期限错配，这说明了智能营销具有（　　　）优势。

A.透明度高　　　　　　B.参与广泛　　　　　　C.中间成本低　　　　　D.信息处理效率高

11.以下说法正确的是（　　　）。

A.资产端重要　　　　　　　　　　　　B.资产端和资金端同样重要

C.资产端重要资金端不重要　　　　　　D.资产端不重要资金端重要

12.以下哪一项不属于资产端精准营销的内容（　　　）。

A.数据收集　　　　　B.数据建模　　　　　C.数据画像　　　　　D.风险会计

13.对于理财端的用户来说，在一个平台上所有的行为，都可以放到（　　　）的框架中进行考核和分析。

A.核心任务–扩展任务–外延任务　　　　B.核心任务

C.扩展任务　　　　　　　　　　　　　　D.外延任务

14.如果你使用招行的银行卡，你每发生一笔消费就会收到招行的短信提醒，在每条通知短信后面都会有一条活动链接，要么是贷款类，要么是抽奖。招行的策略可以（　　　）。

A.增加了用户接触机会提升用户转化　　B.个性化服务

C.引导用户成长　　　　　　　　　　　　D.开发新产品

15.亚马逊的推荐系统能够根据客户的人口属性、搜索、浏览、收藏和交易记录推算客户的需求和偏好，并向其推荐适合的产品，是（　　　）的代表。

A.差异化服务　　　　　B.个性化服务　　　　　C.故事营销　　　　　D.口碑式营销

16.花旗银行通过信用卡消费记录向客户推荐适合的商家并提供折扣，从而拉动其信用卡交易量，是（　　　）的代表。

A.个性化服务　　　　　B.口碑式营销　　　　　C.服务整合　　　　　D.差异化服务

17.以下不属于互联网金融的内涵的是（　　　）。

A.成本低　　　　　B.效率高　　　　　C.覆盖广　　　　　D.发展慢

18.以下不属于衡量流量的数据指标的是（　　　）。

A.访客数　　　　　B.浏览量　　　　　C.网站大小　　　　　D.访问次数

19.以下说法错误的是（　　　）。

A.产品进入成熟期要帮助企业构建数据化和精细化体系

B.降低获客成本

C.提高客户体验和留存

D.降低复购率。

20.平安一账通通过一个账户一套密码的单一登录实现了跨平安银行、保险、投资等多个账户的金融服务，并提供了整合的资产负债汇总，帮助客户全面查看和管理金融资产。平安一账通是（　　　）的代表。

A.口碑式营销　　　　　B.故事营销　　　　　C.个性化服务　　　　　D.开发新产品

### 三、多选题

1.数据可以通过以下用户特性精准匹配目标客户（　　　）。

A.指定年龄阶段（判断经济能力）

B.接收了某个金融产品的通知类短信的用户

C.安装了某个金融理财 App 的用户

D.接收了某个金融类 App 注册通知短信的用户

2.精准营销可以实现（　　　）。

A.精准选择地区投放

B.精准定位人群性别

C.精准定向人群兴趣、年龄、行业

D.灵活设置投放时间、预算

3.通过对消费者的（　　　）等进行数据分析后做出精准而个性化的判断，能够得到更为精准的目标消费者的画像并洞察消费者的真实需求。

A.行为习惯　　　　　　　　B.年龄　　　　　　　　　C.教育程度

D.消费习惯　　　　　　　　E.社交特征

4.下列关于基于大数据的营销模式和传统营销模式的说法中，错误的是（　　　）。

A.传统营销模式比基于大数据的营销模式投入更小

B.传统营销模式比基于大数据的营销模式针对性更强

C.传统营销模式比基于大数据的营销模式转化率低

D.基于大数据的营销模式比传统营销模式实时性更强

E.基于大数据的营销模式比传统营销模式精准性更强

5.一般的平台由（　　　）部分构成。

A.首页　　　　　　　　　　　　　　B.项目详情页

C.用户体验页面　　　　　　　　　　D.用户交互类页面

6.投资者体验包括页面感官和（　　　）等行为内容。

A.产品种类　　　　　　　　　　　　B.注册（投资）流程

C.技术保障　　　　　　　　　　　　D.客服应答

7.好的用户体验主要表现为页面直观，UI 设计人性化；操作简单，快捷无障碍以及（　　　）等基本内容。

A.运行顺畅不卡顿　　　　　　　　　B.优化及时 BUG 少

C.救助及时响应迅速　　　　　　　　D.解决问题快

8.用户最基本的金融需求包括（　　　）。

A.支付需求　　　B.融资需求　　　C.风险管理　　　D.投资理财

9.第三方支付平台有（　　　）盈利模式。

A.手续费　　　　　　　　　　　　　B.广告费

C.沉淀资金的利息收入　　　　　　　D.服务费

10.提高用户留存常见的方法有触达用户和（　　　）。

A.每日签到　　　B.积分体系　　　C.会员体系　　　D.优化产品和服务

11.增加客户黏性的常用方法有（　　　）。

A.每日签到　　　B.积分体系　　　C.会员体系　　　D.优化产品和服务

12.互联网金融营销的特点包括（　　　）。

A.批量效应　　　　B.普惠民主　　　　C.场景营销　　　　D.开放包容

13.互联网思维有（　　　）。

A.用户思维　　　　B.数据思维　　　　C.产品迭代思维　　　　D.核心思维

14.一次完整的营销，包含的要素有（　　　）。

A.客户　　　　B.时机　　　　C.产品　　　　D.渠道

15.多渠道整合的背后是机构的不同渠道在（　　　）上的无缝对接。

A.产品　　　　B.服务　　　　C.流程　　　　D.技术

16.金融业大数据精准营销的特点有（　　　）。

A.覆盖广　　　　B.低成本　　　　C.高效率　　　　D.个性化

17.聚合支付的特点有（　　　）。

A.中立性　　　　B.灵活性　　　　C.便捷性　　　　D.个性化

18.聚合支付作为（　　　）一体化的解决方案，是支付产业面对实体经济市场提出的新要求。

A.支付　　　　B.营销　　　　C.管理　　　　D.获客

19.以下属于消费者标签的有（　　　）。

A.性别　　　　B.年龄　　　　C.职业　　　　D.教育程度

20.人工智能和大数据的存在可以做到以下几点：（　　　）。

A.准确捕捉到消费者最近搜索心理活动预期

B.可以根据消费者心理活动准确告诉他，他需要的信息在哪里

C.消费者会感觉广告是为他量身打造的

D.精准营销

## 四、判断题

1.每个人使用手机的互联网行为都会在运营商的数据里留下痕迹。　（　　　）

2.联通、电信、移动三大运营商联合出台的大数据，都是经过工信部和网信办的审核监控，所以很正规，是合法的。　（　　　）

3.智能营销建立通路、优化运作、创新模式不能交叉组合。　（　　　）

4.大数据营销的前提与出发点是：只要积累足够的用户数据，就能分析出用户的喜好与购买习惯，甚至做到"比用户更了解用户自己"。　（　　　）

5.精准营销真正要做的就是了解客户：客户到底是什么样、是谁、需要什么产品、有什么产品偏好、喜欢哪些产品组合？　（　　　）

6.精准营销就是如何进行有效营销、如何提升客户价值、保持客户忠诚度？（　　　）

7.很多金融机构用App就可以分析用户在寻找什么产品，用户在找到一款产品并真正实现交易的过程中会浏览哪些页面，在哪个页面停留最长时间，交易中断是什么原因造成的等，而分析结果可以用于提升运营效果。　（　　　）

8.留存可以反映出一个产品对于用户的吸引力，流量就是客户量。　（　　　）

9.有了流量，就可以利用流量做转化，最终达到盈利的目的。　（　　　）

10. 互联网金融企业通过云计算、大数据以及先进的信息技术，能够尽快了解到市场资金的供求变化，却无法解决信息不对称的问题。　　　　　　　　　　（　　）

11. 场景是金融"生活化"以及"以客户为中心"的核心体现。　　　　　　　（　　）

12. 项目详情页如同一本书的目录，无论是提高转化率还是提升浏览量详情页面都能起到很大的推动作用。　　　　　　　　　　　　　　　　　　　　　　（　　）

13. 市场＝人口＋购买力＋购买欲望，市场的这三个因素是相互制约、缺一不可的，只有三者结合起来才能构成现实的市场，才能决定市场的规模和容量。　（　　）

14. 人工客服存在培训成本高、服务效果难以统一以及流动性大的问题。　（　　）

15. 留存，顾名思义，就是新用户在网站/App 中留下来、持续使用。　　（　　）

16. 只有做好了留存，才能保障用户在注册后不会流失，让用户对产品产生依赖，从而提高用户的忠诚度，实现利益的最大化。　　　　　　　　　　　　　（　　）

17. 只有做好了留存，才能保障用户在注册后不会流失。　　　　　　　（　　）

18. 互联网金融不是金融与互联网的简单结合，而是现代金融创新与科技创新的有机融合。　　　　　　　　　　　　　　　　　　　　　　　　　　　　　（　　）

19. 资金端指出借人一方，也就是投资挣利息收益的一方。而资产端则是指资金需求方，即所谓的融资方。　　　　　　　　　　　　　　　　　　　　　　　（　　）

20. 智能客服是指能够做简单问题答复，通过人机交互解决用户关于产品或服务的问题。　　　　　　　　　　　　　　　　　　　　　　　　　　　　　　（　　）

## 五、简答题

1. 某银行有近 300 万的代发工资客户，期望转化为现金贷客户，经过半年营销收效一般，转化不足 5 000 户。苏宁金融科技针对银行方代发工资存量客户，借助苏宁金融大数据能力，建设代发客户资金饥渴度智能评分模型、客户资金定价接受度智能评分模型，对银行方客户进行战略细分，结合用户在苏宁智慧零售平台的消费习惯，定制差异化的营销策略，划分出现金贷产品重点运营 45 万群体，信用卡重点运营 70 万群体。结合银行方的线下团队、人工电销、智能语音 IVR 营销能力，经过 4 个月的运营，帮助银行方实现 4 万多户的转化，5.5 亿元现金贷的增量投放。

要求：分析智能营销模式的优势。

2. 银行和第三方支付的区别以及合作的意义是什么？

## 六、实战演练

看图 7-24、7-25 分析传统金融思维与智能营销思维的不同。

传统金融思维-价值链思维

金融机构　基础设施　产品　平台　通信　渠道　介质　场景　客户

图7-24　传统金融思维

智能营销思维-用户+云+端

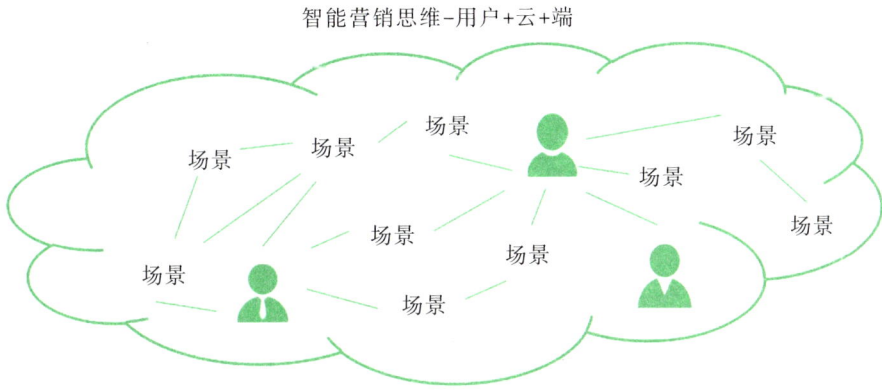

图7-25  智能营销思维

第八章

金融
科技监管

**学习目标**

知识目标：

• 了解金融科技带来的风险种类；了解金融交易监管规则重构的必要性；掌握监管
科技的技术方法。

能力目标：

• 能够分析我国金融科技监管的运行体制和程序规范。

素质目标：

• 帮助学生了解数字金融的国家战略、法律法规和相关政策，引导学生关注现实问
题，培养学生的家国情怀和民族自豪感。

# 第一节　金融科技监管内容

## 情境导入 8-1

### 美国联邦通信委员会（FCC）用数据监管科技巨头

一家网络公司的用户越多，就越能吸引更多用户、开发商和广告商。因此，一家网络科技公司做大做强后，就更容易挤压竞争者。目前，亚马逊的活跃用户有 3 亿，脸书的活跃用户有 23 亿，谷歌的 Gmail 服务用户有 10 亿。

大型科技公司不仅想主导市场，还希望通过控制基础设施平台来控制市场。当一家公司能控制它所在的这个市场的供给、分配、成本、信息和规则的时候，伴随而来的会是很严重的问题。由于这些科技公司在信息上的垄断，意味着他们能过滤政府收到的所有信息。

因此，要不要监管 GAFA（谷歌 Google、苹果 Apple、脸书 Facebook 与亚马逊 Amazon）等大型科技企业，以及如何监督，是各界热议的话题。例如可以设立一个电子政府机构来监督大型科技企业的运作，目的是保护竞争，以及协助司法部和联邦贸易委员会对科技市场和动向进行追踪。

美国国会两党想要加强对这些大科技公司监管的立法，成立一家数据联邦通信委员会（Digital FCC）的建议得到越来越多跨党派成员的支持。数据联邦通信委员会是一个完全集中在数据市场方面的、全部由专家组成的政府机构。

此外，美国国会界定监管权力的范围，从而让新的电子政府机构获得明确和广泛的权力，避免被科技巨头削弱。

资料来源：佚名. 如何监管 GAFA 科技巨头？[EB/OL].[2019-08-27]. https://baijiahao.baidu.com/s? id=1643003501089262274&wfr=spider&for=pc.

金融科技在助推创新驱动发展、拓宽金融可获得性、提高金融体系效率等方面发挥了重要作用，但技术驱动的金融创新容易引发合规风险，科技的引入也使得金融、技术的风险更容易产生叠加效应，故而应当正视其存在的风险，探寻金融科技创新与金融监管的深度融合。

## 一、金融科技带来的风险

金融科技并没有改变金融业务的风险属性，传统金融所具备的信用风险、流动性风险、利率风险等依旧存在，而金融科技的开放性、互联互通性、科技含量高等特征使得金融风险的隐蔽性、传染性、广泛性、突发性特征更加明显，潜在的系统性风险更加复杂。金融科技带来的风险如下。

### （一）技术风险

金融科技的应用场景以信息技术为基础，其交易参数的设置、交易系统的操作等都隐藏着技术性风险。技术本身的缺陷可能导致系统无法正常运行，或引发数据泄露、身份认证等风险。当出现技术性失误且未被及时发现时，系统缺乏自我更正错误的能力，按照这种错误继续执行，结果需要付出

微课堂 8-1

金融科技监管

更大的成本来修正所带来的负面影响。

例如，2014 年 1 月 21 日下午 3:10 左右，国内用户普遍反映不能访问 .com 等域名网站。此次全国范围的"大断网"事件，是由于我国通用国内顶级域名解析器发生错误，服务器把网站解析到一个固定 IP（网络之间互连的协议）的电脑上，阻碍了对很多网站（百度、新浪等）的访问，给整个互联网金融行业造成了巨大的损失。如果这个 IP 地址被不法黑客分子获取，复制知名门户网站做虚假网站，记录下用户账户和密码，将这些资料信息与支付宝、网银等账户对应，盗取资金，将会造成不可想象的后果。

### （二）信息不对称风险

金融是信息不对称的产物，金融机构与金融消费者之间、金融监管机构与金融机构之间的信息不对称性导致了金融科技的信息风险。

#### 1. 金融产品本质上就是数据

大数据的应用可以聚合和分析大规模数据集，但是在目前我国数据法律法规尚未完善的情况下，大数据在金融领域的应用，尤其是个人金融信息的收集和使用会造成潜在的风险，导致个人隐私泄露。而金融消费者由于处于信息资源获取的劣势地位，在金融交易中更容易遭受损害，且难以有效维权。

#### 2. 互联网金融存在严重的信息不对称问题

金融科技"去中心化"的信任机制虽然在一定程度上缓解了信息不对称所引发的市场低效，但也衍生出其他问题：一是科技的反匿名化隐藏着信息泄露的风险，可能导致金融消费者受到差异化待遇；二是随着金融科技应用场景嵌入的多元化和碎片化，金融监管机构由于缺乏对等的数据技术而难以实施有效的监管。

数据风险与信息安全风险的相互交织，使得金融机构对金融风险的识别和应对变得迟缓。

### ➢ 典型案例 8-1          从声誉风险视角看硅谷银行被关闭

硅谷银行在 2023 年 3 月 8 日披露了出售金融资产引发亏损的消息，成为主要财经媒体关注报道的话题，让重大经营风险（利率风险）转化成重大声誉风险，引起了银行的主要利益相关者——投资者、客户的剧烈反应，投资者疯狂抛售股票，导致硅谷银行股价暴跌，其 CRMF（在资本市场的声誉资本价值）也相应剧烈下降；客户纷纷提款，直接引发流动性危机，同时也导致 ΔCRC（面向客户的声誉资本变化）快速下降。流动性危机引发了监管机构紧急出手，硅谷银行在重大声誉风险发生的 48 小时之内被关闭。

硅谷银行作为上市公司和被监管的持牌银行，一旦出现经营风险或者发生亏损，势必要及时进行披露，必然引发重大声誉风险，进而引发投资者和客户的强烈反应，这一切看起来不可避免。其实并不然，如果硅谷银行意识到出售金融资产引发巨额亏损的信息披露后，各主要利益相关方都会做出什么样的反应，以及这些反应的后果，那么它应该慎重考虑在披露相关风险事件之前需要做哪些工作或应对准备，在披露发生亏损的同时公布这些工作进展，也就是进行"利害参半"的信息披露，尽量避免媒体的一边倒负面报道和解读，避免引发重大声誉风险，力争减轻投资者和客户可能的反应程度。如果硅谷银行具备这样的意识，就会认识到"向市场发行普通股或优先股以募资 17.5 亿美元；全球知名成长型股票基金 General Atlantic 已承诺投资 5 亿美元，总计募资 22.5 亿美元"这一利好不足以对冲出售金融资产亏损的负面冲击，必须筹集更多资本来增进投资者和客户的信心，或者通过媒体分析报道让投资者和客户判断其因利差风险引发的损失可控，这样才可能减轻他们在风险信息披露后的反应程度。如果硅谷银行能够意识到这一点，就会在披露信息之前"争分夺秒"想办法并开展行动，同时延缓风险信息披露，推迟重大声誉风险发生。

资料来源：李利明. 从声誉风险视角看硅谷银行被关闭［EB/OL］.［2023-03-13］. https：//baijiahao.baidu.com/s？id=1760239753096628811&wfr=spider&for=pc.

案例透析：分析声誉风险对金融机构的影响有哪些？

---

**经济观察 8-1**

### 金融机构改革的深意：五大机构职能及监管框架重塑

金融机构改革之前的监管框架是"一委一行两会一局"，具体来说是一委（金稳委）、一行（中国人民银行）、两会（银保监会和证监会）、一局（地方金融监督管理局）。

行政架构上，"一委一行两会"为中央和国务院直接领导，"一局"为地方政府领导。

监管权责上，金稳委属于顶层金融监管协调机构，央行负责宏观审慎与货币政策，两会分别对银行保险和证券业实施监管，地方金融监督管理局负责地方金融工作管理与监督（监督"7+4"金融机构）。

金融机构改革之后，五大机构职能及监管框架重塑。

第一，设立国家金融监督管理总局。组建金管局之后，原"一行两会"监管体系变更为"一行一会一局"。

第二，深化地方金融监管体制改革。一方面剥离地方金融监督管理局管理职能，另一方面要求建立中央金融管理部门派出机构的监管职能。

第三，调整证监会机构属性与职权。一方面将证监会与国家金融监督管理总局调整为国务院直属机构，另一方面将企业债审批发行职责从发改委划拨给证监会。

第四，统筹推进央行分支机构改革。撤销人民银行按照行政区设立分支机构，在 31 个省区市与计划单列市设立分行，不再保留中国人民银行县（市）支行。

第五，完善国有金融资本管理体制。剥离中央金融管理部门管理的市场经营类机构，相关国有金融资产划入国有金融资本受托管理机构。

本轮金融机构改革的意义在于"横纵"改革并进，廓清金融监管框架。本次金融改革顺应混业监管大趋势和大背景，对既有金融监管框架进行了两处改革，我们称之为"一横一纵"改革。

横向改革的重点是进一步厘清顶层金融监管框架。机构调整上，央行负责货币政策及宏观审慎调控，国家金融监管总局和证券业协会负责金融机构行为监管，并且国家金融监督管理总局、证券业协会同属国务院直属机构。监管职责上，企业债发行审核归证监会负责，金融消费者权益保护统筹归国家金融监督管理总局负责。

纵向改革的重点是捋顺中央和地方层级监管效率。本轮金融改革之前，各地方金融监督管理局兼任金融发展与监管两项职责，监管职能不完全清晰。中央监管与地方金融监管局衔接不顺畅，客观上地方金融监管效率有待提高。此次改革一则剥离地方金融监督管理局的部分管理职能，二则强化中央金融派出机构监管责任，提高地方金融监管效率。

本轮金融机构改革的两个焦点影响。

其一，央地监管效率提升，化解地方债风险更高效。随金融监管框架进一步厘清，地方金融监管职权强化，有助于地方债务风险化解。2023年全国两会针对隐性债务化解提到的"优化债务期限、降低利息负担"，未来或能加速推进。

其二，债券发行管理统一，提升债券融资效率。企业债发行审核权划入证监会，有利于统一信用债管理，有利于提高企业债券发行效率，推动债券融资规模提升。

资料来源：民生宏观. 金融机构改革的深意［EB/OL］. ［2023-03-10］. https：//baijiahao. baidu.com/s？id=1759965097656188472&wfr=spider&for=pc.

启发思考：

金融创新、互联网技术无疑是推动数字金融向前发展的动力，随着网络技术和移动通信技术的普及，我国的数字金融迅猛发展，金融监管体系与时俱进，不断完善。

### ☑ 教学互动 8-1

问：互联网金融的信息不对称因素有哪些？

答：互联网金融交易通过网络进行，投融资双方了解度不够；准入门槛要求低，投融资双方的资质审查不严格；征信机制不够完善，网络数据的数量不够、质量不高；监管部门对于互联网金融机构的信息披露要求不明晰；互联网金融机构没有足够动力主动披露信息，甚至还会存在故意隐瞒和误导现象。

### （三）合规风险

合规风险是指金融机构因未能遵循法律法规、监管规则要求、自律性组织制定的有关准则以及适用于金融机构自身业务活动的行为准则，而可能遭受法律制裁或监管处罚、重大财务损失或声誉损失的风险。监管科技是能够有效解决监管合规性要求和数字安全的新技术。

#### 1. 计算机语言无法有效解释合约的专业术语

一方面，金融交易的规则由交易者自行设计或制定，技术驱动下的金融创新不可避免地将原本规范的金融合同设计推至更高风险的领域。在法律法规缺位的情形下，其合规风险尤为突出。

另一方面，智能合约以计算机语言而非自然语言表述、执行合同，但其无法与以自然语言为载体的法律规则一一对应，如无法有效解释诸如"合理""最大努力"等术语，从而导致合约条款可能存在较高的法律风险。一些大型金融机构尽可能简化合规部门，减少成本，实现自动化，越来越侧重于战略性。合规部门在帮助金融机构遵守客户规则方面起了很大的作用。例如，汇丰银行、渣打银行等金融机构与美国监管机构在反洗钱、反恐等方面达成统一协议。这个协议要求这些公司开发全球客户管理系统，使他们能够以"T+1"模式向监管机构提供任何客户的信息，而且将这个系统用于监督客户。除了本地的流程，每个账户还要通过一个集中化的流程维护世界各地客户的准确信息。当出现监管问题的时候，能够及时地向监管机构提供客户信息。

### 2. 法律责任边界无法确定合同纠纷

出现合同纠纷时应当由智能合约的开发者或是运行平台负责界定。

### 3. 规避式伪金融科技的"创新"

法律规则的缺失为违法犯罪活动留下了滋生空间。部分非法机构以"金融创新"之名，行"违法犯罪"之实，导致社会的重大损失。例如，借助互联网的违法或不规范的非法集资、高利贷、众筹、金融交易等。

## 二、金融交易监管规则重构的必要性

金融科技的崛起给监管方提出了新的要求，使用非结构化数据成为可能。同时，一些"非银行"的金融行业参与者也在快速发展，它们不断创新业务模式和推出新的金融产品，扩展着金融行业的外延。面对行业日新月异的发展，监管方不仅要制定和出台新的监管规定，更需要以完全不同的监管方式应对新的挑战和风险。于是，监管科技应运而生。

监管科技（Reg Tech）由监管（Regulatory）和科技（Technology）组成，旨在利用现代科技成果优化金融监管模式，提升金融监管效率，降低金融机构合规成本。监管科技是新兴技术带来的颠覆式创新延伸到监管方的结果。在监管科技的帮助下，监管方用智能化的基础设施、数据和分析工具武装自己，从而能够更充分地整合、理解和运用监管数据，识别潜在趋势，前瞻性地监督和管理金融机构的交易和行为。

#### 小知识 8-1

监管科技是利用科技实现更好的监管效果，如果监管机构拿到的只是一些书面数据，那么这些数据使用起来就非常困难。开发使用结构化的数据输送系统，就能够使用分析方法来处理这些数据，从而更好地了解他们的行为并监督潜在的问题。比如，新加坡金融管理局正在开发一个可以同时读取中文和英文的系统，以便分析大量的交易报告，从而在大量违规交易发生之前识别可疑交易。

### （一）金融科技的跨界化给传统金融监管带来了巨大的挑战

随着金融科技的不断发展，跨行业、跨市场的跨界金融服务日益丰富，金融科技在提供跨界联动的金融服务的同时，风险难以识别和度量，风险隐蔽性不断增强。

### 1. 金融科技跨界化的经营更复杂

（1）金融科技的跨界化是行业层面甚至是体系层面的跨界，主要体现在两个方面：一是金融科技至少跨越了技术和金融两个部门；二是金融科技中的金融业务可能跨越了多个金融子部门。

（2）不同金融业务之间相互关联渗透金融风险错综复杂。在诸如P2P网络小额信贷、互联网支付等具有网络信息技术专业性壁垒的科技金融场景下，这些金融业务经过复杂结构化处理及技术编程后，增加了风险的隐蔽性。

### 2. 金融科技跨界化容易引起群体性事件

随着金融与科技的融合发展，金融市场与金融产品的跨界会导致监管边界的模糊与重叠，使得金融风险传染性更强、波及面更广、传播速度更快，从而产生监管真空与监管漏洞，给金融监管体系带来了深远影响。

## （二）去中介化给金融业的发展带来了不确定因素

### 1. 区块链的优势与缺点共存

区块链不能解决所有的问题。第一，区块链在理论上可以提高安全性，但并不是所有的区块链都是高度安全的。第二，透明度并不是在所有的时候都是必需的。例如，从监管机构的角度来说，透明的所有权是必要的，但对于行业参与者来说不是必需的。第三，虽然永久性是区块链最大的特点之一，但很多用户并不希望自己所有的个人资料在链上永久储存。另外，在资料永久保存的情况下，如何修正错误也成为一个难题。第四，区块链技术的应用在优化传统业务流程的同时，也会产生不可预估的风险。比如在金融领域广泛应用的联盟链中，如何确保链上数据的安全性，确保涉及业务机密的信息只有获得授权的主体才能访问，防止商业敏感信息泄露等。

### 2. 分布式去中心化的应用可能引发系统风险

目前绝大部分金融服务及其基础设施都是以中心化为核心框架，但是金融科技主导下的金融服务和产品的运营则是去中心化或分布式进行的，在此过程中会形成一个分布式的运作模式与中心化的监管体系的制度性错配。这种错配可能会比混业经营与分业监管的制度性带来更多错配和更复杂的金融风险，使金融风险更易在空间上传播，并衍化为系统性风险，因此对于监管技术的要求会增强。

### 3. 金融科技正在模糊国际资金的流动边界

与传统跨境交易的区别在于区块链技术是一种分布式不可撤销的记账方式，这种情况会导致原有的金融监管和金融科技的分野。多种新数字资产的出现可能会加快全球经济的多极化，跨境问题的处理也会越来越重要。

## （三）智能化在金融中的应用增加了监管难度

### 1. 人工智能导致虚拟化监管需求加强

传统金融监管的有效性依赖于监管体系的微观审慎监管规则，比如风险监管是以监管资本为核心，以设定资本充足率为微观准则；在人工智能及其金融领域的运用中，金融监管的重点从金融机构与金融从业人员变为人工智能技术，科技监管会逐渐转化为对技术本身的监管，监管有效性将更多取决于技术风险的控制而非微观监管标准的强化，即监管对象变成更加虚拟化的非实体技术。

**2.机器学习模型具有局限性**

以人工智能为支撑的科技参与金融体系的要素整合，有效地扩大了金融服务，促使金融服务更加公平。具有一定自我学习能力是未来人工智能发展的重要方向，但同时也会导致相应的监管问题，比如算法模型的偏差及自我强化，信息数据的安全隐患等。

例如，现阶段的大部分机器学习模型都面临效果不错但很难解释的问题，金融公司往往要求极高的可解释性，比其他行业要求更高。客户要求每一步决策都需要有对应解释，因此大部分现有模型都不适合，难度很大。

当然，智能化监管并非完全智能，局限性在于外界的不确定性冲击，如政策冲击、意外事件等。

## 三、监管科技的运用

传统金融机构的监管指标失效，金融产品多样，金融交易的链条更复杂，巨量的碎片化金融交易信息需要依赖于数字化技术手段处理，科技监管通过先进的技术手段和大数据技术有效地保存海量交易信息，并进行监督和分析，以此总结出金融市场总体的运行规律，实时反映风险。监管科技主要利用新技术（机器学习、人工智能、分布式账本、生物识别技术、数字加密以及云计算等），实施网络化的动态监控、数字化监管实时监管和远程审计，以此提升监管效能。

### （一）动态监管

#### 1.自动发出监管指令

监管部门可利用网络信息技术建立数字化监管体系，探索监管政策和合规要求的代码化，进一步提升监管效能。

▶▶▶

**小知识 8-2**

监管科技中使用的算法可以通过编程简化合规程序，自动高效地搜索新的法规，自动化功能的引入，有助于金融信息服务（FIS）监控监管的时间和下一步可能采取的监管行动。它也减少了工作量和所需的资源，从而减少了对人力的依赖，并将人为错误和偏差的风险降至最低。

在人工智能和机器学习的帮助下，监管科技解决方案能够在自动分析数据的基础上自动决策，很多时候，金融机构遭受罚款的原因是没能在规定的时间内报告违规事项。由于金融机构自身监控能力的不足，一些违规事项往往要等到发生数月以后才能被发现并报告给监管方，而那个时候损失已经造成，罚款也基本在所难免。凭借监管科技，监管方能够更及时通知金融机构提高所需资本金，从而让金融机构有充足的时间补充资本金，避免在季度末出现违规。

#### 2.自动化和简化的流程提高敏捷性

监管科技与其他解决方案相比的最大优势在于其自动化流程，在自动化中，法规遵从将不再麻烦。如果监管方能够实时获取金融机构的数据，那么其就能实时提醒金融机构相关的违规和监管变动。这样的实时监控功能将能够更好地防止金融犯罪。

## （二）数字化监管

### 1. 利用人工智能技术辅助监管

金融监管部门在运用监管科技的技术与工具时，通过对监管政策、合规性要求等的数字化表达，采用实时采集风险信息、抓取业务特征数据等方式，推动监管模式由事后监管向事中监管转变，有效解决信息不对称问题、消除了信息壁垒，有利于进一步缓解监管时滞性、提升监管穿透性、增强监管统一性以及防范和化解系统性金融风险。

### 2. 数据化使监管者能够更好地采用分析法来分析信息

▶▶▶

**小知识 8-3**

人民银行自 2016 年起实施宏观审慎评估体系（MPA），每季度采集商业银行等金融机构的诸多数据指标和风险报告，加强对金融机构事中监测和事后评估。应用监管科技，人民银行可以针对 MPA 需要采集的监管数据生成一个应用程序编程接口（API），规范数据格式、计算函数和报表要求。同时，向金融机构开放该 API 以供调用，自动完成数据统计报送和报告生成等事项。

监管部门可利用科技手段，将监管政策转换为数字化、标准化的"机器可读"程序语言，为金融机构提供各种监管应用程序接口，实时获取监管数据，利用云计算、大数据等技术实现对监管数据自动化、集中化的聚合分析，判断监管风险点，监测监管合规性，有效提高监管效率。

许多金融机构以不同的形式和标准向监管方报告历史数据，这导致监管方需要花费大量的时间和精力进行数据的整理和分析。金融危机以来，金融机构需要报告的数据的种类大大增加，粒度也越来越细。监管科技能够实现多种人工报告程序的自动化，从而简化数据采集工作，并且确保金融机构的数据报告的标准化。其结果是，监管方整理和分析数据的时间和人力成本将可以大大缩减，从而有可能更早发现违规事项和更好监控潜在违法行为。

### 3. 监管科技进行远程审计

监管科技还能让很多实地核查和审计工作成为过去，因为其中的很大一部分工作能够远程实现。监管方和金融机构的双方成本都能降低。凭借监管科技，监管方可以根据不同的机构类型、规模以及不同的交易类型等，提前设置参数，形成自定义的违规监控系统，在监测到违规时自动报告违规信息。

▶▶▶

**小知识 8-4**

英国金融行为监管局要求能够快速推向市场的公司主要关注以下领域：改善产品使用流程，提升用户体验，消除银行系统现存的低效率问题；运用即插即用软件，让银行服务更加便捷，消除用户体验中的摩擦；在银行系统上进行创新，利用机器人咨询等技术提升服务。

✓ 教学互动 8-2 --------------------------------------------

问：关于区块链技术与金融监管有哪些结合点，具体可以做些什么？

答：事前存证，方便事后审计确定数据的真实性。例如，被监管对象的关键业务数据（经营数据、报表等）、关键业务流程上链；引入智能合约，把关键的业务规则、监管部门的要求等代码化、合约化，使业务规则按照事前定义的规范运行，降低人为操作、违法越界等风险；打通法院的区块链存证平台，存证具备司法背书，一方面预防潜在纠纷，一方面也对监管部门进行约束，提升整个监督机制的透明度和权威性。

## 四、金融科技监管的运行体制和程序规范

金融科技的健康发展离不开良好的监管环境，一方面，天生有创新基因的金融科技无疑有助于经济和民生，尤其在其萌芽发展阶段特别需要政策的扶持；另一方面，插上科技翅膀的金融，具有更强、更广和更快的破坏性，其对金融体系的冲击后果难测，尤其需要引导和规范。

### （一）提供宽松的监管环境

针对金融科技的监管，重在用互联网思维与适应新经济特点的监管思路，制定科技金融监管框架，实现开放、透明、开阔、无边界、点对点直线监管思维。

#### 1.稳妥部署监管科技应用

（1）基于成熟、稳定的技术开展监管科技应用。构建新兴技术在金融监管领域应用的成熟度、匹配度检验体系，综合实际监管场景，深入研判技术的适用性和安全性，强化新技术合理选型。

（2）加强业务连续性管理。金融监管不能用力太轻或用力过猛，要确保监管科技手段不影响现有金融信息系统、不改变金融业务流程、不降低金融服务效率。

（3）建立健全监管科技应用校准机制。加强双向信息反馈与运行结果比对验证，持续优化完善应用模型，准确反映市场实际情况，提升监管科技的可信性和可靠性。

（4）探索建立监管数据安全防护机制。利用标记化、散列加密等技术提高监管数据安全水平，避免监管数据泄露风险。

▶▶▶

小知识 8-5

金融科技下的支付结算类业务、网贷等与传统金融业务本质上类似，但区块链等技术应用并没有适用的法律法规，如数字货币。金融科技相关的立法滞后性等限制了法律的及时介入。因此，一方面要通过加快立法，完善监管法律。另一方面，可以通过拓展司法解释扩大已有条款的包容性。

◎

#### 2.明确监管范围

（1）明确法律法规的底线。金融科技监管应当有明确底线的监管，提供宽松的监管环境并不是不节制地纵容，对于虚拟创新、伪创新、损害金融消费者权益的创新，一味

地容忍既是对监管当局的履职缺位，也可能造成劣币驱逐良币的负面后果。对这种金融科技创新，应当坚决制止。

（2）划定金融科技"特区"。在英国、新加坡等国家得到广泛应用的"金融监管沙箱"可以作为一个限制范围的试错机制，通过提供一个"缩小"的真实市场和"宽松"的监管环境，在保障消费者权益的前提下，让金融科技企业在豁免部分法律法规的基础上，更方便地测试其金融产品创新和商业模式创新。

### （二）建立法律规制

在金融科技不断创新的背景下，在强调技术治理的同时，法律规制也不容忽视。

#### 1.内部技术治理

科技监管能促进监管科技治理的转型，将技术逐渐内化为金融科技监管的重要组成部分。完善监管科技的制度机制，以实现金融科技监管的重塑。

视野拓展 8-1
金融科技创新监管试点应用公示

（1）从"准入监管"转换到"行为监管"。监管机构应当更多地关注金融交易行为，在人工智能识别的基础上行使监管自由裁量权，进行人工二次判断，使得监管更加精准。一方面依托规则推理进行金融风险模拟，从而更好地识别系统性金融风险；另一方面通过案例推理学习既有的监管案例，以类似"判例法"思维评价新的问题并给出解决方案。

▶▶▶

**小知识 8-6**

监管机构的职能之一是防范市场操纵风险。以证券交易所为例，以人工智能为基础的智能风控技术通过算法判定可能出现市场操纵行为并予以记录，此时监管机构仅需依其专业知识做出评定即可，而无须再依托传统监管机制中借助信息披露的形式，既提高效率，也更为精准。

（2）实现实时监管、动态监管。人工智能技术能够通过算法将场景化、碎片化的金融科技数据进行有效整理，达到满足风险判定的需求，并通过机器学习实现对金融科技风险的初步评价和识别。将金融交易过程中的信息内容通过人工智能技术予以精准记录，摆脱传统监管中需要依托各方进行信息披露的烦琐流程，并简化了监管机构的审核工作，进而使监管机构能够将更多资源投入交易行为本身。

（3）完善监管科技的基础机制。人工智能驱动下的金融科技以信息技术为基础，技术信息的保护既是技术治理的基础，也是防范监管风险的需要。监管机构应当完善监管科技的制度机制，如技术的加密机制、脱敏机制等，通过技术手段和管理制度保障人工智能的安全性，进而确保人工智能驱动的金融科技监管基础信息的有效性。

就人工智能本身而言，应当完善其风险分析和预警机制。根据人工智能对既有风险问题的识别、分析和监管，划定金融科技的风险预警线（迹象）。当金融机构触及或可能触及预警线（迹象）时，监管机构能够及时介入并采取相应措施。

### 2. 完善外部法律规制

金融科技监管转型和重塑的核心在于监管科技的法治化。从技术的角度而言，人工智能的规则推理并非必然落在给定的规则框架内，规则解释的多义性、技术的破坏也可能会出现法律问题。因而，应当在法治框架下对人工智能驱动下的金融科技监管予以规制。

（1）将金融监管法律法规嵌入人工智能技术。法律法规的制定目的是为监管提供法律支撑，形成新的监管路径。人工智能通过算法对监管规则进行识别并分解为算法规则，在监管过程中运用规则推理形成有效判断和应对金融科技风险的规则库。对于人工智能自发推理出的规则，应当及时判断是否落在既有规则框架内或是否必要对现有框架做出修订、解释，从而适应金融科技的创新，进而使法律法规的执行由人工智能的机器学习实现。

根据金融科技创新业务的发展，积极探索制订如何利用新技术将监管要求编译成可识别的机器工具与数据报送工具，针对数据安全保障、监管要求落实、代码审计、数据公开等技术性工作，制订行业标准。制订监管科技公司准入标准，监管科技公司在监管部门与金融机构之间起到积极的政策传导作用，对监管科技企业的运营方式、市场准入、服务模式等内容应制订相应标准，加强产业顶层设计，通过一致性的通用标准扶持监管科技产业健康繁荣发展。

（2）加强法律原则的制定与适用。相较于法律规则，原则监管更具灵活性和效率性。法律原则强调对抽象性和所期望的监管结果的指导性，监管者被赋予自由裁量权，当人工智能通过机器学习推理规则时，只需判定新的规则是否与既有原则保持一致即可，而无须逐一修订、解释，使其被纳入既有规则体系。

人工智能驱动的规则推理并不意味着创造法律规则，而是通过技术治理发掘、解决法律问题的辅助手段，法律的修订和解释仍应由立法者做出。

### （三）深化监管科技协同

合作推动监管科技落地实施是一项系统工程，涉及金融业务、信息技术、公共管理等多个领域，需要政、产、学、研、用等各方的协调联动、通力合作。

### 1.强化监管信息的互联互通

破除监管数据壁垒，健全纵横联动、信息通畅的矩阵式管理机制，实现信息汇聚共享和关联分析，构建金融协同监管的数据生态圈。

### 2.做好新技术应用研究与联合攻关

发挥参与各方在人才、技术基础等方面的优势作用，建立健全良好的协同协作机制，聚焦金融监管重点和难点，攻坚克难、共同积极探索监管科技创新应用。

### 3.建立适应我国经济金融稳定发展的监管科技组织体系

监管部门之间建立监管科技信息共享平台以及定期沟通协调机制，及时了解监管科技发展动态和实际应用，有效鉴别监管科技发展风险，积极寻找应对措施，通过协商讨论、共同调研、联合检查等方式促进监管科技产业合规发展。

# 第二节　国际金融科技监管模式

## 情境导入 8-2

《巴塞尔协议Ⅲ》提出了一系列新的流动性标准，几乎所有二十国集团和金融稳定委员会的成员监管机构都已经执行了这些标准。例如，美国的《多德-弗兰克法案》中规定，资产超过 2 000 亿美元的金融机构，都必须根据《巴塞尔协议Ⅲ》的流动性标准向监管机构提交长达 60 多页的流动性报告，而且要每天按照"T+2"的原则编制流动性报告，而这样的一份报告需要用 220 个小时才能够编制完成，所以，只有引入自动化系统才能完成这样的报告。

有些公司，像花旗银行和汇丰银行，它们在七八十个不同的国家都有分支机构，每天会提供数份形式相近的流动性报告；会计师事务所每天要向全世界许多监管机构例如美联储、英格兰银行、中国香港金融管理局、新加坡金融管理局以及欧洲中央银行等，提供至少 3 000～4 000 份对全球系统重要性金融机构的评估报告，报告的信息都是相似的，但是打包和递交方式不同。

因此，大型金融机构要建立一个全球系统，帮助它们持续提供数据，而且能够把这些数据以不同的形式再打包，并且定期递交给不同的监管者。例如，高盛集团、摩根大通、花旗银行、德意志银行、巴克莱银行和汇丰银行等都已经将数据收集和合规职能集中控制，它们通过系统来集中收集、管理和递交数据，既是为了管理，也是为了监管。

金融机构采取对接和系统嵌套等方式，将规章制度、监管政策和合规要求翻译成数字协议，以自动化的方式来减少人工的干预，以标准化的方式来减少理解的歧义，更加高效、便捷、准确地操作和执行，有效降低合规成本，提升合规的效率。

资料来源：赵萍，蔡宏波. 全球系统重要性金融机构对我国金融稳定的影响及应对 [EB/OL].[2023-01-06]. http://m.rmlt.com.cn/article/399073.

金融监管是一门平衡的艺术，如何在保证金融体系稳定的同时促进高效发展，是各国监管者面临的最根本的问题。但是稳定和发展两大目标不是简单的对等关系，在任何特定的时期和国家，金融监管的侧重都会有所不同。

## 一、金融监管的"钟摆效应"

各国的金融发展过程中大都出现过类似的现象：一个国家的金融体系在建立初期和成长阶段，因为体系的不完善，所以更加注重稳定；而当金融体系成熟，尤其在金融从业者的积极呼吁下，监管就会逐渐开放，释放其活力，这时候监管的侧重点是发展；而当金融发展过于迅猛，以至于原有的监管体系逐渐落伍甚至最后失效，金融发展就会出现各种问题甚至爆发金融危机；问题或者危机发生后，监管当局迅速出台一系列监管措施，重点都在维持金融体系稳定，发展反而退居其后。如此循环往复，监管的偏好就像钟摆，在稳定和发展的两极之间不断调整和摇摆，这被称为监管的"钟摆效应"。

金融监管的"钟摆效应"在2008年全球金融危机前后体现得尤为突出。各国政府无一例外地从侧重发展一端摆向稳定的另一端，各国均加强对金融业的监管。然而所谓病来如山倒，病去如抽丝。迄今为止，金融危机对全球经济的影响依然没有完全消除，全球经济尚处在缺乏活力、低速发展的疗伤阶段。

## 二、国际上主要金融科技监管模式

"天下大势，浩浩汤汤，顺之者昌，逆之者亡"。面对金融科技的蓬勃发展和随之而来的潜在风险隐患，世界各国都在研究并调整对应的监管策略，探索适合本国金融科技发展状况的监管方式。这些监管方式主要有三大类：

### （一）限制性监管

限制性监管（Restricted Regulation）模式以美国为代表，美国的人才优势和优越的资本环境，形成了以技术创新为主要驱动力的金融科技业态。针对这样的特性，美国抓住金融科技的金融本质，把金融科技所涉及的金融业务，按照其功能纳入现有金融监管体系直接监管。

在此类监管模式下，监管是否有效取决于金融监管体系是否足够成熟。美国的金融体系在经历过多次金融风暴后，具有相对成熟的金融法律法规和金融监管经验，对于暂时无法覆盖到的金融科技新领域，也会及时调整相关法律法规。如美国在2012年颁布的《创业企业融资法案》就对股权众筹行为进行了规范，有效填补监管空白。总体来看，美国对金融科技的监管比较严格，监管方向以稳定为主。

### （二）被动型监管

2019年以前中国采取被动型（Passive Regulation）监管模式，2019年后中国从过去的被动监管模式向主动监管模式转变。

和美国相反，中国的金融科技以市场和商业模式为驱动。中国的巨大市场需求和有待完善的现有金融服务体系，为金融科技的发展提供了广阔的应用空间。另外，相对于案例法体系的英美，属于大陆法体系的中国，对金融科技的监管依靠成文的法律法规，因此灵活性和时效性相对不足。这种监管的不成熟性，给中国金融科技提供了发展的灰色地带。

中国的金融科技在短短3年内茁壮成长，成为全球金融科技的重要组成部分，第三方支付、P2P的规模已经排在世界前列，并孕育出了蚂蚁金服、陆金所和京东金融这样的巨无霸金融科技公司。不可否认的是，P2P风险在2015年下半年逐渐暴露，P2P行业爆雷带来的风险冲击引起了监管部门的重视，并开始有针对性地加强专项监管和引导。表8-1就是对金融乱象监管出台的一系列政策。

表8-1                          2017—2020年对金融领域的监管政策（部分）

| 时间 | 部门 | 内容 |
|---|---|---|
| 2017.12 | 央行、工信部等 | 《防范代币发行融资风险的公告》 |
| 2017.12 | 央行 | 《关于做好P2P网络借贷风险专项整治整改验收工作的通知》 |
| 2018.08 | 银保监会 | 《关于防范以"虚拟货币""区块链"名义进行非法集资的风险提示》 |
| 2019.09 | 央行 | 《金融科技发展规划（2019—2021）》 |
| 2019.10 | 央行 | 《金融科技产品认证目录（第一批）》《科技产品认证规则》 |
| 2020.06 | 证监会 | 成立"科技管理局" |
| 2020.12 | 银保监会 | 《互联网保险业务监管办法》 |

### （三）主动型监管

主动型监管（Active Regulation）模式以英国和新加坡为代表。这类国家与美国和中国不同，由于既没有技术人才优势，也没有巨大的金融市场需求，发展金融科技主要以政府引导为驱动力。

该模式的主要做法是进行小规模小范围试点，试点成功后再在全国推广。试点时会采取统一准入标准，参与试点的企业具有较大的自由进行创新。监管沙箱通过提供一个缩小版的真实的市场，允许企业对创新的产品、服务模式进行大胆的尝试，及时地发现并且规避产品的缺陷和风险的隐患。监管者也可以通过测试来掌握创新的本质，有效地评估风险，决策开放的范围，并判断对现有监管规则的影响。这样可以在风险可控的前提下促进金融科技创新，引导金融科技向有利于消费者权益的方向来发展。

## 三、国际金融科技监管的趋势

金融与科技融合发展是经济社会信息化水平、智能化水平提高的一个重要方面，同时也是全球金融创新的热点。为适应这一趋势，全球越来越多的国家开始制定支持金融科技发展的战略规划，其中一项重要内容就是营造兼顾创新与风险的良好监管环境。基于此，全球范围内，金融科技的监管呈现的两个趋势是加强监测管控以防范风险，以及推行沙箱监管机制以鼓励创新。

### （一）加强监测管控以防范风险

总体而言，从政策规划层面，金融科技发展的国际共识方向更加清晰。各国金融科技监管的目标都在于保护金融消费者权益，维护金融市场秩序。

金融体系的主要核心风险对应三种主体——投资者、金融机构和监管部门。投资者面对的主要是投资损失的风险，金融机构面对的主要是应对监管机构合规要求的主体风险，监管部门面对的主要是系统化风险。这三者共生共融，而不是互相对立、互相排斥。

#### 1. 一致性监管

大多数国家和地区的金融监管部门倾向于对金融科技和传统金融进行一致性监管。

（1）国际上对金融科技的潜在风险逐渐达成共识。金融稳定理事会（Financial Stability Board）认为，金融科技的风险主要包括宏观和微观两个层面，微观方面包括金融机构的信用风险、流动性风险、杠杆风险、期限错配风险和操作风险等，宏观方面包括传染性、过度波动等。

（2）注重风险防控、保障金融健康是各国发展金融科技的共性做法。新的金融产品和活动不断涌现，以及随着驱动技术在金融领域应用的不断深入，监管部门亟须调整监管方法，风险防控作为金融科技行业生命线的地位将更加突出。

在金融现代化程度较高的国家，各国监管面临着完全不同于以往的新兴金融业务，比如说移动支付、互联网消费金融等。对于这类业务在监管层面上的管理手段各国之间存在一定差异性。除了针对具体的金融领域进行规制之外，各国更加看重对具体技术的规制，对技术造成的系统性风险较为谨慎，但是对于技术的合理性审查稍显不足。

（3）补充现有监管方法。监管部门要找出可能威胁金融稳定或造成过度监管套利的市场失灵及外部性问题。对新型业务和创新商业模式的监管应与其风险相称，在缓解风险的同时支持创新；确保员工具备必要的知识、技能和工具，从而跟上市场的发展等。

#### 2. 科技用于监管

随着金融与科技的深度融合，金融产品创新的周期越来越短，覆盖大范围人群的能力越来越强，相应风险的积累程度和传播速度也被放大，对监管的及时性、有效性提出了更高的要求。因此，各国金融监管部门都在规范新兴技术的合理应用，对技术应用可能产生的风险探测进行及时监测与预警，以便早发现、早化解、早处置。做好新兴技术的前瞻研究，加快发展和有效运用监管科技已是监管部门的题中之义。

金融科技的发展也带来金融监管数字化、自动化和实时化升级，监管部门利用网络信息技术建立数字化监管体系，探索监管政策和合规要求的代码化，进一步提升了监管效能。

#### 3. 加强行业自律

加强行业自律组织的作用、建设常态化金融科技风险监测机制，已经成为各国在平衡创新与风险方面较为普遍的做法。

英国在确定由 FCA 负责 P2P 网络借贷和股权众筹监管之前，从业机构就分别成立了对应的自律组织，新加坡、日本、俄罗斯、卢森堡也都相继成立了金融科技协会，行业自律组织技术可帮助完善监督管理机制。

### （二）推行沙箱监管机制以推动创新

监管沙盒由英国金融行为监管局（Financial Conduct Authority，FCA）提出，并在新加坡等国家得到广泛应用。

监管沙盒指从事金融创新的机构在确保消费者权益的前提下，按 FCA 特定简化的审批程序，提交申请并取得有限授权后，允许金融科技创新机构在适用范围内测试，FCA 会对测试过程进行监控，并对情况进行评估，以判定是否给予正式的监管授权，在沙盒之外予以推广。监管沙盒是一个限制范围的试错机制，在沙盒中，金融科技企业可以在豁免部分法律法规的基础上，更方便地测试其金融产品创新、商业模式等。

一般而言，申请沙盒测试的企业，在现有的监管体系内要么无法合规运作，要么合规的成本很高。通过沙盒测试，一方面可以在监管机构的控制下实现小范围内的真实环境测试，因为在沙盒测试中，受测试者不因测试本身而丧失任何合法的权益；另一方面，沙盒测试可以为监管机构提供清晰的视角来看待监管规定与金融创新的辩证关系，及时发现因限制创新而有损消费者长远利益的监管规定，并第一时间调整，真正让适度监管、包容监管等创新监管精神落地。

## 第三节　我国金融科技监管机制

### 情境导入 8-3

**灵犀金融未取得资质从事保险经纪业务被罚没 122 万元**

2019 年月 26 日，杭州心有灵犀互联网金融股份有限公司因未取得经营保险经纪业务许可证从事保险经纪业务，被浙江银保监局处没收违法所得 61.03 万元，并处罚款 61.03 万元，行政处罚信息公开表见表 8-2。

心有灵犀互联网金融股份有限公司立足互联网保险，成立于 2012 年，业务涉及互联网代运营、车险、保险代理人和云平台业务。作为国内早期聚焦于互联网保险领域的科技平台之一，灵犀金融在资本市场上备受青睐，于 2014 年 9 拿到了阿里巴巴的种子轮投资，此后该机构在宣传时自称"阿里系"。截至 2017 年，灵犀金融与国内 69 家保险公司、近 200 家保险中介机构建立了合作，业务覆盖全国 200 多个城市，主要通过三个平台开展业务，分别为保险场景定制平台"喂小保"、独立代理人分销平台"小飞侠"和蜂巢云平台，三大平台累计交易额过百亿元，并于 2017 年实现全面盈利。

在中国，从事保险中介业务的前置条件是获取资质，具有国家相关机构颁发的业务许可证。如果无证展业，属于违法违规，会受到监管的严厉处罚。

表 8-2　　　　中国银保监会浙江监管局行政处罚信息公开表

| 行政处罚决定书文号 | | 浙银保监罚决字（2019）4号 |
| --- | --- | --- |
| 被处罚当事人姓名或名称 | 个人姓名 | |
| | 单位　名称 | 杭州心有灵犀互联网金融股份有限公司 |
| | 单位　法定代表人 | 孔强 |
| 主要违法违规事实（案由） | | 未取得经营保险经纪业务许可证从事保险经纪业务 |
| 行政处罚依据 | | 《中华人民共和国保险法》第159条 |
| 行政处罚决定 | | 没收违法所得，61.03万元，并处罚款61.03万元 |
| 做出处罚决定的机关名称 | | 中国银保监会浙江监管局 |
| 做出处罚决定的日期 | | 2019年4月26日 |

　　该公司被处罚后三天，4月29日杭州心有灵犀互联网金融股份有限公司进行了工商信息变更，将公司名称更改为"心有灵犀科技股份有限公司"，并变更了经营范围，删除了互联网金融服务相关内容，将互联网金融服务由国家金融监管部门核准的核心业务变更为服务、汽车信息咨询、商务信息咨询（除证券、期货）和批发零售等。

　　根据《保险法》第119条和第159条的相关规定，保险代理机构、保险经纪人应当具备国务院保险监督管理机构规定的条件，取得保险监督管理机构颁发的经营保险代理业务许可证、保险经纪业务许可证。擅自设立保险专业代理机构、保险经纪人，或者未取得经营保险代理业务许可证、保险经纪业务许可证从事保险代理业务、保险经纪业务的，由保险监督管理机构予以取缔，没收违法所得，并处违法所得一倍以上五倍以下的罚款；没有违法所得或者违法所得不足五万元的，处五万元以上三十万元以下的罚款。

　　资料来源：柒财经. 监管开枪！灵犀金融被罚没122万元，主要负责人被限制高消费［EB/OL］.［2019-05-08］. https://baijiahao.baidu.com/s? id=1632923102116895810&wfr=spider&for=pc.

　　我国在金融科技发展初期较为落后，但目前已处于后来居上的地位。从体量规模来看，我国电子支付规模占全球总体规模的近一半，远远领先于其他国家，已经是全球金融科技领域的绝对主导者。虽然我国在金融科技方面已具备一定基础，但是金融科技的快速发展促使金融业务边界逐渐模糊，金融风险传导突破时空限制，给货币政策、金融市场金融稳定、金融监管等方面带来新挑战。

## 一、我国金融科技监管构架

　　金融科技蓬勃发展，已经成为中国金融经济体系的重要组成部分。由于其发展迅猛、创新深入、跨界明显，原有的金融监管体系滞后于金融科技的发展，监管能力无法匹配金融科技的发展现实。因此，需要加强对监管科技行业的顶层设计，利用监管科技促进金融业监管。建立明确的行业监管标准，使金融机构和第三方监管科技机构能够准确理解监管要求和目的，更好地整合内部资源和完善业务流程，降低合规成本。

　　鉴于此，金融管理部门应做好统筹与协同，强化监管顶层设计和整体布局，重构监管规则，从而完善符合我国国情的金融科技监管框架。

### （一）金融科技监管顶层设计

针对金融科技发展新形势，我国金融管理部门积极探索符合新事物内在发展规律、高度适应我国国情的金融科技监管路径，全面提升监管效能。一是划定刚性底线。以现有法律法规、部门规章、基础性标准规则等为准绳，明确创新红线。二是设置柔性边界。平衡好安全与效率的关系，运用信息披露、公众监督等方式，让人民群众参与金融科技治理，为金融科技创新营造良好的发展环境。三是预留创新空间。在固守安全底线基础上包容合理创新，使持牌金融机构享有平等参与创新的机会，探索打造包容审慎的创新监管机制。

### （二）开展金融科技创新监管试点

为探索构建符合我国国情、与国际接轨的金融科技创新监管工具，中国人民银行组织多地开展金融科技创新监管试点工作，这被称为中国版的"监管沙盒"。2019年12月首先在北京试点。

我国的金融科技创新监管工具在设计目标、参与者和监管模式方面，与英国的"监管沙盒"机制有着很多不同之处。英国为了鼓励金融创新，其沙盒机制主要面向金融科技公司，让没有牌照的机构进入沙盒，这些机构在顺利出箱后就可以申请相关业务牌照，监管模式为"行业监管+机构自治"。而中国的金融科技创新目前已呈现百花齐放态势，其创新监管工具设计初衷是为了规范引导金融科技创新，要求入箱的机构主体必须是持牌机构，而且相关产品在出箱后纳入正常的金融监管，不再作为金融科技创新产品进行监管。此外在监管模式方面，我国在传统"行业监管+机构自治"的基础上，还引入了社会监督和行业自律机制，按照守正创新、持牌经营原则，对金融科技创新应用实施全生命周期监管。

## 二、推出中国金融科技创新监管工具

2020年10月21日，中国人民银行发布《中国金融科技创新监管工具》白皮书，制定了《金融科技创新应用测试规范》《金融科技创新安全通用规范》《金融科技创新风险监控规范》三项金融行业标准，从不同的角度对金融科技创新进行管控，打造出一套符合我国国情、与国际接轨的创新监管工具。

#### 1.《金融科技创新应用测试规范》

金融科技创新应用指在符合现行法律法规、部门规章、规范性文件等要求前提下，在尚不具备管理细则的领域，利用新技术设计、面向金融用户的产品或服务。

《金融科技创新应用测试规范》通过从事前公示声明、事中投诉监督、事后评价结束等全生命周期对金融科技创新监管工具的运行流程进行规范，明确声明书格式、测试流程、风控机制、评价方式等方面的要求，为金融管理部门、自律组织、持牌金融机构、科技公司等开展创新测试提供依据。

#### 2.金融科技创新安全通用规范

《金融科技创新安全通用规范》从交易安全、服务质量、算法安全、架构安全、数据安全、网络安全、内控管理、业务连续性保障等多方面，明确对金融科技创新相关科技产品的基础性、通用性要求，为金融科技创新应用健康上线把好安全关口。

（1）交易安全包括交易验证、交易确认、交易监控、交易风险处置；

（2）算法安全规定了算法设计、算法可解释性、算法可追溯性、算法攻击防范的要求；

（3）架构安全包括云计算架构、区块链架构；

（4）数据安全包括对数据质量的要求，对个人金融信息进行全生命周期防护、符合相应安全管理要求；

（5）网络安全包括对基本安全要求、物联网安全要求、安全防护要求的规定。

### 3.《金融科技创新风险监控规范》

《金融科技创新风险监控规范》明确了金融科技创新风险的监控框架、对象、流程和机制，要求采用机构报送、接口采集、自动探测、信息共享等方式实时分析创新应用运行状况，实现对潜在风险动态探测和综合评估，确保金融科技创新应用的风险总体可控。

金融科技创新风险监控主要通过对金融科技创新应用等进行数据采集、关联分析，识别发现可能存在的安全时间和风险并进行展示和预警，掌握金融科技应用风险态势，保证金融科技应用安全稳定运行，保护消费者合法权益。金融科技创新风险监控框架如图8-1所示。

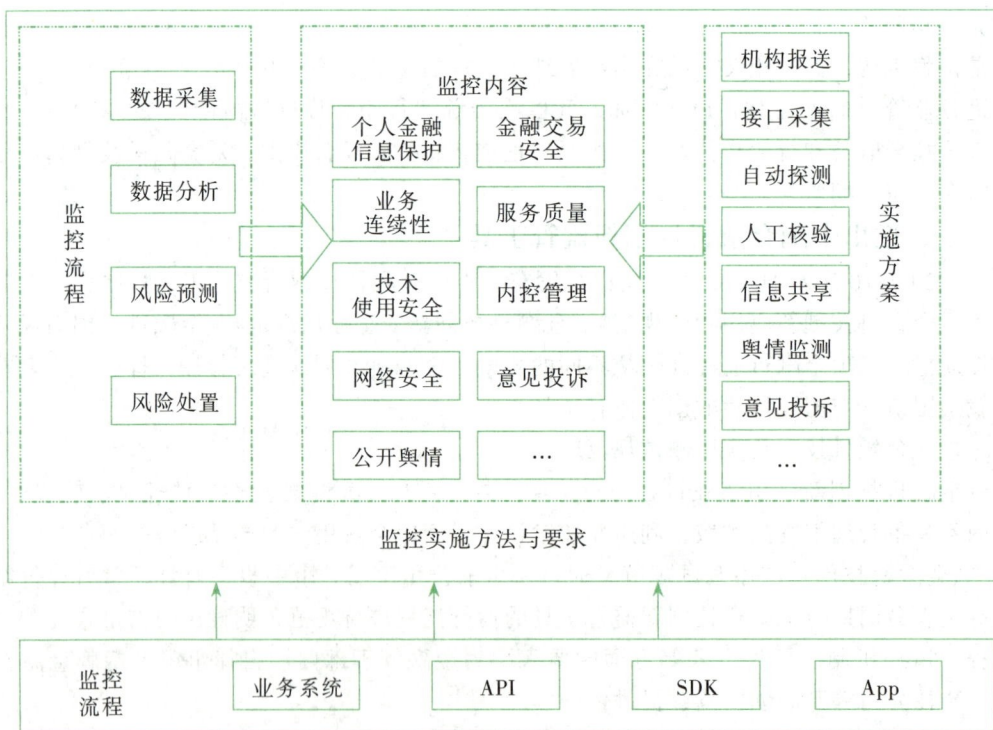

图8-1 金融科技创新风险监控框架

## 三、金融科技监管的重点

数字经济正前所未有地改变人类的生产和生活方式，金融领域数字化转型面临重大机遇和挑战。科技与金融深度融合，扩大了金融服务覆盖面，提升了金融服务效率，提高了风险防控水平。同时，金融数字化快速发展也带来了网络安全、市场垄断、数据权属不清、消费者权益保护等方面的问题，影响市场公平和金融稳定。

当前，金融科技的监管重心包括三方面，即公平竞争、防范风险与消费者保护。

### （一）公平竞争

由于金融科技公司和平台的进入，公平竞争问题凸显，因此金融监管要维护公平竞争。

#### 1. 制止违规监管套利

监管套利主要包括跨界套利、跨业套利和跨域套利。比如，有的金融科技公司进入金融领域，办理贷款或其他金融业务，但没有遵守商业银行或者商业贷款机构的监管要求和标准，或者用一种经营业务牌照借助金融科技从事多种金融业务，相对于其他的金融机构而言就是不公平竞争。

#### 2. 防止头部公司的垄断化

公平竞争还要求规范科技公司金融化，防范监管套利；严管金融科技公司头部化，避免大者通吃，抑制隐性规则。

在市场经济发展过程中不断培养企业的市场竞争优势，本身是好事。但是如果利用社会资源的优先独占，形成大者通吃，也会影响市场竞争的基本规则，对公平竞争造成损害。因此，对于一些大的头部金融科技公司，比如有数据优势、网络优势、综合优势的公司需要严格监管。

### （二）防范风险

公平竞争之外，还要防范风险，防范化解风险是金融稳定的重要支撑，金融科技所带来的风险与传统意义上的金融风险并不一样，这是因为金融科技的运用产生了许多新的风险领域、新的风险主体以及新的风险特征，比如虚拟资产、风险传递路径、风险积聚方式等。

#### 1. 新的系统性风险

随着金融科技的发展，金融科技的长尾效应逐渐显现，主要表现为外部经济、规模效应和范围经济，长尾效应的产生在一定意义上改变了金融供给曲线和需求曲线均衡的位置。金融科技运用的主要客户是群体较大的长尾客户，在这种情况下数量巨大的小客户的成员规模和业务规模甚至可能超过"二八定律"中重点大客户的业务规模，因此较易发生系统性影响。随着金融科技的发展，现有的金融科技的独角兽企业会成长为系统重要性的金融机构，有可能带来系统性风险。

#### 2. 严控虚拟货币

虚拟货币是金融科技发展的一个重要的领域，然而虚拟货币可能影响货币政策和金融稳定。金融科技的发展和相关创新的盛行使得虚拟货币进入一个群雄乱战的进程，同时，虚拟货币与数字货币的界定被模糊化，很多虚拟货币打着数字货币的幌子从事虚拟货币的非法行为。典型案例是中国明确禁止虚拟货币发行（ICO），这是由于90%以上的ICO被用作投机炒作工具和非法金融活动工具，严重扰乱金融市场，破坏金融秩序。未来国内及跨境的虚拟货币发行可能保持多发态势，相关的金融风险亟待防控。

### （三）消费者保护

消费者保护也是金融科技监管的一大重心。实际上，保护金融消费者权益是金融监管的核心目标，随着金融科技的运用，对于金融消费者的保护有了新的要求。其中包括数据安全、隐私保护以及行为合规等，目前这些方面都面临挑战。

#### 1. 保护消费者个人信息及隐私

部分第三方科技平台向金融机构出售数据或数据分析结果，在一定程度上损害了客户的隐私权，可能出现信息泄露导致的金融欺诈风险。

#### 2. 防止消费者权益受技术性侵害

投资者保护是金融监管的永恒主题，也是衡量一个国家或地区金融市场和金融监管是否健全成熟的重要标志。金融科技发展可能带来的新的投资者保护问题。与传统消费者保护不同的是，金融科技的迅猛发展在有效提升金融运行效率、降低金融服务成本的同时，也会带来数字鸿沟和算法歧视问题，引发了消费者保护和金融科技普惠性等难题。

近些年来，数字技术在金融服务领域得到了广泛的应用，然而金字塔底端的客户群，包括数字技术知识薄弱、教育程度低下、年龄结构偏老的群体，由于对数字技术的陌生和不适应性，他们将被迫远离金融科技，从而产生数字鸿沟。随着数字经济的发展，算法歧视问题在市场中也日趋普遍，在中国受到广泛关注的"大数据杀熟"实质上是算法歧视的表现。国际学界近年来也开始关注算法歧视问题。因为深度学习的大量应用，可能会产生算法歧视，带来新的投资者保护问题，具体表现为价格歧视、杠杆歧视、损害公平竞争、错误感知等，催生各种破坏市场秩序、侵害服务普惠、损害消费者利益的行为。

## 四、金融科技直接管理部门

一直以来，我国以机构为主的分业监管框架，很难实现对金融跨界化、科技化产品的监管，实施沙盒监管计划面临阻力。

### （一）2023年以前的金融监管框架

2018年上半年我国完成了金融监管框架的调整，确定了"一委一行两会一局"，即国务院金融稳定发展委员会、中国人民银行、中国银行保险监督管理委员会和中国证券监督管理委员会、各地金融监管局。由此，我国的金融监管体系分为宏观审慎管理与微观审慎管理。国务院金融稳定发展委员会的职责是宏观审慎监管和整体协调；中国人民银行负责货币政策和宏观审慎管理，银保监会和证监会负责微观审慎监管，地方政府负责小微、区域性金融机构的行为监管。这种制度安排决定了监管科技必须能够支撑对个体金融机构、各金融行业、宏观金融业态、交叉性金融活动的全貌监测与分析，提高金融监管部门的履职质量与效率，保障金融机构稳定和消费者权益。调整后的格局有助于借助科学技术手段对金融机构进行主动监管。例如，畅通货币政策传导；提升风险管理理念的转变和风险态势感知能力；运用大数据技术及时、有效地挖掘出隐藏在金融海量数据中的经营规律与风险变化趋势，对明晰金融风险，提前预警，防范和化解系统性金融风险，实现金融风险早识别、早预警、早发现、早处置具有积极的作用。

具体而言，监管架构可分为国务院、中央部委和省级政府三个层面。如图8-2所示。

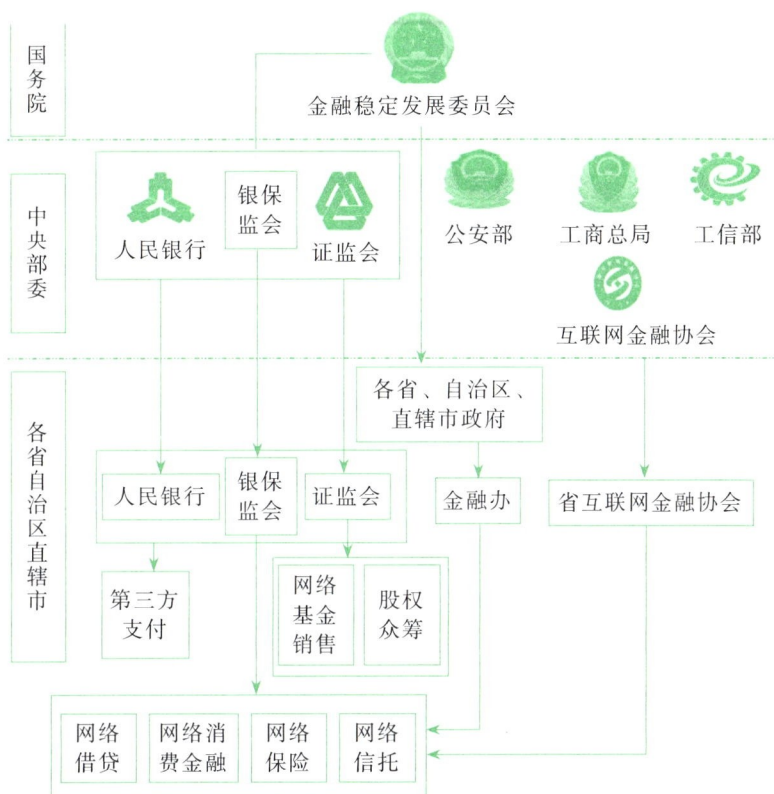

图8-2　2018年我国互联网金融的监管层次

## （二）我国金融监管的现状

2023年，中国金融监管体制开启了新的监管模式，如图8-3所示。

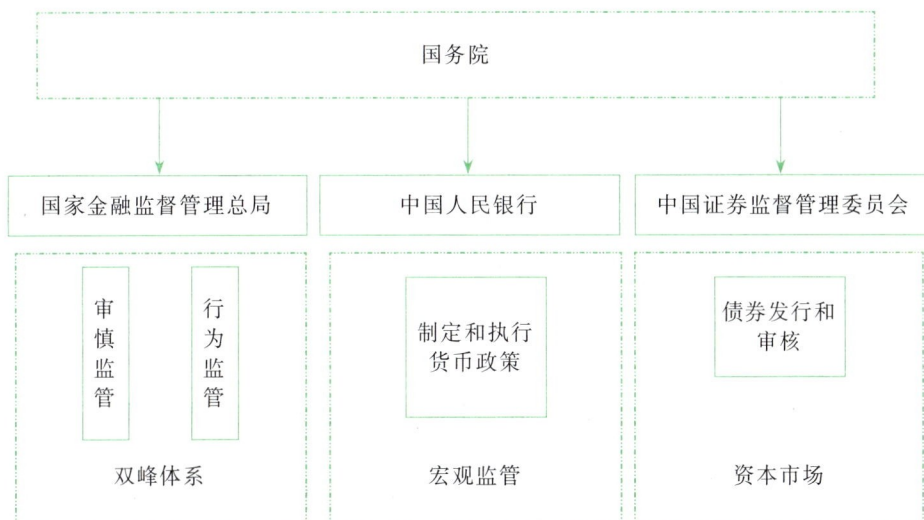

图8-3　2023年我国金融监管机构的架构

### 1.统一强化金融监管

金融监管一盘棋，简单说就是监管更集权。

（1）国家金融监督管理总局

国家金融监督管理总局（在中国银行保险监督管理委员会基础上组建）统一负责除证券业之外的金融业监管，强化机构监管、行为监管、功能监管、穿透式监管、持续监管，统筹负责金融消费者权益保护，加强风险管理和防范处置，依法查处违法违规行为。随着金融创新层出不穷和普惠金融的快速发展，通过金融监管一盘棋，可以让金融创新更有序地进行，也可以更好地保护投资者。

金融业监管统一到国家金融监督管理总局之后，行为监管的体系和制度得到进一步完善，监管能力得到进一步强化。在国家金融监督管理总局内部，形成审慎监管、行为监管的双峰体系。这意味着监管体系更加完善，避免了原来多头监管、监管套利、规则不统一、效率低下的情况，有助于实现全覆盖、一致性监管，提高监管的效率。

（2）地方金融监管将收归中央

建立以中央金融管理部门地方派出机构为主的地方金融监管体制，统筹优化中央金融管理部门地方派出机构设置和力量配备。地方政府设立的金融监管机构专司监管职责，主要是配合中央金融管理部门的工作。

（3）中国人民银行专门行使中央银行的职能

中国人民银行在国务院领导下，中国人民银行负责制定和执行货币政策，实施宏观监管。

### 2.中央金融管理部门管理的部分权力剥离

按照国有金融资本出资人相关管理规定，将中央金融管理部门管理的市场经营类机构剥离，相关国有金融资产划入国有金融资本受托管理机构，根据国务院授权统一履行出资人职责。简单地说就是不能既当裁判员又当运动员。

### 3.消费者投资者权益保护和资本市场分别监管

中国证券监督管理委员会统一负责公司（企业）债券发行审核工作以及资本市场监管。

**小知识 8-9**

在实际操作层面，强化功能监管、行为监管。对功能监管而言，加强对不同类型金融机构开展的相同或类似业务进行的相对统一的监管。对行为监管来说，从事哪项业务就要领取哪种牌照，严厉打击无照经营。

**经济观察 8-2**
**IPO领域反腐持续深入，注册制改革以来首例监管官员落马**

2021年12月3日，证监会网站发布消息称，中央纪委国家监委驻中国证监会纪检监察组与浙江省监察机关日前对中国证监会第十二届、十三届、十六届主板发审委委员、上海证券交易所原科创板上市审核中心副主任操舰严重违纪违法问题进行了立案审查调查。

简历显示，操舰于 1997 年 7 月开始上交所工作，先后担任上交所公司管理部、发行上市部、发行上市中心副总监；2010 年 4 月至 2012 年 5 月、2014 年 5 月至 2017 年 9 月，任证监会第十二届、十三届、十六届主板发审委委员；2019 年 1 月至 2020 年 2 月，任上海证券交易所科创板上市审核中心审核二部副总经理；2020 年 2 月至 2021 年 6 月，任上海证券交易所科创板上市审核中心审核二部总经理、审核三部总经理、科创板上市审核中心副主任。

证监会指出，操舰身为党员领导干部，丧失理想信念、背离初心使命，不知敬畏、不守底线，屡屡破纪违法。长期违反中央八项规定精神，与监管服务对象结成小圈子，经常接受宴请、大肆收受礼品礼金；善于伪装，违反廉洁纪律和工作纪律，利用他人账户买卖股票，泄露工作秘密，破坏发行监管秩序；公权力意识淡漠，甘于被"围猎"，将发行审核权异化为牟利工具，非法收受大量财物，通过入股拟上市公司非法牟利，数额巨大。

调查认为，操舰严重违反党的廉洁纪律和工作纪律，构成严重职务违法并涉嫌受贿犯罪，且在党的十八大、十九大后，特别是在设立科创板并试点注册制后仍然不收敛、不收手，性质严重，影响恶劣，应予严肃处理。依据《中国共产党纪律处分条例》《中华人民共和国监察法》《中华人民共和国公职人员政务处分法》等有关规定，经中国证监会党委会议研究，决定给予操舰开除党籍处分；经中央纪委国家监委驻中国证监会纪检监察组研究，决定给予其开除公职处分；收缴其违纪违法所得。浙江省台州市监委已将操舰涉嫌犯罪问题移送检察机关依法审查起诉，所涉财物一并移送。

值得一提的是，这是科创板设立及注册制改革后落马的首起涉及监管部门的 IPO 腐败案，也尤为被市场所关注。

事实上，涉及发审环节的反腐攻坚战一直还在持续，不久前的 11 月 23 日晚，国泰君安证券投行部联席总经理朱毅也被带走协助调查。转战国泰君安之前，朱毅曾在会管机构供职多年，其曾历任上海证监局法制处调研员、处长，并一度担任证监会第十四至十六届主板发审委委员。

资料来源：佚名. 注册制以来监管要员贪腐首案官宣：原科创板上市审核中心副主任操舰被双开 [EB/OL]. [2021-12-04]. hhttps://baijiahao.baidu.com/s? id=1718174407727488652&wfr=spider&for=pc.

启发思考：

树立正确的职业理想，保持积极奋进的工作态度和较高的工作效率，着力培养学生的金融职业道德素养，提升金融实践能力，熏陶高尚的社会主义核心价值观，助力政治过硬、作风优良、业务精通的金融专业人才培养目标的实现。

# 综合训练

## 一、概念识记

科技金融监管　　技术风险　　信息不对称风险　　合规风险　　自由放任模式
特别许可模式　　监管沙盒模式　　新设框架模式　　一委一行两会

## 二、单选题

1.以下各项不属于我国金融监管的转变的是（　　　）。

A.从行政监管向依法治理　　　　　　　B.从机构监管向功能监管

C.从准入监管转向行为监管　　　　　　D.从家长式监管向大数据治理结构

E.从综合治理向分业监管

2.（　　　）负责对网络借贷信息中介机构业务活动涉及的电信业务进行监管。

A.中国银行保险监督管理委员会　　　　B.工业和信息化部

C.公安部　　　　　　　　　　　　　　D.国家互联网信息管理办公室

3.（　　　）是指金融交易一方由于某种原因，违反合同事先的约定，导致交易对方遭受损失的可能性。

A.信用风险　　　　B.流动性风险　　　　C.市场风险　　　　D.操作风险

4.第三方支付机构违规操作挪用备付金，积累了用户刚性兑付的困难一旦资金链条断裂，容易引发（　　　）。

A.信用风险　　　　B.流动性风险　　　　C.市场风险　　　　D.操作风险

5.由于各类市场主体预见金融科技市场利益而进行过度投机导致的过热问题，当市场泡沫暴涨到一定程度而破灭时，将会引发（　　　）。

A.信用风险　　　　B.流动性风险　　　　C.市场风险　　　　D.操作风险

6.金融科技监管过程中，以下没有采取沙箱监管模式的国家是（　　　）。

A.美国　　　　　　B.英国　　　　　　C.新加坡　　　　　D.澳大利亚

7.行为监管的主要目标是（　　　）。

A.保护金融消费者的权益　　　　　　　B.防范系统性金融风险

C.确保金融机构合规运营　　　　　　　D.更多关注金融产品的功能

8.客户可能利用他们的隐蔽信息使互联网金融服务提供者做出不利决策，从事互联网金融业务的机构无法在网上鉴别客户的风险水平，导致其在选择客户时处于不利地位，从而诱发诈骗犯罪活动，这属于（　　　）。

A.信息不对称风险　　　　　　　　　　B.技术风险

C.信息安全风险　　　　　　　　　　　D.信用风险

9.下列关于金融科技监管的描述，错误的是（　　　）。

A.微观审慎监管主要通过事前规定金融机构的资本充足率等，来约束金融机构承担过度的风险

B.科技发展改变了金融的本质，使得金融科技背景下识别真实创新企业的难度增加

C.金融科技可能导致数据被过度采集和倒卖，给用户造成重大损失

D.英国金融行为监管局率先提出"监管沙盒"概念，目的是兼顾金融创新与风险防控的需求

10.下列说法不正确的是（　　　）。

① 由于金融科技风险难管控、难追溯，今后的金融科技监管必然在各个方面都越来越严。

② 后疫情时代，全球化趋势有所倒退，因此考虑本国情况进行监管即可，无须建立全球公认的国际监管体系。

③ 我国的金融科技创新监管试点并非完全集中于东部沿海发达城市。

④ 为了提高监管效率，避免权责分散，应该把监管沙盒事务都交由同一部门负责。

A.①②　　　　　　B.①②③④　　　　　　C.②④　　　　　　D.①②④

11.中华人民共和国境内的非金融企业、自然人以及经认可的法人控股或者实际控制（　　　），具有规定情形的，应当向中国人民银行提出申请，经批准设立金融控股公司。

A.两个或者两个以上相同类型金融机构

B.两个或者两个以上不同类型金融机构

C.三个或者三个以上不同类型金融机构

D.三个或者三个以上相同类型金融机构

12.国际市场利率波动，影响到中国市场利率，进而影响到P2P贷款利率，属于（　　　）。

A.利率风险　　　　B.流动性风险　　　　C.信用风险　　　　D.操作风险

13.关于监管科技表达错误的是（　　　）。

A.自动化和简化的流程提高敏捷性

B.自动识别新的法律法规、简化合规流程

C.监管合规并识别欺诈

D.增加成本

14.关于原则监管表达错误的是（　　　）。

A.原则监管更具灵活性、效率性

B.机器学习只需判定新的规则是否与既有原则保持一致即可

C.法律原则强调对抽象性和所期望的监管结果的指导性

D.人工智能通过机器学习推理规则时需逐一修订、解释，使其被纳入既有规则体系

15.监管当局依据成文法规定，对金融企业各项业务内容和程序做出详细规定，强制每个机构严格执行的监管模式为（　　　）。

A.规则性监管　　　B.原则性监管　　　C.动态比例监管　　　D.监管套利

16.对金融科技监管表达错误的是（　　　）。

A.专家学者以及投资者更充分地分析、利用信息

B.大大节省了人力成本和时间成本

C.人力成本和时间成本增加

D.公司能够自动地递交信息，同时数据化也可以使

17.国务院金融稳定发展委员会的职责有（　　）。

①落实党中央、国务院关于金融工作的决策部署②审议金融业改革发展重大规划③统筹金融改革和发展④指导监管中央金融改革发展

A.①②③　　　　　　B.①②④　　　　　　C.②③④　　　　　　D.①③④

18.在金融科技监管中，理解风险和采取监管行动的前提是（　　）。

A.实行动态比例监管　　　　　　　　B.关注和防范系统性风险

C.全范围的数据监测与分析　　　　　D.加强消费者教育和消费者保护

19.不属于网络金融的跨界风险的是（　　）。

A.信用风险　　　　　B.合规风险　　　　　C.声誉风险　　　　　D.技术风险

20.以下哪一项不属于中国版的"监管沙箱"（　　）。

A.信息公开　　　　　B.产品公示　　　　　C.柔性管理　　　　　D.共同监督

## 三、多选题

1.（　　）是"监管沙盒"的本质。

A.监管者在保护消费者权益　　　　　B.严防风险外溢

C.主动合理地放宽监管规定　　　　　D.减少金融科技创新的规则障碍

E.鼓励更多的创新方案由想法变为现实

2.金融科技的开放性、互联互通性、科技含量高等特征使得金融风险（　　）特征更加明显。

A.隐蔽性　　　　　　B.传染性　　　　　　C.广泛性　　　　　　D.突发性

3.金融科技可能隐藏的技术性风险有（　　）。

A.系统无法正常运行　　　　　　　　B.引发数据泄露

C.身份认证风险　　　　　　　　　　D.错误继续执行风险

4.目前我国的金融监管有（　　）。

A.行政监管　　　　　B.自律监管　　　　　C.中央监管　　　　　D.地方监管

5.目前，我国金融科技监管的制度安排有（　　）。

A.中央监管部门和地方政府双负责

B.国家级部委发布监管政策

C.省、市级及金融协会发布相关监管政策以响应国家部委

D.强化地方政府对属地金融风险的管理职责

6.目前国际上对金融科技监管模式有（　　）。

A.自由放任　　　　　B.特别许可　　　　　C.监管沙盒　　　　　D.新设框架

7.合规是指金融机构在以下框架行使其功能（　　）。

A.遵循法律法规

B.符合监管规则要求

C.符合自律性组织制定的有关准则

D.遵守金融机构自身业务活动的行为准则

8.一个完善的金融监管体系包含以下层次：（　　）。

A.监管措施　　　　B.监管目标　　　　C.监管原则　　　　D.监管规则

9.金融科技监管应当从以下（　　）层次确定监管协调。

A.政府　　　　　B.社会舆论　　　　C.行业　　　　D.企业

10.金融科技监管应建立（　　）新机制。

A.企业自治　　　　B.行业自律　　　　C.舆论监督　　　　D.政府监管

11.金融科技监管参与的行业和部门有（　　）。

A.中央政府、地方政府　　　　　　　　B.监管机构

C.司法部门　　　　　　　　　　　　　D.行业协会

E.新闻媒体　　　　　　　　　　　　　F.评估机构和互联网平台

12.信息的（　　），对借贷双方进行理性决策、公众合法监督、监管部门动态监管均具有重要的意义。

A.真实性　　　　　B.准确性　　　　C.完整性　　　　D.及时性

13.金融机构中常见的风险中主要有（　　）。

A.市场风险　　　　B.信用风险　　　　C.流动风险　　　　D.操作风险

14.中国金融监管的总体框架，主要包括（　　）。

A.建立监管制度　　　　　　　　B.成立自律监管组织

C.实施混类经营　　　　　　　　D.实施分类监管

15.金融科技存在的风险问题包括（　　）。

A.金融科技使金融风险更具隐蔽性、传速度更快、传播范围更广，增加了金融系统风险

B.金融科技使传统金融"脱媒风险"加大

C.金融科技使技术风险更加突出

D.数据风险与信息安全风险相互交织

16.用户可以登录中国互联网金融协会查询（　　）信息。

A.网贷平台的工商信息　　　　　　B.财务审计报告

C.运营数据以及借款用途　　　　　D.还款保障措施

17.以下是互联网金融的信息不对称的因素（　　）。

A.互联网金融交易通过网络进行，投融资双方了解度不够

B.准入门槛要求低，投融资双方的资质审查不严格

C.征信机制不够完善，网络数据的数量不够、质量不高

D.监管部门对于互联网金融机构的信息披露要求不明晰

18.以下属于"灰犀牛"风险隐患表现的有（　　）。

A.影子银行　　　　　　　　　B.国有企业高杠杆

C.房地产泡沫　　　　　　　　D.违法违规集资

19.金融监管体系化表现在（　　）。

A.完善内控　　　B.自律机制　　　C.他律监管　　　D.强化监管

20.风险的特征有（　　　）。

A.不确定性与偶然性　　　　　　B.客观性与发展性

C.损害性与普遍性　　　　　　　D.可测性与发展性

E.主观性和必然性

## 四、判断题

1.对于金融监管部门而言，最大的难题在于如何平衡金融创新与金融风险，做到既能够激发创新又能够控制风险。（　　　）

2.金融监管部门面对快速创新发展的金融科技产业，全覆盖、多维度、多层次的监管要求已经成为趋势。（　　　）

3.伪金融科技是通过技术的外衣来规避监管，进行监管套利，从事非法金融活动的金融科技，对金融健康、市场秩序和金融服务实体经济等产生了不利影响。（　　　）

4.金融监管部门应积极推进监管科技产业发展，帮助建立行业标准和指导规范，为参与各方提供监管指导，加强与行业间、监管部门间的沟通协作，共同建立金融科技良性监管氛围。金融产品本质上就是数据。（　　　）

5.分布式去中心化的应用可能引发系统风险。（　　　）

6.与传统方法相比，监管科技解决方案成本要高得多。（　　　）

7.监管机构包括：国务院银行监督管理机构、工业和信息化部、公安部、国家互联网信息管理办公室、地方金融监管部门。（　　　）

8.金融科技催生监管科技，监管也在运用新的技术手段不断地提高监管方式，提高监管效能，降低企业和市场的运行成本。（　　　）

9.智能手机渗透率较高同时传统银行业效率较低的国家，金融科技发展更为迅速。（　　　）

10.恰当的监管有助于金融科技发展良好态势的形成。（　　　）

11.金融创新是突破金融监管形成的"金融抑制"而产生，又反作用于金融科技监管的转型与发展。（　　　）

12.实践中金融监管与金融创新之间的脱离体现为两方面：一是金融创新的速度总是超前于金融监管方式；二是监管法规总是滞后于金融创新的发展。（　　　）

13.对于金融科技监管而言，目前最大的难题在于如何平衡金融创新与金融风险，做到既能够激发创新又能够控制风险。（　　　）

14.我国的金融科技创新监管试点只能由持牌金融机构参与。（　　　）

15.我国的金融监管体系分为宏观审慎管理与微观审慎管理，央行负责货币政策和宏观审慎管理，"两会"负责微观审慎管理，地方政府负责小微、区域性金融机构的行为监管。（　　　）

16.信息不对称，建立信任成本低。（　　　）

17.伪金融科技的"创新"是监管规避式的创新，是通过技术的外衣来规避监管，进行监管套利，从事非法金融活动的金融科技。对金融健康、市场秩序和金融服务实体经济等产生了不利影响。（　　　）

18. 金融科技在发展与风险之间的平衡变量就是监管。                              (     )

19. 监管科技不仅可以提高监管效率，还可以建立更好的监管体系。                  (     )

20. 监管科技是通过金融创新去规避监管的手段。                                 (     )

## 五、简答题

1. 什么是监管沙盒？请比较我国的监管"沙盒"机制与英国的"金融监管沙箱"的业务操作。

2. 英国FCA在实践中如何实现监管与创新的动态平衡？

## 六、实战演练

泛亚全称为"昆明泛亚有色金属交易所"，2011年在云南昆明成立。泛亚宣称自己是全球规模最大的稀有金属交易平台，已上市铟、锗、钴、钨、铋、镓、锑、硒、碲、钒、稀土镝、稀土铽等14个稀有稀土金属品种。其中，铟、锗等7个品种的交易量、交割量、库存量为全球第一，特别是铟的库存量占到全球的95%。

成立伊始，泛亚就把它的商业模式与国家稀土战略安全捆绑在一起。泛亚声称，在稀有金属的产业链河道里，引入民间资本参与商业收储及对产业进行货物资产质押直接融资的战略，从而修建了一个"洞庭湖"。一方面消化了过剩产能，一方面有效调节了产业上下游的阶段性供需，使产业价格波动更平稳，使行业发展数据更透明有序。

泛亚的建立初衷，是稳定国家稀有金属价格，避免被海外做空势力打压，防止我国的稀有金属以极低的价格流落海外。为此，泛亚极力掌握稀有金属的定价权，通过人为操纵，使得那些稀有金属的价格持续上涨，制造稀有金属市场繁荣、我国的稀土资源保值增值的效果。那么如何操作才能达到这个效果呢？

泛亚给出的日金宝的盈利模式如图8-4所示：

图8-4　日金宝的盈利模式

① 受托方（投资者）开户，把资金打入泛亚账户为委托方垫款；

② 市场上投机商（买方）只用20%订金交易，但在预订货物时，需要支付全部货款。交易所为投资人资金不足垫付全部货款，并为买方代持货物，日金宝充当了短期过桥贷款人的角色；

③ 投机商（买方）不提货就需要支付滞纳金，每天5‰；

④ 交易所扣除1.25‰管理费，受托方则净赚3.75‰，年化收益率就是13.68%（投机客的延期交割费不再交给生产商，而交给投资者）；

⑤ 生产商已经从日金宝的投资人那里拿到了全部货款；

⑥ 泛亚把从投资者手中集资来的钱直接从生产商手中买入有色金属；

2014年下半年开始 A 股持续走强，在股市动辄一两个月就能获得翻倍投资回报的诱惑下，日金宝 13.68% 的利息吸引力大为削弱。所以从 2014 年年底 A 股大牛市第一波后，由于投资者的集中赎回，泛亚的资金链出现问题，不得不停止继续高价收储，导致其库存量最大的品种铟的价格迅速下跌。越是股市走牛，越多的投资者想要赎回日金宝，而日金宝越是无法按时赎回，就会引发越多不安的投资者加速赎回，最终导致日金宝的资金链彻底断裂。

分析日金宝庞氏骗局的根源有哪些？监管部门应该采取哪些技术方法监管？

［1］由曦．蚂蚁金服［M］．北京：中信出版集团，2017．

［2］克里斯托弗．算法帝国［M］．李筱莹，译．北京：人民邮电出版社，2014．

［3］佩德罗．终极算法：机器学习和人工智能如何重塑世界［M］．黄芳萍，译．北京：中信出版集团，2017．

［4］张晓朴．未来智能银行［M］．北京：中信出版集团．2018．

［5］徐远．数字金融底层逻辑［M］．北京：中国人民大学出版社，2019．

［6］谢平．解码金融与科技的结合［M］．北京：中国金融出版社，2017．

［7］白冬蕊．电子商务概论［M］．北京：人民邮电出版社，2020．

［8］翟才喜．电子商务［M］．大连：东北财经大学出版社，2000．

［9］欧立奇．数字货币投资法宝［M］．北京：电子工业出版社，2018．

［10］余凤慧．金融科技［M］．杭州：浙江大学出版社，2018．

［11］孙国峰．解码金融与科技的结合［J］．中国城市金融，2018（4）．

［12］王艳．人工智能在金融领域的应用研究［J］．金融研究，2020（1）．

［13］刘镇．人工智能和机器学习在金融领域的发展及对金融稳定的影响［J］．吉林金融研究，2017（11）．

［14］赵倩倩．大数据时代与银行未来发展［J］．经济研究导刊，2015（9）．

［15］王迁．"索尼案"二十年祭——回顾、反思与启示［J］．科技与法律，2004（4）．

［16］周汉华．论互联网法［J］．中国法学，2015（3）．

［17］自赵鹏．私人审查的界限——论网络交易平台对用户内容的行政责任［J］．清华法学，2016（6）．